Projetos e Implementação de Redes

Fundamentos, Soluções, Arquiteturas e Planejamento

Seja Nosso Parceiro no Combate à Cópia Ilegal

A cópia ilegal é crime. Ao efetuá-la, o infrator estará cometendo um grave erro, que é inibir a produção de obras literárias, prejudicando profissionais que serão atingidos pelo crime praticado.

Junte-se a nós nesta corrente contra a pirataria. Diga não à cópia ilegal.

Seu Cadastro É Muito Importante para Nós

Ao preencher e remeter a ficha de cadastro constante no final desta publicação, você passará a receber informações sobre nossos lançamentos em sua área de preferência.

Conhecendo melhor nossos leitores e suas preferências, vamos produzir títulos que atendam suas necessidades.

Obrigado pela sua escolha.

Fale Conosco!

Eventuais problemas referentes ao conteúdo deste livro serão encaminhados ao(s) respectivo(s) autor(es) para esclarecimento, excetuando-se as dúvidas que dizem respeito a pacotes de softwares, as quais sugerimos que sejam encaminhadas aos distribuidores e revendedores desses produtos, que estão habilitados a prestar todos os esclarecimentos.

Os problemas só podem ser enviados por:

1. E-mail: producao@erica.com.br
2. Fax: (11) 6197.4060
3. Carta: Rua São Gil, 159 - Tatuapé - CEP 03401-030 - São Paulo - SP

Lindeberg Barros de Sousa

Projetos e Implementação de Redes

Fundamentos, Soluções, Arquiteturas e Planejamento

1ª Edição

São Paulo
2007 - Editora Érica Ltda.

Dados Internacionais de Catalogação na Publicação (CIP)
(Câmara Brasileira do Livro, SP, Brasil)

Sousa, Lindeberg Barros de
Projetos e implementação de redes: fundamentos, soluções, arquiteturas e planejamento / Lindeberg Barros de Sousa. -- 1. ed. -- São Paulo: Érica, 2007.

Bibliografia.
ISBN 978-85-365-0166-6

1. Redes de computadores - Gerenciamento I. Título

07-3147 CDD-004.6

Índices para catálogo sistemático
1. Redes de computadores : Projetos e implementação : Ciência da computação 004.6

Editora Érica Ltda.
Rua São Gil, 159 - Tatuapé
CEP: 03401-030 - São Paulo - SP
Fone: (11) 2295-3066 - Fax: (11) 6197-4060
www.editoraerica.com.br

Requisitos de Hardware e de Software

Hardware

- PC com processador Pentium ou superior.
- Mínimo de 256 MB de RAM. Recomendável 512 MB ou 1 GB.
- Monitor de vídeo colorido de 14 polegadas ou maior com resolução de 800x600 pontos.
- Mouse.
- Teclado.
- Placas de rede para comunicação interna e externa com banda larga.

Software

- Para plataforma Windows: Windows 2003 Server ou Windows XP.
- Modem e acesso à Internet.

Sobre o Autor

Engenheiro com especialização em Arquitetura de Computadores, Comunicação de Dados e Administração da Produção.

Atua nas áreas de consultoria, gerência de projetos, desenvolvimento, operação e suporte de plataformas de tecnologia da informação há mais de 20 anos, em empresas nacionais e multinacionais.

Professor universitário de cursos de graduação e pós-graduação em tecnologia da informação, atuou como diretor e membro do Conselho Deliberativo da SUCESU-SP (Sociedade dos Usuários de Informática e Telecomunicações de São Paulo) e escreveu as seguintes obras: Redes de Computadores - Dados, Voz e Imagem e TCP/IP - Básico & Conectividade em Redes, publicados pela Editora Érica.

Agradecimentos

A toda equipe da Editora Érica que, com eficiência e dedicação, tornaram realidade esta obra, contribuindo para o crescimento profissional e tecnológico de profissionais e estudantes da área de tecnologia da informação.

Dedicatória

A todos aqueles que desenvolvem e utilizam a tecnologia para a melhoria da qualidade de vida e para um mundo melhor e mais humano.

Posso deitar-me, dormir e despertar,
pois é o Senhor quem me ampara.

Sl 3, 6

Índice Analítico

Prefácio

Esta obra apresenta conceitos e arquiteturas básicas das redes de computadores mais utilizados nas empresas, além de fundamentos ao estudo de casos de redes corporativas, soluções e equipamentos para montagem de redes.

Oferece uma abordagem prática a estudantes e profissionais que desejam iniciar ou aprimorar seus conhecimentos em redes, com o estudo do funcionamento e configuração de equipamentos como *switches*, roteadores, *backbones* de redes corporativas, redes públicas e projetos de redes.

A tecnologia é imprescindível ao funcionamento e ao crescimento das empresas, e exige constante atualização e especialização de seus profissionais. As redes de computadores são partes integrantes do dia-a-dia das empresas e pessoas, e permitem eficiente troca de informações e aumento da produtividade.

O objetivo desta obra é formar especialistas nesta área, pela abordagem das tecnologias de redes, protocolos, configurações de equipamentos e soluções de conexão em redes locais e remotas.

Explica o funcionamento das redes LAN e WAN, a arquitetura TCP/IP, roteadores, endereçamento IP, *switches*, roteamento, protocolos, redes *frame-relay*, ISDN, redes virtuais e demais componentes. Traz exercícios para o leitor resolver e fixar os tópicos estudados.

Sucesso nos estudos e realizações profissionais!

Lindeberg Barros de Sousa

Sobre o Material Disponível na Internet

O material disponível na Internet contém as respostas da atividade de fixação do livro. Para utilizá-lo é necessário possuir instalado em sua máquina o Adobe Reader 5.0.

Exercícios.exe 115 KB

Procedimento para Download

Acesse o site da Editora Érica Ltda.: www.editoraerica.com.br. A transferência do arquivo disponível pode ser feita de duas formas:

- **Por meio do módulo pesquisa**. Localize o livro desejado, digitando palavras-chave (nome do livro ou do autor). Aparecem os dados do livro e o arquivo para download. Dê um clique sobre o arquivo executável que será transferido.
- **Por meio do botão "Download"**. Na página principal do site, clique no item "Download". Será exibido um campo, no qual devem ser digitadas palavras-chave (nome do livro ou do autor). Serão exibidos o nome do livro e o arquivo para download. Dê um clique sobre o arquivo executável que será transferido.

Procedimento para Descompactação

Primeiro passo: após ter transferido o arquivo, verifique o diretório em que se encontra e dê um duplo-clique sobre o arquivo. Será exibida uma tela do programa WINZIP SELF-EXTRACTOR que conduzirá você ao processo de descompactação. Abaixo do Unzip To Folder, existe um campo que indica o destino do arquivo que será copiado para o disco rígido do seu computador.

C:\Projetos de redes

Segundo passo: prossiga a instalação, clicando no botão Unzip, o qual se encarrega de descompactar os arquivos. Logo abaixo dessa tela, aparece a barra de status a qual monitora o processo para que você acompanhe. Após o término, outra tela de informação aparece, indicando que o arquivo foi descompactado com sucesso e está no diretório criado. Para sair dessa tela, clique no botão OK. Para finalizar o programa WINZIP SELF-EXTRACTOR, clique no botão Close.

Capítulo 1

Fundamentos de Arquitetura de Redes

1.1. Fundamentos de arquitetura de redes

Redes de comunicação são estruturas que nos acompanham há muito tempo, mesmo antes do advento dos computadores e da Internet. A rede pública de telefonia é um exemplo de rede de comunicação que funciona há décadas.

Comparamos, a seguir, uma rede pública de comunicação a uma nuvem, na qual estão compreendidos os diversos equipamentos que conduzem a informação ao seu destino. Ao nos conectarmos à rede (nuvem), podemos acessar outra pessoa ou equipamento também conectado à rede, com o qual desejamos nos comunicar.

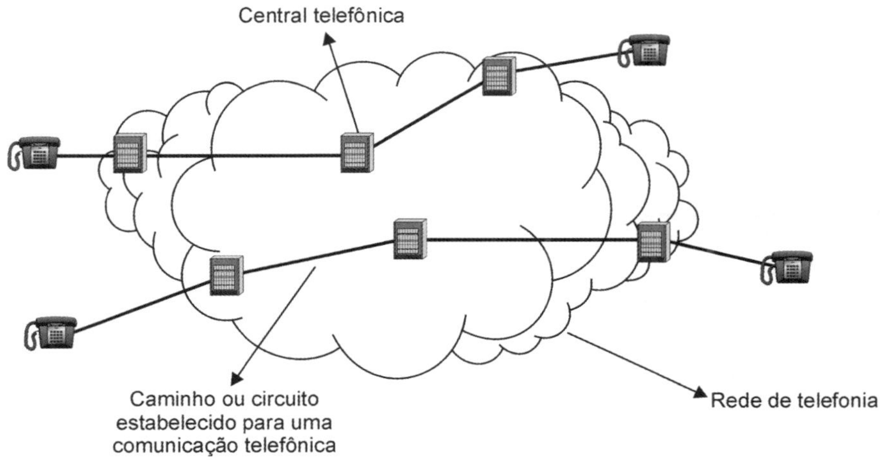

Figura 1.1 - Rede pública de telefonia representada por uma nuvem, no interior da qual estão as centrais telefônicas públicas que estabelecem e encaminham as chamadas.

Nos anos 70 e 80 surgiram as redes públicas de comunicação de dados, como a X.25 e a *frame-relay*, utilizadas pelas empresas para efetuar a comunicação com as filiais e os parceiros comerciais.

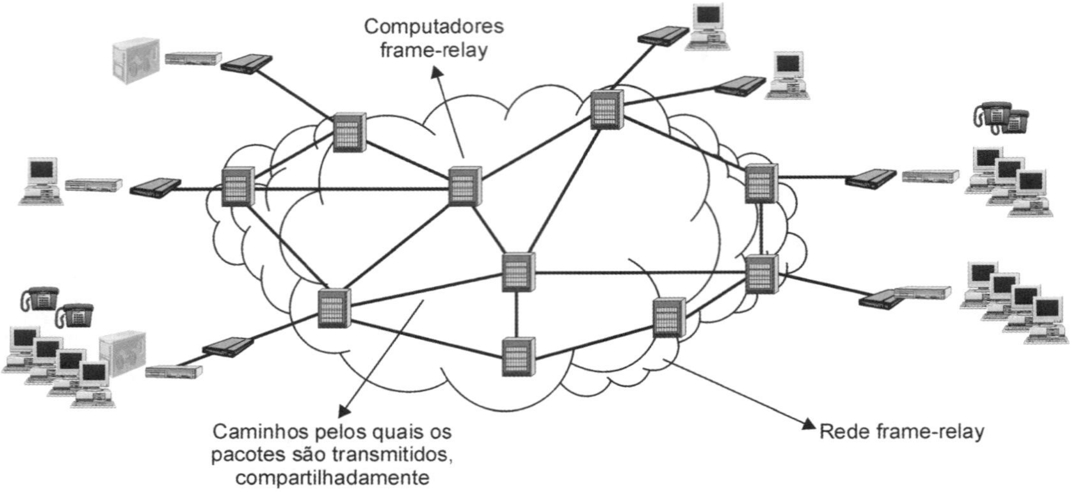

Figura 1.2 - Rede pública de comunicação de dados representada por uma nuvem com os equipamentos que fazem o encaminhamento dos dados.

Nos anos 80 surgiu a Internet a nível mundial, uma rede pública aberta para usuários comuns e empresas, e que possui abrangência e alcance global. Os equipamentos responsáveis pelo encaminhamento dos dados ao longo da rede são chamados de roteadores. Baseiam-se no endereço de destino, o endereço IP, para o envio dos dados, analogamente ao número do telefone em uma rede de telefonia.

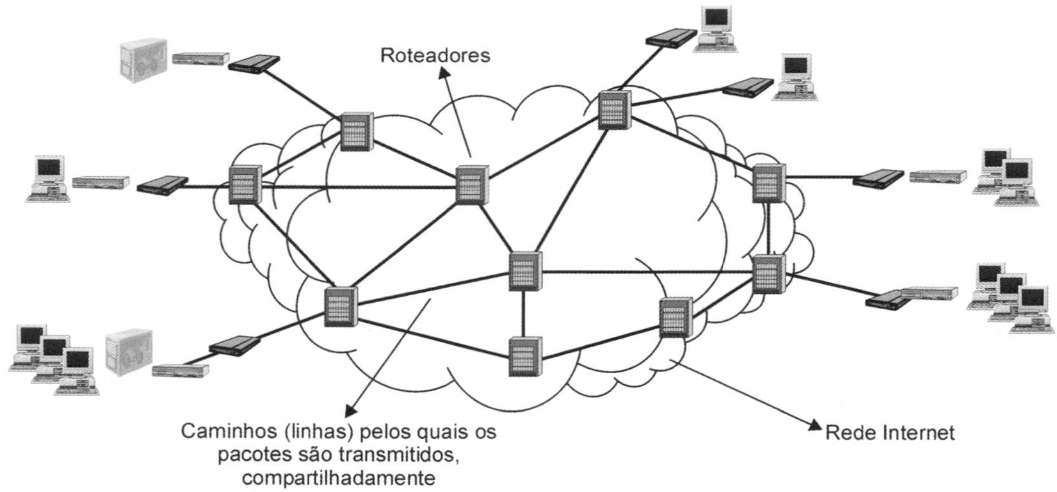

Figura 1.3 - Rede IP onde os dados são encaminhados ao destino por meio de pacotes de dados.

Definem-se como **nós** os equipamentos em que as informações são processadas e encaminhadas para a rede, como, por exemplo, roteadores, centrais telefônicas e comutadores. Define-se como **linha** o meio de transmissão que conecta dois nós, passando informações de um para o outro. As linhas de comunicação, ou meios de comunicação, podem ser fios metálicos e cabos, fibras ópticas, enlaces de rádio ou satélites.

É possível também montar redes baseadas em linhas privativas (LPs), cujo meio de transmissão não é compartilhado, sendo de uso exclusivo da empresa que o contrata. Uma empresa pode contratar LPs direto de sua matriz para as filiais, sem utilizar redes públicas compartilhas. O custo de uma LP é alto, em virtude do seu uso exclusivo, quando comparado ao uso de redes compartilhadas para comunicação externa.

Elas se chamam redes privativas com canais (linhas) ponto a ponto. Normalmente, são utilizadas por grandes empresas, que possuem alto volume de transmissão de dados e desejam obter maior segurança, já que o meio de transmissão não é compartilhado.

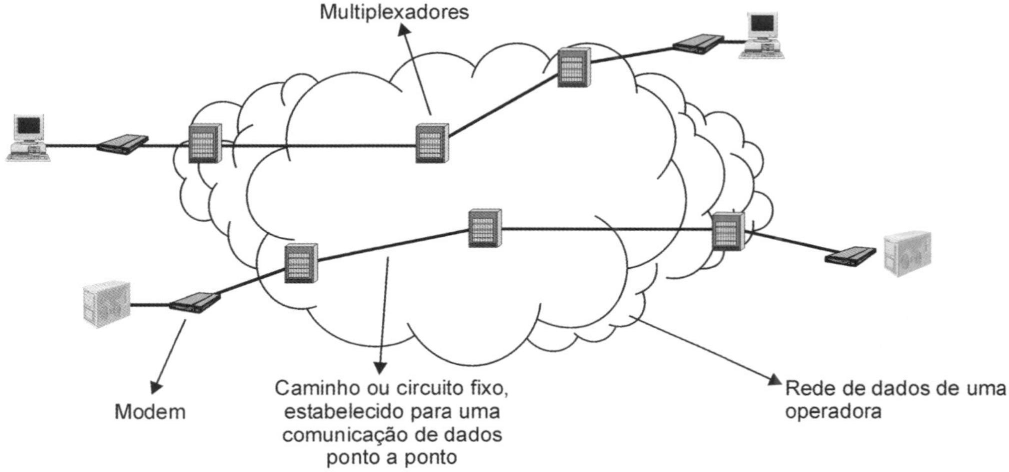

Figura 1.4 - Conexões de rede baseadas em circuitos ou LP (linhas privativas) onde é estabelecido um circuito de comunicação fixo entre a origem e o destino.

As redes permitem a gestão integrada das informações em uma empresa, o compartilhamento de dados e a rápida integração de processos, permitindo maior agilidade e economia nos negócios.

Pode-se interligar uma empresa a suas filiais utilizando LPs, fibras ópticas, redes públicas como *frame-relay* ou Internet, *links* de rádio e de satélite ou uma composição dessas redes, dependendo do local a ser feita a conexão.

Em regiões remotas e sem infra-estrutura, o uso de canais (*links*) por satélite é o ideal. Em regiões metropolitanas, a fibra óptica é uma opção, caso sejam necessários canais de alta velocidade. As diversas alternativas devem ser cuidadosamente analisadas.

As redes externas utilizadas, por exemplo, na comunicação de uma matriz com suas filiais, como visto nos exemplos anteriores, são chamadas de redes WAN (*Wide Area Networks*).

As redes internas das empresas, como, por exemplo, os computadores de um escritório interligados por cabos e placas de rede, são chamadas de redes locais ou LAN (*Local Area Network*). As redes locais baseiam-se em sistemas operacionais como Windows, Unix ou Linux. Utilizamos o Windows 2003 Server para exemplificar a montagem de uma rede local.

Ao projetar uma rede, é necessário levantar e planejar a quantidade de computadores a serem ligados na rede, *hubs*, *switches*, roteadores, cabeamento, *links* de comunicação como LPs, acesso à Internet e outras formas de comunicação externa. Também é importante elaborar o plano de endereçamento, ou seja, os endereços IP que cada componente da rede deve possuir, como visto a seguir. Utilizamos os seguintes símbolos para representar recursos de redes:

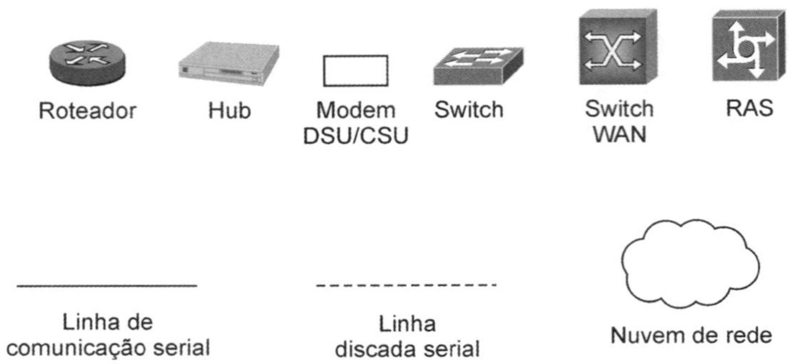

Figura 1.5

1.2. Atividades de fixação

1) Descreva as características de uma rede pública de telefonia.

2) Explique o surgimento e a função das primeiras redes públicas compartilhadas para transmissão de dados.

3) Descreva a rede pública Internet e seus objetivos.

4) Explique LPs e redes baseadas em LPs.

5) O que são redes LAN e WAN?

6) Como projetar redes e escolher os melhores meios de transmissão?

Capítulo 2

Redes Windows

Neste livro, usamos como base para a montagem de uma rede local (LAN) o sistema operacional de redes Windows 2003 Server no computador servidor de rede, mas há outros sistemas operacionais baseados em Linux que devem ser considerados em projetos de redes nas empresas.

Nos computadores ligados à rede, também chamados de clientes, utilizamos o sistema operacional Windows XP. Os computadores clientes acessam o servidor da rede para requisitar serviços, como: dados de arquivos armazenados no servidor, acesso à Internet, e-mails e demais recursos da rede.

2.1. Conceitos de montagem básica de uma rede

Uma rede básica possui computadores interligados por meio de um *hub* ou *switch*. Um desses computadores é o servidor de rede, que possui uma conexão com a Internet, de modo a garantir que todos os computadores da rede acessem-na.

Neste exemplo, foi montada uma rede com a seguinte arquitetura:

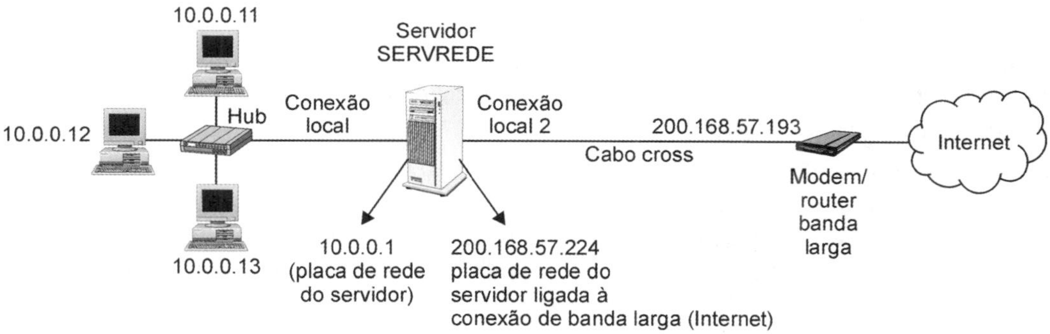

Figura 2.1 - Rede interna com conexão à rede externa Internet.

Nessa rede o computador servidor possui duas placas de rede *Ethernet*: uma ligada à rede local interna por meio do *hub* e outra ligada à Internet por meio de um *modem/router* que faz a conexão ao provedor de acesso à Internet.

A figura 2.1 mostrou que os computadores internos à rede local possuem os endereços IP 10.0.0.11, 10.0.0.12, 10.0.0.13 e o servidor dispõe do endereço 10.0.0.1. Todos fazem parte da rede interna 10.0.0.0.

O servidor possui outra placa de rede ligada à Internet, a qual possui o endereço IP 200.168.57.224. A placa de rede do *modem/router* da operadora que forneceu a conexão com a Internet apresenta o endereço IP 200.168.57.193. Ambas fazem parte de uma rede na Internet, no caso, a rede do provedor Internet que fornece o acesso.

Nessa situação, o servidor atua como roteador, pois encaminha os dados de uma rede para outra. Ele também trabalha como um *firewall* (filtro e bloqueador de dados) e como tradutor (NAT) dos endereços externos da Internet em endereços internos da rede local. NAT (*Network Address Translator*) é um aplicativo que converte e controla os endereços entre a rede Internet e a rede interna da empresa.

Quando se contrata um serviço de acesso à Internet denominado banda larga, ou alta velocidade, a concessionária instala o roteador com o *modem* dentro ou acoplado a ele. Esse equipamento faz a conexão com a Internet e é ligado a ela pela linha telefônica (no caso de conexões banda larga, que compartilham o fio do telefone utilizando outra freqüência de transmissão) ou por uma linha privativa dedicada, também chamada LP, em que não há compartilhamento com a linha telefônica.

No caso da banda larga, que compartilha o fio do telefone, uma faixa da freqüência é utilizada pelo telefone e outra para a transmissão de dados e acesso à Internet.

Na operadora que fornece o serviço de acesso à Internet, a conexão é feita por roteadores que encaminham os dados a outros roteadores da Internet, fornecendo acesso à Internet como um todo.

Para se conectar à rede local, cada computador necessita de uma placa de rede *Ethernet* instalada, que é conectada à rede em um *hub* ou *switch* (concentrador de conexões que recebe e transmite os dados para todas as portas) por um cabo de rede. Cada computador possui uma placa de rede e cada placa um cabo de rede (cabo UTP) ligado ao *hub* ou *switch* da rede.

Desta forma, os computadores se comunicam entre si e com redes externas, como a Internet, por meio do servidor e de um roteador com *modem* para transmissão pela rede pública, utilizando o fio telefônico ou uma linha privativa.

Se tiver uma placa de rede, a impressora pode ser ligada diretamente ao *hub* ou *switch*. Nesse caso, ela é chamada de impressora de rede. Também pode ser diretamente ligada ao servidor por meio de um cabo paralelo ou USB.

Antes de iniciar as configurações da rede, é necessário que todos os computadores estejam com as placas de rede instaladas e ligadas por cabos de rede (cabos UTP) ao *hub* ou ao *switch*. É preciso também que a segunda placa de rede do servidor esteja ligada à placa de rede do *modem/router*, que faz a conexão de banda larga com a Internet. O cabo utilizado deve ser de rede UTP do tipo *cross*, que possui a conexão dos fios invertida para permitir a comunicação entre duas placas de rede conectadas diretamente.

Nessa arquitetura utiliza-se um acesso de banda larga em que a operadora fornece o *modem* com roteador acoplado e com a placa de rede *Ethernet* para conexão ao servidor.

Como já foi dito, o servidor atua como um conversor de endereços (NAT) da Internet para a rede local, agindo como um roteador. Também trabalha como *firewall*, oferecendo maior segurança à rede, como veremos adiante.

Outra forma ou arquitetura de conexão de redes locais à Internet dá-se pelo roteador dedicado, ligado por um cabo serial ao *modem* da operadora que fornece o acesso à Internet por meio de uma LP.

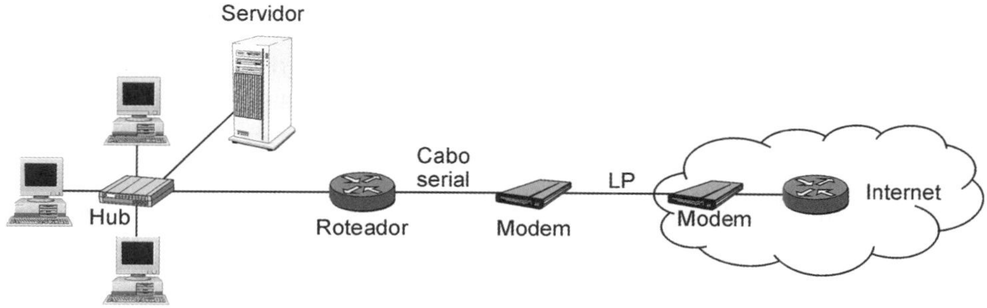

Figura 2.2 - Conexão de rede interna à rede externa Internet por meio de um roteador.

Nesse caso, o roteador deve funcionar como conversor de endereços da Internet para a rede local interna (função NAT) e também como *firewall*, para bloquear acessos e dados indesejados e permitir maior segurança à rede, contra ameaças vindas da Internet.

Opcionalmente, podemos ter um *firewall* dedicado, ou seja, um computador exclusivo para realizar essa função. No exemplo seguinte, a função de *firewall* é realizada por um equipamento ligado entre o roteador e a rede interna.

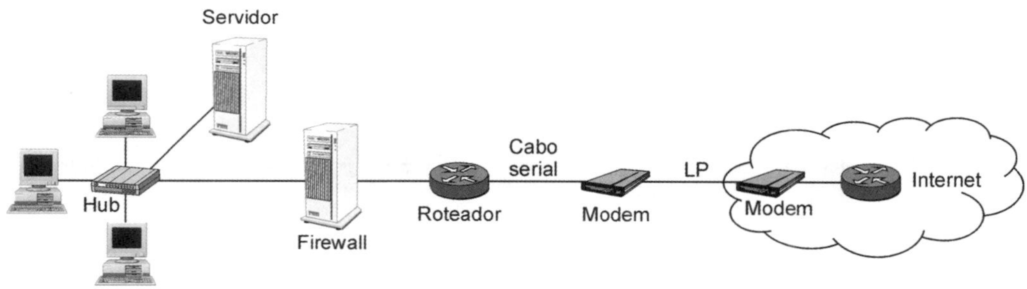

Figura 2.3 - Firewall entre a rede interna e o roteador que faz a conexão à rede externa.

O *firewall* é um aplicativo, que pode ficar armazenado em um computador dedicado, que filtra o tráfego que entra e sai da Internet, verificando e bloqueando dados que ofereçam risco à rede local interna. No exemplo, o *firewall* possui duas placas de rede, sendo uma ligada à rede Internet e outra à rede local interna.

2.1.1. Configurações da rede local

Inicia-se a montagem da rede carregando o sistema operacional da rede no servidor. Instala-se o Windows 2003 Server no servidor a partir do CD de instalação, seguindo as instruções fornecidas.

A função do sistema operacional da rede é controlar a rede, cadastrar e gerenciar os usuários e equipamentos ligados a ela e armazenar e controlar arquivos a serem compartilhados por todos os computadores ligados na rede.

No início da carga, o programa de instalação pede que seja criada uma partição no disco rígido (HD), na qual serão copiados os arquivos do sistema. O sistema de arquivos na criação da partição deve ser o NTFS.

Após a cópia dos arquivos, o programa de instalação do Windows 2003 Server solicita um nome para o servidor, usaremos o nome SERVREDE, e o cadastramento de uma senha para acessá-lo. Esta é a senha do administrador da rede, e possibilita fazer configurações e alterações na rede. Vamos usar a senha admrede, que será solicitada na próxima carga do Windows 2003 Server para entrar no sistema. O acesso chama-se logon.

Na configuração, é necessário também atribuir um nome ao grupo de computadores que formam a rede ou grupo de domínio interno. Vamos nomeá-lo dominiorede.

Em uma rede, cada computador precisa ter um endereço. O endereço de cada equipamento é fornecido por um número, o endereço IP. Cada computador na rede necessita ter um endereço IP único, diferente dos demais, pelo qual enviamos os dados para um equipamento específico.

Nessa rede utilizamos os endereços IP 10.0.0.1 para o servidor e 10.0.0.11, 10.0.0.12 e 10.0.0.13 para os demais computadores do exemplo.

A rede local interna possui IP 10.0.0.0 e o servidor de rede ficará com o primeiro endereço disponível para os computadores da rede, 10.0.0.1. A numeração 10.0.0 representa o endereço da rede e o número 1, um dos computadores dentro da rede.

O endereçamento IP é estudado no capítulo cinco, que trata do endereçamento IP em redes TCP/IP.

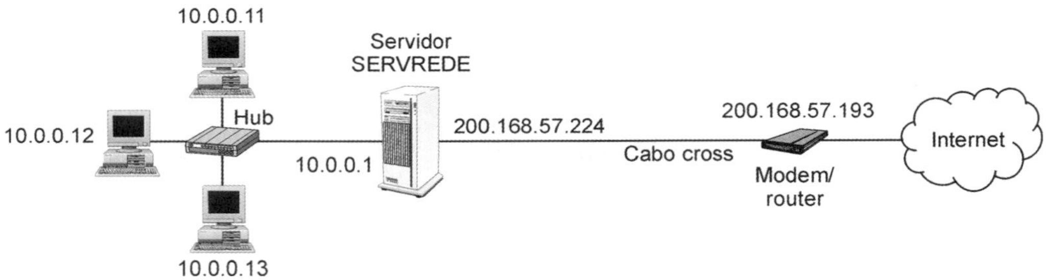

Figura 2.4

O programa de instalação do sistema operacional instala os aplicativos e ferramentas e solicita a escolha dos componentes a serem instalados. Escolha instalar todos clicando em Instalar, na coluna de ação.

No sistema operacional de redes Windows Server, um conjunto de computadores e usuários forma um domínio. Assim, sempre que forem agrupados usuários e equipamentos, tem-se um domínio que recebe um nome.

Para controlar um domínio, ou seja, autenticar e controlar os usuários e grupos no acesso (logon) à rede pelo nome de acesso (login) e senha, o Windows 2003 Server utiliza o programa *Active Directory*.

O *Active Directory* controla os usuários que acessam a rede, permitindo ou não o acesso aos seus recursos. Com ele é possível cadastrar usuários e grupos que acessam a rede, criando uma conta ou cadastramento para cada usuário. Pode-se também cadastrar os computadores ligados à rede.

2.1.2. Como especificar e adicionar funções do *Active Directory* ao servidor

Vamos agora ativar funções para o servidor da rede para que ele atue como servidor de arquivos, de e-mail, DHCP, DNS, controlador de domínio (*Active Directory*) e realize as demais funções que desejamos que execute.

Primeiramente, clica-se em Iniciar, Todos os programas, Ferramentas Administrativas e Gerenciar o servidor.

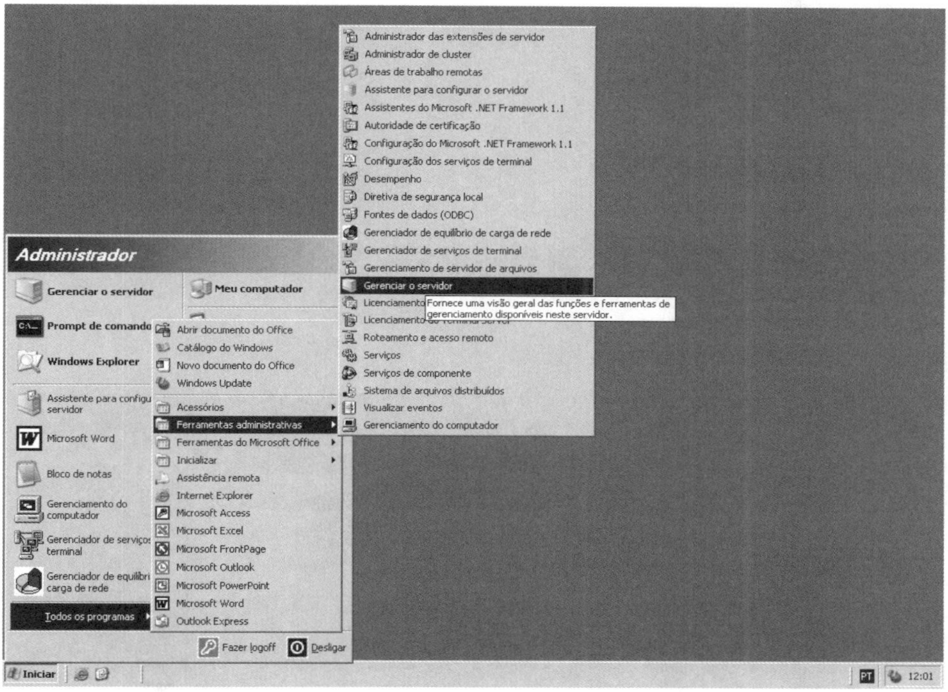

Figura 2.5

É preciso especificar as funções que o servidor deve possuir. Por exemplo, é necessário determinar que ele será um servidor de arquivos. Clique em Adicionar ou remover uma função para escolher as funções que deseja ativar no servidor e Avançar.

Aparece a tela da figura 2.7, na qual escolhemos as funções que desejamos ativar no servidor. Inicialmente será incluída a função Servidor de arquivos com um clique; selecione Avançar e configure os parâmetros solicitados. É possível escolher as configurações-padrão sugeridas para facilitar.

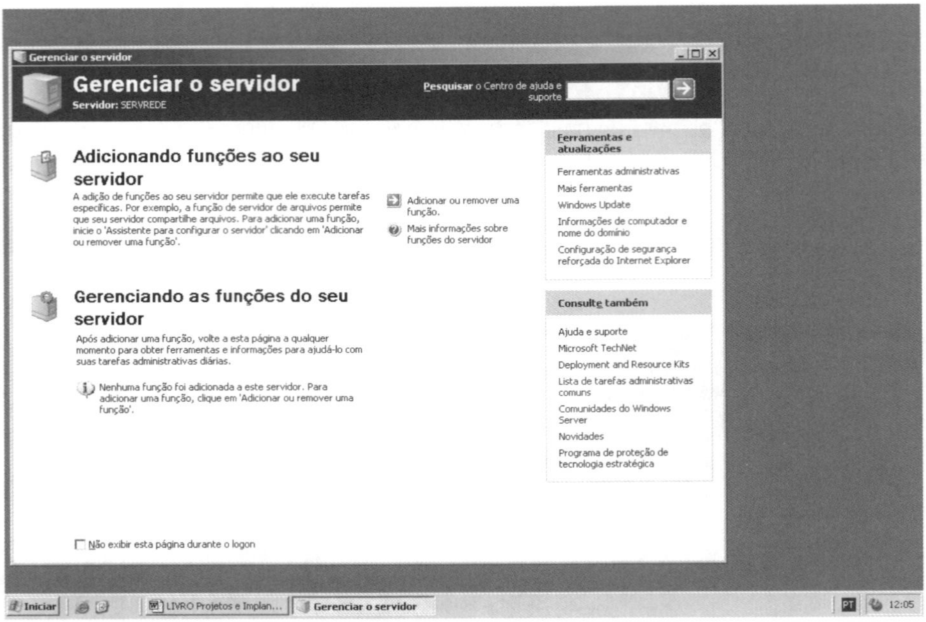

Figura 2.6

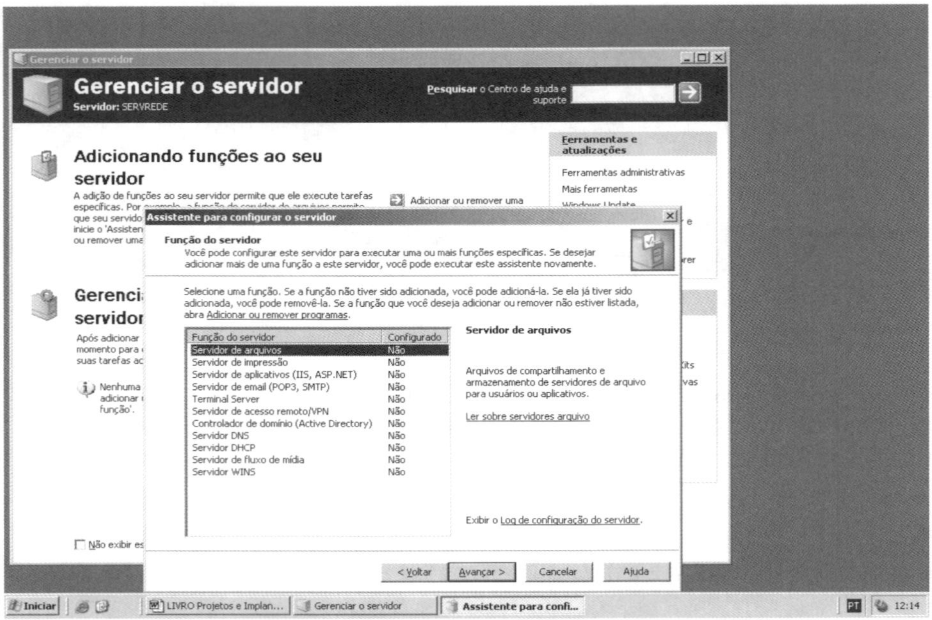

Figura 2.7

Em seguida vamos incluir a função Servidor de impressão para o servidor.

Novamente, em Gerenciar o servidor, clicar em Adicionar ou remover uma função, escolher a função Servidor de impressão e Avançar. Pode-se escolher as configurações sugeridas.

Primeiramente vamos configurar uma impressora ligada diretamente ao servidor, ou seja, impressora local conectada ao servidor. Nesse caso, uma impressora conectada diretamente ao servidor por um cabo paralelo deve estar ligada. O sistema detecta a impressora. Uma página de teste é impressa e o assistente de instalação retorna à página de configuração de outra impressora.

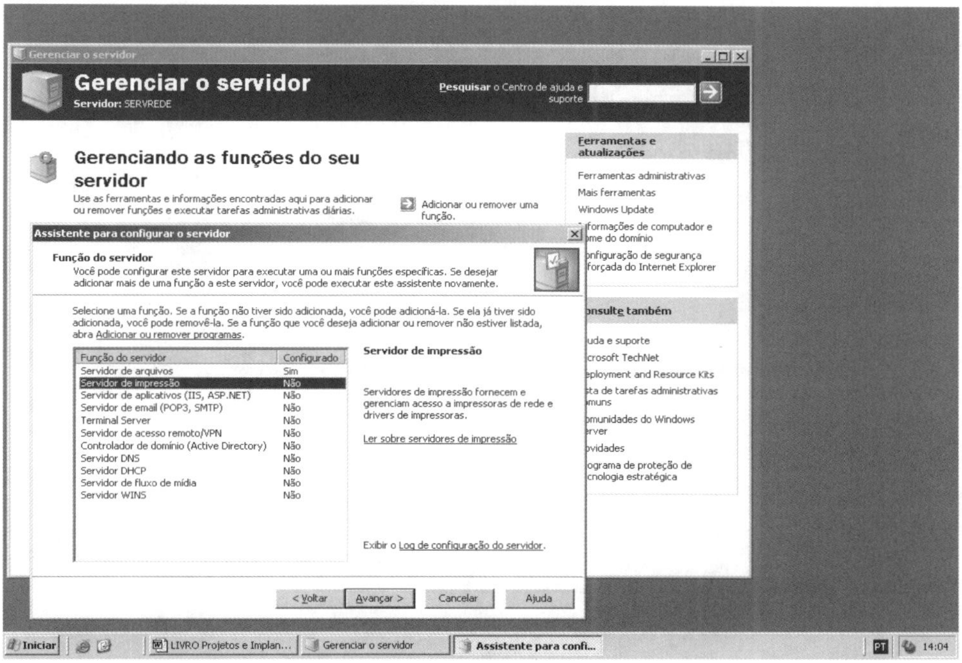

Figura 2.8

A segunda impressora a ser configurada está ligada à rede, impressora com placa e cabo de rede conectados ao *hub*. Nesse caso, na configuração é escolhida a opção Uma impressora de rede e Avançar. Em seguida, o assistente procura a impressora ligada à rede. Escolha-a e confirme. Para essa configuração é preciso que a impressora esteja conectada à rede pela placa e cabo da rede, e também ligada para que o assistente a detecte.

Designa-se agora a função de servidor de e-mail para o servidor. Na tela de gerenciamento das funções do servidor, clique em Adicionar ou remover uma função, na opção Servidor de e-mail (POP3, SMTP) e Avançar.

Vamos usar as configurações sugeridas como autenticação pelas contas locais do Windows e o domínio de nome dominiorede. Avance e o sistema instala os protocolos de envio e recebimento de e-mails (POP3 e SMTP). Ao final, o servidor passa a ser também um servidor de e-mail.

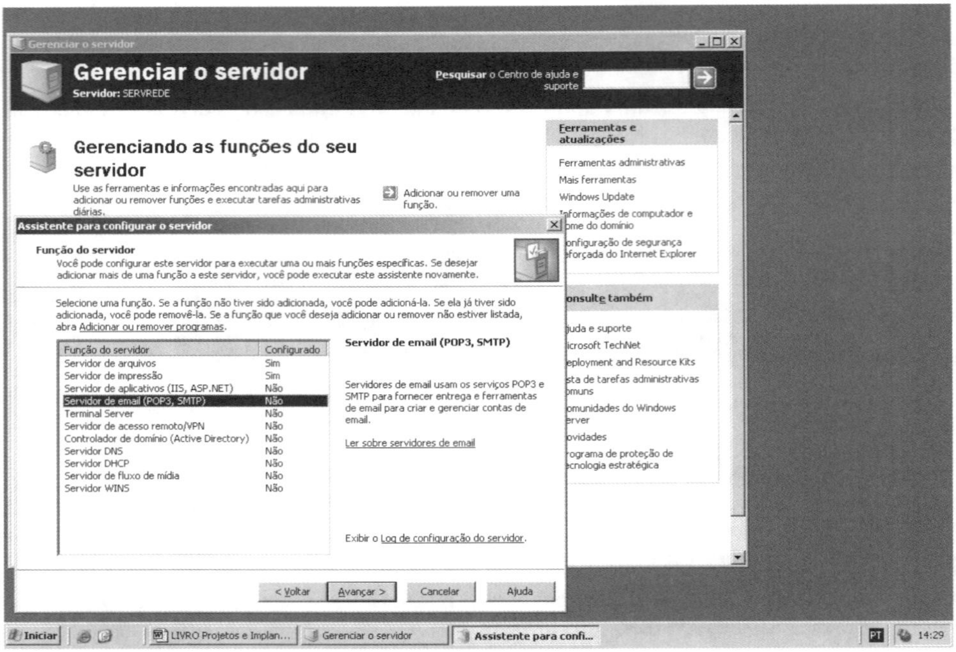

Figura 2.9

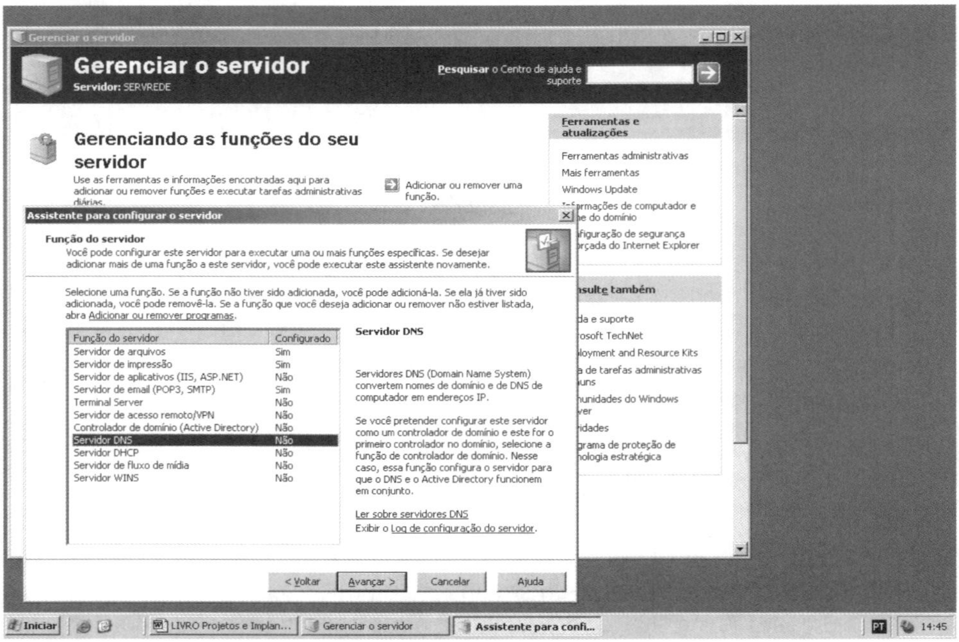

Figura 2.10

Adicione a função de servidor DNS para o servidor. Na tela de gerenciamento do servidor (figura 2.10), clique em Adicionar ou remover uma função e na opção Servidor DNS. Avançando, o assistente instala o DNS. Utilize as configurações sugeridas e a especificação da zona de atuação do DNS, o domínio da rede (dominiorede).

Finalmente, configura-se a função de servidor DHCP para este servidor. Escolha a opção Servidor DHCP e clique em Avançar. O assistente de instalação do DHCP solicita, então, a faixa de endereços IP a ser distribuída pelo DHCP. Pode-se utilizar, por exemplo, a faixa de endereços de 10.0.0.1 a 10.0.0.60, ou seja, haverá 60 endereços IP a serem distribuídos aos computadores integrantes da rede.

No caso em questão, há um roteador para acesso à Internet ligado diretamente ao servidor. Se houvesse um roteador ligado diretamente à rede, ou seja, ligado ao *hub* da rede, seria preciso especificar na configuração do DHCP o endereço IP dele para o DHCP, caso a saída dos computadores para a Internet seja feita por esse roteador e não pelo servidor.

Caso o Active Directory, que faz o controle de domínios, ainda não esteja carregado, carregue-o utilizando a opção Iniciar, Executar e digite dcpromo. O Windows 2003 Server carrega então o Active Directory, por meio do qual é possível fazer a inclusão, a exclusão e a administração de usuários e computadores com mais facilidade.

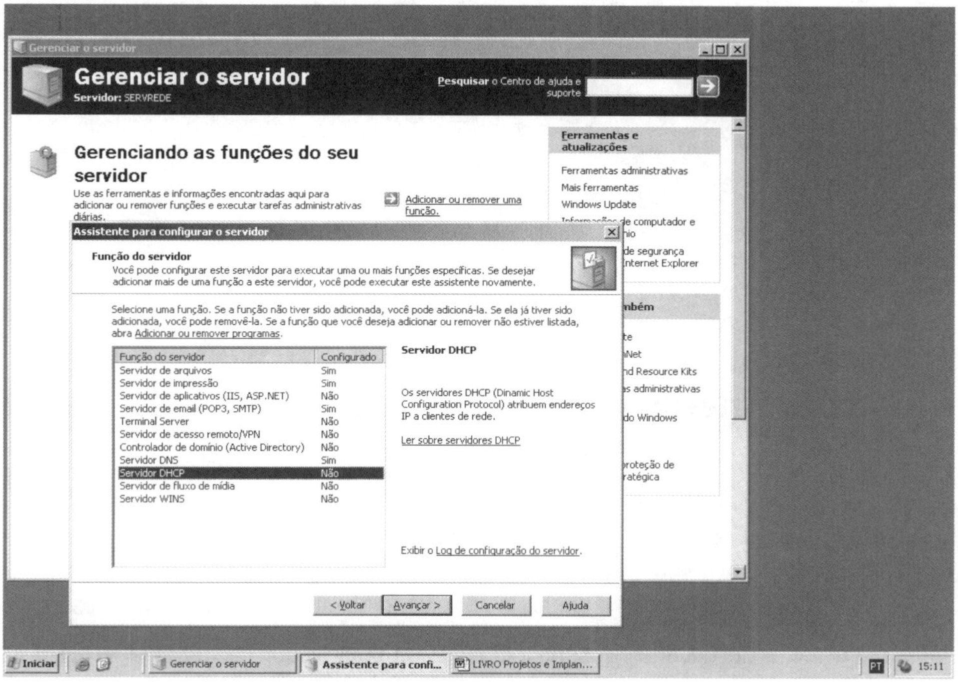

Figura 2.11

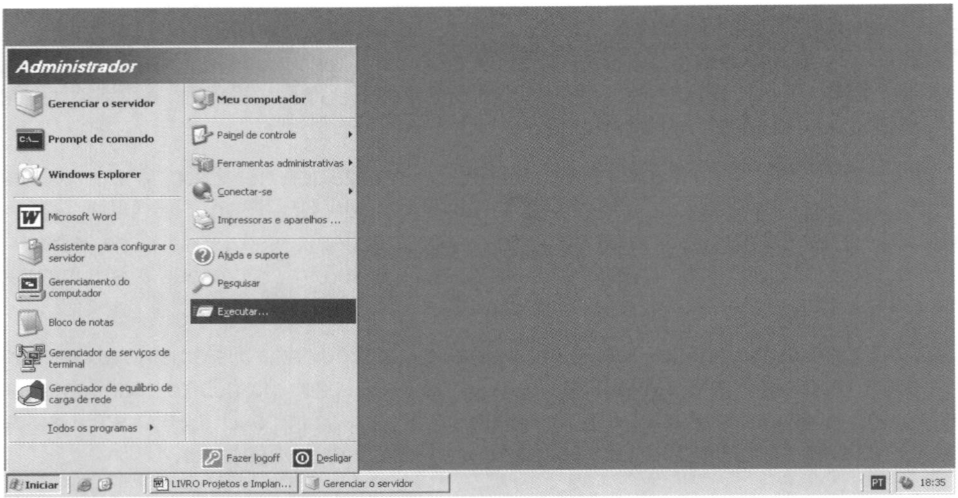

Figura 2.12

Figura 2.13

2.2. Como criar contas de usuário e de grupo (cadastramento e configuração de usuários da rede)

Com o *Active Directory*, que é o controlador de domínio do Windows 2003 Server, criam-se novos usuários (contas de usuários). Cada usuário da rede deve ser cadastrado no servidor de rede e ter um nome e senha de acesso. Quando o usuário acessa a rede, ele é autenticado, ou seja, fornece no computador seu nome e senha ao servidor para que o controlador de domínio verifique, por meio da conferência do nome (*login*) e senha, se o usuário possui permissão para acessar a rede.

Para criar outra conta de usuário no servidor, entre no controlador de domínio *Active Directory* pelas opções Iniciar, Todos os Programas, Ferramentas Administrativas e Gerenciar o Servidor.

Para criar uma conta de usuário da rede, no controlador de domínio *Active Directory* vá até a opção Gerenciar usuários e computadores no *Active Directory*.

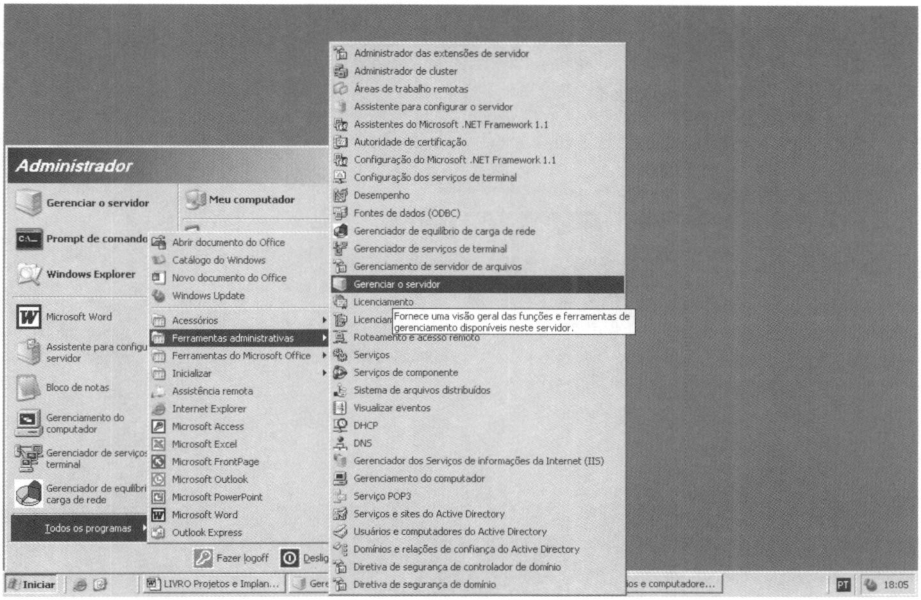

Figura 2.14

Após a escolha da opção Gerenciar usuários e computadores no *Active Directory*, aparece a tela da figura 2.16. Clique com o botão direito em Users e escolha as opções Novo e Usuário. É necessário adicionar um novo usuário à rede cadastrando-o, ou seja, criando uma conta para ele.

Figura 2.15

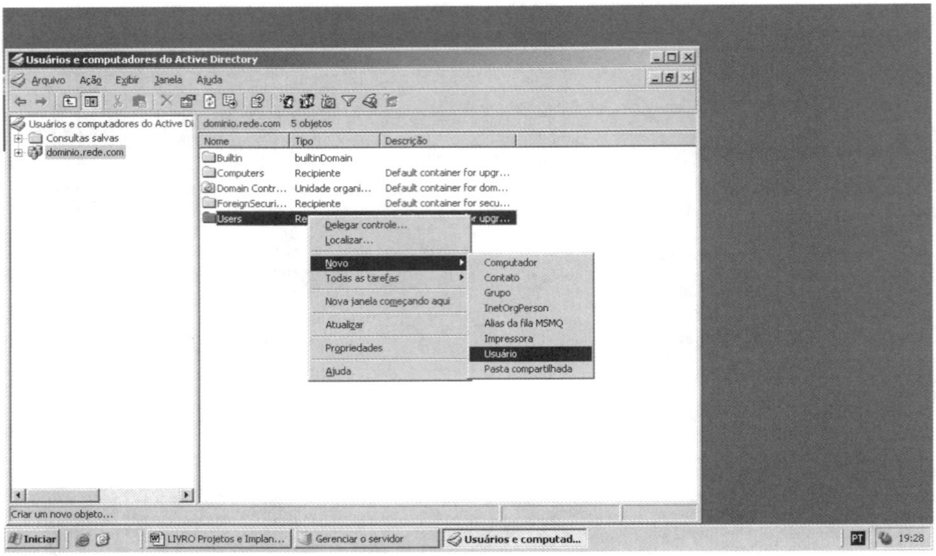

Figura 2.16

Clique com o botão direito em Users, Novo e Usuário e surge a tela para inclusão dos dados do novo usuário da rede.

Vários usuários são criados automaticamente pelo Windows no diretório Users. Essa opção mostra a relação de todos os usuários. É possível alterar, excluir, incluir em um grupo e administrar um usuário, simplesmente clicando com o botão direito no usuário na relação de Users e escolhendo a opção desejada.

Vamos incluir o usuário1 com a senha usurede1#, conforme a figura 2.18.

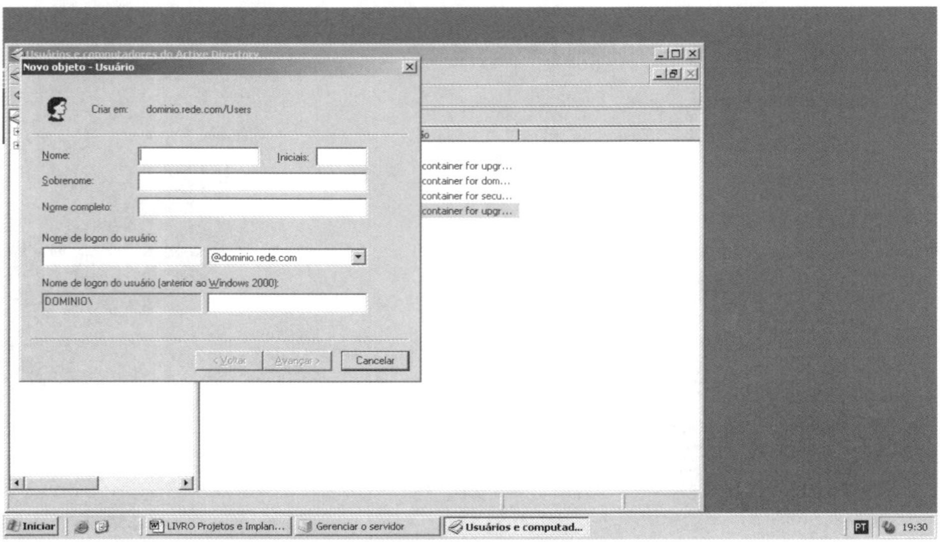

Figura 2.17

Digita-se a senha usurede1#, em seguida optamos pela alteração da senha no próximo acesso do usuário à rede, ou seja, a senha fornecida é temporária. Avance e conclua. Esse procedimento deve ser feito para todos os usuários da rede.

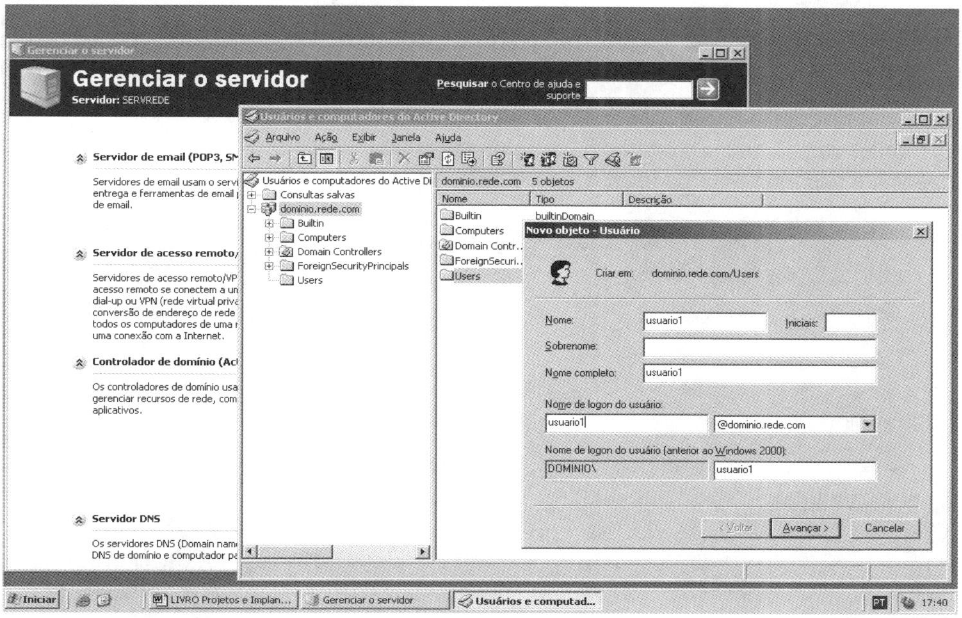

Figura 2.18

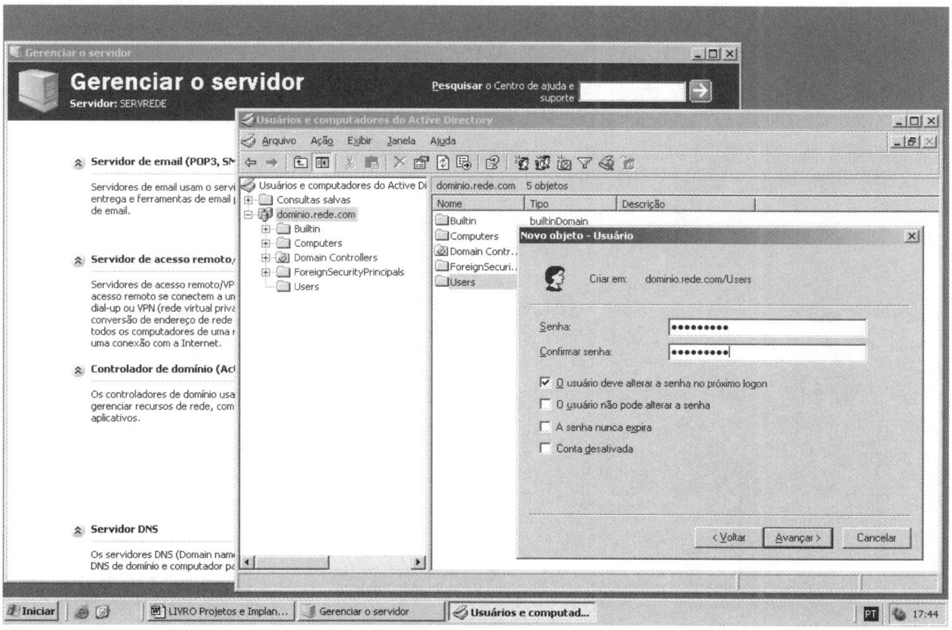

Figura 2.19

Vamos incluir o usuario4, com a senha usurede4#. Observe que os usuários são criados no domínio da rede local à qual demos o nome de dominio.rede.com. Podemos ver na figura 2.20 que a nova conta de usuário é criada no domínio dominio.rede.com, no diretório Users (dominio.rede.com/Users).

Digita-se a senha usurede4#, (figura 2.21) em seguida optamos pela alteração da senha no próximo acesso do usuário à rede, ou seja, a senha fornecida é temporária. Avance e conclua. Esse procedimento deve ser feito para todos os usuários da rede.

Analogamente, vamos criar as contas para os demais usuários da rede, como o usuario2 (senha: usurede2#) e o usuario3 (senha: usurede3#) e assim por diante.

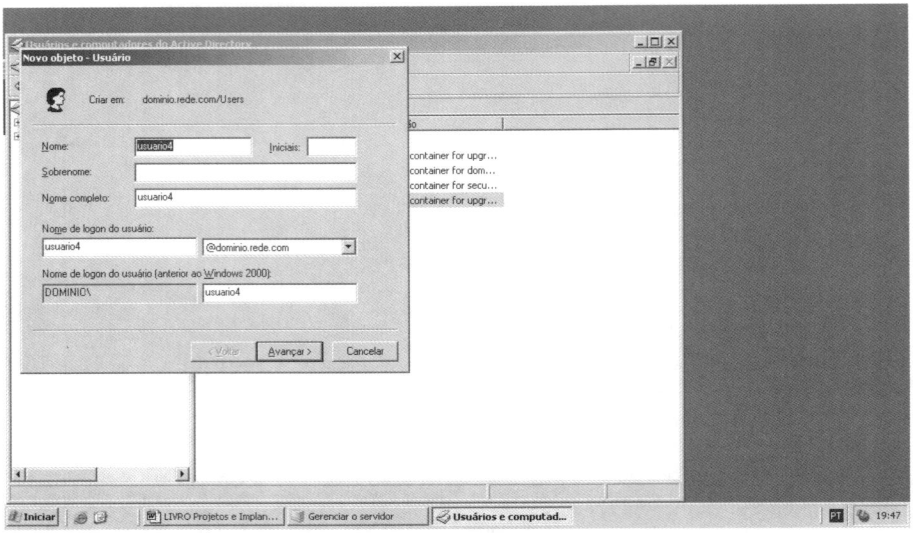

Figura 2.20

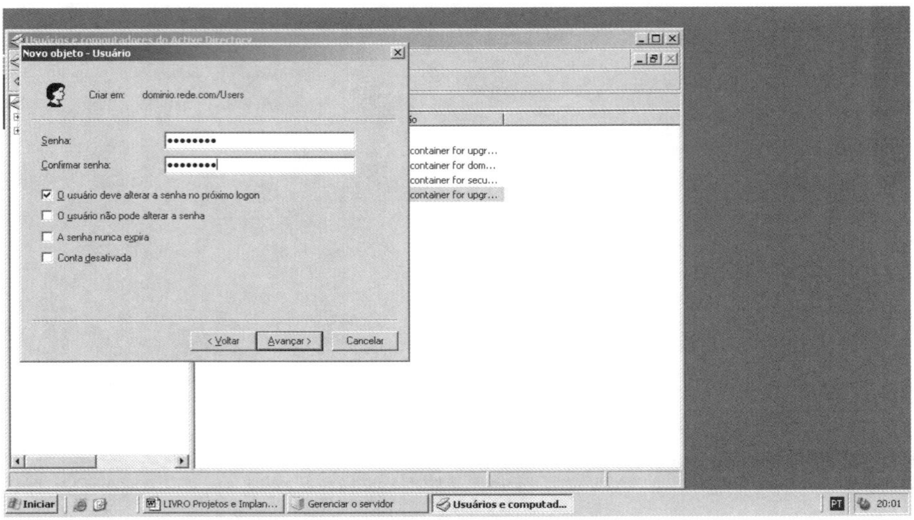

Figura 2.21

A configuração das contas dos usuários da rede permite a implantação de políticas de segurança, de acordo com as necessidades da empresa. Podemos, por exemplo, selecionar a conta do usuário1 em Users, usuario1 e Propriedades e fazer configurações para esse usuário, de acordo com a política de segurança como, por exemplo, especificar o horário em que o usuário pode acessar a rede ou quando a senha deve ser trocada.

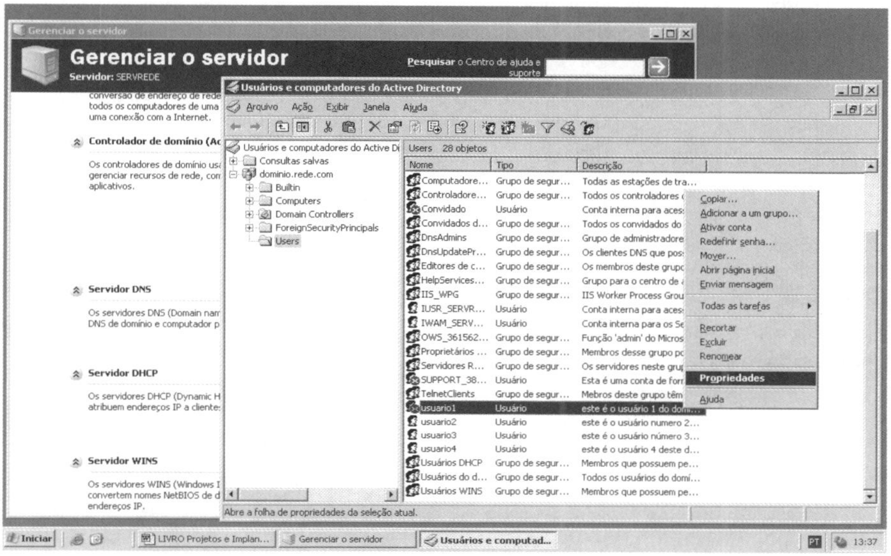

Figura 2.22

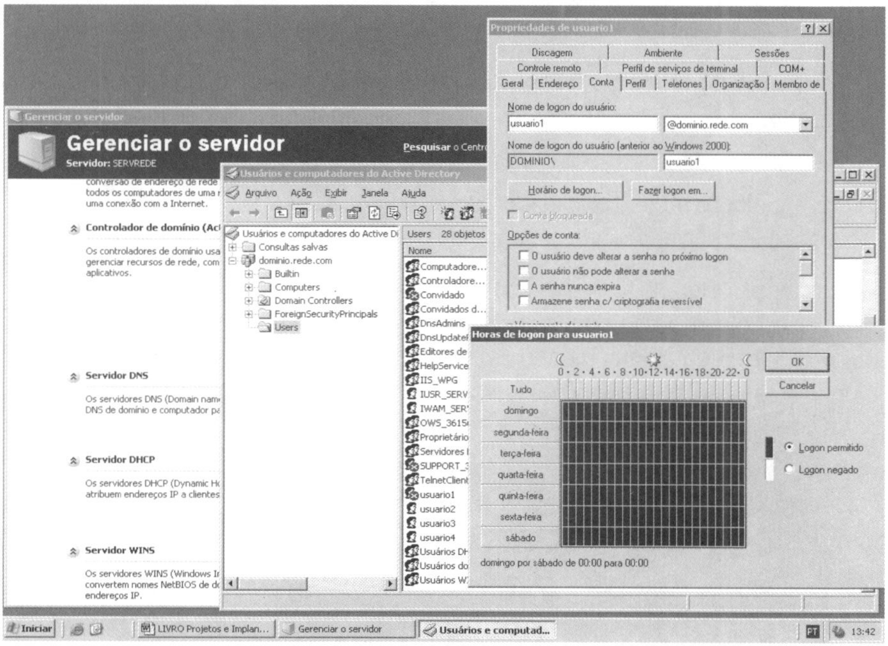

Figura 2.23

No exemplo a seguir entramos nas opções de menu Conta e Horário de logon para especificar o horário que esse usuário pode acessar a rede.

Continue o processo de inclusão de novos usuários na rede até cadastrar e configurar todos eles. Relacione em uma folha os nomes e senhas de cada usuário para utilizar depois.

Para conceder mais ou menos privilégios a um ou outro usuário, é preciso incluí-lo em um grupo de usuários que possui permissões específicas para efetuar atividades não permitidas a usuários comuns.

Efetuado o cadastramento e a configuração dos usuários da rede, agora vamos cadastrar e configurar os equipamentos (computadores) ligados à rede.

Os computadores e impressoras ligados à rede são chamados de clientes, pois solicitam tarefas ao servidor da rede.

Nos computadores clientes, ou seja, que acessam o servidor ou servidores da rede, deve-se instalar o sistema operacional Windows XP Professional (o Windows XP Home não funciona em rede). Desta forma eles podem se comunicar com o servidor da rede que possui o sistema operacional Windows 2003 Server.

O primeiro passo é obter os nomes dos computadores que serão ligados na rede e relacioná-los em um papel para serem utilizados na configuração. Para consegui-los, acesse cada um deles e, no Windows XP Professional de cada um, clique em Iniciar, clique com o botão direito do mouse em Meu Computador, escolha a opção Propriedades, veja o nome do computador na guia Nome do Computador e anote.

Vamos adotar no exemplo os seguintes nomes dos computadores ligados na rede: comp1, comp2 e comp3.

Após obter os nomes de todos os computadores da rede, acesse o servidor para incluí-los na rede. No servidor entre em Iniciar, Todos os programas, Ferramentas administrativas e Gerenciar o servidor (figura 2.24).

Para incluir o computador ou os computadores na rede, utiliza-se o controlador de domínio Active Directory, na opção Gerenciar usuário e computadores no Active Directory (figura 2.25).

Após escolher a opção Gerenciar usuários e computadores no Active Directory, aparece a tela da figura 2.26. Clique com o botão direito do mouse em Computers e escolha as opções Novo e Computador para incluir um computador novo. Na figura 2.27, a opção Users mostra a relação de usuários e onde eles podem ser incluídos, excluídos, alterados e administrados.

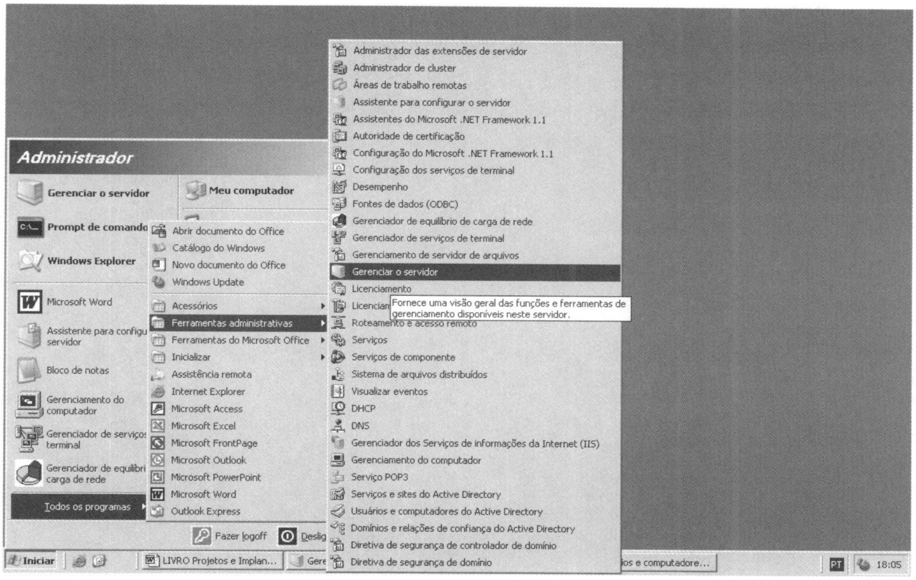

Figura 2.24

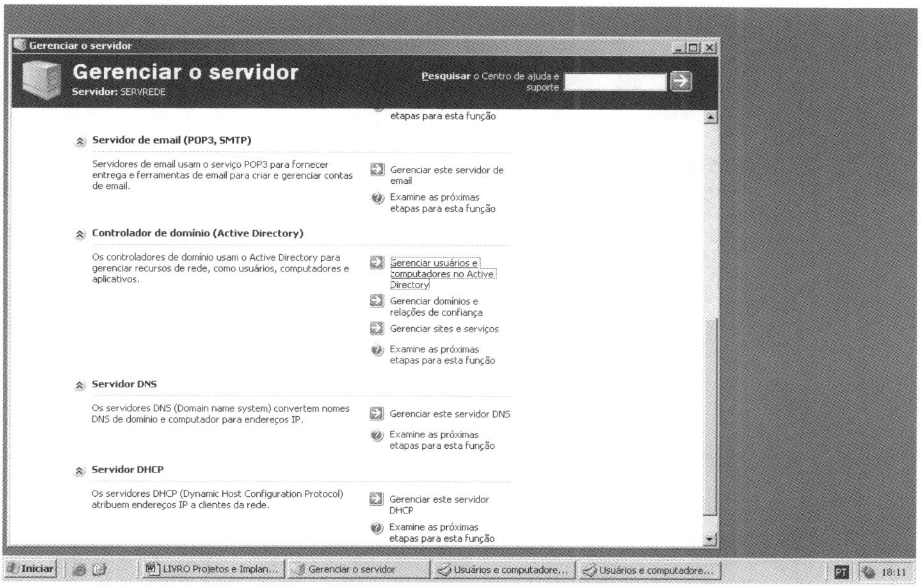

Figura 2.25

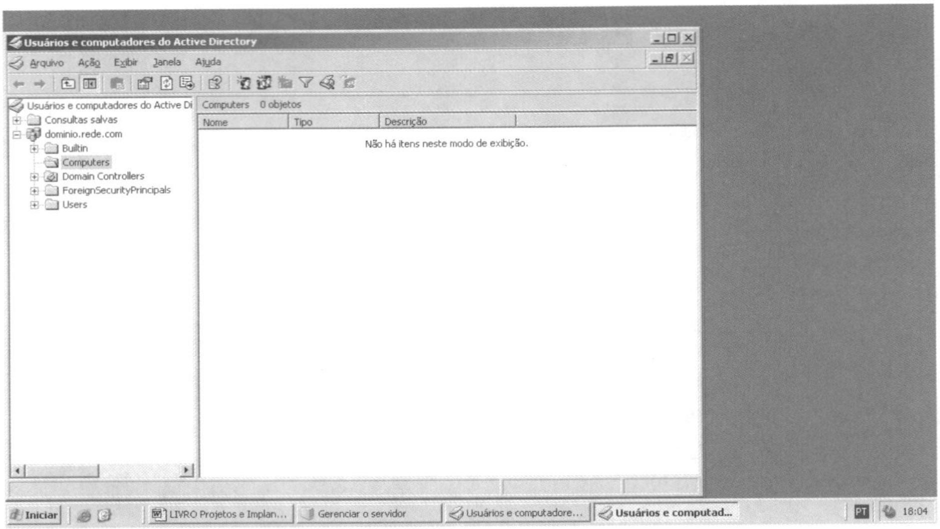

Figura 2.26

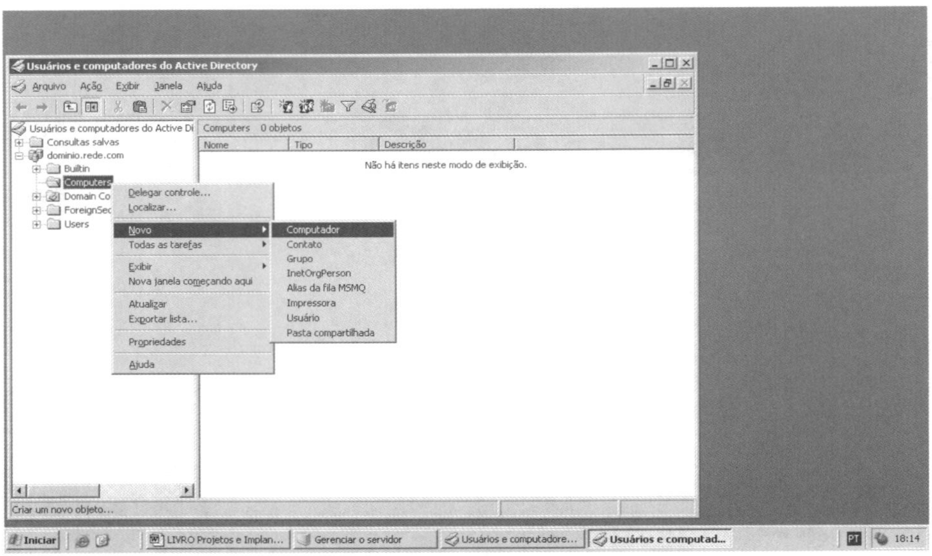

Figura 2.27

Surge a tela na qual se digita o nome do computador a ser incluído na rede e no domínio. Neste exemplo, o nome do computador a ser incluído é comp1.

Como é possível ver na tela da figura 2.28, o computador é incluído no domínio dominiorede, criado anteriormente. Clique em Avançar para a inclusão do novo computador. Da mesma forma incluem-se os demais computadores da rede, comp2 e comp3.

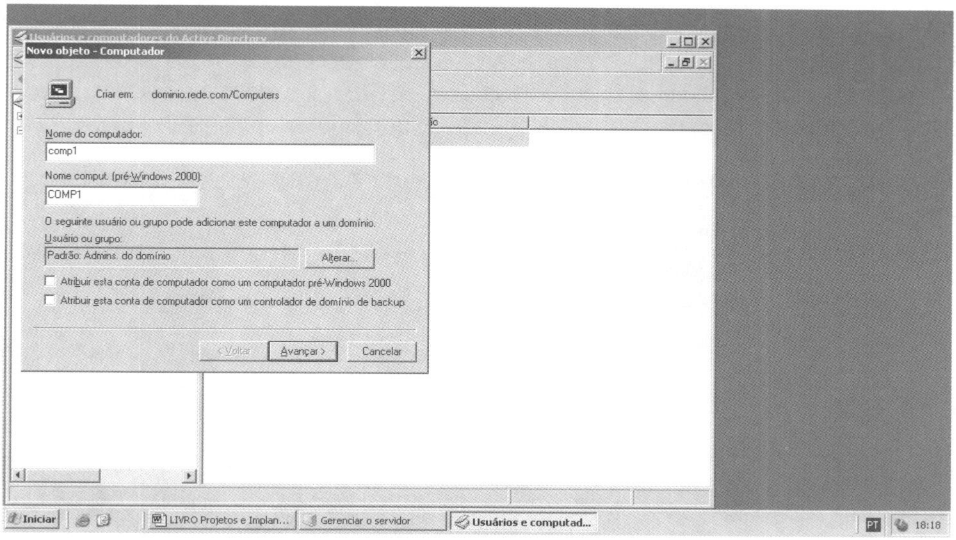

Figura 2.28

Após a inclusão dos três computadores na rede surge a tela em que podemos vê-los cadastrados.

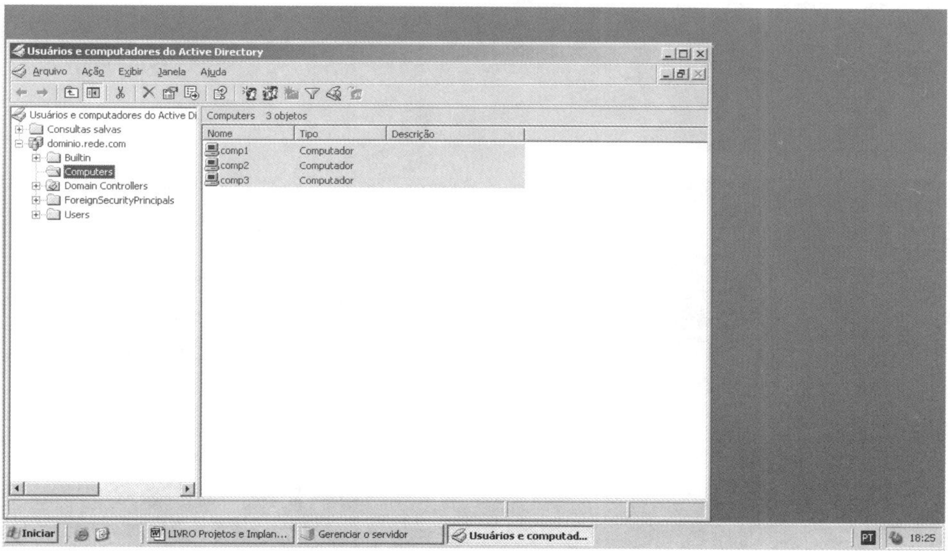

Figura 2.29

A distribuição dos endereços IP para os equipamentos ligados à rede pode ser feita de duas formas. Na primeira especifica-se um endereço fixo em cada equipamento e na segunda utiliza-se o serviço DHCP que distribui os endereços IP automaticamente para as máquinas.

O servidor DHCP, que já foi ativado anteriormente, pode ser acessado clicando em Iniciar, Todos os Programas, Ferramentas Administrativas e DHCP.

Clicando no DHCP, exibe-se a tela (figura 2.31) com o nome do servidor DHCP, neste caso testserver-2003.dominio.rede.com. A rede a ser utilizada (escopo) é a 10.0.0.0. Clique com o botão direito do mouse na linha Escopo [10.0.0.0] DHCP, que deve mencionar Ativo, e em Propriedades para ver a faixa de endereços de rede a ser distribuída pelo servidor DHCP.

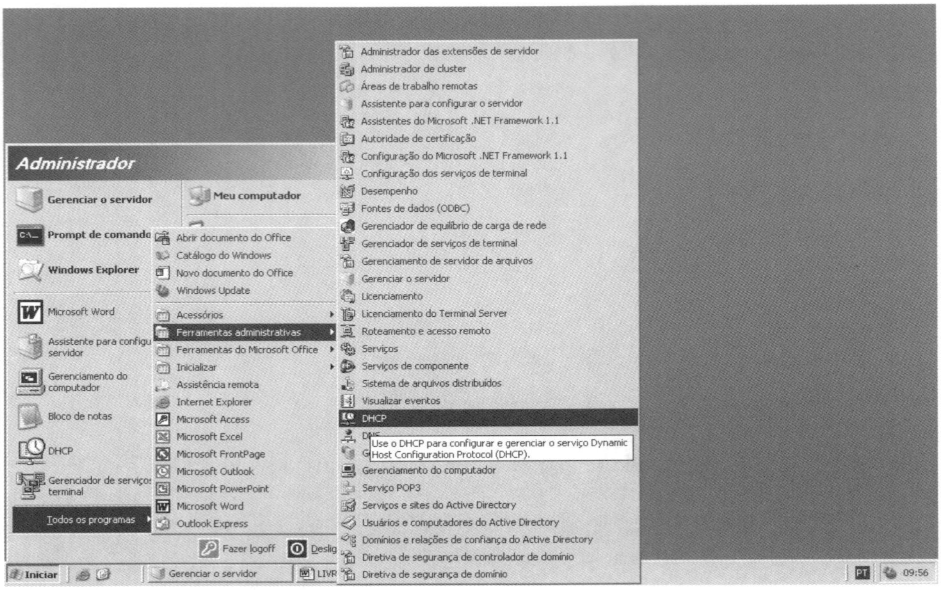

Figura 2.30

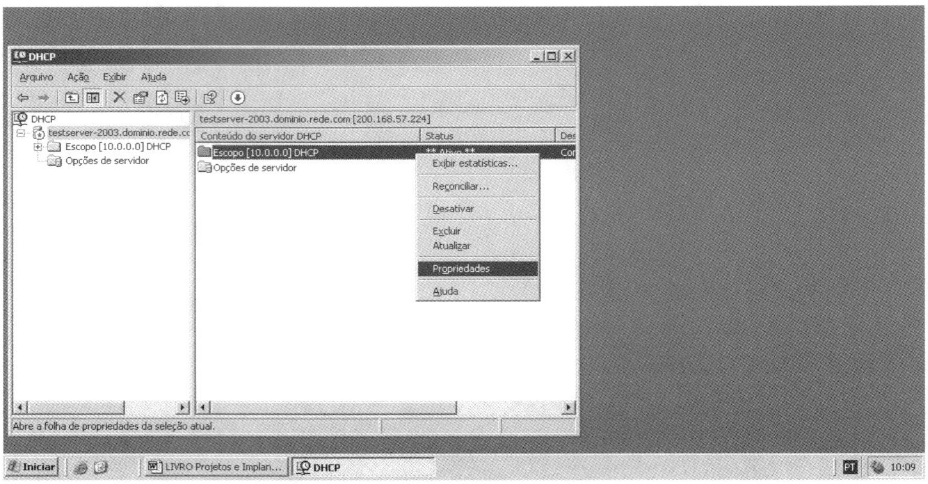

Figura 2.31

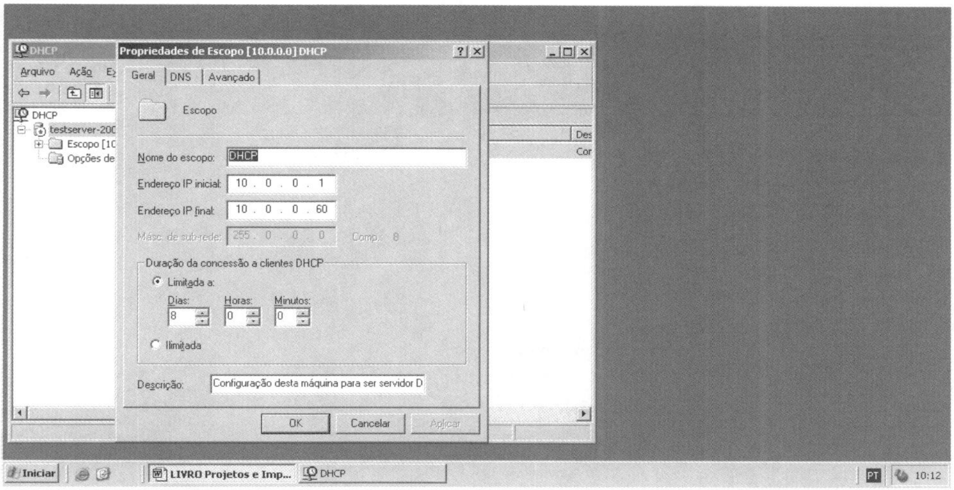

Figura 2.32

Vê-se que a faixa de endereços IP a ser distribuída para os equipamentos da rede vai de 10.0.0.1 a 10.0.0.60.

2.3. Função dos servidores

Nessa rede o servidor possui várias funções, como: servidor de arquivos, de impressão, de e-mail, controlador de domínio (*Active Directory*), servidor DNS e servidor DHCP.

Todos estes foram incluídos e podem ser acessados pela tela Gerenciar o servidor, do Windows 2003 Server. Com isso é possível incluir, excluir e fazer alterações nas configurações de cada um. Observe que no exemplo utilizamos uma única máquina com várias funções de servidor. Ou seja, usamos um único computador com várias funções de servidores.

Caso o volume de informações e processamentos de um determinado servidor seja elevado, podemos dedicar uma máquina exclusiva a essa função. Por exemplo, se a função de servidor de arquivos sobrecarregar a máquina que compartilha várias funções de servidores, é possível centralizar essa função de servidor de arquivos em apenas uma máquina.

Para incluir novas funções no servidor, instale-as usando o Assistente para configurar o servidor. É possível usar também a opção Adicionar ou remover uma função na tela Gerenciar o servidor.

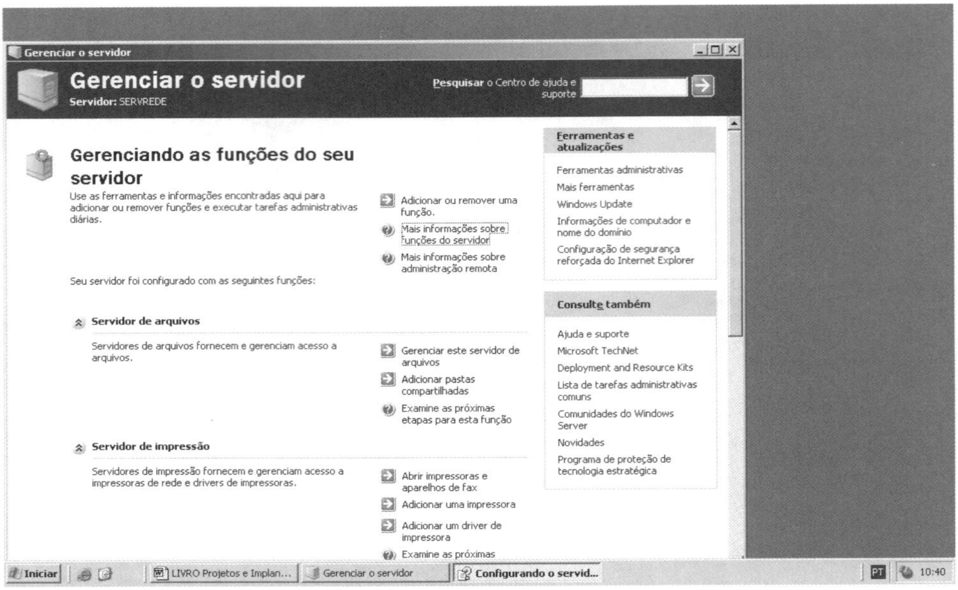

Figura 2.33

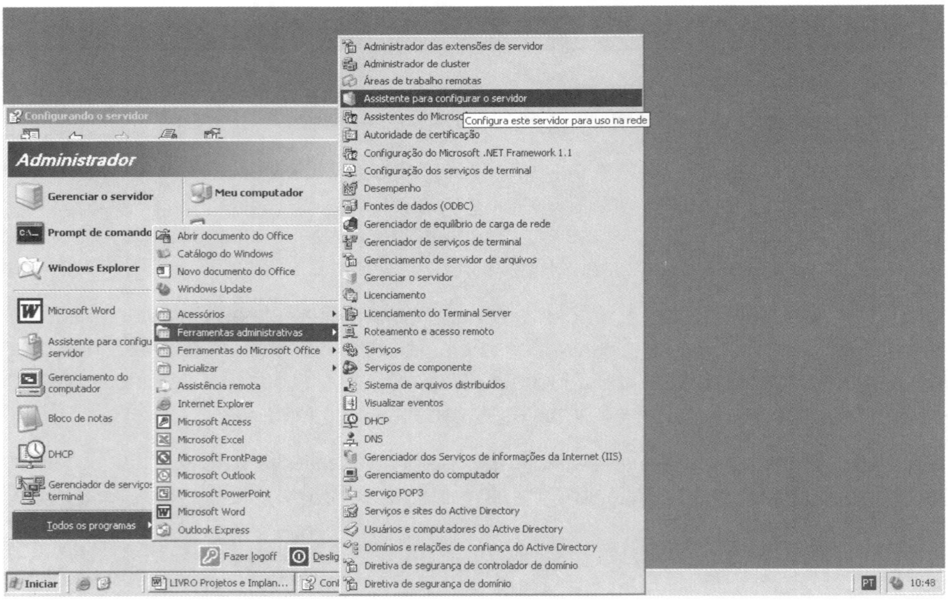

Figura 2.34

2.3.1. Servidor de arquivos

O servidor de arquivos centraliza e gerencia o armazenamento e o compartilhamento de arquivos entre os usuários. Os usuários da rede acessam os arquivos diretamente no servidor de arquivos. Desta forma tem-se um local único de armazenamento de dados da empresa, que é compartilhado pelos usuários, evitando assim duplicidades e permitindo maior segurança e controle no acesso aos dados da empresa.

Para acessar a função de servidor de arquivos, na tela Gerenciar o servidor, escolha a opção Servidor de arquivos, Gerenciar este servidor de arquivos.

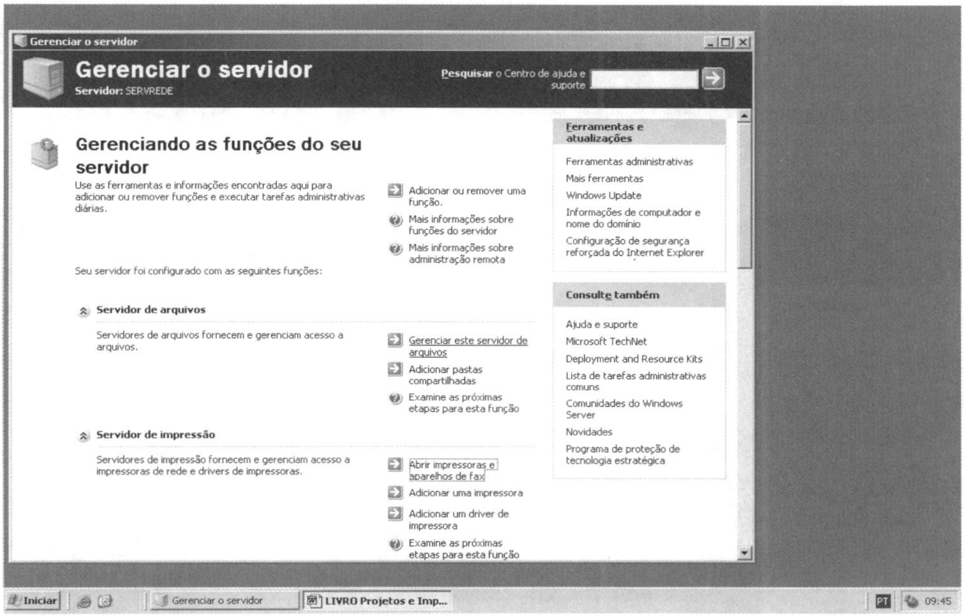

Figura 2.35

Aparece, então, a tela 2.36, na qual podemos gerenciar e configurar os compartilhamentos dos arquivos. Pode-se especificar o diretório ou arquivo a compartilhar clicando, no menu, em Ação, opção Novo compartilhamento e Avançar.

Escolha o arquivo ou diretório que deseja compartilhar com os usuários da rede. Pode-se escrever o nome do diretório ou arquivo, ou clicar em Procurar. No exemplo seguinte (figura 2.37), procura--se e compartilha o diretório Meus documentos que está no disco rígido C. Clique em Avançar para concluir o compartilhamento.

É possível também acessar o diretório que deseja compartilhar por meio do caminho Iniciar, Meu computador, escolher o disco e o diretório a compartilhar, clicar com o botão direito sobre ele e escolher a opção Compartilhamento e segurança.

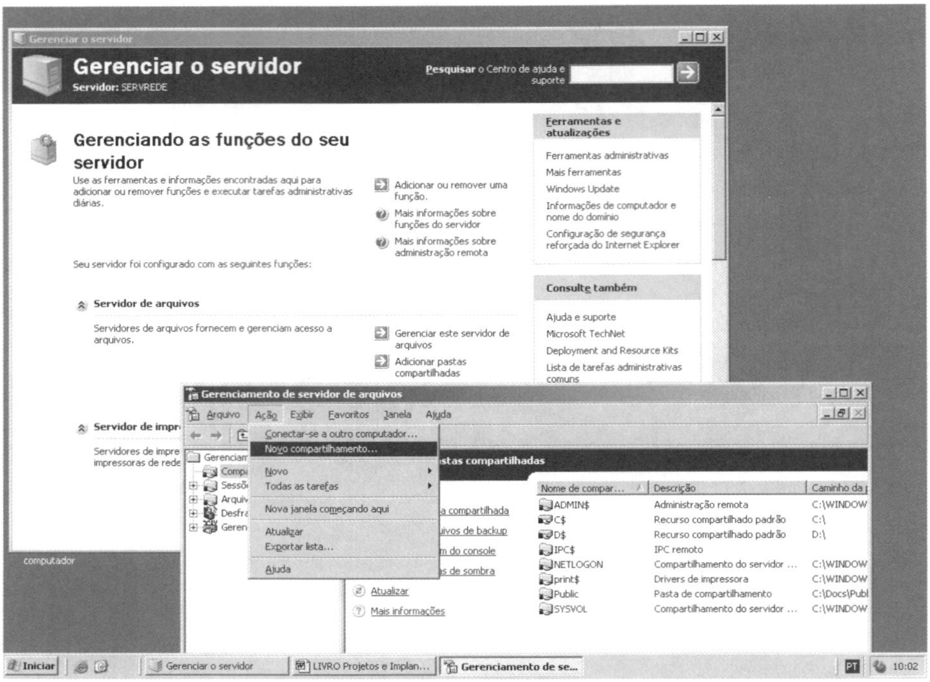

Figura 2.36

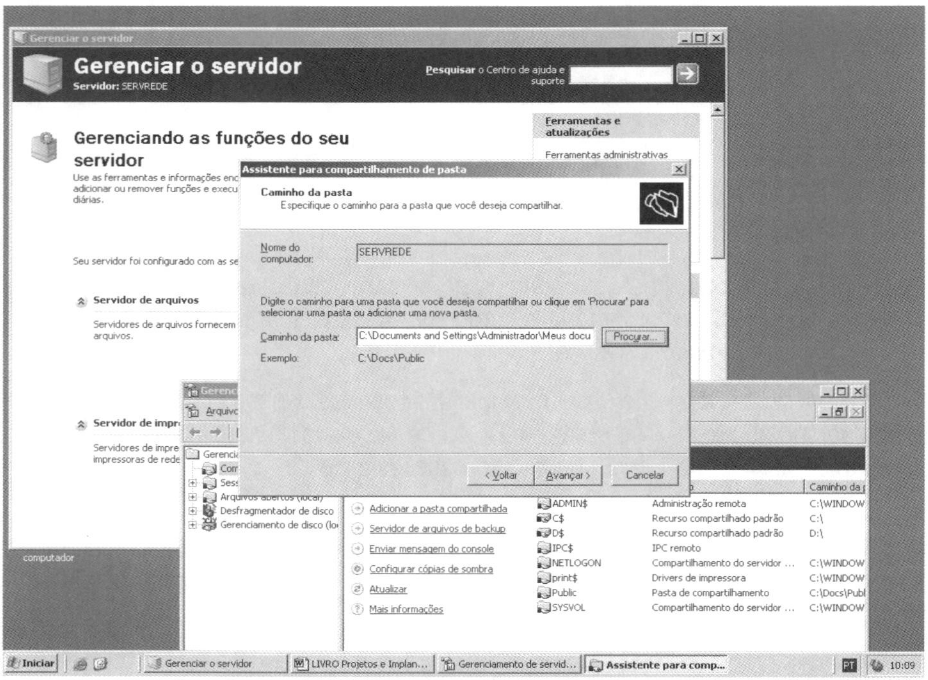

Figura 2.37

Nas configurações pode-se limitar o número de usuários que irão compartilhar o diretório ou arquivo e limitar o espaço em disco que cada usuário pode utilizar, estabelecendo uma cota de espaço para cada um. Para estabelecer cotas, clique em Iniciar, Meu computador, com o botão direito do mouse no disco rígido em que quer estabelecer cotas, escolha a opção Compartilhamento e segurança e Cota para então configurar a cota desejada.

2.3.2. Servidor de impressão

O servidor de impressão gerencia as impressoras da rede e o acesso a elas. Para acessar a função de servidor de impressão, dirija-se à tela Gerenciar o servidor e escolha a opção Abrir impressoras e aparelhos de fax no item Servidor de impressão.

No servidor de impressão definem-se os usuários da rede que terão acesso às impressoras, adicionam-se impressoras à rede e configura-se o compartilhamento.

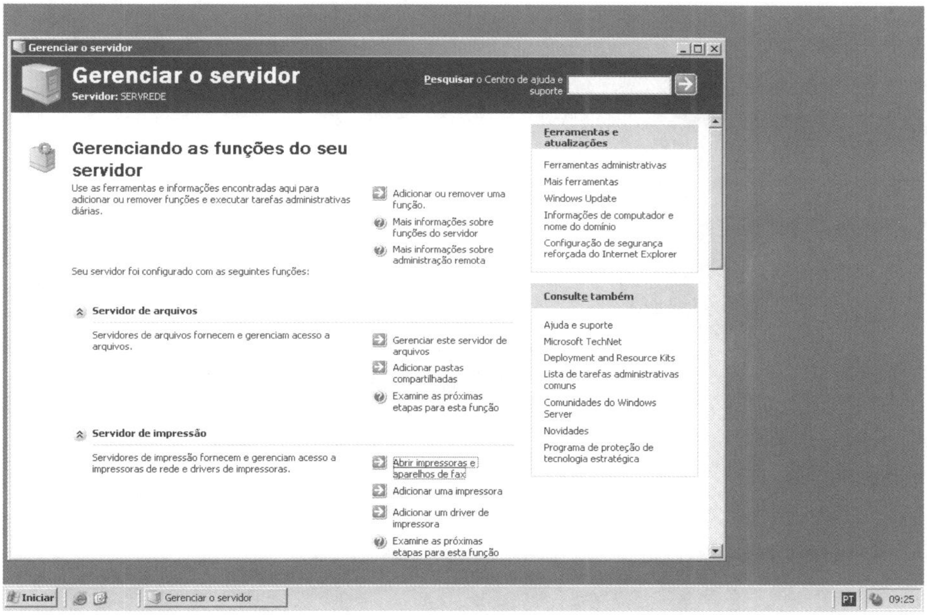

Figura 2.38

Clicando no Servidor de impressão e na opção Abrir impressoras e aparelhos de fax, entra-se na tela seguinte, à qual é possível adicionar impressoras ou alterar as configurações das impressoras já existentes. Neste exemplo já existe uma impressora ligada ao servidor.

Clique com o botão direito do mouse na impressora e em Propriedades para ver ou alterar as configurações dela. Se adicionar uma nova impressora, especifique na configuração se ela será ligada ao servidor por cabo paralelo ou se será ligada à rede, no *hub* ou *switch* por cabo de rede.

No item Compartilhamento assinale a opção Compartilhar esta impressora para que ela seja compartilhada pelos usuários da rede.

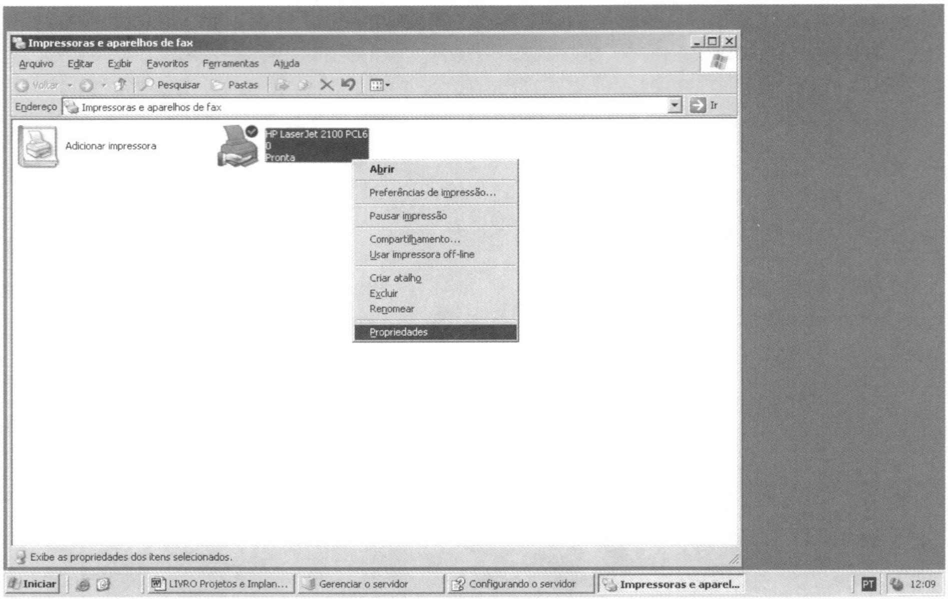

Figura 2.39

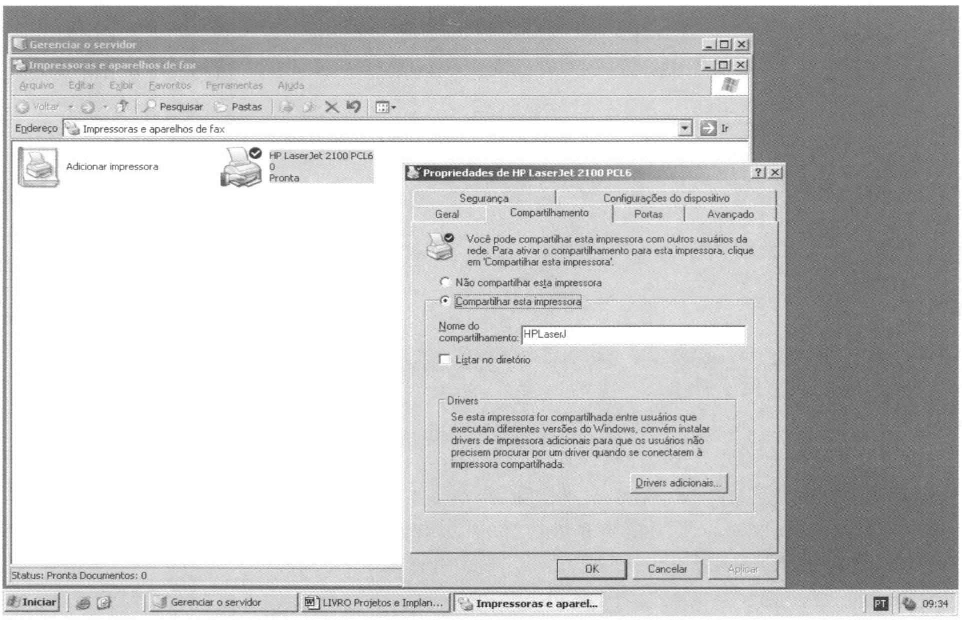

Figura 2.40

2.3.3. Servidor de e-mail

Ao ativar a função de servidor de e-mail nesse servidor, os usuários da rede podem usar os serviços de recepção, recuperação e transferência de e-mails pelos protocolos POP3 e SMTP.

O servidor de e-mail é uma aplicação que gerencia o recebimento e o envio de e-mails dos usuários da rede. Essa aplicação permite que os usuários troquem informações entre si e com a Internet. Existem vários aplicativos no mercado utilizados como servidores de e-mail. A aplicação de servidor de e-mail trabalha com dois protocolos: o protocolo POP, que recebe e armazena os e-mails destinados aos usuários da rede, e o SMTP, que envia os e-mails dos usuários.

O servidor de e-mail precisa estar ligado e conectado o tempo todo, para receber os e-mails a serem retransmitidos aos usuários quando eles se conectarem ao servidor. Ou seja, o usuário tem no seu computador um programa como o Outlook Express que, ao ser ativado, acessa o servidor de e-mail da rede e busca os e-mails recebidos que estão armazenados. Em um acesso individual/residencial, o servidor de e-mail fica no provedor da Internet. Ele deve permanecer ligado sempre, pois a qualquer momento pode chegar uma mensagem, que é então armazenada para o usuário acessar posteriormente, quando estiver conectado.

A rede de uma empresa tem um servidor de e-mail interno e um servidor de e-mail no provedor para receber as mensagens da Internet. Desta forma, os usuários da rede na empresa, ao trocarem mensagens entre si, não dependem do servidor de e-mail que está no provedor que cuida das mensagens recebidas e envidas para a Internet.

Cada usuário possui uma caixa postal no servidor, na qual são armazenados os seus e-mails. A configuração e a disponibilização dessa caixa postal para cada usuário denomina-se conta de e-mail. Cada usuário da rede possui uma conta de e-mail.

Para acessar a função de servidor de e-mail, na tela Gerenciar o servidor, clique na opção Gerenciar este servidor de e-mail.

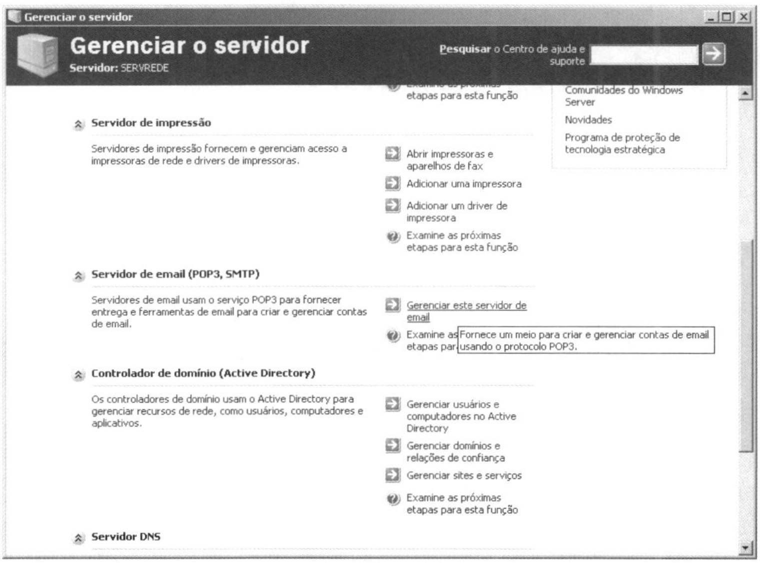

Figura 2.41

Há uma linha com o nome de servidor SERVREDE, que no caso é o exemplificado no livro. Clique com o botão direito do mouse na linha e em Propriedades, ou na opção Propriedades do servidor da tela, para ver as configurações dele. Observe que a porta do servidor é 110, do TCP/IP para servidor de armazenamento de e-mails.

O usuário busca e recupera e-mails do servidor de e-mail e traz para o seu computador, utilizando um programa de e-mails como o Outlook Express e o protocolo de recepção de e-mails POP3, que controla a conexão entre o usuário (cliente) de e-mail e o servidor no qual o e-mail está armazenado. A transmissão de e-mails é feita analogamente pelo protocolo SMTP.

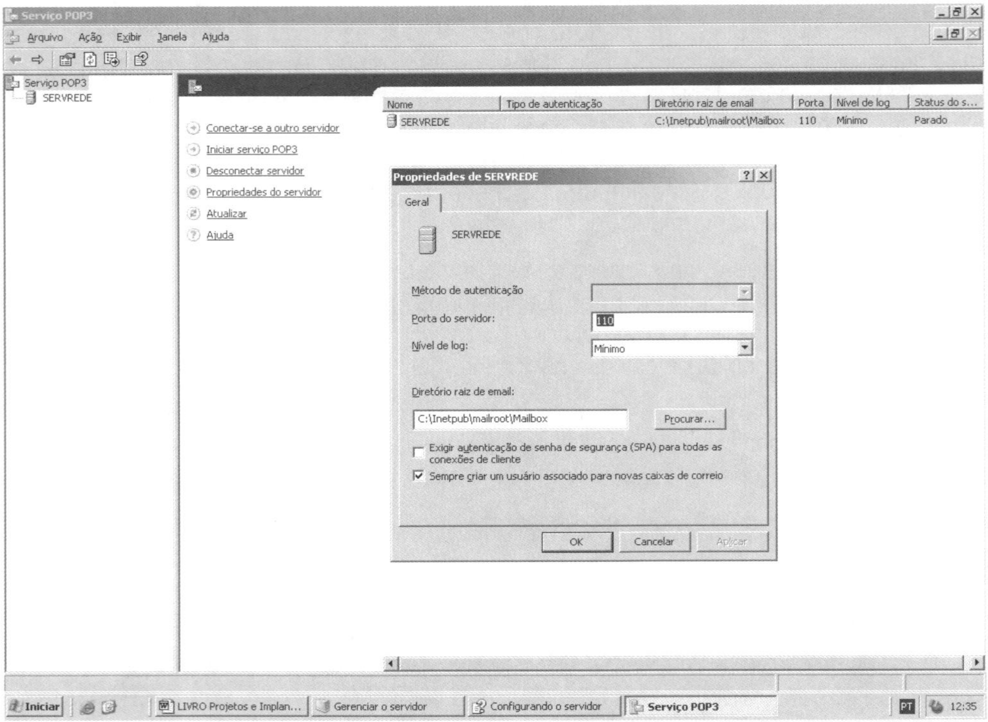

Figura 2.42

2.3.4. Servidor Web

Um servidor Web nada mais é do que um aplicativo (programa) que gerencia as suas páginas Web (seu site) para que as pessoas possam acessá-las. Basicamente, a função desse servidor é conectar-se à Internet e servir arquivos para os clientes que o acessam, disponibilizando assim um site para consulta.

Você pode instalar um servidor Web na sua rede ou contratar um provedor para armazenar o seu site e ser o seu servidor Web. Como ele deve permanecer ligado, pois é possível acessá-lo a qualquer momento, é preferível armazenar o site em um provedor que possui alta disponibilidade, sistemas de energia estabilizada e segurança física e lógica, para evitar ataques externos como vírus e acessos indevidos.

Pode-se também disponibilizar um servidor Web interno na empresa, só para o acesso pelos funcionários. Nesse caso, as informações, formulários, diretrizes e trabalhos internos da empresa podem ser feitos por aplicações tipo web, restritas aos funcionários da empresa, denominada Intranet.

Existem vários aplicativos que são servidores Web, como o Apache e o IIS (*Internet Information Services*) da Microsoft. Com eles, é possível hospedar e gerenciar páginas web tanto na Internet quanto na Intranet. Em uma Intranet, deve-se instalar o DNS em um dos computadores da rede para que ele traduza os nomes dos computadores nos respectivos endereços IP e vice-versa, ou utilizar os nomes de *hosts* para identificar os computadores na rede interna. Na Internet, os sites utilizam obrigatoriamente o DNS para traduzir os endereços IP nos nomes dos sites e vice-versa.

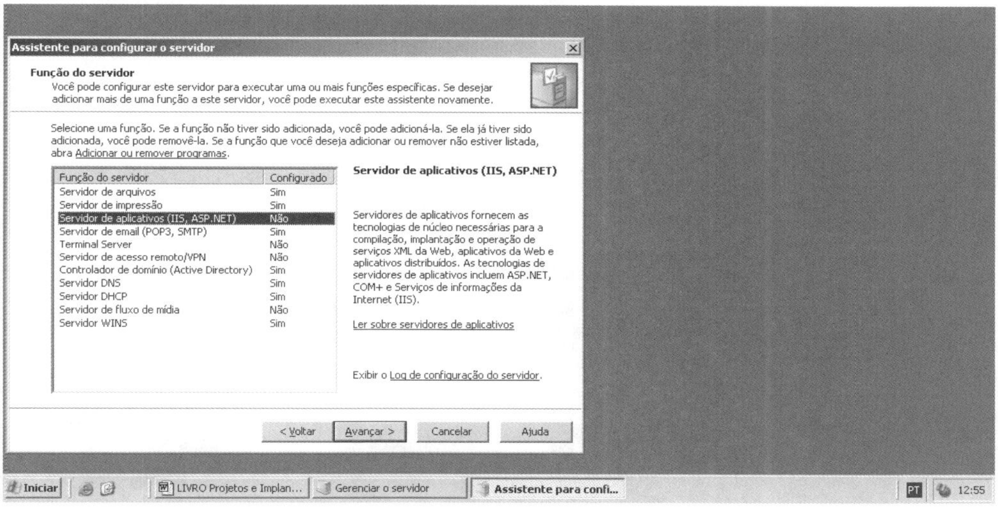

Figura 2.43

Para carregar o IIS, servidor Web da Microsoft, no Windows 2003 Server, dirija-se à tela Gerenciar o servidor, Adicionar ou remover uma função, Avançar e escolha a opção Servidor de aplicativos IIS na tela do assistente, para configurar o servidor.

2.3.5. Servidor DNS

O servidor DNS (*Domain Name System*) converte os nomes de domínio como, por exemplo, www.abcd.com.br, nos seus endereços IP correspondentes, pois o que efetivamente trafega na rede são endereços IP e não nomes.

Esse servidor é um sistema de nomes de domínio, usado em redes TCP/IP para localizar computadores e serviços por meio de nomes amigáveis para o usuário. Por exemplo, é mais fácil memorizar o nome do site da empresa, como www.nomedosite.com.br, do que o seu endereço IP. O DNS localiza o endereço IP com base em seu nome.

O computador cliente pergunta ao servidor DNS o endereço IP do computador que possui o site www.nomedosite.com.br. Ele responde com o IP. No exemplo o endereço IP do Web Server é o 10.0.0.1.

Os servidores DNS são compostos por um banco de dados DNS distribuído e consultado pelos computadores clientes da rede para obter os endereços IP. Esse servidor é conectado a outros servidores DNS na rede. Caso ele não tenha um nome em sua base de dados, consulta outros servidores DNS para obter a resposta.

Em uma pequena rede, o servidor DNS não é essencial, pois é possível utilizar o método de resolução de nome do Windows (WINS - *Windows Internet Name Service*) para localizar recursos da rede. Nesse caso, os recursos da Internet são localizados com os servidores DNS externos.

Se houver um servidor Web na rede, que disponibilize sites para a rede local dentro da empresa (Intranet), deve-se ter um servidor DNS instalado na rede.

Se o servidor Web da rede estiver ligado à Internet para disponibilizar o site ao público externo, um servidor DNS é fundamental.

Para configurar o servidor DNS e colocar o nome do domínio (site) nele, dirija-se à tela Gerenciar o servidor e, no servidor DNS, clique na opção Gerenciar este servidor DNS.

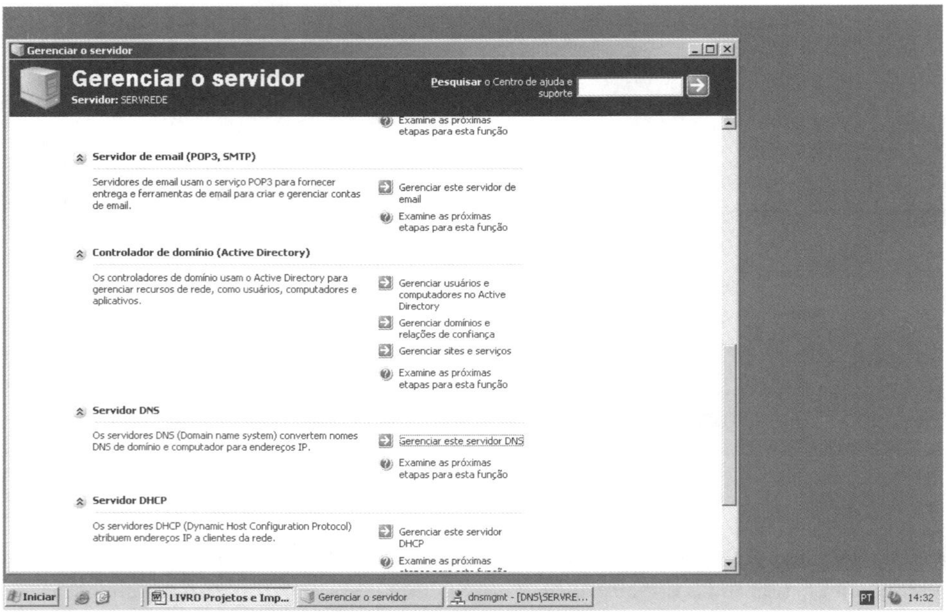

Figura 2.44

Na tela seguinte deve-se criar uma zona de pesquisa direta, que converte o nome do servidor em seu endereço IP. A zona de pesquisa inversa faz o oposto, ou seja, converte um endereço IP em seu respectivo nome.

Para iniciar a configuração do servidor DNS, recomenda-se remover todas as zonas existentes. Fica-se, então, com a figura 2.45.

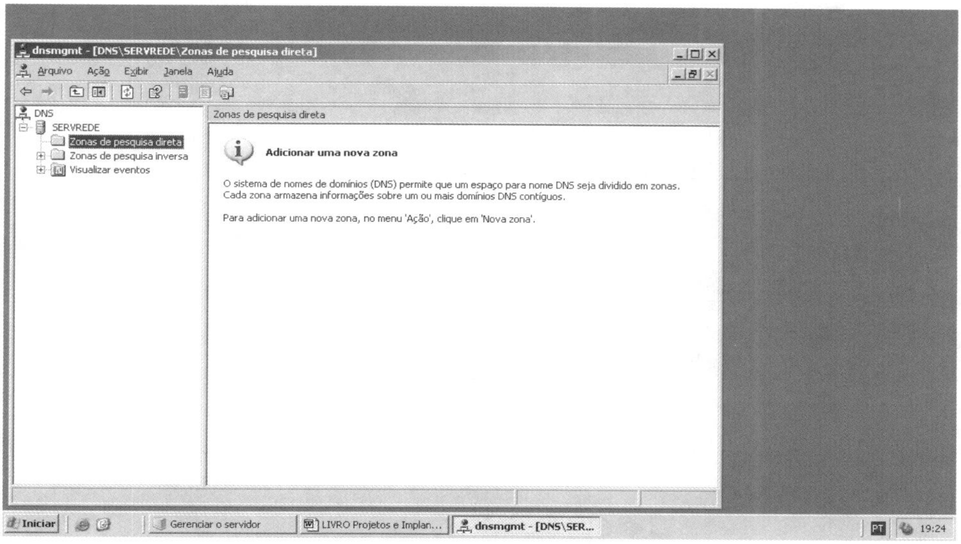

Figura 2.45

Clique com o botão direito do mouse em Zonas de pesquisa direta, Nova zona e Avançar para criar no servidor DNS o endereço www.nomedosite.com.br e associá-lo ao endereço IP do servidor Web.

Na tela 2.46, escolha as opções Zona Primária e Avançar.

Atribui-se o nome do domínio, o qual vamos chamar de nomedosite.com.br. Esse domínio deve ser usado somente na rede local. Deve-se criar uma zona primária para cada site (domínio) hospedado nessa rede.

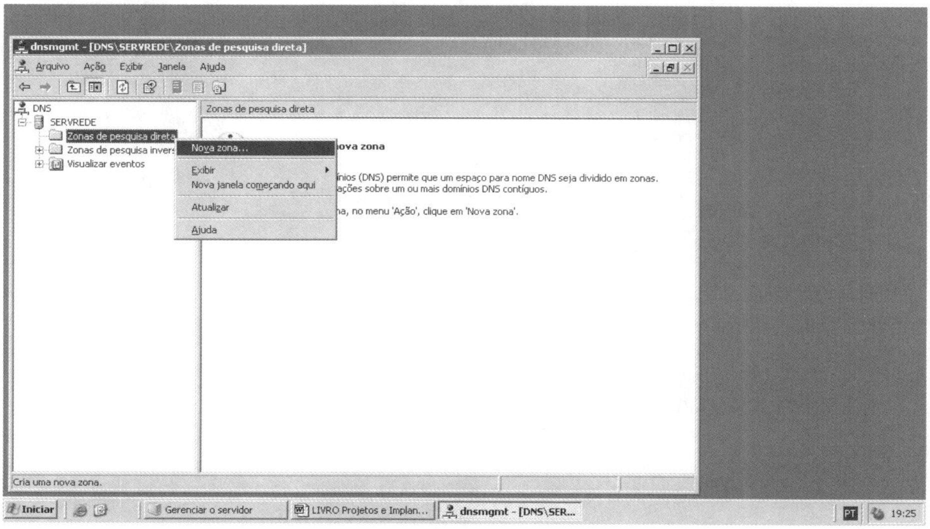

Figura 2.46

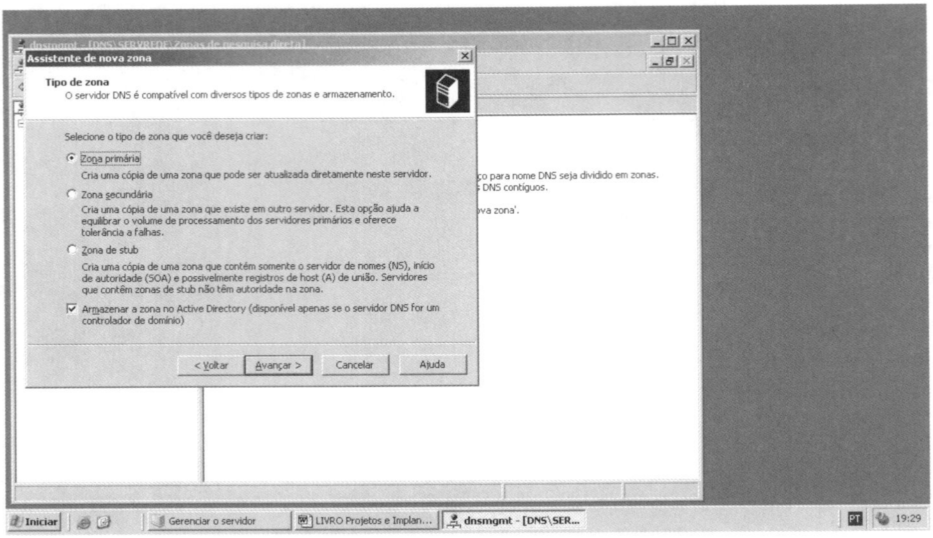

Figura 2.47

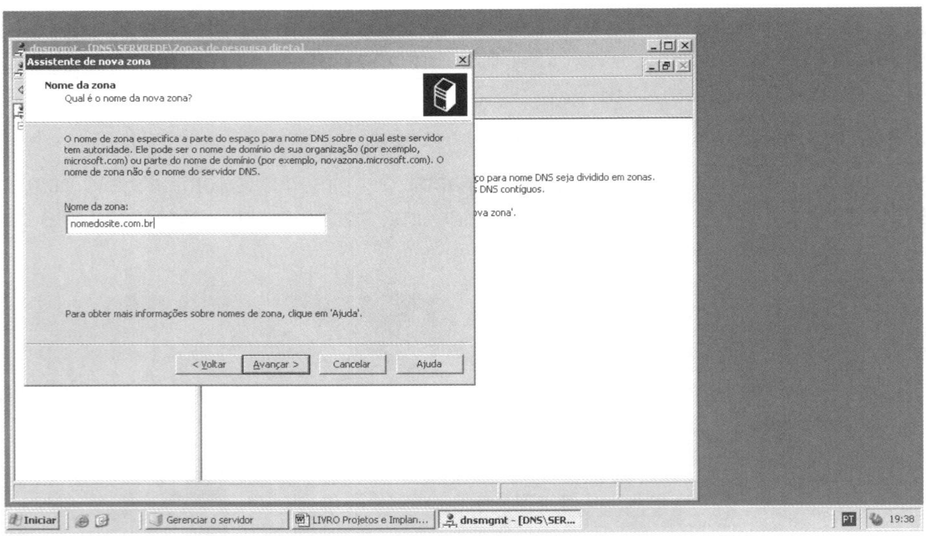

Figura 2.48

Ao avançar, surge a tela seguinte. Observe que a zona primária está integrada ao Active Directory.

Vamos agora criar uma zona de pesquisa inversa. Clique com o botão direito do mouse nas opções Zonas de pesquisa inversa, Nova zona e Avançar (figura 2.50).

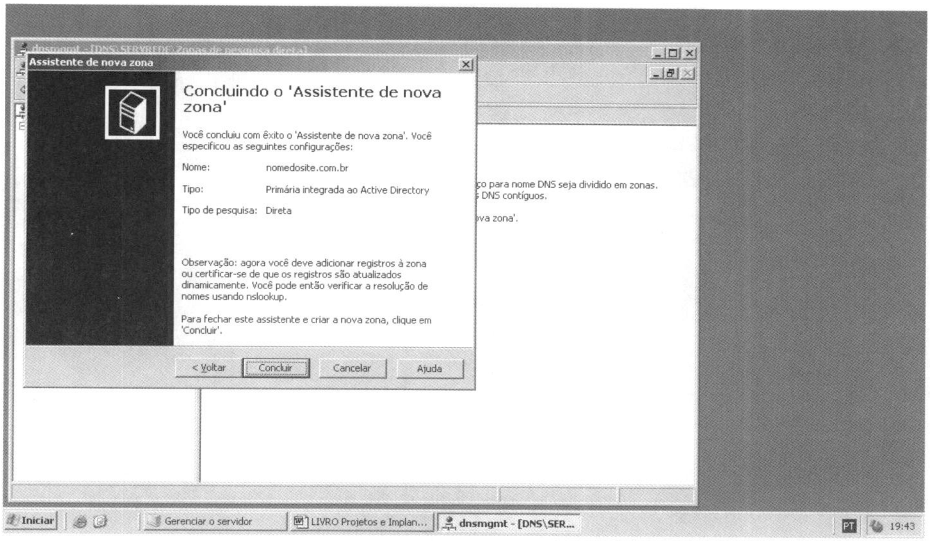

Figura 2.49

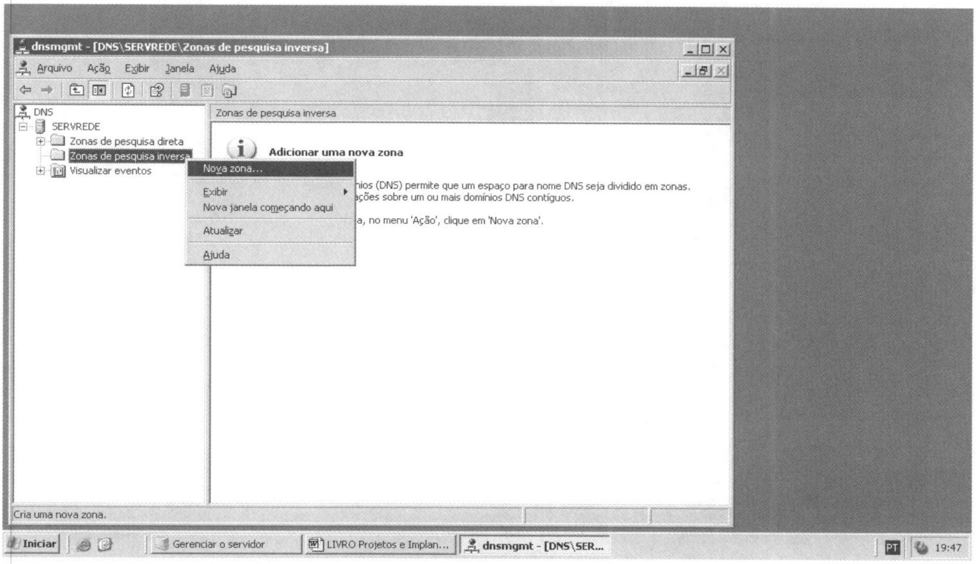

Figura 2.50

Surge, então, a tela da figura 2.51. Escolha a opção Zona primária e clique em Avançar.

Na tela conforme a figura 2.52 vamos configurar o endereço IP da rede em que o DNS fará a conversão dos nomes em endereços IP. No exemplo, a rede é a 10.0.0.0. Desta forma, especifica-se a zona criada responsável pelos endereços dessa rede. Coloca-se na configuração 10.0.0, que é o endereço de rede, considerando que a máscara de rede é 255.255.255.0.

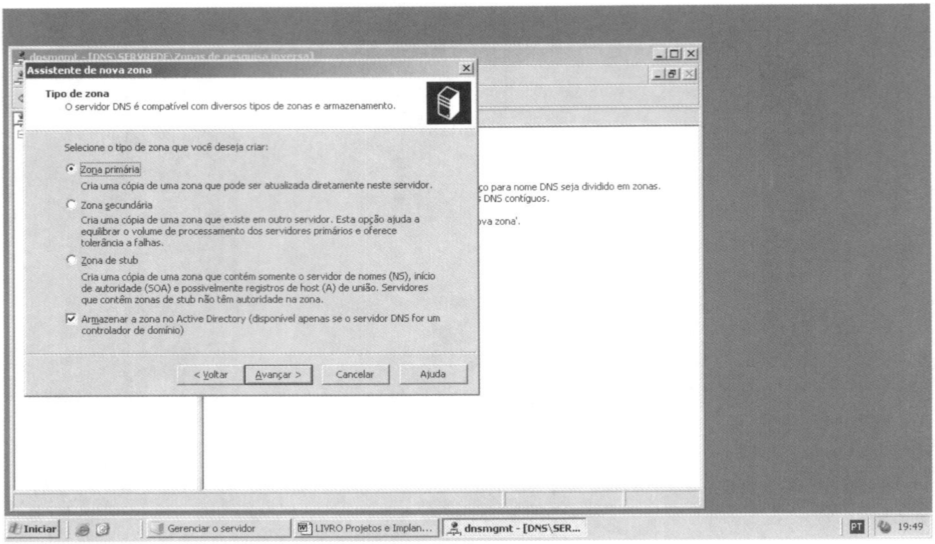

Figura 2.51

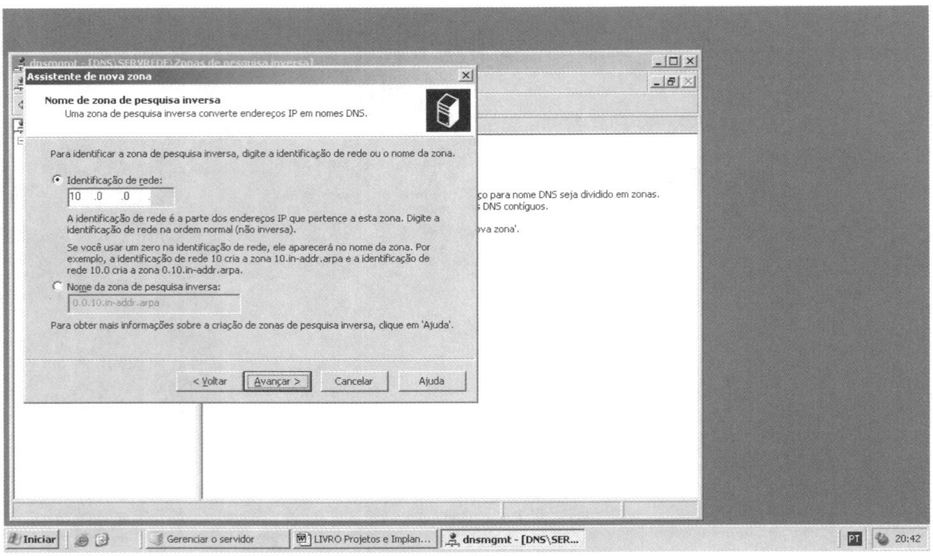

Figura 2.52

Ao continuar, chegamos à tela seguinte para concluir o processo, em que se tem o nome do banco de dados a ser utilizado para a pesquisa inversa.

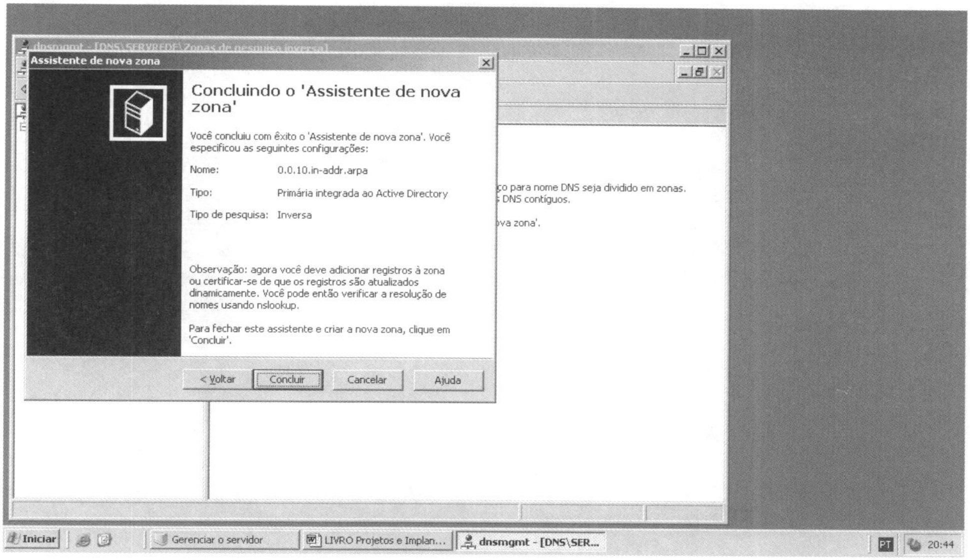

Figura 2.53

É possível ver a tela (figura 2.54) com a zona de pesquisa interna criada.

Na zona de pesquisa direta criada para o domínio, é necessário cadastrar todos os computadores da rede a serem conhecidos pelos nomes. Vamos usar os nomes SERVREDE, comp1, comp2 e comp4.

Clique com o botão direito do mouse no domínio da zona de pesquisa direta que deseja incluir no computador e em Novo host (figura 2.55).

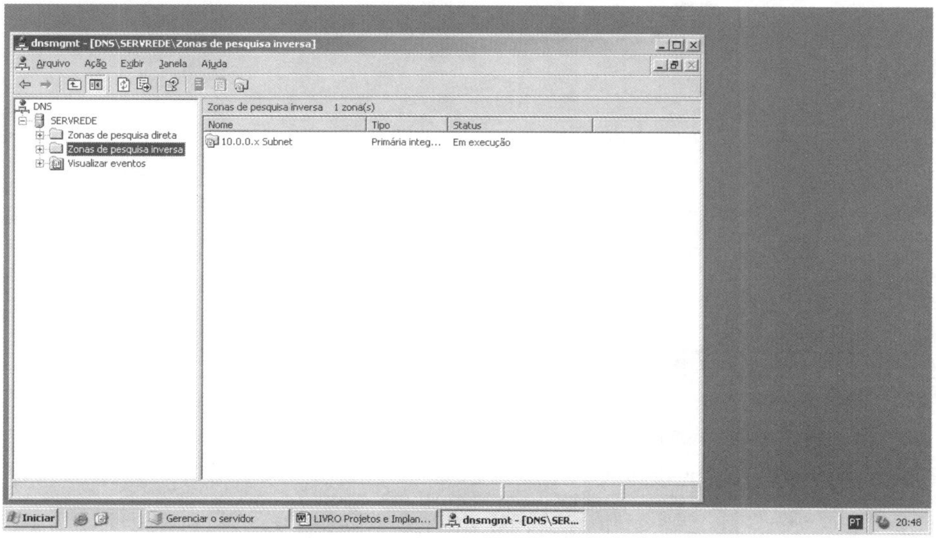

Figura 2.54

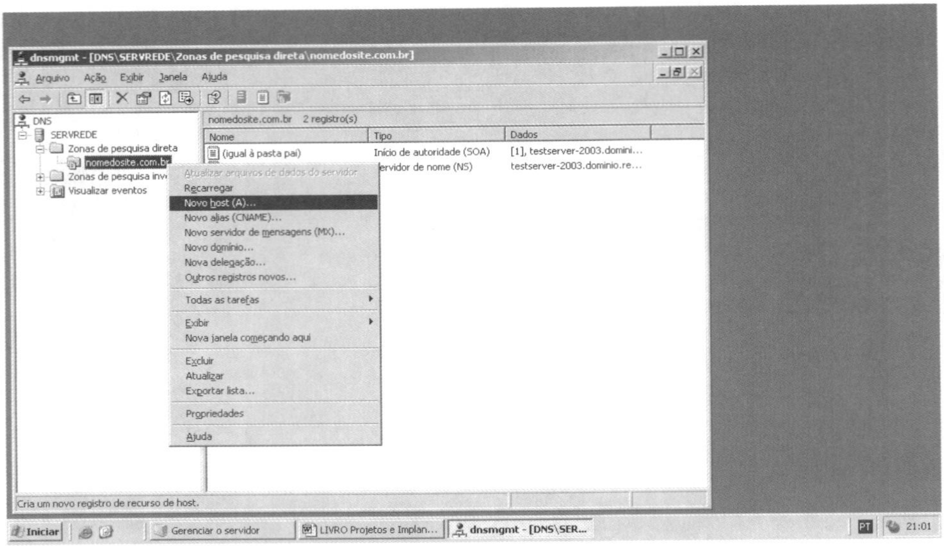

Figura 2.55

Entre com o nome do computador e o endereço IP e assinale a opção Criar registro de ponteiro associado para que o DNS faça a pesquisa inversa.

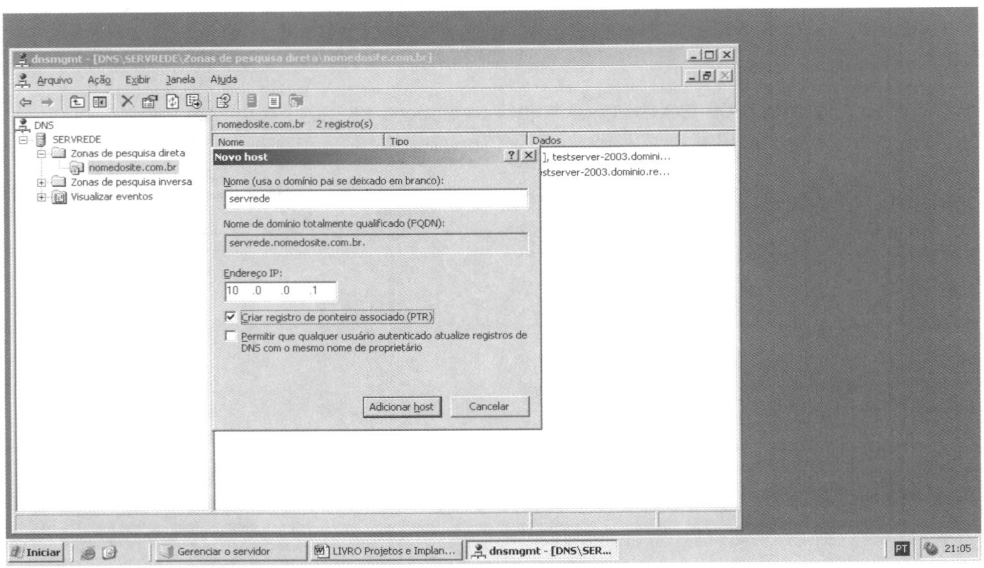

Figura 2.56

Repete-se o processo para os demais computadores da rede.

Ao final tem-se a configuração conforme a figura 2.58. Nesse caso, o servidor DHCP deve ser configurado de modo que as máquinas sempre recebam o mesmo endereço IP.

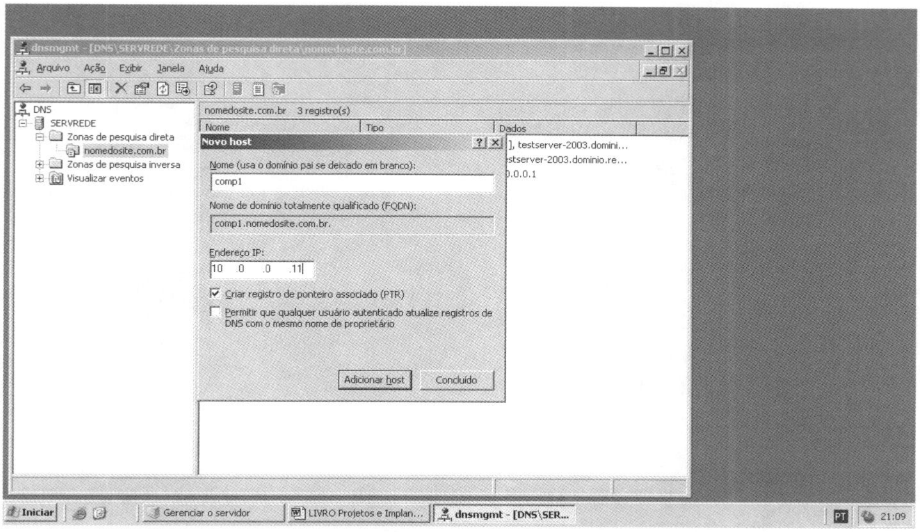

Figura 2.57

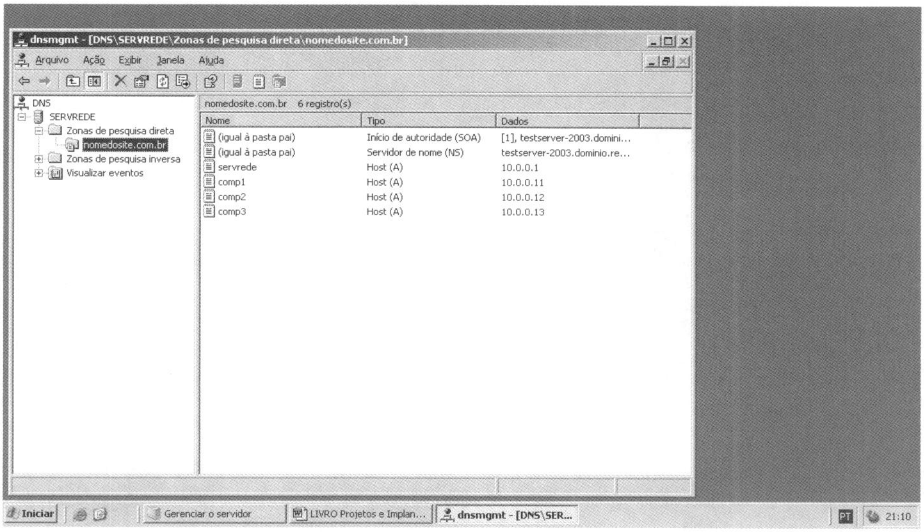

Figura 2.58

O servidor DNS interno da rede só é capaz de traduzir endereços internos à rede. Se o usuário da rede desejar acessar um domínio externo, ou seja, acessar um site na Internet, o servidor DNS encaminha o pedido de tradução para o servidor DNS do provedor. Caso este não tenha em seu banco de dados a tradução do domínio solicitado, ele solicita a outro servidor DNS na Internet até conseguir o endereço IP do domínio.

É necessário configurar o servidor DNS para que encaminhe a outro servidor DNS (no caso, o do provedor) os pedidos de conversão que não saiba resolver. Na tela do servidor DNS, clique com o botão direito do mouse no nome do servidor SERVREDE e em Propriedades.

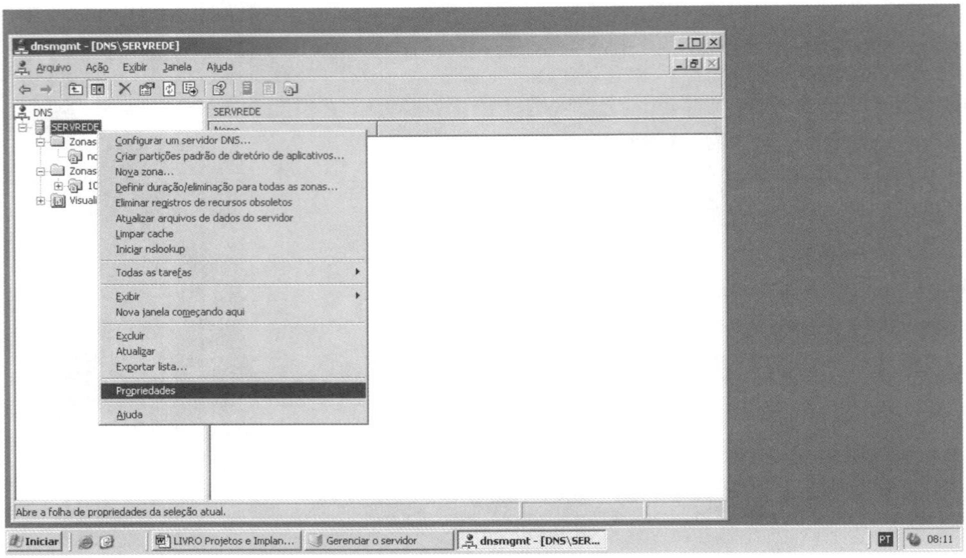

Figura 2.59

Aparece a tela de propriedades do servidor SERVREDE (figura 2.60). Clique na opção Interfaces, Apenas nos seguintes endereços IP e inclua o endereço IP do servidor DNS da rede, no caso 10.0.0.1.

Em seguida, clique na opção Encaminhadores, digite o endereço IP do servidor DNS do seu provedor e clique em Adicionar, Aplicar e OK.

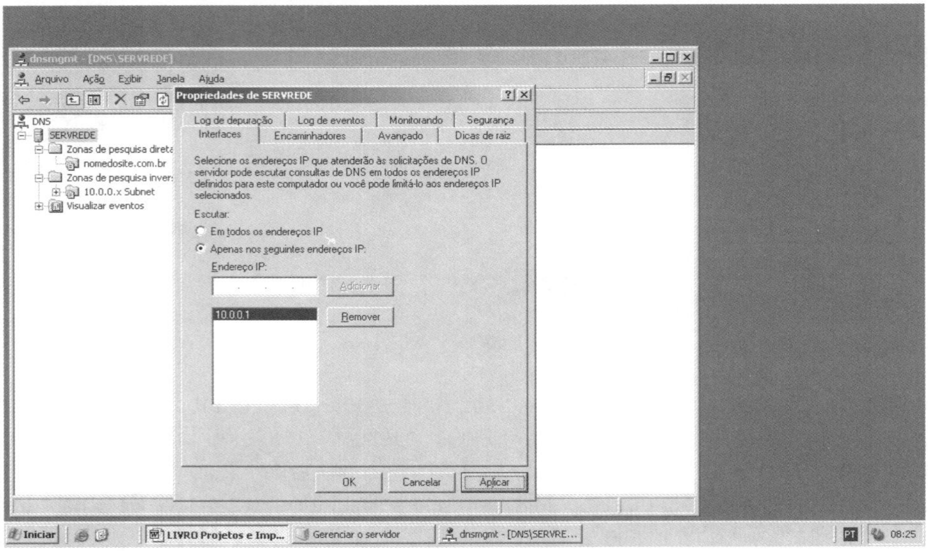

Figura 2.60

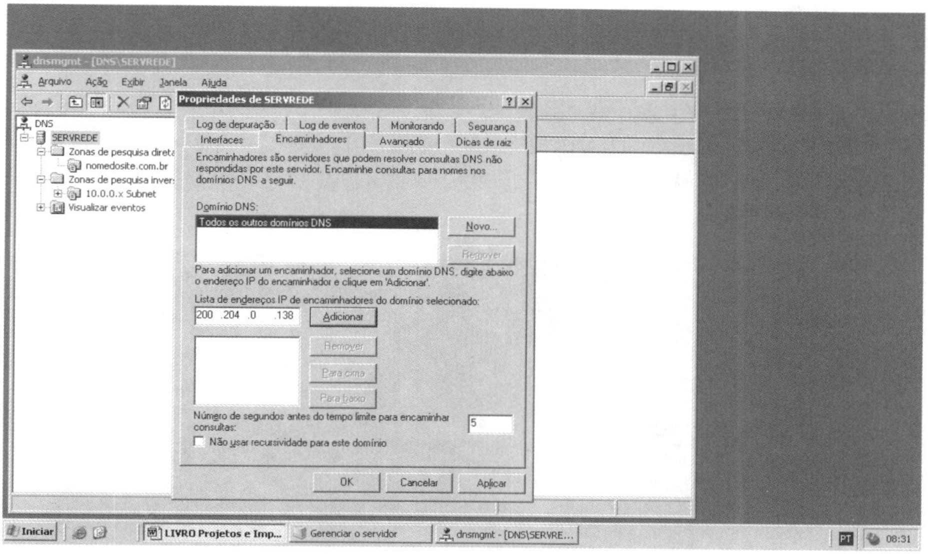

Figura 2.61

Após configurar o servidor DNS, é necessário reiniciá-lo. Clique com o botão direito do mouse no nome do servidor (SERVREDE), Todas as tarefas e Reiniciar.

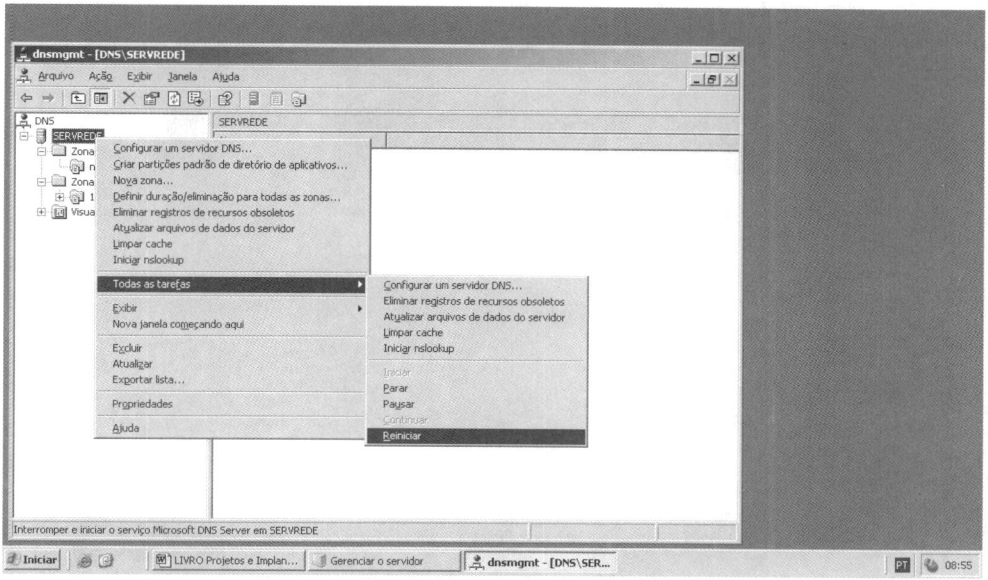

Figura 2.62

Após configurar o servidor DNS, configuram-se os computadores da rede que vão utilizá-lo. Primeiramente se configura o computador que é o servidor da rede e depois os demais computadores ligados à rede.

Dirija-se às configurações de rede (conexões de rede) clicando em Iniciar, Conectar-se e Mostrar todas as conexões.

É possível ver as conexões existentes nesse servidor. Há duas placas de rede *Ethernet* (Conexão local e Conexão local 2). A placa *Ethernet* de Conexão local está ligada ao *hub* ou *switch* da rede local, em que estão ligados os demais computadores. Clique com o botão direito do mouse nesse ícone e em Propriedades.

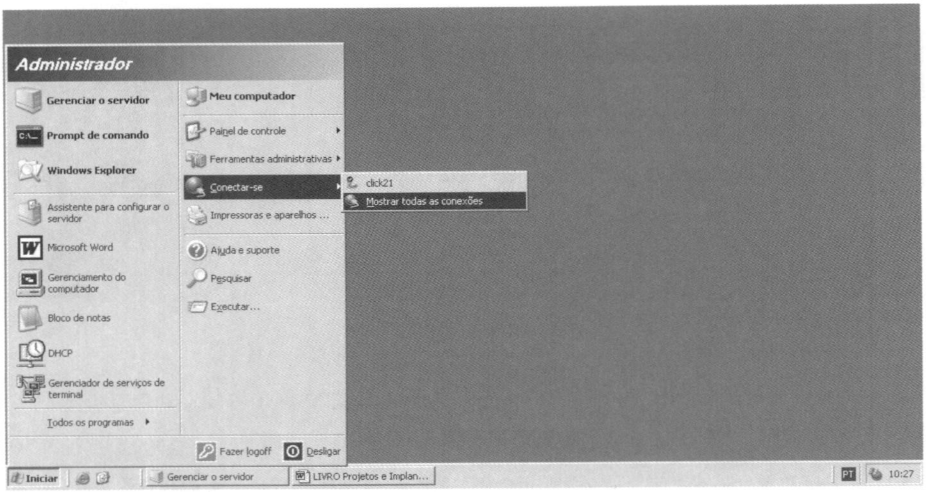

Figura 2.63

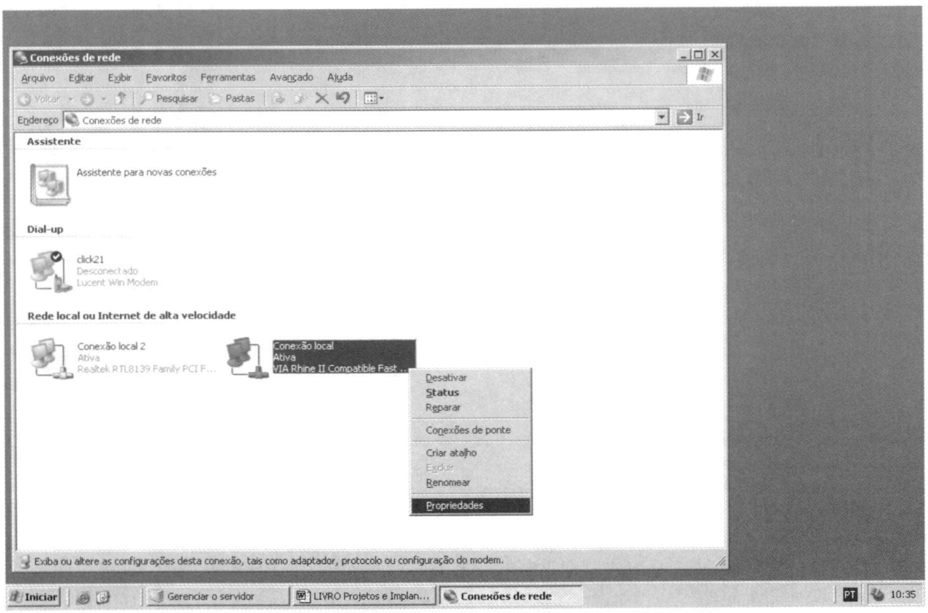

Figura 2.64

Clique no item Protocolo TCP/IP, Propriedades e, na tela com a guia Geral, assinale a opção Usar o seguinte endereço IP. Coloque o endereço desse computador, que é o servidor (10.0.0.1), e em Usar os seguintes endereços de servidor DNS insira o endereço do servidor DNS da rede interna que também é 10.0.0.1. Observe que esse computador, para o qual configuramos o endereço IP de rede, é também o servidor DNS. Por isso os endereços se repetem. Se o servidor DNS estivesse em outra máquina, o endereço seria outro.

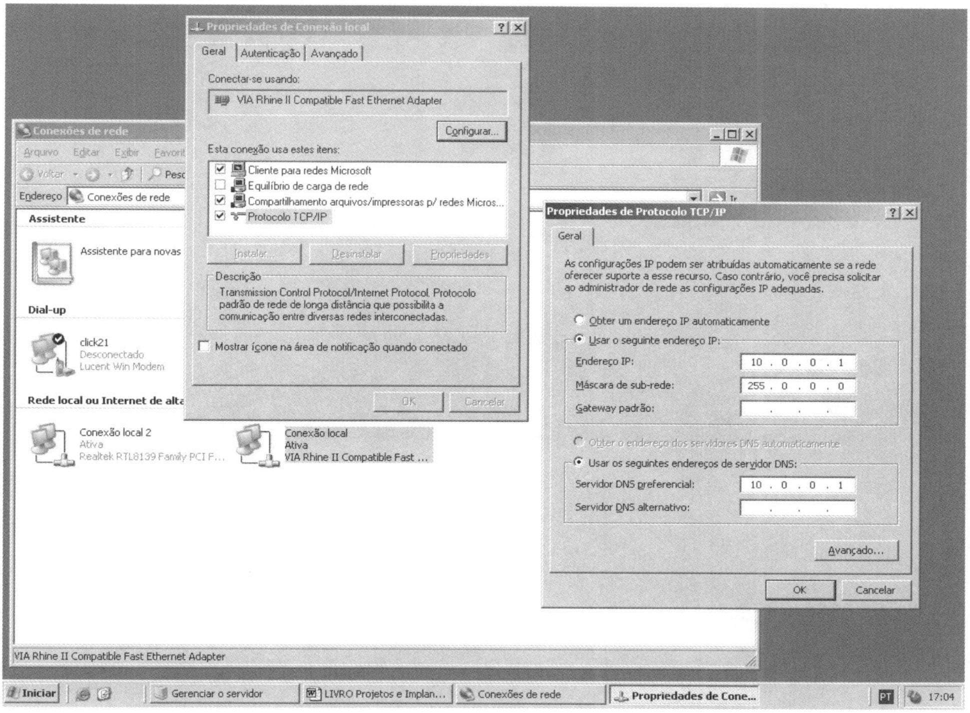

Figura 2.65

Como é possível notar, o domínio das configurações do servidor DNS é fundamental para que a rede funcione.

Agora, é preciso configurar o endereço IP do servidor DNS nos computadores ligados à rede (clientes). Vá até cada computador e configure o endereço no Windows XP, ou configure o servidor DHCP para que forneça o endereço IP do servidor DNS a todos os computadores da rede.

Para configurar o IP do DNS em cada computador da rede, entre em Conexões de rede do Windows XP de cada computador pelo menu Iniciar, Acessórios, Comunicações e Conexões de rede (figura 2.66).

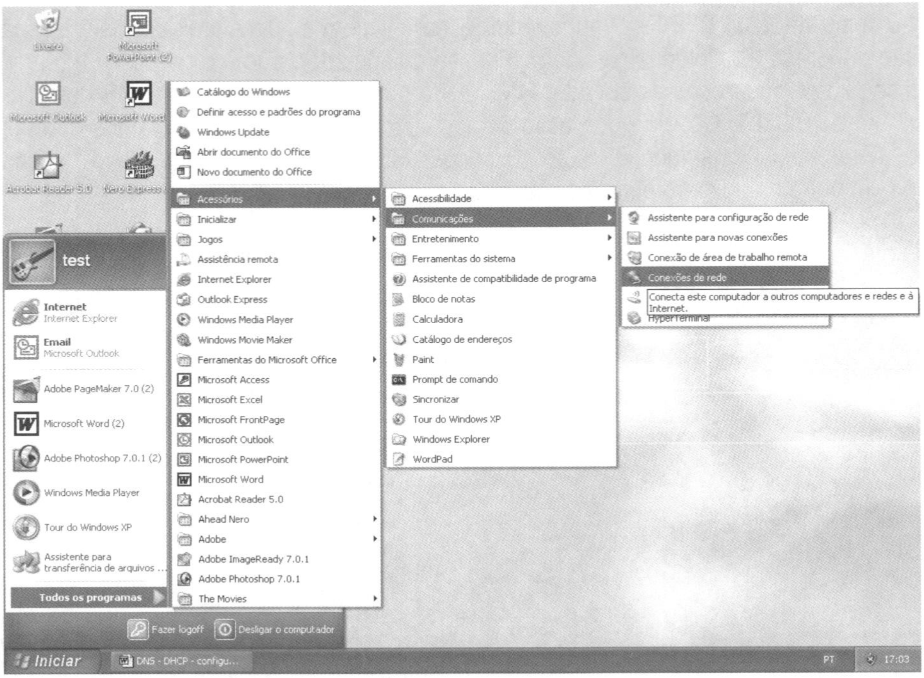

Figura 2.66

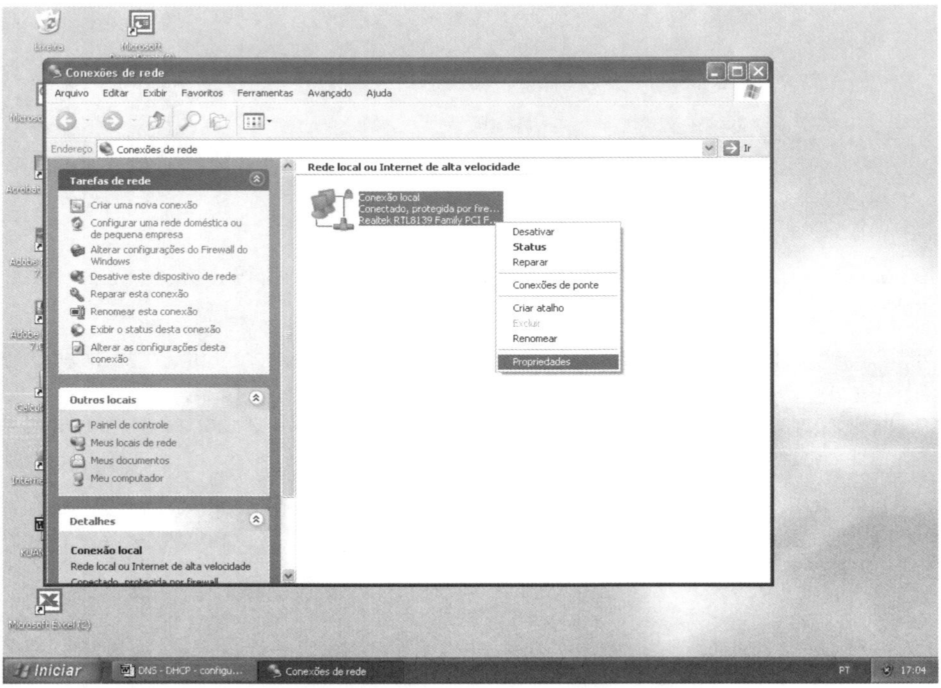

Figura 2.67

Surge a conexão de rede desse computador, no caso uma placa *Ethernet* com o nome Conexão local. Clique com o botão direito do mouse nessa conexão e na opção Propriedades.

Com isso, aparece a tela seguinte, na qual se marca a opção Protocolo TCP/IP e Propriedades. Assinale a opção Usar o seguinte endereço IP e coloque o endereço IP 10.0.0.11 desse computador. No item *Gateway* padrão, coloque o endereço 10.0.0.1 do servidor que é também o *gateway* da rede. Como o servidor DNS também está no servidor 10.0.0.1, inclua esse endereço no campo DNS.

O *gateway* é o equipamento ao qual todos os computadores endereçam seus dados e acessos externos, quando o destino não está dentro da rede. Ele é responsável pelo encaminhamento dos dados às redes externas.

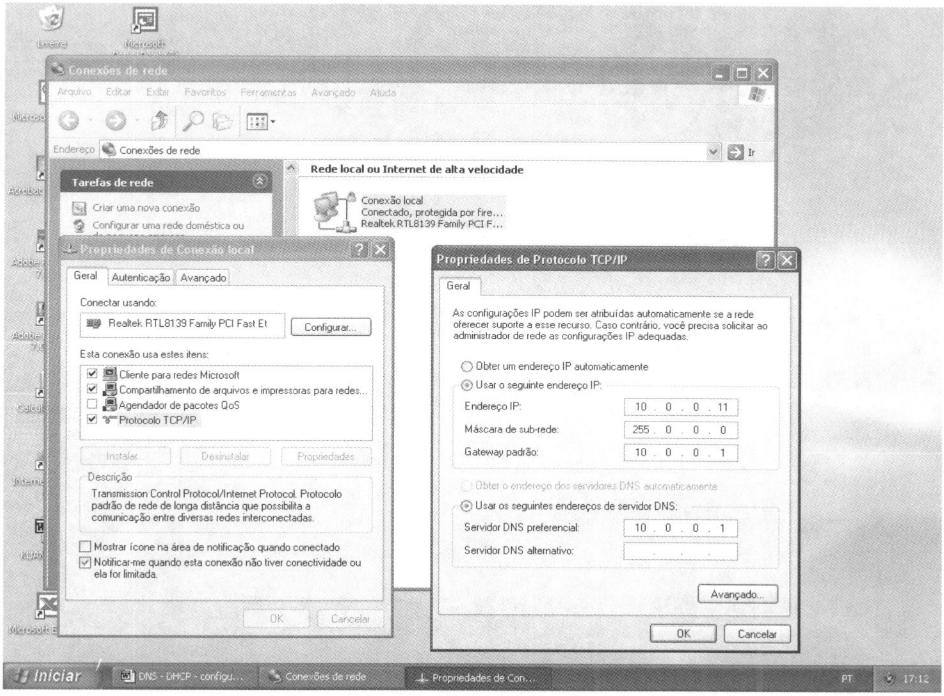

Figura 2.68

Repita o procedimento para os demais computadores clientes ligados na rede, no caso 10.0.0.12, 10.0.0.13 e outros mais que houver.

Para evitar configurar o endereço IP do DNS em todos os computadores da rede, um a um, pode--se configurar o servidor DHCP para que forneça automaticamente o endereço IP do DNS.

2.3.6. Servidor DHCP

Os servidores DHCP (*Dinamic Host Configuration Protocol*) distribuem, automaticamente, endereços IP aos computadores da rede, portanto não é preciso configurar o endereço IP em cada computador.

Desta forma, é possível gerenciar centralizadamente os endereços IP, evitando conflitos de endereços e tendo maior controle sobre o endereçamento da rede.

O servidor DHCP é configurado com uma faixa de endereços que é distribuída aos computadores da rede, reduzindo assim o tempo usado na configuração e reconfiguração de computadores.

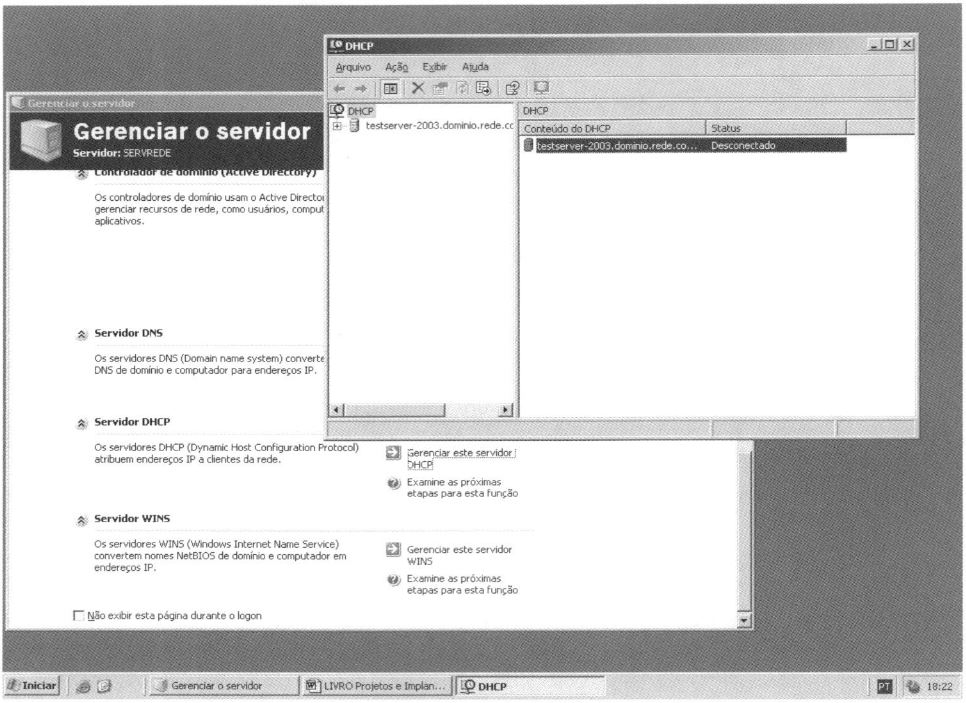

Figura 2.69

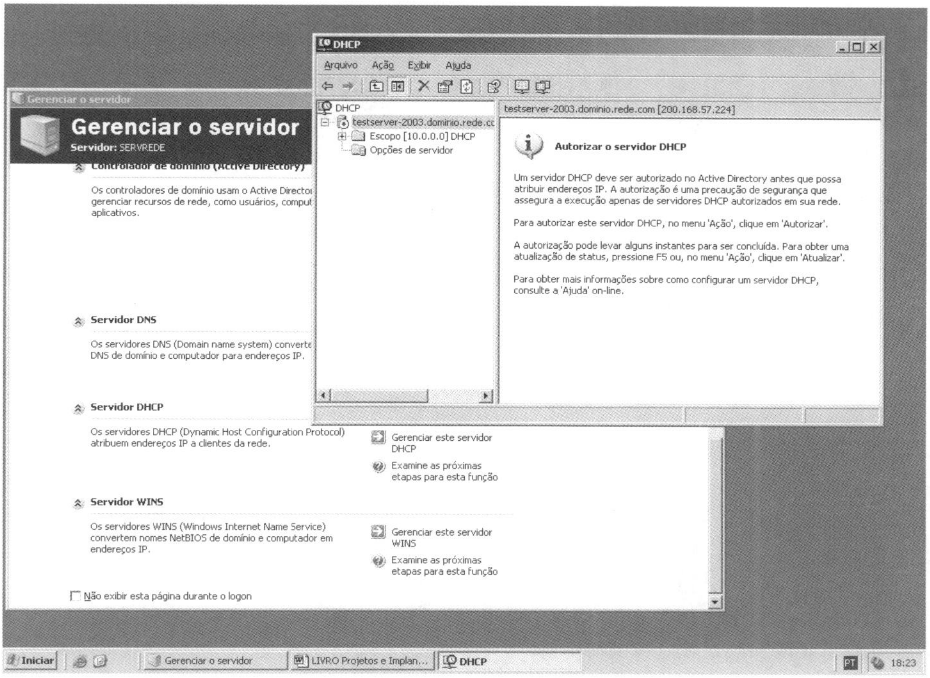

Figura 2.70

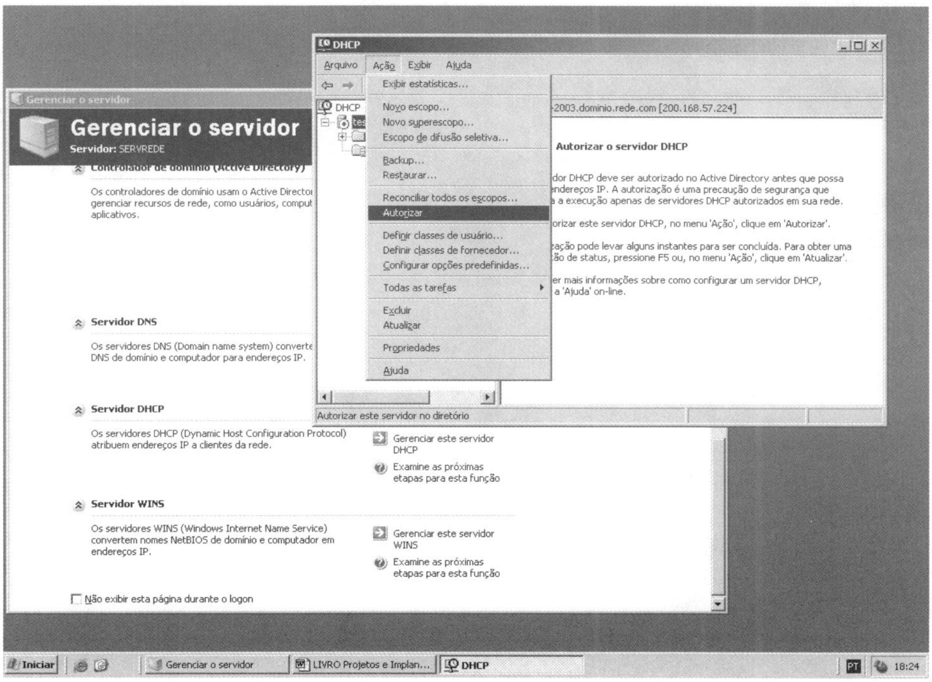

Figura 2.71

2.4. Configuração de rede para servidor com duas placas de rede (conexão à rede e conexão à banda larga)

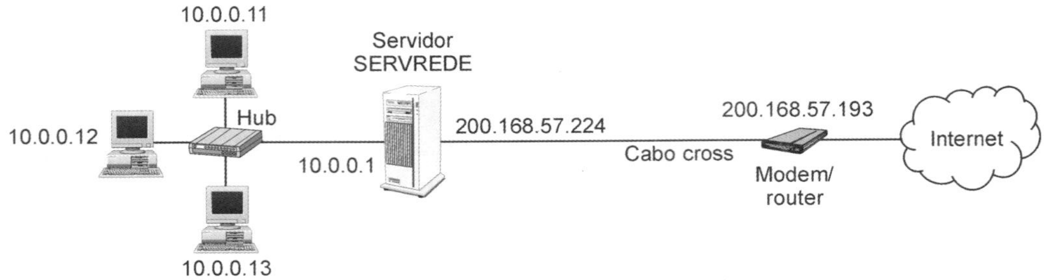

Figura 2.72

No exemplo do livro, o servidor tem a função de um roteador, pois interliga duas redes: a externa, Internet, à rede local interna. Para isso é preciso ativar a função de roteamento no servidor.

A configuração da função de roteamento no servidor, no Windows 2003 Server, é feita no item Roteamento e acesso remoto. Clique em Iniciar, Todos os programas, Ferramentas administrativas e Roteamento e acesso remoto.

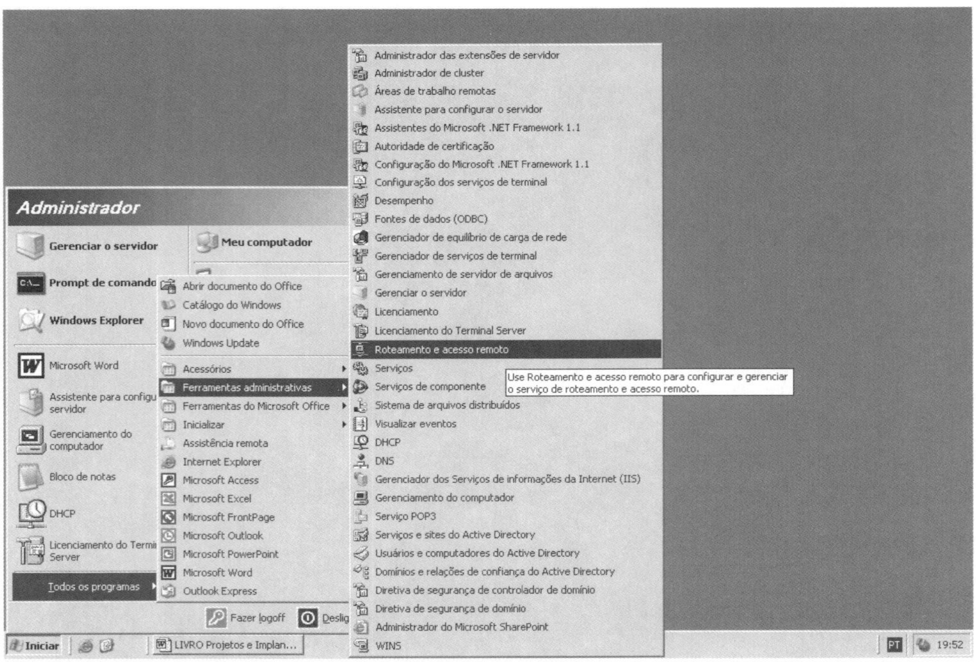

Figura 2.73

Em seguida, para o servidor SERVREDE, clique na opção Ação do menu da tela apresentada na figura 2.74, em Configurar e ativar roteamento e acesso remoto e em Avançar, figura 2.75.

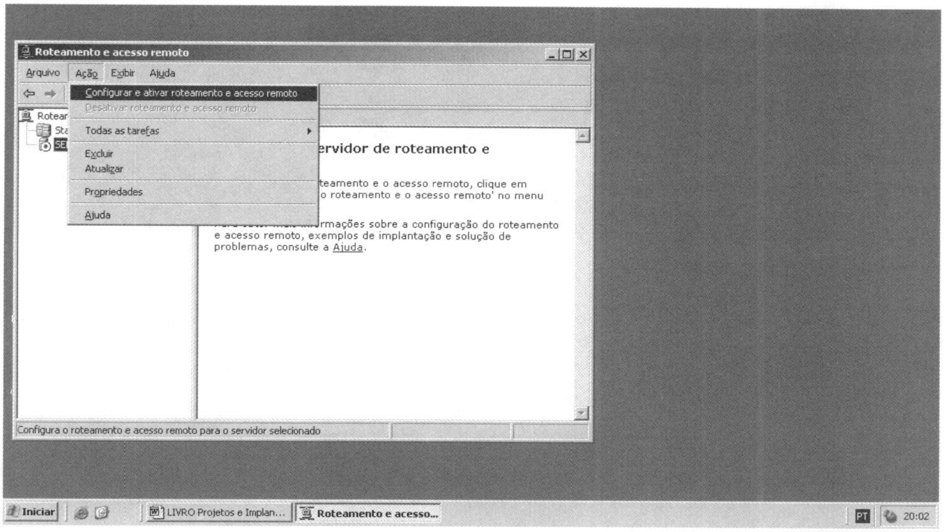

Figura 2.74

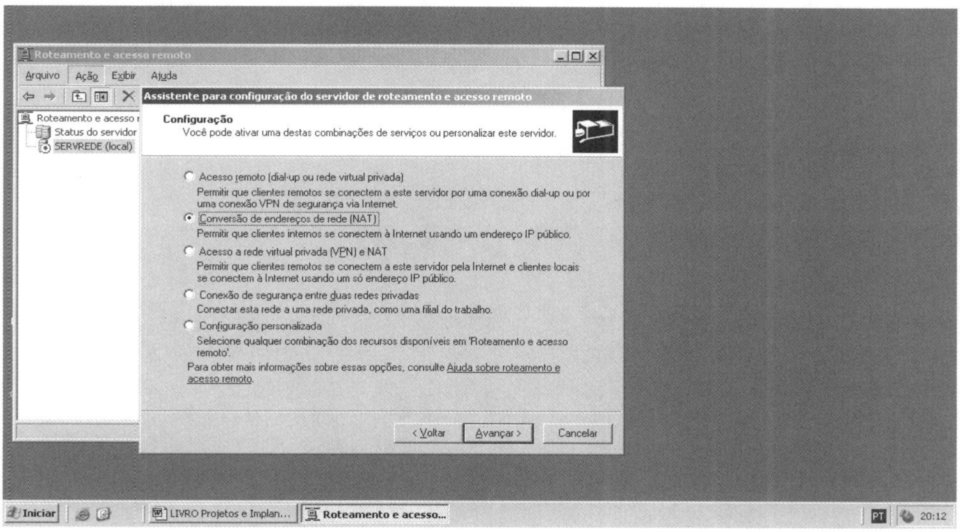

Figura 2.75

Para que o servidor com duas placas de rede faça a conexão com a Internet por meio de uma delas, instala-se o NAT. Essa função faz a correlação entre endereços da Internet e endereços internos da rede local. Escolha a opção Conversão de endereços de rede NAT.

Então, especifica-se como a conexão com a Internet deve ser feita. Neste caso, escolha a opção Usar esta interface pública para se conectar à Internet e assinale a Conexão local 2, que é a placa de rede ligada ao *modem/router* da conexão de banda larga à Internet (figura 2.76).

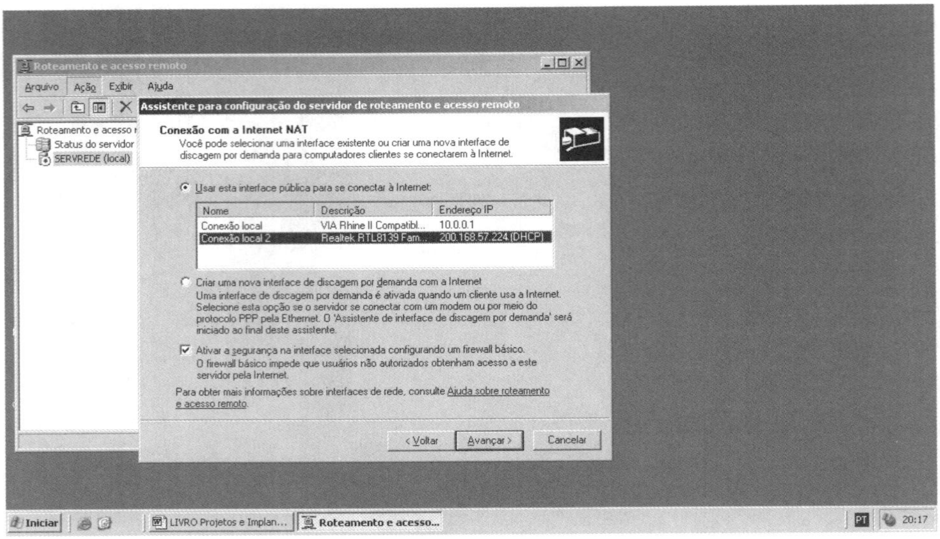

Figura 2.76

Essa conexão à Internet possui o endereço 200.168.57.224 para a placa de rede do servidor ligada ao *modem/router* da conexão banda larga. Já a placa de rede do *modem/router* da conexão banda larga possui o endereço 200.168.57.193. Ambos são fornecidos pelo provedor de acesso à Internet de banda larga.

Ao avançar e concluir, restam um NAT e um *firewall* configurados para a placa de rede do servidor conectada à Internet (figura 2.77).

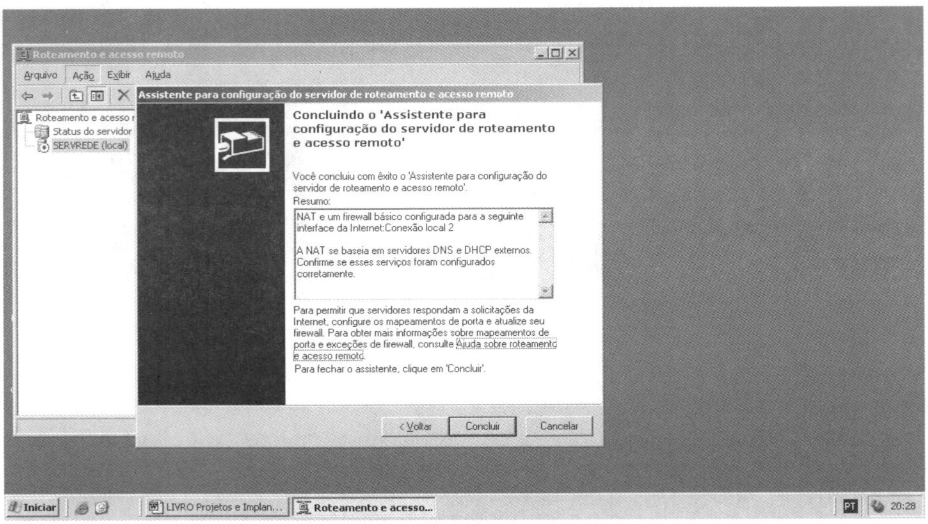

Figura 2.77

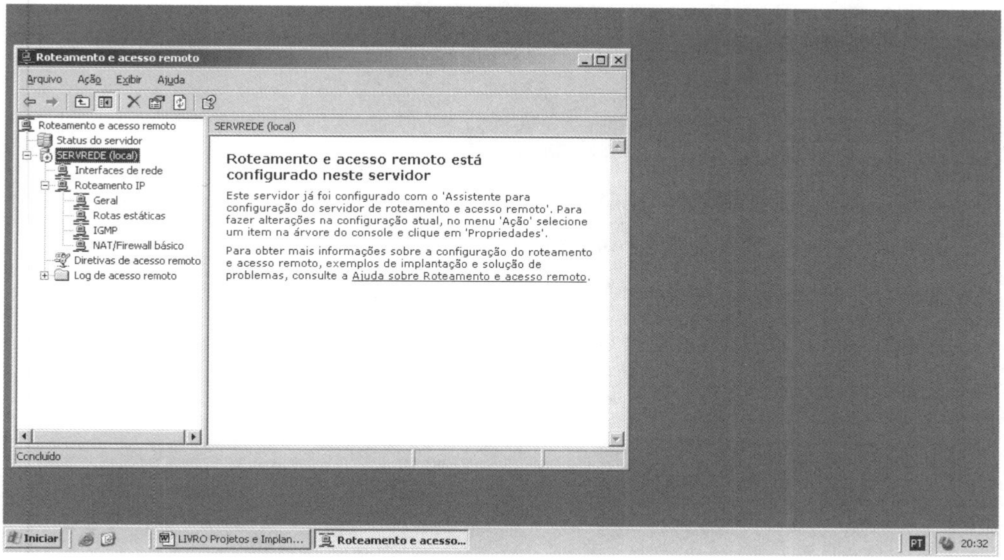

Figura 2.78

Após a conclusão, nota-se que alterações na configuração atual podem ser feitas na opção de menu Ação e Propriedades. As características e dados do roteamento são vistos no item Roteamento IP dessa tela.

É possível executar várias configurações de segurança como, por exemplo, na opção NAT/Firewall básico, que especifica uma lista de endereços IP e protocolos que podem ser filtrados (bloqueados) na interface de conexão à Internet (placa *Ethernet* da Conexão local 2).

A ativação da função de roteamento no servidor está concluída no Windows 2003 Server.

No sistema operacional Windows Vista temos algumas facilidades adicionais como uma apresentação gráfica dos computadores da rede, oferecendo um mapa da rede, facilitando assim a localização dos componentes.

Algumas das funcionalidades chave deste novo sistema operacional são: Centro de Redes (onde vemos as definições e o estado da rede, o Mapa da Rede e Diagnósticos de Rede mais avançados.

2.5. Atividades de fixação

1) Descreva a função do *Active Directory*.
2) Explique a função do servidor de arquivos.
3) Descreva a função do servidor de impressão.
4) Qual a função do servidor de e-mail?
5) Descreva a função do servidor Web.
6) Explique o que faz um servidor DNS.
7) Explique a função de um servidor DHCP.

Capítulo 3

Infra-Estrutura de Redes, Equipamentos e Arquitetura TCP/IP

3.1. Conceitos e histórico do TCP/IP

As redes e equipamentos são planejados e construídos baseados em padrões. O padrão de comunicação e endereçamento de redes é o TCP/IP, que permite a comunicação entre diferentes computadores, sistemas operacionais e aplicativos que possuam essa interface de comunicação.

A arquitetura TCP/IP é um conjunto de padrões e protocolos de comunicação de dados utilizado na interconexão e no endereçamento de computadores e redes.

A maioria dos sistemas operacionais e equipamentos de comunicação de dados fabricados hoje possui interfaces para comunicação com redes TCP/IP, ou seja, são capazes de se comunicar com outros equipamentos e redes que também utilizam o padrão TCP/IP.

A interligação de diversas redes é feita por meios de comunicação como as linhas privativas (LPs), redes públicas e roteadores, que interligam redes entre si e encaminham os dados de acordo com o endereço de destino na rede.

Cada computador deve ter um módulo de *software* TCP/IP, ou seja, um programa de comunicação TCP/IP em seu sistema operacional e aplicativos, para se comunicar com outros dispositivos e redes TCP/IP.

O programa que controla a comunicação dos dados também é chamado de protocolo de comunicação de dados, neste caso, o TCP/IP.

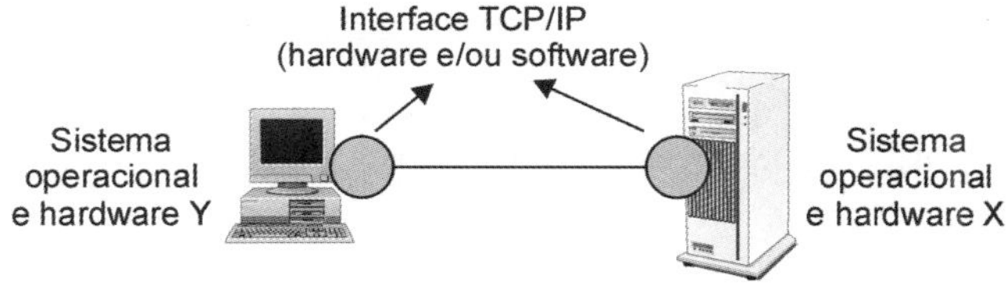

Figura 3.1 - Dois sistemas operacionais com plataformas de hardware distintas se comunicam entre si por meio de uma linguagem comum, o TCP/IP.

O nome TCP/IP se refere a dois protocolos:

- **TCP (*Transmission Control Protocol*):** protocolo responsável pelo controle e qualidade da comunicação entre a origem (transmissor) e o destino final (receptor).
- **IP (*Internet Protocol*):** protocolo responsável pelo endereçamento nas redes, de forma que os dados cheguem ao seu destino de acordo com o endereço de rede fornecido.

A arquitetura TCP/IP é composta por vários protocolos, além dos citados anteriormente, com funções diferentes.

A origem dessa arquitetura foi resultado do projeto de uma agência norte-americana de pesquisas avançadas, na década de 1960 (*Arpa-Advanced Research Projects Agency*), a qual tinha como objetivo criar uma arquitetura de comunicação de dados aberta, que permitisse a interligação de redes e computadores locais ou remotos, com *hardwares* diversos ou mesmo sistemas operacionais e aplicativos diferentes entre si.

O TCP/IP tornou-se padrão de fato na comunicação em redes e sistemas de informação em redes tanto para conexão de computadores em redes locais como remotas e distantes entre si.

As redes locais são chamadas de LAN (*Local Area Networks*), as quais são geograficamente restritas a uma área, por exemplo, a rede de computadores de uma empresa.

Denominam-se WAN (*Wide Area Networks*) as redes geograficamente distantes e interligadas por meio de LPs ou redes públicas, por exemplo, a interligação de redes das filiais de uma empresa.

A primeira rede incluída nesse conceito foi desenvolvida em 1969, com o nome de ARPANET, e interligava universidades nos EUA com o uso o protocolo NCP (*Network Control Protocol*) para transporte dos dados. O protocolo TCP foi implementado na ARPANET em 1970, em substituição ao NCP, por ter um controle de fluxo melhor. Posteriormente, em 1975, o IP foi implementado adicionalmente ao TCP como um protocolo de conectividade e endereçamento dos dados na rede.

Com a integração da NSF (*National Science Foundation*) à ARPANET, em 1986, dentro do padrão TCP/IP, foi então consolidada a arquitetura TCP/IP como padrão em *Internetworking*, ou seja, em conexões e operações entre redes.

Como o TCP/IP se tornou padrão mundial, os equipamentos e sistemas operacionais que são lançados no mercado já nascem com interfaces para comunicação TCP/IP. Diz-se, nesse caso, que o TCP/IP é nativo nesses sistemas ou que esses equipamentos e sistemas suportam o TCP/IP por possuírem módulos de *software* que se comunicam com o mundo externo TCP/IP.

O tipo de arquitetura que permite a interoperabilidade, ou seja, a operabilidade entre sistemas diferentes, foi chamado de sistemas abertos.

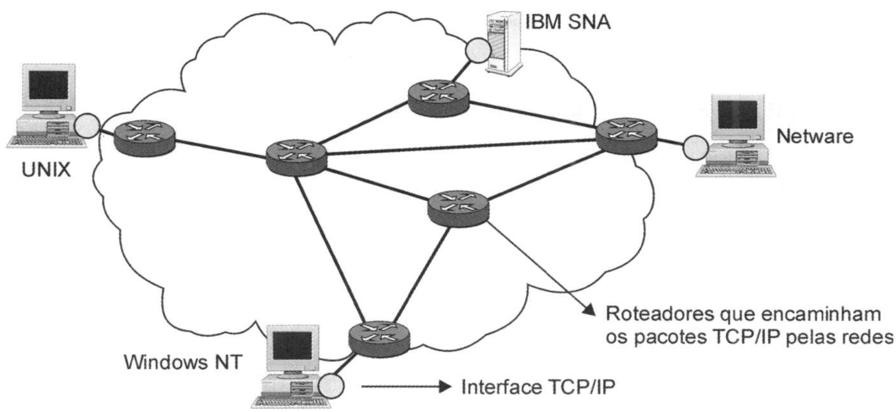

Figura 3.2 - Rede (representada pela nuvem) com diferentes sistemas operacionais e computadores que se comunicam entre si pela linguagem única, o TCP/IP.

Na comunicação TCP/IP por uma única conexão física (meio de comunicação físico) temos diferentes serviços simultâneos que compartilham essa conexão. Cada serviço tem um canal lógico (virtual) específico denominado *port*.

Assim, um computador pode fazer simultaneamente diferentes comunicações, como receber e-mails (smtp), emular terminais (Telnet), acessar a Internet (http) e transferir arquivos (ftp) por um único canal (acesso) físico.

Cada canal lógico possui um *port*, que é um número no TCP. Veja, a seguir, alguns números de *ports* mais utilizados na comunicação com o protocolo TCP:

- *port* 110 = pop3 (para receber e-mails).
- *port* 25 = smtp (para enviar e-mails).
- *port* 80 = http (*hyper text transfer protocol*).
- *port* 23 = Telnet (para acessar e simular terminais de outros computadores).
- *port* 20 e 21 = FTP (para fazer a transferência de arquivos entre computadores).

Os endereços das aplicações utilizadas no computador com TCP/IP são feitos pelos *ports*. Pode-se ter várias aplicações simultâneas, cada uma com seu *port*, funcionando ao mesmo momento.

3.2. Camadas da arquitetura TCP/IP

A arquitetura TCP/IP divide seus processos em um modelo de quatro camadas onde a camadas de enlace e física se integram em uma única camada.

- Aplicações;
- Transporte de dados;
- Rede ou Internet;
- Enlace de rede e física.

Em cada camada de um modelo de comunicação de dados atuam determinados protocolos que interagem com os protocolos das outras camadas da arquitetura TCP/IP.

A seguir, as camadas e os principais protocolos relacionados a elas:

- Camada de aplicações

  Protocolos de aplicação: FTP, Telnet, DNS, SNMP, SMTP.

- Camada de transporte

  Protocolos de transporte: TCP, UDP.

- Camada de rede ou Internet

  Protocolos de endereçamento de rede: IP, ARP, RARP, ICMP.

- Camada de enlace de rede e física (acesso à rede, interface de rede ou *data link*)

  Protocolos de acesso ou enlace físico: *Ethernet-CSMA/CD*, PPP, HDLC, *Token-Ring*, FDDI, que interagem com o *hardware* e o meio de transmissão, permitindo que as camadas anteriores independam do meio de transmissão utilizado. A parte física é composta pelo *hardware*, meios de transmissão e seus padrões.

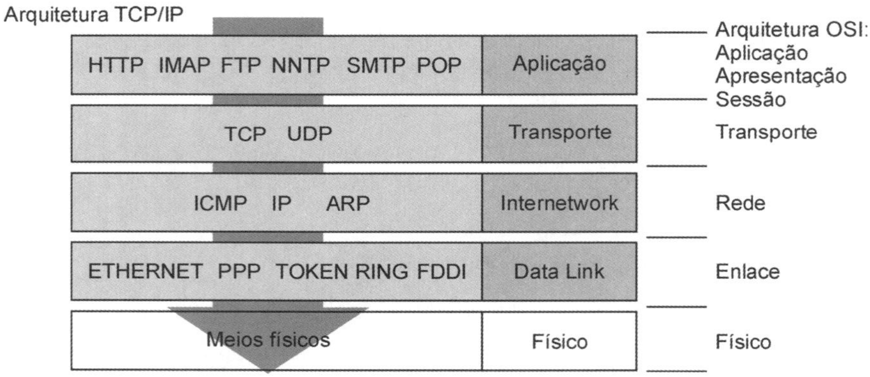

Figura 3.3 - Comparação entre as camadas do modelo TCP/IP e as camadas do modelo OSI, além dos protocolos de cada camada.

A divisão do processo de comunicação de dados em camadas tem como objetivo modular o processo, ou seja, dividir o processo de comunicação em etapas menores e específicas para facilitar o controle e o desenvolvimento de produtos e sistemas de comunicação de dados.

Isso resulta na padronização de *hardwares* e *softwares*, na redução da complexidade do desenvolvimento de projetos de rede, na criação de produtos específicos para cada camada, na interoperabilidade de sistemas e plataformas diferentes e ainda facilita a compreensão e o estudo do processo de comunicação de dados.

O modelo hierárquico provê também a descrição das funcionalidades de uma rede de computadores.

Os dados são enviados de uma camada a outra por meio de um processo denominado encapsulamento e desencapsulamento.

3.2.1. Encapsulamento e desencapsulamento de dados entre camadas

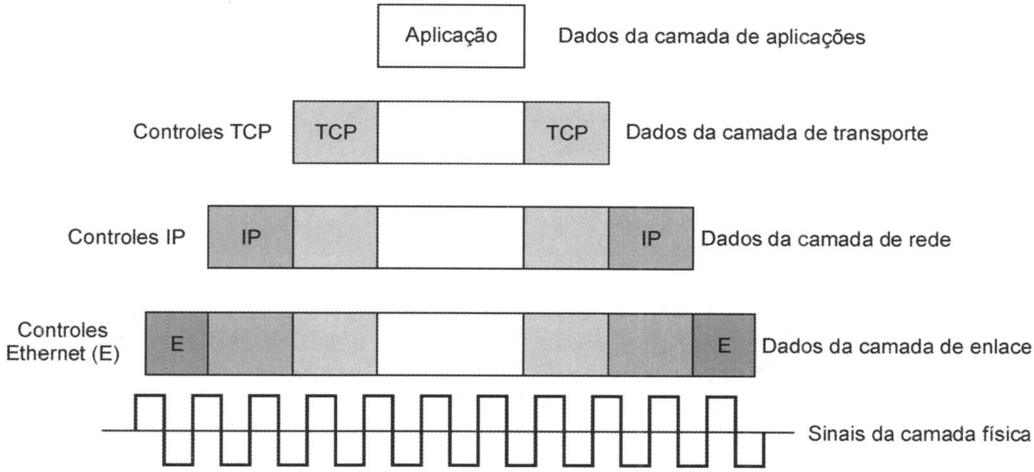

Figura 3.4 - Encapsulamento dos dados de uma camada a outra, em uma rede local Ethernet. Cada camada agrega dados de controle e encapsula os dados das camadas superiores.

Deve-se observar que os dados que vêm das camadas superiores no modelo TCP/IP (e também no modelo OSI, que veremos posteriormente) são encapsulados pelo protocolo da camada inferior que recebe os dados.

Os protocolos das camadas superiores enviam seus dados aos protocolos das camadas inferiores para que sejam transportados. Antes de enviar os dados à camada inferior, o protocolo insere campos de controle que são verificados pelo protocolo correspondente no computador de destino.

Todo protocolo, em cada camada, tem uma função específica. Por exemplo, um protocolo da camada 3 (endereçamento de rede) pode não verificar erros de seqüência e numeração de pacotes na transmissão, o que deve então ser feito pelo protocolo da camada 4, responsável pela integridade do transporte.

O protocolo da camada de enlace do modelo TCP/IP não faz o endereçamento e encaminhamento pela rede. Ocupa-se apenas da transmissão no meio físico e entre dois pontos contíguos. O endereçamento, para encaminhamento dos dados através da rede, é feito pelo protocolo da camada 3 (rede).

Na figura 3.5 vê-se outro exemplo de transmissão em um modelo TCP/IP de camadas. No caso, uma informação ou pedido é enviado de um computador para um servidor *Web*. Ao sair da máquina remetente, o pedido passou por todas as camadas TCP/IP até ser transmitido pela rede física. Em cada camada recebeu um cabeçalho (campos de controle) com informações sobre o controle do protocolo dessa camada, processo chamado de encapsulamento.

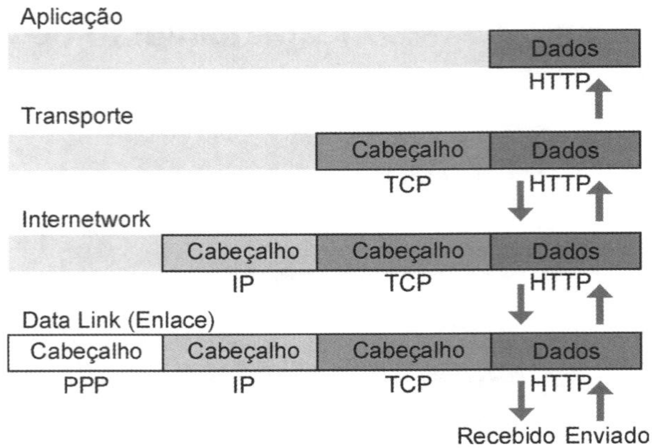

Figura 3.5 - Encapsulamento dos dados de uma aplicação da consulta de uma página perdida de um host para um servidor Web. Observe que a comunicação ocorre em uma rede WAN de comunicação a distância, utilizando o protocolo PPP em vez do protocolo Ethernet, usado em redes LAN.

O computador que enviou, espera a resposta, recebe um pacote semelhante ao que transmitiu e executa o processo inverso (desencapsulamento e verificação dos dados) até que a página Web, vinda do servidor, chegue à sua camada de aplicação.

Cada camada do modelo TCP/IP de um computador transmissor comunica-se logicamente (virtualmente) com a camada correspondente do computador receptor.

Observa-se que para uma camada de transporte se comunicar com a de outro computador, é necessário utilizar as camadas inferiores para chegar ao outro lado e vice-versa.

Os pacotes enviados por cada protocolo denominam-se unidades de protocolo ou PDUs. Informações de controle, ou campos de controle, são colocados nos pacotes. Os campos de controle são chamados de *headers*, se estiverem no início do pacote ou de *trailers*, se estiverem no final do pacote.

Quando uma camada recebe um pacote da camada acima, encapsula-o com um *header* e um *trailer* e passa-o para a camada de baixo, dando continuidade à transmissão.

As informações de controle são lidas pelo protocolo da camada correspondente no computador destinatário, o qual lê as informações de controle, verifica, executa as ações necessárias, retira os campos de controle e, então, passa somente os dados para a camada superior, que repete o processo até que os dados cheguem à aplicação.

3.2.2. Descrição das camadas do modelo TCP/IP

3.2.2.1. Camada física (*physical layer*) e camada de enlace de rede (*data link layer*, interface de rede ou acesso à rede)

É composta por *hardware*, conexões elétricas, sinais elétricos e demais características físicas dos equipamentos, além dos meios de transmissão de dados. Os equipamentos dessa camada, nas redes locais, são em especial os *hubs*, os cabos e os conectores que fazem a conexão física dos equipamentos ligados à rede. Também os *modems*, que transmitem os dados a longas distâncias, fazem parte da camada física.

Para redes locais, estudaremos o padrão *Ethernet*, o mais utilizado.

Os meios físicos de conexão para redes locais *Ethernet* que operam a 10Mbps com a especificação IEEE 802.3 podem ser:

- **10Base2 (*thin Ethernet*):** cabo coaxial fino com alcance de 185m, com conector BNC.
- **10Base5 (*thick* coaxial):** cabo coaxial grosso de 50Ohms com conector AUI (DB15) e alcance de 500m.
- **10BaseT (*twisted pair*):** cabo de pares trançados UTP (*Unshielded Twisted Pair*) sem blindagem, com 100m de alcance e conector RJ-45 (ISO 8877).
- **10BaseF:** cabo de fibra óptica com conectores ST ou SC.

A especificação IEEE 802.3u descreve a tecnologia *Fast-Ethernet* para redes locais que operam a 100Mbps, utilizando na camada física os meios:

- **100BaseTX:** cabo de pares trançados UTP, categoria 5 (100Mbps), utiliza dois pares do cabo categoria 5, 100m de alcance e conector RJ-45 (ISO 8877).
- **100BaseFX:** cabo de fibra óptica multímodo de 62.5/125 mícrons de diâmetro interno/externo, 400m a 2.000m de alcance e conector ST (MIC).
- **100BaseT4:** cabo de pares trançados UTP, utiliza os quatro pares do cabo categoria 5.

Nessa camada, no nível de enlace, ficam os protocolos de enlace de rede para acesso e comunicação pelo meio físico.

Nas redes locais estes protocolos são o *Ethernet-CSMA/CD*, o *Token-Ring* e o FDDI. O protocolo *Ethernet* tem as suas especificações descritas no padrão IEEE 802.3.

Os endereços das placas de rede *Ethernet*, chamados de MAC (*Media Access Control*), são gravados nas placas de rede na sua fabricação. Quando ligadas ao barramento da rede (*hub* ou *switch*) as placas são identificadas pelo seu endereço MAC. Estes endereços físicos da placa de rede são utilizados pelo protocolo de enlace para endereçar os dados no meio físico nas redes locais. Esse endereço (*MAC-address*) é gravado na memória fixa da placa de rede na sua fabricação sendo que cada fabricante possui uma faixa de endereços exclusiva de forma a não haver repetição de endereços nas placas e equipamentos fabricados, pois isto ocasionaria conflitos de endereços.

O *MAC-address* é composto por seis *bytes*. Os três primeiros representam o código do fabricante e os três últimos o número de seqüência. O endereço físico é representado no formato hexadecimal e cada quatro bits representam um caractere hexadecimal que varia de 0 a F. Assim, o endereço fica com 12 caracteres.

Enlace	Ethernet	WAN	
	IEEE 802.2	HDLC	Frame-relay
Físico	IEEE 802.3	EIA/TIA-232 V.35	

Figura 3.6 - Camada de enlace e física com seus componentes para redes locais e redes WAN.

Na camada de enlace têm-se as definições das formas de transporte dos dados no meio físico. Os protocolos de enlace em redes locais definem os endereços de destino no barramento, como o endereço MAC em redes *Ethernet* e o controle do fluxo de dados na comunicação.

A camada de enlace, nas redes *Ethernet*, possui duas subcamadas:

- **MAC (*Media Access Control*):** IEEE-802.3 (CSMA/CD). Define a transmissão de *frames* no meio físico, manipulando o endereço físico associado a cada dispositivo, controle de fluxo opcional e notificação de erro ou um barramento de LAN que opera a 10Mbps.
- **LLC (*Logical Link Control*):** IEEE-802.2. Identifica diferentes tipos de protocolo da camada superior (camada de rede) e encapsula-os.

A identificação lógica do protocolo da camada de rede é feita no LLC por um código de tipo ou um identificador de acesso a serviço SAP (*Service Access Point*). Em outras palavras, a camada superior (Internet ou rede), ao enviar seus dados para o LLC, informa o protocolo que está usando.

O IEEE criou a subcamada de enlace lógico LLC para permitir melhor interoperabilidade entre a camada de enlace e os protocolos das camadas superiores e inferiores a ela. O LLC, ao receber um pacote IP da camada de rede, agrega campos de controle para ajudar na entrega do pacote IP ao destino. Os controles agregados ao pacote IP são o DSAP (*Destination Service Access Point*) e o SSAP (*Source Service Access Point*).

O LLC encapsula o pacote IP, em seguida é encapsulado em um *frame* MAC IEEE-802.3.

Os controles do LLC têm o objetivo de controlar a comunicação entre dois dispositivos conectados por um único *link* na rede e com diferentes protocolos da camada 3 sendo transportados. A subcamada LLC é definida pela especificação IEEE 802.2.

Os campos de controle dessa subcamada são colocados no campo de dados do *Frame-Ethernet* 802.3, com os dados recebidos da camada de rede.

A subcamada MAC tem como função encaminhar os dados da camada de enlace para o meio físico em redes Ethernet.

A seguir tem-se o formato do *frame* (pacote) *Ethernet*:

MAC-Layer - 802.3

Preâmbulo (8)	Endereço de destino (6)	Endereço de origem (6)	Tamanho (2)	Dados (variável) 802.2 SAP ou 802.2 SNAP	FCS (4)

Descrição dos campos do *frame Ethernet*:

- **Preâmbulo:** um conjunto de uns e zeros que indica ao receptor que o *frame* está começando.

  Os **endereços** são os *MAC-address*, gravados na placa de rede, em uma ROM *BIA (Burned-in-Address)*, com seis *bytes*. O endereço MAC contém a identificação do fabricante OUI (*Organizationally Unique Indentifier*) nos primeiros seis dígitos hexa (três *bytes*). Os últimos seis dígitos hexa (três *bytes*) são numerados pelos fabricantes.

- **Tamanho (*length*):** campo de dois *bytes* que indica o número de *bytes* do campo de dados.
- **Dados:** é o campo de dados em que estão as informações de controle da subcamada LLC, com os dados vindos da camada superior (no caso, de rede).
- **FCS (*Frame-Check-Sequence*)**: contém um valor de CRC (*Cyclic-Redundancy-Check*), utilizado para verificar se os dados chegaram sem erros de transmissão. É importante observar que a detecção de erros não implica necessariamente correção ou pedido de retransmissão para recuperá-los. *Frames* ou pacotes com erros podem ser descartados sem pedir a retransmissão, dependendo do protocolo e da configuração utilizada.

No campo de tamanho (*lenght*), no padrão *Ethernet* II (redes *Ethernet* sem LLC), utiliza-se o campo de tamanho para especificar o tipo (*type*) do protocolo da camada de rede diretamente e sem usar a subcamada LLC 802.2.

No campo de dados da camada MAC 802.3 pode-se ter dois tipos de *frame* LLC: SAP (*Service Access Point*) e SNAP (*Subnetwork Access Protocol*). O tipo de *frame* a ser utilizado depende da aplicação.

Os *bytes* de origem e destino SAP apontam para os protocolos das camadas superiores o tipo de protocolo que levam. Por exemplo, SAP = 06 em hexa especifica que o *frame* é destinado ao IP, SAP = E0 em hexa especifica que o *frame* é destinado ao IPX, SAP = 04 indica que são dados SNA, e SAP = AA indica que há dados e campo SNAP à frente.

Isso permite que as camadas de enlace e física utilizem serviços de transmissão para vários protocolos de rede da camada 3.

Para especificar que o *frame* usa SNAP, nos campos SAP (origem e destino) é colocado o valor hexa AA e no campo de controle é colocado 03 hexa. No campo de código de tipo é possível especificar o tipo de protocolo da camada superior (rede). No campo de tipo (*type*), 0800 indica que os dados da camada de rede são IP e 8137 determina que os dados da camada de rede são IPX.

O formato SNAP foi definido pelo IEEE para permitir o transporte de dados dos protocolos da camada 3, proprietários no *frame* LLC 802.2.

Assim, dentro do campo de dados do *frame* 802.3 podemos ter:

802.2 (SAP)

SAP Destino (1)	SAP Origem (1)	Controle (1 ou 2)	Dados (variável)

802.2 (SNAP)

SAP Destino (1) AA	SAP Origem (1) AA	Controle (1 ou 2) 03	OUI(3) ID	Type (2)	Dados (variável)

Figura 3.7 - Conteúdo do campo de dados do frame 802.3.

Os equipamentos que se situam na camada de enlace são *bridges* e *switches*, nos quais vários barramentos, também chamados de segmentos de rede, são ligados para se comunicarem entre si.

A função básica de um *switch* é interligar vários segmentos de redes locais, permitindo a comunicação entre eles. O *switch* autoriza a passagem dos dados (*frames Ethernet*) de um segmento para outro, somente se o endereço de destino for para esse outro segmento. Dados (*frames Ethernet*) endereçados a um dispositivo no mesmo segmento de rede não passam para os outros segmentos.

Switching baseado em um *hardware* utiliza circuitos integrados desenvolvidos especificamente para executar essas funções. São os chamados ASICs (*Application Specific Integrated Circuits*), e permitem melhor performance do que a comutação feita por *software*.

Todos os dispositivos (equipamentos ou computadores) de um segmento devem usar o mesmo protocolo de comunicação.

Para que diferentes segmentos, com variados protocolos, se comuniquem entre si, é preciso um roteador.

Todos os segmentos conectados a uma mesma *bridge* ou *switch* são parte de um mesmo domínio de *broadcast*, ou seja, mensagens de *broadcasting* são enviadas a todos os segmentos ligados a uma mesma *bridge* ou *switch*.

Resumos das especificações de redes *Ethernet*:

- **Especificação do *frame Ethernet-MAC* transmitido pela placa de rede ao barramento físico:** IEEE-802.3.
- **Especificação da subinterface LLC que é encapsulada no campo de dados do *frame Ethernet-MAC*:** IEEE-802.2.
- **Especificações para redes *Fast-Ethernet*:** IEEE-802.3u.
- **Especificações para redes *Gibabit-Ethernet*:** IEEE-802.3z.
- **Especificações para redes *Wireless*-LAN:** IEEE-802.11.

Em redes WAN, na camada de enlace, os protocolos e tecnologias mais utilizados para transportar os dados no meio físico entre os equipamentos são: HDLC, PPP, *frame-relay* e ISDN-BRI (básico a 144Kbps).

O protocolo de enlace HDLC é utilizado em redes WAN na comunicação ponto a ponto, bem como o protocolo PPP. Como a comunicação é direta entre dois pontos, os campos de endereços no *frame* ficam sem função.

O protocolo de enlace *frame-relay* transporta vários circuitos lógicos VCs (*Virtual Circuits*) em um mesmo circuito físico, portanto necessita do endereço de cada um. O campo de endereço no *frame-relay* define um DLCI (*Data Link Connection Identifier*) que identifica cada circuito lógico virtual.

3.2.2.2. Camada de rede (*network layer*)

Nessa camada são definidos e tratados os endereços lógicos de origem e de destino na rede, os caminhos a serem percorridos pelos dados para que atinjam o seu destino e a interconexão de múltiplos *links* (enlaces ou canais de comunicação).

A camada de rede define o transporte de dados entre dispositivos que não estão localmente conectados. Para tal, utiliza os endereços lógicos da origem e do destino, como os endereços IP, e escolhe os caminhos, através da rede, a serem utilizados para atingir o destino.

Interliga dispositivos que não estão no mesmo domínio de colisão. O endereço de rede (IP, por exemplo) é chamado de endereço virtual ou lógico (*virtual address* ou *logical address*).

A escolha do melhor caminho é feita pelo protocolo de roteamento, que fica armazenado no roteador. Alguns protocolos de roteamento, como o RIP (*Routing Information Protocol*), escolhem a melhor rota pelo menor número de trechos ou saltos (*hops*) pelos quais devem passar para chegar ao destino. Outros protocolos de roteamento, como o OSPF (*Open Shortest Path First*), escolhem a rota mais viável pela melhor velocidade ou desempenho dos trechos dela.

<table>
<tr><td>Rede
(Internetwork)</td><td colspan="3">IP</td></tr>
<tr><td rowspan="2">Enlace</td><td>Ethernet</td><td colspan="2">WAN</td></tr>
<tr><td>IEEE 802.2</td><td>HDLC</td><td>Frame-relay</td></tr>
<tr><td>Físico</td><td>IEEE 802.3</td><td colspan="2">EIA/TIA-232
V.35</td></tr>
</table>

Figura 3.8 - Camada de rede e enlace com seus componentes para redes locais e redes WAN.

Existem dois tipos de pacote que trafegam na camada de rede:

- Pacotes que levam os dados efetivamente (*data packets*).
- Pacotes que levam informações de detecção e atualização de rotas, as quais são enviadas e recebidas pelos roteadores (*router up-date packets*).

Os endereços de rede, como o endereço IP, também chamados de endereços virtuais ou lógicos, são hierárquicos, pois definem a rede e o dispositivo dentro da rede. Ou seja,

funcionam como o endereço de uma carta que possui, hierarquicamente, o nome do país, estado, cidade, rua e número.

Chama-se lógico o endereço tratado em nível de *software*, como o IP.

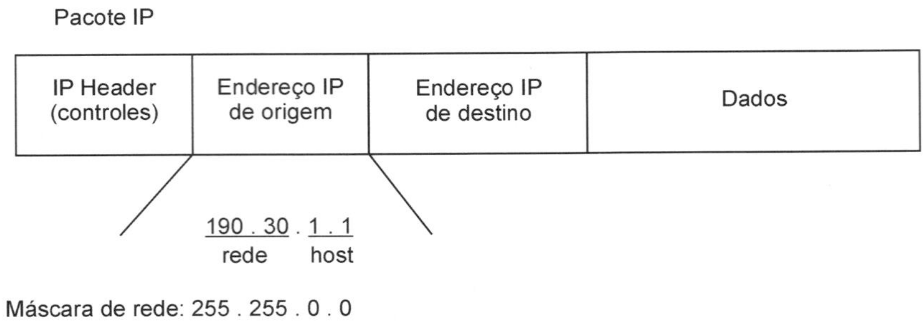

Figura 3.9 - Formato do pacote IP com um exemplo de endereço de rede e computador (host) de origem.

O encaminhamento dos dados até o destino é feito por roteadores, utilizando tabelas de roteamento, de acordo com o endereço IP. Essas tabelas de rotas possuem informações como:

- Endereços de redes.
- **INT:** interfaces que indicam o caminho à rede de destino.
- **Métricas:** fornecem a distância até a rede de destino. A distância pode ser medida, dependendo do protocolo, por número de dispositivos que o pacote cruzar (*hop count*), pelo tempo gasto da origem ao destino (*delay*) ou por um valor associado à velocidade do *link*.

O roteador possui uma tabela para cada protocolo que trata.

A seguir, um exemplo de tabela de roteamento que indica os caminhos a serem utilizados para atingir determinada rede. A tabela possui o endereço da rede, a interface do roteador e a métrica (custo ou distância) para atingir essa rede. A métrica mais utilizada relaciona-se ao número de redes que precisa ser atravessado para chegar ao destino, chamado de salto (*hop*).

Com base no exemplo seguinte, imagine o roteador A:

- Para atingir a rede 1, é preciso usar a interface E0 e nenhum salto.
- Para atingir a rede 5, é preciso usar a interface S0 e nenhum salto.
- Para atingir a rede 3, é preciso usar a interface S1 e um salto adicional.
- Para atingir a rede 4, é preciso usar a interface S1 e dois saltos adicionais.

Rede	Interface	Métrica
1	E0	0
5	S0	0
3	S1	1
4	S1	2

Tabela de roteamento do roteador A

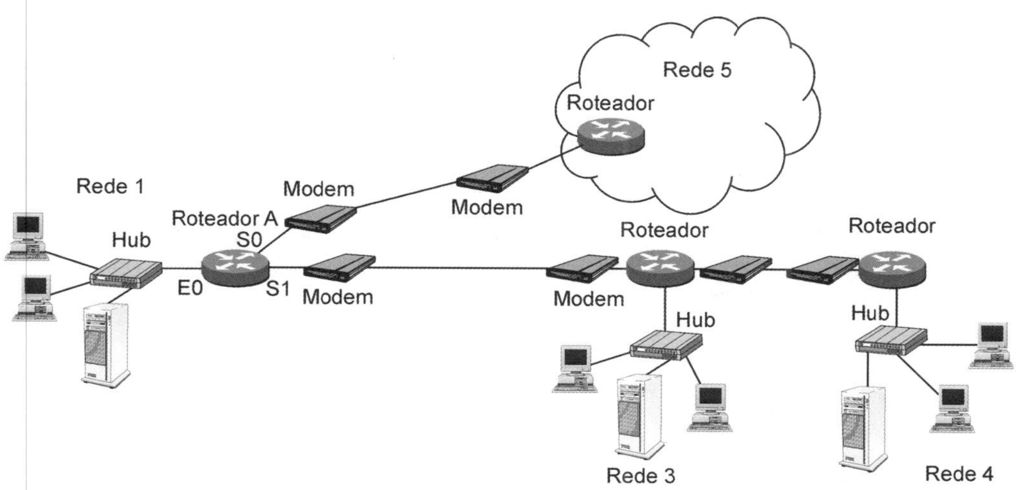

Figura 3.10 - Roteadores interligados, conectando quatro redes denominadas 1, 3, 4 e 5.

Roteadores são equipamentos que operam na camada de rede do modelo TCP/IP, que também corresponde à camada de rede do modelo OSI. O roteador não reencaminha *frames*, mensagens de *broadcasting* ou *multicast* do nível de enlace como fazem as *bridges* e *switches*, ou seja, os roteadores não permitem que mensagens de *broadcasting* passem para outras redes ligadas a eles.

Os roteadores encaminham os pacotes baseados nas informações do *header (campos de controle)* do pacote IP. Roteadores também possuem funções de *bridging*, como as *bridges* e *switches*, além das funções de roteamento, dependendo de sua configuração.

Os protocolos da camada 3 fazem basicamente o roteamento e o endereçamento dos pacotes através de uma rede.

3.2.2.3. Camada de transporte

A camada de transporte tem como função estabelecer uma conexão fim a fim, também chamada de conexão confiável, entre a origem e o destino dos dados, garantindo a integridade dos dados.

Ela verifica se não ocorreram perdas de pacotes e se eles chegam na ordem correta, solicitando a retransmissão de pacotes faltantes ou com erro e efetuando um controle de fluxo do envio dos dados entre a aplicação e a transmissão dos dados pela rede.

É denominado controle de fluxo o trabalho que regula a quantidade de dados enviados pela aplicação e a capacidade de transmissão do meio de comunicação e da rede.

Essas atividades são efetuadas pelo protocolo de comunicação que atua na camada de transporte. Na arquitetura TCP/IP, o protocolo responsável por essas atividades é o TCP.

Os protocolos de transporte possuem um identificador da aplicação para a qual transportam os dados, chamado de *port number*.

Os protocolos de transporte retransmitem seus segmentos caso o receptor não confirme a recepção. Colocam os segmentos em ordem no receptor e também controlam o fluxo, evitando congestionamentos.

Transporte	TCP	UDP	
Rede (Internetwork)	IP		
Enlace	Ethernet	WAN	
	IEEE 802.2	HDLC	Frame-relay
Físico	IEEE 802.3	EIA/TIA-232 V.35	

Figura 3.11 - Camada de transporte, rede e enlace com seus componentes para redes locais e redes WAN.

A camada de transporte define como estabelecer uma sessão (conexão lógica) entre as aplicações de duas estações.

Diferentes tipos de dados, de diversas aplicações, são enviados pela camada de transporte. Podem ser dados de aplicações, de gerenciamento, de controle do protocolo, entre outros.

A diferenciação entre esses dados é feita por identificadores chamados *ports*, como já foi visto. A aplicação Telnet, por exemplo, utiliza o *port* 23, a FTP utiliza o *port* 20 e a HTML utiliza o *port* 80.

O TCP é um protocolo fim a fim (*end-to-end*) que permite uma conexão confiável às aplicações, verificando a existência de perdas de pacotes ao longo da transmissão ou se eles chegaram com erros. Neste último caso, o protocolo TCP do receptor avisa o protocolo TCP do transmissor sobre os erros no pacote recebido e solicita a sua retransmissão.

O TCP também coloca os segmentos (pacotes) em ordem correta ao recebê-los e evita o congestionamento na transmissão, fazendo um controle de fluxo, armazenando em memória (*buffers*) os pacotes que chegam ou enviando um indicador de *not ready* ao transmissor, que pára a transmissão até que o receptor tenha condições de receber e processar mais pacotes.

Protocolos orientados à conexão, como o TCP, estabelecem, no início da comunicação, uma conexão denominada *handshake*, em que a origem e o destino trocam informações de controle antes de migrar a transmissão dos dados.

O protocolo da camada de transporte faz a segmentação dos dados recebidos da camada de aplicação. A segmentação refere-se à divisão dos dados em pedaços ou blocos de *bytes* chamados PDUs (*Protocol Data Units*) que serão transmitidos para as camadas inferiores e pela rede.

Podemos adotar a nomenclatura:

- **Dados (*data*):** informações da camada de aplicações.
- **Segmento (*segment*):** unidade de dados (PDU) que trafega na camada 4.
- **Pacote (*packet*):** unidade de dados (PDU) que trafega na camada 3.
- **Quadro (*frame*):** unidade de dados (PDU) que trafega na camada 2.
- **Bit:** unidade de dados que trafega na camada 1.

A transmissão na camada de transporte com detecção, tratamento e correção de erros, como descrito anteriormente, denomina-se orientada à conexão, conexão fim a fim ou conexão confiável, garantindo a confiabilidade no transporte dos dados.

Em uma conexão TCP, determina-se uma sessão (conexão lógica), um sincronismo e um caminho entre o transmissor e o receptor. As aplicações informam aos seus sistemas operacionais o início de uma conexão e eles trocam informações através da rede para verificar e começar a transmissão. Trata-se de um protocolo orientado à conexão que, antes de iniciar a troca de dados entre a origem e destino, faz o processo de *handshake* ou sincronismo entre a origem e o destino. O TCP reagrupa as mensagens (segmentos) recebidas fora de ordem e reenvia os segmentos cujo recebimento não foi confirmado.

Uma conexão não confiável ou sem conexão fim a fim, utilizada, por exemplo, pelo protocolo UDP (*User Datagram Protocol*) na camada de transporte, usa qualquer caminho disponível na rede ao longo da transmissão. Desta forma, pacotes podem ser recebidos fora de ordem pelo receptor.

O UDP não reagrupa as mensagens de entrada, não usa confirmações e não fornece controle de fluxo. Um protocolo não orientado à conexão, como o UDP, envia os dados diretamente sem saber se o destinatário está presente ou não, ou seja, sem fazer o *handshake* de conexão.

Esse tipo de protocolo sem conexão fim a fim possui menos controles, portanto é mais rápido, indicado para aplicações de voz e imagem em tempo real, em que dados perdidos ou com erros não precisam ser tratados nem retransmitidos.

3.2.2.4. Camada de aplicações

Nessa camada se encontram os protocolos responsáveis pela comunicação entre as diferentes aplicações, como envio e recebimento de e-mails (correio eletrônico), transferência de arquivos, emulação de terminais, gerenciamento e aplicações específicas desenvolvidas para operar na arquitetura TCP/IP.

No modelo TCP/IP, a camada de aplicações é a do topo, ficando acima da camada de transporte. No modelo OSI, ela corresponde a três camadas que se situam no topo do modelo OSI (sessão, apresentação e aplicação).

3.3. Modelo OSI

A ISO (*International Standards Organization*) definiu um modelo de referência para a interconexão de sistemas de comunicação em redes de computadores chamado de OSI (*Open Systems Interconnection*).

O modelo OSI de sete camadas teve como objetivo especificar uma arquitetura de conectividade entre sistemas, dividindo as funcionalidades de um sistema de comunicação de dados em sete partes.

Nesse modelo, cada camada possui um conjunto de padrões, especificações e protocolos que atuam no processo de comunicação de dados.

Se diferentes sistemas e plataformas tecnológicas existentes no mercado seguem esse modelo e seus padrões de comunicação, eles conseguem se comunicar entre si, portanto possuem interoperabilidade.

Foi visto que o modelo de comunicação utilizado na Internet é o da arquitetura TCP/IP de quatro camadas, o qual sugere uma implementação simplificada do modelo OSI. Como o modelo TCP/IP é semelhante, mas não igual ao OSI, diz-se que ambos não são aderentes.

No modelo TCP/IP, a camada de enlace de rede abrange as camadas físicas e de enlace do modelo OSI, como na figura 3.12. As demais camadas também são semelhantes. Para facilitar a comparação entre os modelos, subdividiu-se a camada de enlace (*data link*) do modelo TCP em duas partes (camada física e de enlace).

Utilizamos como padrão de referência neste estudo o modelo OSI.

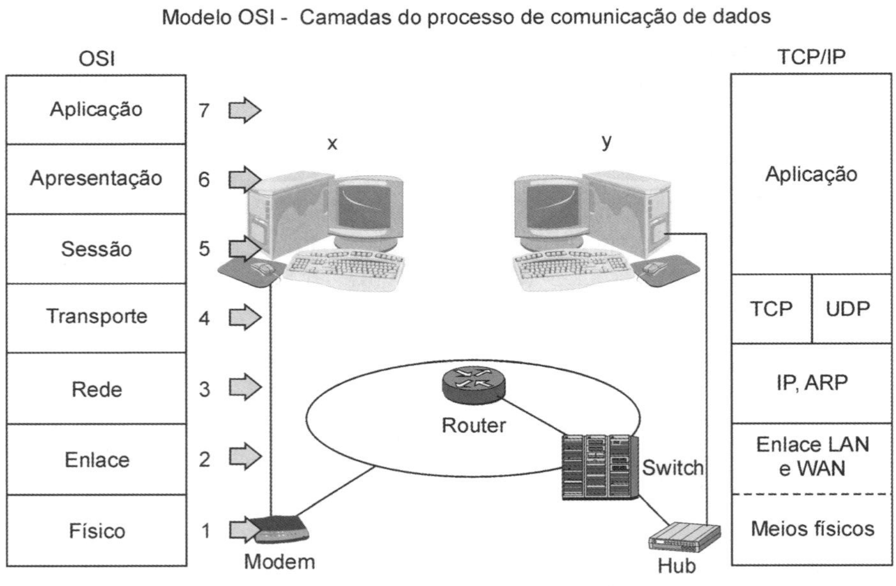

Figura 3.12 - Exemplo de comunicação entre duas máquinas por meio das camadas OSI.

As quatro camadas inferiores (*lower layers*) do modelo OSI definem as conexões para troca de dados. As três camadas superiores (*application layers*) definem a comunicação entre as aplicações e com os usuários.

Observe a descrição das camadas do modelo OSI.

3.3.1. Camada 7 (aplicação)

Nessa camada se encontram os protocolos que executam os processos aplicativos, como o HTTP (acesso à web), SMTP (correio eletrônico), FTP (transferência de arquivos), Telnet (emulação de terminais), SNMP (gerenciamento de redes), entre outros.

- **Telnet (*Terminal Emulation*):** protocolo utilizado para acessar outros computadores e simular (emular) um terminal próprio para acessar as informações. O Telnet abre uma sessão do sistema remoto que está acessando como se trabalhasse localmente como um terminal dele. Utiliza o *port* 23 do TCP para se comunicar com a camada de transporte.
- **FTP (*File Transfer Protocol*):** protocolo utilizado para transferência de arquivos, criação e alterações de diretórios.

  A transferência dos arquivos pode ser realizada de dois modos:

  - **Texto:** converte a codificação no sistema destinatário.
  - **Binário:** os dados são transferidos como estão, sem conversão.
- **SNMP (*Simple Network Management Protocol*):** protocolo de envio de informações sobre gerenciamento e controle dos equipamentos da rede para um servidor de gerenciamento. Esse protocolo, quando carregado nos computadores que enviam informações ao gerenciamento, é chamado de aplicação de gerenciamento *client* ou agente. O agente envia dados para um servidor em que fica a aplicação central responsável por todo o gerenciamento, denominada gerente.

  Ambos (cliente e servidor) possuem uma base de dados MIB (*Management Information Base*) na qual os dados são armazenados para elaborar estatísticas que permitem uma efetiva monitoração da rede.
- **SMTP (*Simple Mail Transfer Protocol*):** protocolo responsável pelo envio de mensagens de e-mail.
- **HTTP (*Hypertext Transfer Protocol*):** protocolo de envio e recebimento das páginas web entre o *browser* de um *host* e o servidor *Web.*

3.3.2. Camada 6 (apresentação)

Faz a conversão de diferentes códigos ou formatos de dados, como o ASCII e o EBCDIC, serviços de criptografia, MPEG, MIDI, JPEG e outros tipos de conversões, codificações e decodificações de dados da aplicação.

Nessa camada, atuam os protocolos responsáveis pela estrutura e conversão de dados, como conversão de formato ASCII em EBCDIC, no caso da comunicação entre uma aplicação que utiliza o ASCII e outra que usa o EBCDIC. Também nessa camada atuam os protocolos que fazem a criptografia e segurança de dados.

O objetivo da camada 6 é estruturar os dados de forma legível ao receptor, caso os dados estejam em um formato diferente do receptor.

3.3.3. Camada 5 (sessão)

Faz a autenticação do usuário (logon entre dois processos), controle, inicialização e finalização de transações entre aplicações. É responsável pelo acesso do usuário a uma aplicação por meio da sua identificação (login e senha), pelo estabelecimento do tempo de conexão do usuário, pelas desconexões de usuários e pelas regras de conexão à aplicação.

3.3.4. Camada 4 (transporte)

Responsável pelo controle de fluxo e integridade da transmissão entre a origem e o destino.

3.3.5. Camada 3 (rede)

Realiza o endereçamento lógico e estabelecimento de rotas para o envio dos dados na rede.

3.3.6. Camada 2 (enlace)

Faz o endereçamento físico e enlace ponto a ponto com protocolos e interfaces, como HDLC, *frame-relay*, PPP, FDDI, IEEE-802.3 (*Ethernet* e CSNA/CD), IEEE-802.2 (LLC - *Logical Link Control*), IEEE-802.5 (*Token-Ring*) ATM e outros. Permite o acesso ao meio físico de transmissão. O endereço físico das estações é criado nessa camada e também a especificação do protocolo da camada superior transportado por ela (IP, IPX e outros).

3.3.7. Camada 1 (físico)

Relaciona-se aos equipamentos e meios de transmissão, interfaces V.35 e EIA/TIA-232.

As camadas de 7 a 4 tratam a interoperabilidade, que é a comunicação entre diferentes sistemas. As camadas de 3 a 1 tratam a interconectividade, ou seja, a conexão entre equipamentos e sistemas.

As camadas 1 a 7 ficam, logicamente, entre as aplicações do usuário (programas, aplicativos, sistemas etc.) e o sistema operacional. No modelo OSI, as camadas 7, 6 e 5 são de aplicações. As camadas 1, 2, 3 e 4 são de fluxo de dados, analogamente ao modelo TCP/IP, em que na camada 1 têm-se as especificações do *hardware* e do meio de comunicação utilizado na rede (cabos, conectores e meios de transmissão), na camada 2 têm-se os protocolos responsáveis pela transmissão de dados no meio de comunicação (enlace entre dois pontos na rede, *data link* ou acesso à rede, como o PPP e o HDLC).

A camada 3 (rede) encaminha e faz o roteamento dos dados de acordo com o endereço de rede e a camada 4, de transporte, é responsável pela integridade da transmissão desde a origem até o destino final (controle fim a fim). A camada 5, de sessão, faz a autenticação e identificação do usuário no acesso a uma rede. A camada 6 (apresentação) faz a conversão dos dados de um sistema de codificação em outro e também a criptografia e compressão de dados para sistemas de segurança.

Na camada 7, de aplicação, ficam os protocolos que atuam na aplicação do usuário, como o controle da transmissão de arquivos e dos dados da aplicação.

Os protocolos de uma camada utilizam os serviços dos protocolos das demais camadas para encaminhar os dados. Os pacotes de dados enviados por protocolo denominam-se PDU (*Protocol Data Unit*) ou unidade de dados de protocolo. Cada PDU é composta pelos dados que transporta mais os campos de controle do protocolo chamados de *header*, *trailer* ou cabeçalho.

As PDUs, dependendo do protocolo e camada que as geraram, são chamadas de *frames*, datagramas ou pacotes, que nada mais são que registros ou blocos de informações.

Cada camada possui um protocolo com suas funções específicas.

Os protocolos orientados à conexão estabelecem uma conexão entre a origem e o destino final, antes que a transmissão dos dados seja iniciada. Ou seja, esses protocolos estabelecem uma associação inicial entre a origem e o destino final. Exemplos desse tipo de protocolo são o TCP e o X.25.

Os protocolos denominados não orientados à conexão não estabelecem uma associação entre a origem e o destino final. Ele encaminha os dados em direção ao seu destino utilizando apenas o endereço de destino como referência. Exemplos desse tipo de protocolo são o IP e o UDP.

Os protocolos também são responsáveis pelo controle de fluxo. Em muitos casos, quando ocorre um congestionamento de dados, os roteadores, por exemplo, descartam pacotes em virtude de o transmissor enviar dados a uma velocidade maior que a que pode processar.

Para evitar perda de dados e regular o fluxo de dados transmitidos e recebidos, utilizam-se técnicas como:

- **Uso de *buffers* (*buffering*) nos equipamentos:** são memórias intermediárias que recebem e armazenam os dados em excesso até que o equipamento tenha condições de processá-los.
- **Pedido de interrupção de envio de dados (*congestion avoidance*):** nesse caso, faz-se o controle de fluxo pedindo ao transmissor que pare de enviar mais dados, quando o receptor percebe que seus *buffers* estão enchendo. O receptor pode pedir ao transmissor que interrompa o envio de mais dados ou que diminua a velocidade do envio.
- **Envio de dados por janela (pacotes transmitidos):** nesse caso, é definida uma janela (quantidade de pacotes transmitidos sem que haja confirmação de recebimento) entre o receptor e o transmissor. O receptor, após receber todos os pacotes da janela definida (*windowing*), envia ao transmissor uma confirmação de recebimento (*acknowledgement*). O transmissor só enviará novos pacotes após receber o *acknowledgement* de que os anteriores já foram recebidos e processados pelo receptor. O protocolo TCP trabalha dessa forma.

3.4. Topologia Cisco

Esta é uma representação da arquitetura de interligação de equipamentos utilizada pela Cisco.

Como uma rede é composta por diferentes tipos de equipamento, eles foram divididos em grupos de funções:

- Rede central (*core layer*);
- Rede de distribuição (*distribution layer*);
- Rede de acesso (*access layer*).

3.4.1. *Core layer*

Em que ficam os equipamentos e meios de transmissão de altíssima velocidade. O *core layer* é a parte da rede também chamada de *backbone* principal e central, composta por equipamentos *switches* com alta capacidade de comutação e transmissão de dados e meios de alta velocidade como fibras ópticas.

3.4.2. *Distribution layer*

Nela se encontram os equipamentos dos sites ou POPs (*Points of Presence*), ou seja, os pontos de concentração aos quais chegam os acessos dos usuários e são feitos autenticação, bloqueios, permissões, listas de acessos, filtragem de pacotes, *firewalls*, roteamento, controles e segurança de acesso (autenticação de usuários). Nessa camada estão equipamentos como roteadores de médio porte, que concentram as conexões de roteadores menores conectados ao POP.

3.4.3. *Access layer*

Parte da rede na qual ficam os equipamentos, as conexões e o acesso dos usuários à rede. São os roteadores de acesso aos POPs da rede e *links* de acesso.

3.5. Equipamentos e meios de comunicação utilizados em redes locais e remotas na arquitetura TCP/IP

Em uma arquitetura TCP/IP, as interconexões entre equipamentos e redes são basicamente efetuadas por *hubs* e *switches* na parte local e por roteadores nas conexões remotas.

Chama-se de rede local ou LAN (*Local Area Network*) uma rede dentro de uma área pequena, em uma empresa, por exemplo, composta de computadores e equipamentos interligados por meio de um barramento de comunicação comum que pode ser um *hub* ou um *switch*.

3.5.1. *Hub*

Utilizado basicamente para interligar os computadores (*hosts*) em uma rede local, por meio de cabos de pares trançados também chamados de cabos UTP, que conectam as placas de rede dos computadores às portas do *hub*.

Funciona como um barramento compartilhado por todos os computadores ligados a ele, em que os dados enviados por um computador são recebidos por todos simultaneamente por meio do barramento.

O controle da transmissão no meio físico (barramento ou *hub*) é feito pelo protocolo de enlace *Ethernet-CSMA/CD*, situado nas placas de rede dos computadores, e que controla a transmissão dos dados entre elas.

O controle do encaminhamento dos pacotes das mensagens e dados dos aplicativos processados internamente nos computadores é feito por um protocolo de endereçamento de mensagens e pacotes na rede como IP ou IPX.

No início do surgimento das redes locais, o barramento era, no aspecto físico, realmente um barramento, composto por um cabo coaxial ao longo do qual os computadores eram ligados.

Posteriormente, essa arquitetura física em forma de barramento foi substituída pela arquitetura física em forma de estrela dos equipamentos diretamente conectados ao *hub*.

A comunicação entre as estações também pode ser feita pela tecnologia *wireless* LAN, ou seja, sem fio, em que as placas de rede dos computadores são ligadas a pequenas antenas que fazem a transmissão dos dados por microondas ou infravermelho, permitindo a comunicação sem cabos UTP. Isso é muito útil em locais onde não existem condições para passar os cabos.

Apesar de os cabos UTP serem ligados fisicamente aos *hubs* no formato estrela (ligações a um ponto central), o *hub* continua trabalhando como um barramento lógico.

Os dados enviados por um computador são repetidos a todas as outras portas do *hub*, de modo que um dado transmitido por um computador (*host*) é recebido por todos, como ocorria com o cabo coaxial. Em ambos os casos (coaxial e *hub*), o protocolo de comunicação da camada física e de enlace é o *Ethernet-CSMA/CD*.

O protocolo da camada de enlace (enlace de rede ou *data link*) é responsável pelo controle da transmissão dos dados no meio físico. Nesse caso, o protocolo que controla a transmissão dos dados no meio físico (cabos e *hubs*) das redes locais *Ethernet* funciona da seguinte forma:

- O protocolo CSMA/CD fica armazenado na placa de rede.
- Quando o equipamento deseja transmitir, envia os dados para a placa de rede, a qual verifica se o meio está sendo utilizado ou não (um sensor na placa "ouve" se o sinal trafega no barramento/cabo ou não).
- Se o meio de transmissão (*hub*/cabo) não estiver em uso, envia os dados.
- Se o meio estiver em uso, espera que seja liberado e então envia os dados.
- Se dois dispositivos transmitem ao mesmo tempo, há colisão dos dois *frames*. Nesse caso, as placas de rede detectam a colisão dos sinais, esperam um tempo aleatório e tentam enviar o *frame* novamente.

Vê-se que o protocolo de enlace CSMA/CD (*Carrier Sense Multiple Access with Collision Detection*) pode se tornar ineficiente em barramentos com alto tráfego e muitos dispositivos em razão da maior possibilidade de colisões no *hub*.

Observa-se também que o protocolo CSMA/CD em uma rede *Ethernet* faz o encaminhamento dos dados utilizando o endereço físico das placas de rede (endereço MAC). O endereço MAC é gravado em uma memória da placa de rede durante a sua fabricação e também é chamado de BIA (*Burned-In-Address*). O endereço é composto por seis *bytes* e

cada placa ou interface de rede possui um endereço diferente, para não haver conflitos de endereçamento.

Os primeiros três *bytes* do endereço representam o código do fabricante, e os três últimos *bytes*, a numeração desse fabricante. Para endereçar dados em mais de uma placa, utilizam-se os endereços MAC de *multicast* ou de *broadcast*.

O endereço de *broadcast* é utilizado quando todos os bits do endereço são 1: FFFF.FFFF.FFFF, e isso indica que todos os dispositivos, ao receberem o *frame* com esse endereço de destino, devem processá-lo.

O endereço de *multicast* endereça um subgrupo de dispositivos em uma LAN. As estações (computadores ou dispositivos) da rede local configuradas para fazer parte desse grupo devem receber e processar *frames multicast* endereçados a elas.

As conexões das placas de rede de estações de uma LAN padrão *Ethernet* ao *hub* são feitas por:

- Cabo de par trançado (10BaseT, também chamado de cabo UTP) com alcance de 100m.

Nas primeiras redes locais, as placas de rede eram interligadas diretamente por cabos coaxiais com conectores T. O cabo era um coaxial fino (10Base2) com alcance de 185m ou um cabo coaxial grosso (10Base5) com alcance de 500m em um segmento.

O *hub* comporta-se como um barramento ou um segmento, que é definido como um domínio de colisão (*collision domain*), e também domínio de *broadcast* (*broadcast domain*), pois *frames* de *broadcast* são transmitidos a todos os dispositivos ligados a ele. O *hub* não processa os dados, apenas estende o meio físico repetindo o sinal para todas as suas portas, por isso é um dispositivo de camada física.

Quanto mais estações existirem em um segmento, maior a chance de colisões. Para solucionar esse problema, segmentam-se (separa ou divide) as redes locais em domínio de colisões menores, utilizando *switches* e *bridges*.

A seleção de um *hub* ou *switch* depende do número de portas necessário para atender à empresa e da velocidade com que ele deve trabalhar (10 em 100Mbps).

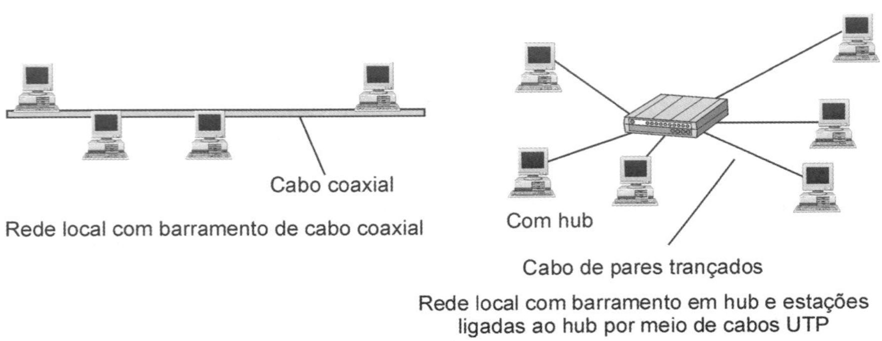

Figura 3.13 - Computadores em uma rede local interligados por cabo coaxial e por hub com cabos de pares trançados (UPT).

É possível ver na figura um exemplo de interligação de computadores em rede local, em que se utiliza um cabo coaxial.

Vê-se também um exemplo de interligação de computadores em rede local utilizando um *hub* com um cabo de par trançado UTP para cada computador.

No *hub* são ligadas todas as estações da rede local, como: servidor de arquivos, de comunicação, de banco de dados, de aplicações e de rede, impressoras, estações (computadores PC) dos usuários, roteadores para conexão externa e demais equipamentos que tenham uma placa de rede *Ethernet*.

No servidor de rede tem-se o sistema operacional de rede, que é um conjunto de *softwares* responsável pelo compartilhamento dos recursos da rede entre as estações. As estações possuem parte desse sistema operacional em sua memória e se comunicam com o servidor para compartilhar arquivos, obter endereços das estações da rede, compartilhar comunicações externas, fazer a identificação e segurança no acesso aos dados e demais funções para o trabalho em conjunto das estações. Os sistemas operacionais de rede mais conhecidos são o Windows Server, Linux e o Netware.

O cabo coaxial é mais resistente, porém de difícil manuseio em relação ao cabo UTP. Caso o cabo coaxial seja rompido, toda a rede é afetada.

Os cabos de pares trançados UTP ligados a *hubs* apresentam um custo menor, manuseio mais fácil, detecção mais rápida de problemas e, caso um cabo seja rompido, só afeta a estação ligada a esse cabo.

Denomina-se barramento o meio físico de comunicação entre computadores em uma rede local. O barramento, também chamado de segmento de rede, é composto pelos cabos e *hubs* em uma rede local.

Por meio do barramento os sinais elétricos transportam os dados que são enviados por um equipamento a todos os equipamentos ligados ao barramento. Em um *hub*, todos os dispositivos ligados a ele estão em um mesmo domínio de colisão, ou de *broadcasting*, e compartilham a mesma banda, ou seja, estão em um único barramento ou segmento de rede.

O *hub* simplesmente estende o meio físico, o barramento da rede local, para todos os equipamentos ligados a ele. Com o *hub*, a topologia física da rede local deixa de ser linear (barramento com cabo coaxial) e passa a ser estrela (cabos UTP ligados ao *hub* no formato estrela). Os dados são eletricamente repetidos as outras portas pelo *hub*, simulando assim o barramento.

Desta forma, é preciso observar que a conexão física dos computadores ao *hub*, por cabos de par trançado, tem fisicamente o formato estrela, porém logicamente funciona como barramento.

Quanto mais computadores há no mesmo barramento, maior a possibilidade de congestionamento e colisão de dados nele, o que ocorre quando vários computadores tentam utilizar o barramento ao mesmo tempo.

Observa-se que a colisão fica restrita ao barramento e que o domínio de colisão é o barramento.

Bridges e *switches* isolam os domínios de colisão, ou seja, não permitem que colisões ocorridas em um barramento (segmento de rede) passem para os demais segmentos de redes conectados ao *switch* ou *bridge*.

3.5.2. Conectores

Atualmente, o cabeamento mais utilizado na conexão de computadores em redes locais é feito com cabos UTP (cabo de pares trançados), que utilizam o conector RJ-45 para conexão do cabo à placa de rede ou à porta do *hub*.

No conector RJ-45, para ligar equipamentos ao *hub*, utilizam-se quatro fios do cabo UTP 10BaseT ligados nos pinos 1, 2, 3 e 6 do conector, pino a pino entre os dois conectores, ou seja, o fio do pino 1 do conector de um lado deve se ligar ao pino 1 do conector do outro lado; idem para os demais pinos 2, 3 e 6.

Essa conexão, em que os pinos de um lado estão ligados aos mesmos pinos do outro lado, na mesma ordem, chama-se conexão pino a pino ou *straight-through*, e é usada para conectar computadores e roteadores a dispositivos, como *swicthes* e *hubs*, com portas assinaladas com a letra "X" no equipamento.

O cabo de par trançado também se denomina 10BaseT, em que 10 indica a velocidade de 10Mbps e T indica fios trançados. Esse cabo tem um alcance máximo recomendável de 100m para ligar uma estação (computador) ao *hub*.

Nas redes *Fast-Ethernet*, em que os dados são transmitidos no barramento a 100Mbps, o cabo UTP é chamado de 100BaseT. É um cabo de categoria 5, sendo 100 a velocidade de transporte dos dados (100Mbps), Base a denominação de banda-base ou digital e T a referência do cabo de par trançado (*twisted pair*).

Um novo padrão de velocidade maior para redes locais é o *Gigabit Ethernet*, que transmite dados no barramento da rede a 1000Mbps (1Gbps), utilizando cabo UTP ou fibra óptica.

Para conectar equipamentos iguais entre si (por exemplo, uma placa de rede a outra placa de rede, um *hub* a outro *hub*, *switch* com *switch*, roteador com roteador), usamos o cabo de par trançado *crossover*, em que os pinos da transmissão e da recepção são invertidos nas pontas, pois a transmissão de um é a recepção do outro. O pino 1 de um lado é conectado ao pino 3 do outro lado. O pino 2 de um lado é conectado ao pino 6 do outro lado.

O cabo *crossover* conecta duas portas do *hub* assinaladas com "X" ou duas portas sem nenhuma designação.

Nesse caso, a seqüência de ligação é:

- pino 1 - pino 3;
- pino 2 - pino 6;
- pino 3 - pino 1;
- pino 6 - pino 2.

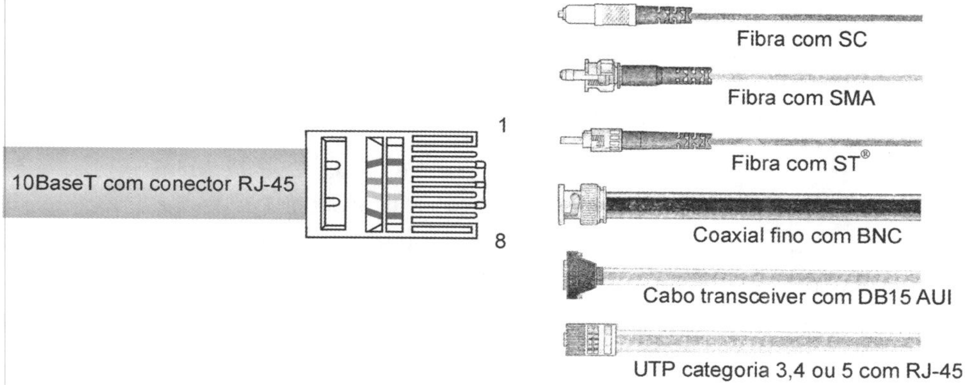

Figura 3.14 - Em conector RJ-45, tabela de pinagem e outros conectores e cabos utilizados em redes LAN, os pinos do conector são numerados de 1 a 8.

Neste exemplo, vê-se o conector RJ-45 utilizado para ligar o cabo UTP (10BaseT) nas placas de rede ou portas de rede *Ethernet* de *switches*, *hubs* e roteadores. O cabo UTP possui oito fios, porém, em uma rede local 10BaseT, só são utilizados quatro fios, sendo:

- **Pino 1:** transmissão de dados;
- **Pino 2:** transmissão de dados;
- **Pino 3:** recepção de dados;
- **Pino 4:** não usado;
- **Pino 5:** não usado;
- **Pino 6:** recepção de dados;
- **Pino 7:** não usado;
- **Pino 8:** não usado.

Observa-se que na conexão entre a placa de rede NIC (*Network Interface Card*) de um dispositivo e o *hub* utilizam-se dois pares do cabo UTP, sendo um para transmissão e outro para recepção. A seguir, os passos do envio de dados em uma rede local:

- A placa de rede (NIC) envia um *frame* para o *hub* pelo par de transmissão.
- O *hub* recebe o *frame* e o envia ao par de recepção de todas as outras placas de rede ligadas a ele.

Essa forma de operação do *hub* é chamada de 10BaseT *half-duplex*, pois o *hub* está simulando o barramento *Ethernet* com CSMA/CD, em que somente é possível uma transmissão por vez.

A forma de operação em que ocorrem a transmissão e a recepção simultaneamente chama-se *full-duplex*, e só ocorre no meio em que não há colisão. Essa operação pode ser implementada em *switches*.

Os cabos utilizados para a conexão de dispositivos em redes locais podem ser de pares trançados, coaxiais ou fibras ópticas, operando em velocidades de 10Mbps, 100Mbps ou

1000Mbps (1Gbps). A seguir, a especificação dos cabos mais utilizados para redes *Ethernet* IEEE-802.3:

- **10BaseT:** cabo UTP, categorias 3, 4 ou 5, com alcance de 100m, norma 802.3.
- **10Base2:** cabo coaxial de 50Ohms, com alcance de 185m, norma 802.3.
- **10Base5:** cabo coaxial de 50Ohms, com alcance de 500m, norma 802.3.
- **10BaseFL:** cabo de fibra óptica com alcance de 2.000m, norma 802.3.
- **100BaseTx:** cabo de par trançado UTP, categoria 5, com alcance de 100m, norma 802.3u.
- **100BaseT:** cabo de par trançado UTP, categoria 3, com alcance de 100m, norma 802.3u.
- **100BaseFx:** cabo de fibra óptica multímodo, com alcance de 2.000m ou monomodo, com alcance de 10.000m, norma 802.3u.
- **1000BaseSx:** cabo de fibra óptica multímodo, com alcance de 550m, norma 802.3z.
- **1000BaseLx:** cabo de fibra óptica multímodo, com alcance de 3.000m, norma 802.3z.
- **1000BaseCx:** cabo de cobre blindado, com alcance de 25m, norma 802.3z.
- **1000BaseT:** cabo de par trançado UTP, categoria 5, com alcance de 100m, norma 802.3ab.

Assim, vários meios podem ser utilizados em redes locais do tipo *Ethernet*. No padrão IEEE 802.3, podemos operar a 10Mbps, com coaxiais, UTP ou fibra. No padrão IEEE-802.3u, que opera a 100Mbps, têm-se cabos UTP ou fibra. As conexões *Fast-Ethernet* são utilizadas em segmentos de maior tráfego, como a conexão de servidores e roteadores a *switches*.

O cabeamento para redes locais *Ethernet* é definido nas especificações EIA/TIA-568 (SP-2840) da *Eletronic Industries Association/Telecomunication Industry Association*, que define também o conector RJ-45, utilizado nos cabos de pares trançados (UTP). Os fios de um cabo UTP são trançados dentro do cabo para que o campo magnético interfira menos entre os fios (*crosstalk*).

Os padrões de conexão dos fios ao conector RJ-45 podem ser 568A e 568B, variando a ordem das cores dos fios no conector, que é ligado à tomada fêmea.

Existem outros tipos de conectores utilizados nas conexões dos roteadores aos *modems* dos circuitos (LPs ou linhas privativas) que fazem as conexões externas por meio de *modems* a outros roteadores distantes. Os cabos ou cabeamento utilizados em redes WAN são diferentes dos das LAN. São conectores como o EIA/TIA-232 (RS-232), utilizados em *modems* de circuitos de comunicação de dados em baixa velocidade (até 19,2Kbps) e conectores como o V.35, utilizados em *modems* de circuitos de alta velocidade (acima de 64Kbps).

O uso de um conector ou outro, nas conexões WAN, depende do serviço ou do equipamento de acesso utilizado pelo provedor, como, por exemplo, o tipo de *modem* utilizado. Lembre-se de que o roteador é conectado ao *modem* por meio desses conectores e cabos, para acessar e se comunicar com outros roteadores distantes em uma rede WAN.

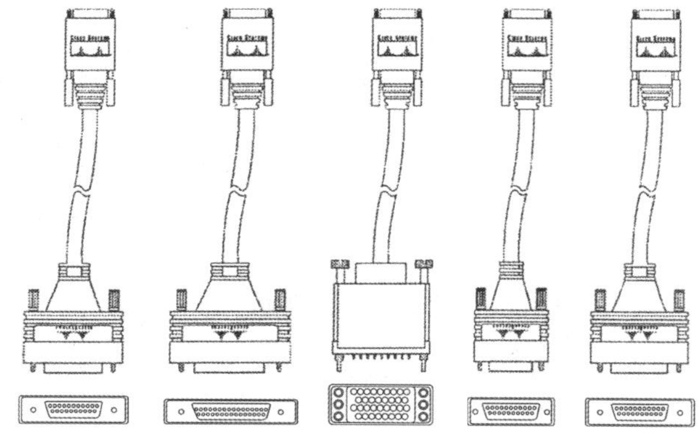

Figura 3.15 - Cabos utilizados em conexões de equipamentos, como de roteadores a modems, para comunicação a longas distâncias em redes WAN.

Em redes WAN, as conexões são seriais (os *bits* são transmitidos em uma linha única) e utilizam protocolo de comunicação de enlace como PPP (*Point-to-Point Protocol*), HDLC (*High-Level Data Link Control*) ou *frame-relay*, em velocidades que variam de 56Kbps a 2.048Kbps.

O tamanho da faixa de freqüência utilizada na transmissão em *hertz* ou a velocidade em *bits* por segundo chama-se largura de banda (*bandwidth*).

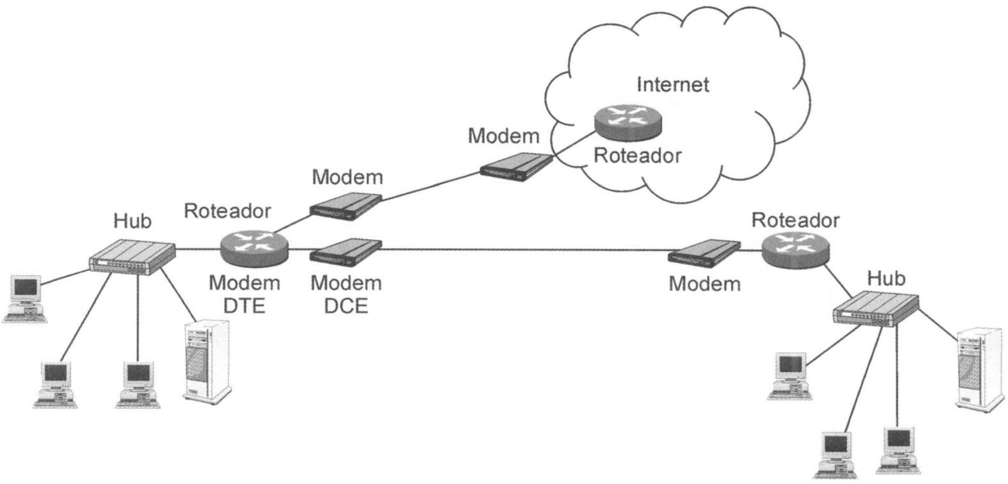

Figura 3.16 - Redes locais integradas por roteadores.

A figura 3.16 mostra uma rede local em que os computadores estão interligados por meio de um *hub*.

Essa rede também tem um acesso a uma ou mais redes externas por meio de um roteador ligado ao *hub* por cabo de pares trançados UTP e placa de rede.

A conexão do roteador aos *modems*, para comunicações distantes, é feita por cabos com conectores RS-232 ou V.35. Se um roteador (DTE) está ligado a um *modem* (DCE) ou CSU/DSU da concessionária, o cabo é chamado de DTE. Se existe um outro equipamento DTE ligado ao roteador, o cabo utilizado denomina-se DCE. Os *modems* são ligados a meios de comunicação como LPs, utilizando a rede pública de cabos metálicos, fibras ópticas, *links* de rádio (microondas, laser ou infravermelho) ou satélite.

A seguir, vê-se o formato dos conectores utilizados nas interfaces RS-232 e V.35 para conexão de equipamentos, como roteadores a *modems*, que fazem a transmissão de dados em redes WAN.

A interface RS-232 (V.24) é normalmente usada na transmissão de dados em velocidades até 19,2Kbps, utilizando o conector de 25 pinos chamado DB-25.

A interface V.35 é usada na transmissão de dados em velocidades de 64Kbps ou mais, utilizando o conector de 34 pinos denominado M.34.

Para conexão no *modem*, o conector do cabo é macho, e para conexão na saída serial do PC ou outro equipamento transmissor de dados, o conector é fêmea.

A pinagem utilizada (conexão dos pinos do conector de uma ponta do cabo aos pinos do conector da outra ponta) é pino a pino, utilizando os seguintes:

- Pino 2 (TX - Transmissão);
- Pino 3 (RX - Recepção);
- Pino 4 (RTS - *Request to Send* - pedido para enviar);
- Pino 5 (CTS - *Clear to Send* - pronto para enviar);
- Pino 6 (DSR - *Data set Ready* - *modem* pronto);
- Pino 7 (GND - *Ground* - terra);
- Pino 8 (DCD - *Data Carrier Detected* - portadora detectada);
- Pino 20 (DTR - *Data Terminal Ready* - terminal pronto);
- Pino 22 (RI - *Ring* - indicador de chamada)

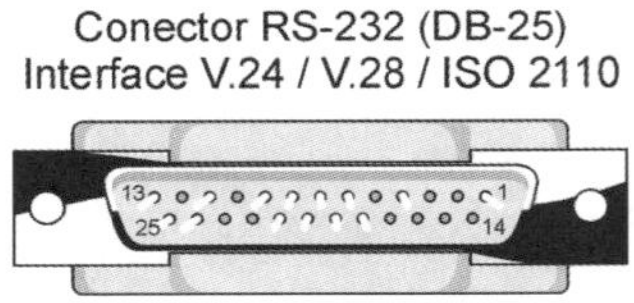

Figura 3.17 - Conector DB-25 da interface RS-232 (V.24) utilizado para conexão do cabo serial ao modem.

Esses cabos são utilizados para interligar a saída serial do PC ao modem e interligar outros equipamentos, como roteadores, aos modems que fazem a transmissão dos dados em redes WAN em velocidades até 19,2Kbps.

Um roteador pode ter diferentes tipos de porta para conexão de diversas redes, como, por exemplo:

- **Conector DB-60:** para conexão a *modems*.
- **Conector RJ-45 fêmea:** para conexão a redes *Ethernet*.

- **Conector RJ-45 fêmea:** para conexão a redes ISDN.
- **Conector RJ-45 fêmea:** para as configurações (porta de console).

As portas do roteador são especificadas pelo tipo (serial, *Ethernet*) pela placa (*slot*) e pelo número da porta na placa. Exemplo: serial 0/1 (porta serial da placa 0, posição 1).

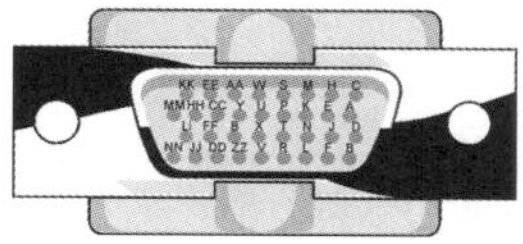

Figura 3.18 - Conector M.34 da interface V.35 utilizado para conexão do cabo serial ao modem. Esses cabos interligam a saída serial de equipamentos de transmissão de dados aos modems, que fazem a transmissão de dados em redes WAN em velocidades de 64Kbps ou mais.

A conexão do roteador à rede ISDN é feita por um conector RJ-45, utilizando a interface BRI U (com NT1 embutido que conecta diretamente à rede ISDN) ou BRI S/T (para conexão a um *modem* ISDN).

3.5.3. *Switches*

Switches e *bridges* são equipamentos utilizados para interligar segmentos (barramentos) de redes locais, permitindo a comunicação entre eles.

A principal função do *switch* é conceder passagem a outro segmento de rede somente dos dados destinados a esse segmento, ou seja, os dados de um barramento ficam restritos a esse segmento e só passam a outro se forem endereçados a ele.

Isso evita que congestionamentos e colisões de uma rede local interfiram nas outras redes locais da empresa ligadas ao *switch*.

Esse isolamento de tráfego entre redes chama-se segmentação de redes locais.

As *bridges* são equipamentos que segmentam poucas redes locais. Os *switches* são capazes de segmentar e isolar o tráfego de várias redes locais, mantendo a comunicação entre elas apenas para os dados que devem passar de uma rede a outra.

Um *switch* pode ter portas para conexão de redes locais *Ethernet* com velocidades de 10Mbps e 100Mbps, por exemplo. Assim, é possível ligar redes locais *Ethernet* com velocidade de 10Mbps e servidores muito usados em portas com velocidade de 100Mbps (*Fast-Ethernet*).

É preciso observar que os *switches* operam na camada de enlace (*data link*) nos modelos TCP/IP e OSI, ou seja, no protocolo *Ethernet*, tratando os endereços MAC das redes locais.

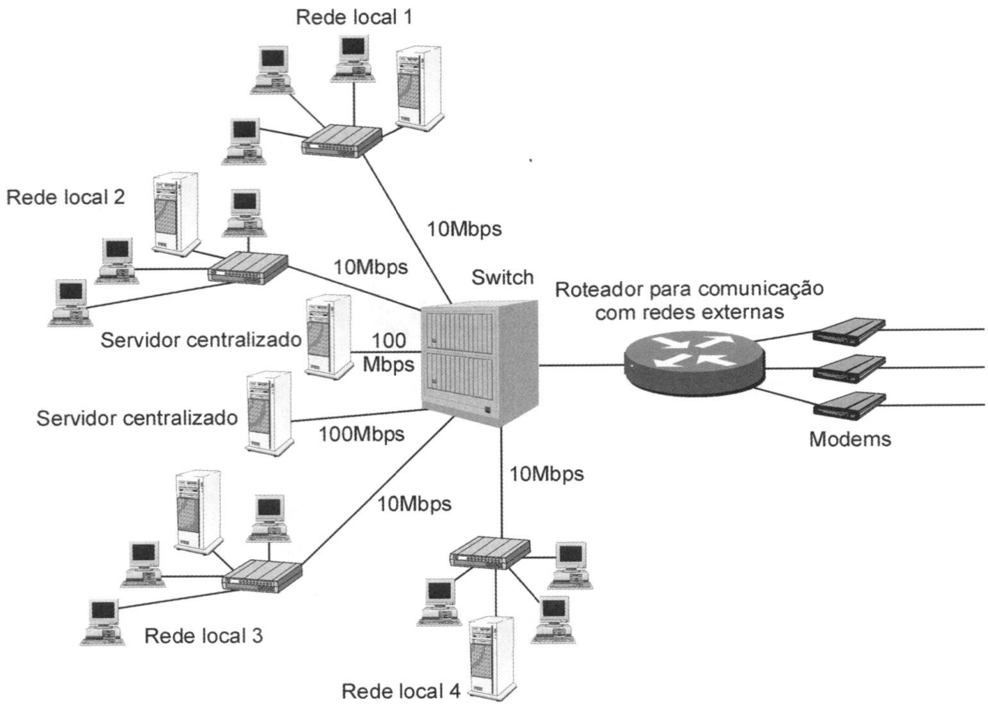

Figura 3.19 - Switch segmentando e interligando várias redes locais.

O *switch* também se conecta a um roteador para fazer a comunicação das redes locais ligadas ao *switch* com as redes externas de filiais da empresa, Internet, parceiros comerciais e outras redes.

A comutação de *frames Ethernet* nos *switches* é baseada em *hardware*, utilizando-se de *chips* do tipo ASICs, em que a execução da comutação é feita pelo chip e não por programas armazenados na memória do equipamento. A comutação em *bridges* é feita por *software*, programa armazenado na memória da *bridge*, que faz a montagem da tabela de endereços MAC e o filtro entre os segmentos.

A tabela de comutação é formada pelos endereços MAC dos dispositivos e pela porta do *switch* à qual está ligado o segmento de rede a que eles pertencem.

Porta do *switch*	**Endereço MAC**
E1/1	FF CD 45 2F 33 2D
E1/2	1C 42 ED FF 22 1A
E1/3	9C 76 91 FE DD AB

Exemplo de tabela MAC do switch.

Ao chegar um *frame* por uma porta do *switch*, o seu endereço MAC de destino é procurado na tabela e, se estiver presente nela, é encaminhado à porta correspondente.

Quando o *switch* é ligado, a tabela de endereços MAC está vazia e começa a ser montada quando os dispositivos ligados à rede transmitem os *frames Ethernet*.

No recebimento do primeiro *frame* a ser encaminhado a um destino, a tabela do *switch* ainda não tem o segmento ao qual o endereço de destino do *frame* está ligado. Portanto, envia o *frame* a todos os segmentos, o que chamamos de *flooding*. Somente quando esse destinatário enviar um *frame* é que constará na tabela o seu endereço e à qual porta o seu segmento de rede local está ligado.

O conteúdo da tabela é renovado periodicamente, e cada entrada de endereço MAC dela tem um tempo de vida. Após esse período, é apagada e só renovada quando o dispositivo do endereço MAC transmitir um novo *frame Ethernet*. Cada porta do *switch* ou da *bridge* é um domínio de colisão.

A comutação no *switch* é mais rápida que nos roteadores, pois ele apenas lê e analisa o endereço MAC do *frame Ethernet*, diferentemente do roteador, que precisa desfazer o *frame Ethernet* e ler o pacote IP dentro dos *frames* para então analisar o endereço de destino.

A comutação na camada de enlace é utilizada basicamente para segmentar redes locais de diferentes grupos de trabalho, quebrando os domínios de colisão.

O *switch* separa domínios de colisão entre diferentes segmentos de rede, porém não separa domínios de *broadcast*. Uma mensagem de *broadcasting* se propaga a todos os segmentos de rede conectados ao *switch*. O *broadcast* só é interrompido pelo roteador.

Uma mensagem de *broadcasting* em redes locais interligadas por *switches* é constituída por um *frame Ethernet*, em que o endereço MAC de destino é inteiro composto por 1s, ou seja, um endereço.

- *MAC-address* do tipo FFFFFFFFFFFF (em hexadecimal F = 1111).

Assim, um *frame* de *broadcast* é enviado a todas as redes ligadas a um *switch*.

Chama-se *multicast* um *frame* enviado para uma rede ou sub-rede específica.

3.5.3.1. *Loop* na transmissão de frames e protocolo *Spanning-Tree*

Um problema que pode ocorrer quando se interligam dois equipamentos com duas conexões paralelas é o *loop* de retorno do *frame* pela outra conexão.

Quando se interligam dois *hubs* com dois cabos, o *frame* enviado por um volta pelo outro, já que o *hub* o retransmite a todas as portas.

No caso de *switches*, apenas os *frames* de *broadcast* retornam.

As conexões em duplicidade são úteis como contingência, pois se uma conexão falha, outra entra em operação. No entanto, é preciso evitar o retorno dos *frames* (*loops* ou *broadcast storm*), pois desestabilizam a tabela MAC do *switch* e ocasionam o travamento da rede.

Para evitar o problema de *looping* de *frames*, foi criado o protocolo *Spanning-Tree*, normatizado pelo IEEE com o número IEEE-802.1d. Esse protocolo, presente nos *switches,* identifica e bloqueia as conexões (*links*) redundantes, evitando assim o retorno dos *frames*.

3.5.3.2. *Bridges*

A *bridge* é um equipamento utilizado para isolar dois barramentos de redes locais, permitindo que somente *frames* endereçados ao outro segmento passem. Os *frames* endereçados a dispositivos, dentro de um mesmo segmento de rede local, não passam a outro segmento. Ou seja, uma *bridge* filtra os *frames Ethernet* baseada no endereço MAC. Esse filtro é feito por meio de tabelas de endereços MAC, que se situam nas *bridges* e *switches*.

Ao receber um *frame* em um segmento, a *bridge* verifica em suas tabelas se ele está endereçado a outro segmento ou ao mesmo em que foi gerado. Se for endereçado a outro, a *bridge* o encaminha ao segmento de destino.

Se o *frame* estiver endereçado a um dispositivo no mesmo segmento em que foi gerado, a *bridge* não o repassa a outros segmentos. Esse processo chama-se filtro (*filtering*).

Ela monta uma tabela de encaminhamento (*forwarding table*) a partir dos endereços de origem dos *frames* que passam por ela.

Se a *bridge* não sabe para que segmento enviar o *frame*, por não ter na tabela, envia o mesmo dado a todos os segmentos, operação chamada de *flooding*.

Quando dois ou mais *frames* são enviados ao mesmo segmento, eles são colocados na memória da *bridge* ou *switch* até que o segmento esteja livre para uso.

O *switch* tem uma função análoga à da *bridge*, porém com um número maior de segmentos de redes locais.

3.5.3.3. Domínio de colisão

Chama-se domínio de colisão um segmento (barramento) de rede local em que os *frames* são irradiados a todos os dispositivos ligados nesse barramento.

Em um mesmo segmento de rede local, ou seja, mesmo domínio de colisão, se as placas de rede *Ethernet* de dois dispositivos tentam transmitir ao mesmo tempo, ocorre uma colisão dos dois sinais irradiados pelo segmento.

3.5.3.4. Domínio de *broadcast*

É um conjunto de segmentos de redes locais interligado por *bridges* ou *switches* em que um *frame* de *broadcast* enviado por uma placa de rede de um dispositivo é recebido por todas as placas de rede de todos os dispositivos do mesmo domínio de *broadcast*.

Observa-se que um domínio de *broadcast* não ultrapassa roteadores, pois o roteador não repassa *frames Ethernet* de *broadcast*.

3.5.3.5. *Switches*

Em uma rede formada por *switches* ou *bridges*, o protocolo *Spanning-Tree* basicamente cria um caminho ativo entre qualquer par de segmentos de rede local. Ou seja, a comunicação de um segmento a outro só é permitida por um único enlace, mesmo que existam várias conexões e caminhos alternativos para chegar ao segmento de destino.

Por ter apenas um caminho disponível para conexão entre dois segmentos, em redes compostas por vários *switches* ou *bridges* interligados, evita-se o *loop* dos *frames* (retorno e reenvio de *frames* pelas conexões secundárias). Esta é a função necessária do protocolo *Spanning-Tree*, pois em redes locais *Ethernet* não existe um mecanismo de descarte de *frames*.

O protocolo *Spanning-Tree* fica armazenado nos *switches* e a comunicação entre eles é feita por mensagens transmitidas em unidades (pacotes) chamadas de CBPDU (*Configuration Bridge Protocol Data Unit*).

Esse protocolo evita o *loop* bloqueando ou liberando as interfaces de conexões dos *switches*. As interfaces são colocadas em estado de bloqueadas (*blocking*) ou de encaminhamento (*forwarding*).

Em uma rede formada por *switches*, o protocolo *Spanning-Tree* elege um *switch* como raiz (*root bridge*), o qual se torna o *switch* central de referência na rede, e especifica que todas as portas dele encaminham *frames* (*forwarding-state*), além de enviar e recebê-los. Os demais *switches* são considerados não-raiz (*non-root bridge*), e algumas de suas portas não podem encaminhar *frames*, somente recebê-los.

No *switch* não-raiz, a porta que o conecta mais rapidamente ao *switch* raiz chama-se *root-port* e é colocada como porta designada, que pode receber e encaminhar *frames*.

A porta que conecta dois equipamentos pelo caminho mais curto e mais rápido é chamada de porta de menor custo, entendendo, nesse caso, que menor custo se refere ao melhor caminho.

A porta que deve ser bloqueada no *switch* não-raiz, para evitar o *loop*, é colocada em estado de não-designada pelo protocolo *Spanning-Tree*, e não pode enviar nem receber dados, ficando bloqueada (*blocking mode*).

As portas de um *switch* com STP (*Spanning-Tree Protocol*) se encontram em quatro modos:

- ***Blocking:*** não encaminha *frames*.
- ***Listening:*** recebe e analisa as BPDUs, mas não encaminha *frames*.
- ***Learning:*** registra os endereços de *hardware* (MAC) das suas portas e monta a tabela MAC, mas não encaminha *frames*.
- ***Fowarding:*** envia e recebe *frames*.

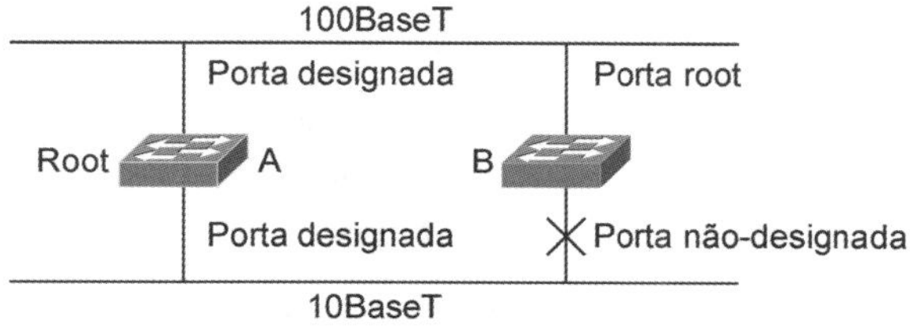

Figura 3.20 - Switches interligados com portas redundantes mostram o bloqueio de porta para evitar o loop.

O protocolo *Spanning-Tree* troca informações entre os *switches* utilizando mensagens de CBPDU, que são as unidades de dados (pacotes transmitidos) com as informações de configuração. Essas CBPDUs são transmitidas em *frames* de *broadcast*. Cada *switch* tem uma identificação composta de um número de prioridade e do endereço *MAC-address* dele. O *switch* raiz é escolhido pelo menor endereço.

Comutação nos *switches*

Os *switches* fazem a comutação ou encaminhamento dos *frames* da seguinte forma:

- **Comutação *store-and-forward*:** o *switch* recebe o *frame*, armazena-o em sua memória (*buffer*), verifica se ocorreram erros na transmissão checando o CRC, localiza o endereço de destino na tabela MAC, identifica a porta de saída e o encaminha. Se for detectado erro de transmissão no *frame*, ele é descartado.
- **Comutação *cut-through*:** ao receber o *frame*, o *switch* armazena em sua memória apenas o endereço de destino, localiza-o na tabela MAC e encaminha-o para a porta de destino. Vê-se que essa forma de comutação é mais rápida que a anterior.
- **Comutação *fragment-free*:** parecida com a comutação *cut-through*. Ao receber o *frame*, lê até o 64º byte do campo de dados, verificando se não ocorreu colisão na transmissão do *frame*, localiza o endereço de destino na tabela MAC e encaminha-o para a porta de destino. Vê-se que essa forma de comutação é semelhante à comutação *cut-through*, acrescida de um controle de erros de colisão.

3.5.3.6. VLANs (*Virtual Local Area Networks*)

VLANs são redes locais independentes entre si, com domínios de *broadcast* separados, utilizando um mesmo *switch* para conexão das suas estações (*hosts* ou computadores).

Uma VLAN (rede local virtual) é um domínio de *broadcast* criado pelo agrupamento de estações (*hosts* ou dispositivos de uma rede local), mesmo que essas estações estejam ligadas a diferentes *switches* da rede.

Com um ou mais *switches*, é possível especificar grupos independentes de estações, e cada grupo forma uma VLAN independente das demais. As portas dos *switches* da rede são especificadas e agrupadas logicamente (virtualmente), simulando estarem fisicamente conectadas em um único *switch* independente.

Pode-se, por exemplo, utilizar um único *switch* para montar três redes locais, especificando um conjunto de portas para a rede 1, para a rede 2 e outro para a rede 3.

Neste exemplo, apesar de as três redes estarem ligadas a um único *switch*, operam como se cada rede tivesse um *switch* exclusivo. Desta forma, evita-se que *frames* de *broadcast* de uma rede invadam outra rede. Isso é importante para redes corporativas grandes e com muitas redes locais em um mesmo domínio de colisão, pois permite separar esses domínios e resolver problemas de sobrecarga na rede corporativa pelo isolamento das suas redes locais.

Desta forma, as três redes locais não se comunicam entre si. Para que haja comunicação entre elas é preciso agregar um roteador à rede com três portas ligadas às portas do *switch*, sendo uma para cada VLAN.

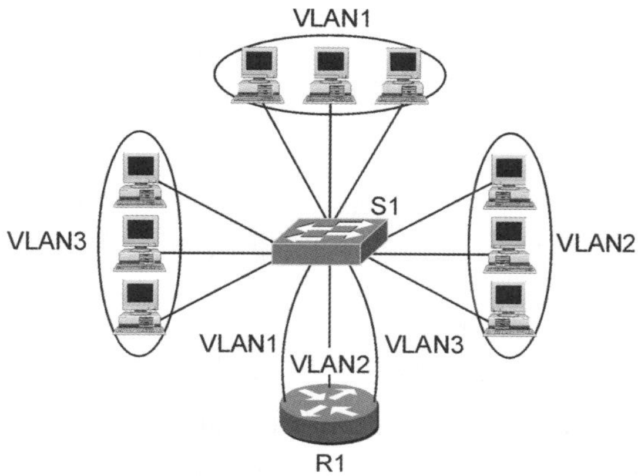

Figura 3.21 - Switches com várias portas e hosts, agrupados logicamente.

Criação de VLANs utilizando *switches*

Cada VLAN possui uma tabela com a relação dos *hosts* que fazem parte dela e com os endereços das portas, para que cheguem até eles. Por exemplo, a VLAN 1 tem uma tabela no *switch* S1 com a relação dos endereços MAC dos seus *hosts* e a porta de acesso a eles. Veja a seguir:

Endereço MAC dos *hosts*	Porta *Ethernet* para acesso
3050.FF00.03AB	E1
3050.FF00.03AD	E2
3050.FF01.04FE	E2
3050.FF00.FBC0	E9
3050.FF04.FAA1	E9

Tabela de endereços da VLAN 1 no switch S1.

As portas E1, E2 e E9 são *Ethernet* do *switch* S1, em que estão ligados os *hosts* ou outros *switches*. Se a porta E9, por exemplo, estiver ligada a outro *switch* S2, o *frame* será encaminhado a esse outro *switch*, que verifica em sua tabela a porta a qual deve reencaminhar o *frame*, de modo que ele chegue ao *host* de destino.

Diz-se que em uma VLAN todos os seus dispositivos fazem parte de um mesmo domínio de *broadcast*, chamado também de rede plana.

A criação de uma VLAN é o agrupamento de portas de *switches* interligados entre si, especificando que essas portas formam uma VLAN, ou seja, fazem parte do mesmo domínio de *broadcast* (independentemente de sua localização física).

O particionamento de uma grande rede local em várias VLANs por meio de *switches* basicamente evita que mensagens de *broadcast* consumam ou ocasionem perdas na largura de banda da rede (*bandwidth*). Uma VLAN pode ser composta por portas de múltiplos *switches* conectados entre si.

Observa-se, na figura, que cada VLAN possui um *link* de acesso ao roteador. Nessa arquitetura, se houver um número grande de VLANs, tem-se o mesmo número de *links* de conexão ao roteador. Para evitar um número muito grande de *links* físicos, pode-se criar um único *link* físico pelo qual passarão todos os *links* de conexão de uma maneira lógica.

Esse *link* físico, que transporta vários *links* lógicos, é chamado de *trunk link*, utilizado para interligar *switches* ou *switches* a roteadores.

Os *frames* que passam pelo *trunk link* devem identificar a que VLAN pertencem. Essa identificação de *frames* (*frame tagging*) é chamada de VLAN ID, e é feita pelo *switch* quando ele envia um *frame* a outro *switch* pelo *trunk link*. Ela pode ser feita de diferentes modos:

- **ISL (*Inter-Switch Link*):** método proprietário da Cisco.
- **IEEE-802.1q:** método de etiquetamento de *frames* criado pelo IEEE, insere um campo de identificação no *frame*.
- **LANE (LAN *Emulation*):** método de comunicação para VLANs sobre ATM.
- **IEEE-802.10 (FDDI):** método de comunicação para VLANs sobre FDDI, insere um campo no *header* do *frame* para identificar a VLAN (campo SAID).

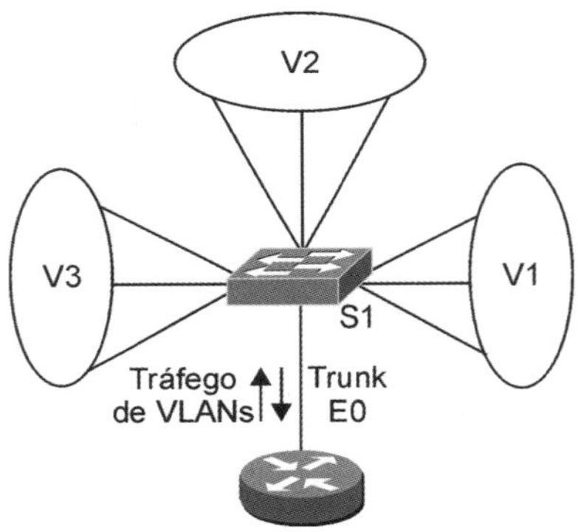

Figura 3.22 - Switch ligado a router com trunk e frame ISL.

Frame ISL:

ISL *Header* 26*bytes*	*Frame Ethernet* encapsulado	CRC 4 *bytes*

O *frame* ISL (*Inter-Switch Link*) encapsula o *frame Ethernet* e agrega campos de controle que especificam à qual VLAN ele pertence. Assim, é possível um *switch* enviar *frames* de diversas VLANs a outro *switch* por uma única conexão física. O processo de identificação de *frames* pelo ISL se chama VLAN *tagging* (etiquetagem).

O método ISL adiciona informações sobre as VLANs ao *frame Ethernet*, identificando-as e permitindo que a informação trafegue de forma multiplexada (compartilhada) pelo mesmo meio físico (*trunk link*). No ISL, o *frame Ethernet* é encapsulado por um cabeçalho (*header*) de 26 *bytes*, que possui a identificação da VLAN. Após atravessar o *trunk link* e ser lido pelo *switch*, esse cabeçalho é retirado do *frame Ethernet*.

O uso do etiquetamento dos *frames Ethernet* (*tagging*) com o protocolo ISL, para identificar a que VLAN o *frame* pertence, reduz o número de portas utilizadas nos *switches* para interligar as VLAN, pois só se usa uma porta ou conexão física no *switch* para transmitir *frames* de diversas VLANs.

O ISL também é utilizado na comunicação entre o *switch* e o roteador, que faz o roteamento dos dados entre as VLANs. Observa-se que o roteamento (encaminhamento de pacotes IP) entre as VLANs é feito obrigatoriamente por um roteador, que trabalha com endereços de camada 3.

É preciso conectar um roteador a um dos *switches* da rede de forma que os *frames* de uma VLAN passem pelo roteador para então serem reencaminhados a VLAN de destino.

O roteador é conectado ao *switch* por uma única conexão física (*trunk*), pela qual todos os *frames Ethernet* encapsulados pelo protocolo ISL são identificados para saber a que VLAN pertencem.

Nesse caso, a interface *Ethernet* do roteador que está ligada ao *switch* é configurada com subinterfaces, uma para cada VLAN, e especificando o encapsulamento ISL.

A seguir, vemos o exemplo de configuração de porta de um roteador ligado pela sua interface *Fast-Ethernet* 0 a um *switch* com três VLANs. A interface física *Ethernet* do roteador tem as subinterfaces 0.1, 0.2 e 0.3, conforme configuradas em seguida, com os endereços IP e a especificação do encapsulamento ISL.

```
R(config)#interface fastethernet0.1
R(config-if)#ip address 10.0.30.1 255.255.255.0
R(config-if)#encapsulation isl 1 (indica o encapsulamento ISL para a VLAN 1 do switch)
```

```
R(config)#interface fastethernet0.2
R(config-if)#ip address 10.0.40.1 255.255.255.0
R(config-if)#encapsulation isl 2 (indica o encapsulamento ISL para a VLAN 2 do switch)
```

```
R(config)#interface fastethernet0.3
R(config-if)#ip address 10.0.50.1 255.255.255.0
R(config-if)#encapsulation isl 3 (indica o encapsulamento ISL para a VLAN 3 do switch)
```

O gerenciamento de *trunk links* em *switches* Cisco é feito pelo protocolo DTP (*Dynamic Trunking Protocol*), e utiliza o método IEEE-802.1q de identificação dos *frames Ethernet*.

A comunicação entre VLANs necessita de um roteador com várias portas físicas, uma para cada VLAN, ou um roteador com uma única porta física em um *trunk link* com o protocolo ISL.

Gerenciamento de VLANs utilizando *switches* Cisco VTP (VLAN *Trunk Protocol*)

O protocolo VTP (VLAN *Trunk Protocol*) gerencia as VLANs em uma rede composta por *switches* Cisco. O objetivo desse protocolo é manter atualizadas e confiáveis as configurações das VLANS em uma rede com vários *switches* interligados.

Quando se usa o VTP, um *switch* é escolhido como servidor VTP, armazena em sua NVRAM as configurações e se torna o responsável pela propagação das informações sobre as VLANs para os demais *switches*. Os demais *switches* passam a operar como clientes (*clients*) do servidor e guardam as configurações na memória RAM. Portas VLANs só podem ser acrescentadas ou alteradas nos *switches* clientes com a notificação do *switch* servidor.

A formação de VLANs pode ser feita de maneira estática ou dinâmica.

No modo estático, as portas dos *switches* são especificadas para fazerem parte de um grupo (VLAN), ou seja, de uma maneira fixa. Esse é o modo mais utilizado.

No modo dinâmico, a designação dos dispositivos de uma VLAN é feita automaticamente por *softwares* de gerenciamento, como o VMPS (VLAN *Management Policy Server*).

3.5.4. Roteadores para encaminhamento dos dados pela rede

Roteadores são equipamentos que fazem a conexão de redes distantes entre si ou que operam com protocolos diferentes.

São também responsáveis pelo encaminhamento dos dados através da rede de acordo com o endereço de rede fornecido pelo protocolo da camada de rede ao enviar um pacote.

Redes geograficamente distantes entre si e interligadas por canais de comunicação de dados e roteadores são chamadas de WAN (*Wide Area Network*).

Na arquitetura TCP/IP, as redes WAN são basicamente formadas pela interconexão de roteadores por meio de canais de comunicação (links de comunicação) de dados fornecidos pelas concessionárias públicas dos serviços de telecomunicações.

Esses canais de comunicação, também chamados de LPs (linhas privativas) ou circuitos de comunicação de dados, transmitem dados a velocidades de: 19,2Kbps, 64Kbps, 128Kbps, 256Kbps, 512Kbps, 2Mbps, 10Mbps ou mais, utilizando meios de comunicação como pares metálicos da rede telefônica, rádio microondas, satélite ou fibras ópticas.

O canal de comunicação de dados em uma rede WAN é basicamente composto por um meio de transmissão com *modems* nas pontas.

Os *modems* são os equipamentos responsáveis por transmitir os dados digitais pelo meio de transmissão, em um processo chamado de modulação, em que se colocam os dados em uma onda portadora analógica que os transporta por esse meio.

Os protocolos que controlam a transmissão dos dados no meio de transmissão de uma rede WAN são os de enlace (*data link*), como o PPP e HDLC.

O endereçamento e o roteamento dos pacotes de mensagens em uma rede WAN são feitos por protocolos da camada de rede, como o IP e o X.25.

Assim, se houver necessidade de interligar duas redes locais com protocolos diferentes como *Ethernet* e *Token-Ring*, necessita-se colocar um roteador entre ambas, de forma que ele faça a conversão de um protocolo de enlace em outro, conforme a figura seguinte:

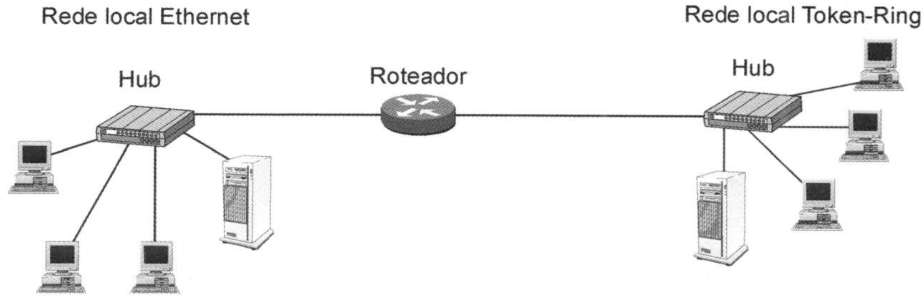

Figura 3.23 - Redes locais de arquiteturas diferentes interligadas por roteadores.

Para ligar uma rede local a uma distante, por meio de canais de comunicação de uma rede pública *frame-relay*, deve-se usar o roteador que faz a rede local, que opera com protocolo de enlace *Ethernet* e se comunica com a rede pública, que opera com protocolos de enlace do tipo PPP, HDLC ou *frame-relay*, por exemplo.

A rede local de uma empresa pode se comunicar com as redes locais de suas filiais ou parceiros, por exemplo, utilizando canais exclusivos (LPs), contratados das concessionárias, ou utilizando canais que compartilham redes públicas, como o *frame-relay*.

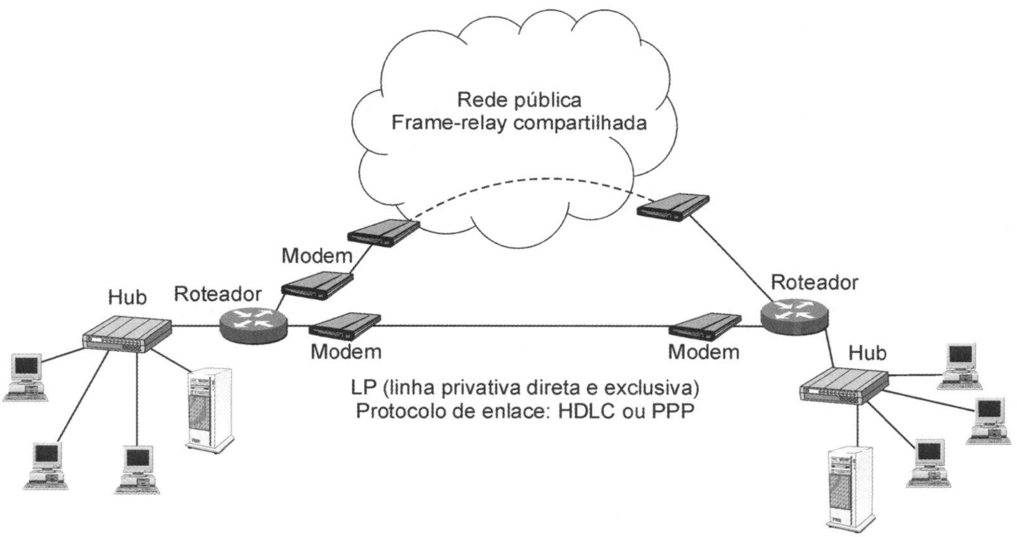

Figura 3.24 - Redes locais interligadas por uma rede pública compartilhada ou por um canal de comunicação dedicado (LP direta) sem compartilhamento.

No exemplo seguinte, a empresa interligou seus roteadores por meio de canais dedicados, formando o que se chama de uma rede privativa, ou seja, uma rede cujos equipamentos e canais de comunicação são de uso exclusivo da empresa e não são compartilhados por outros.

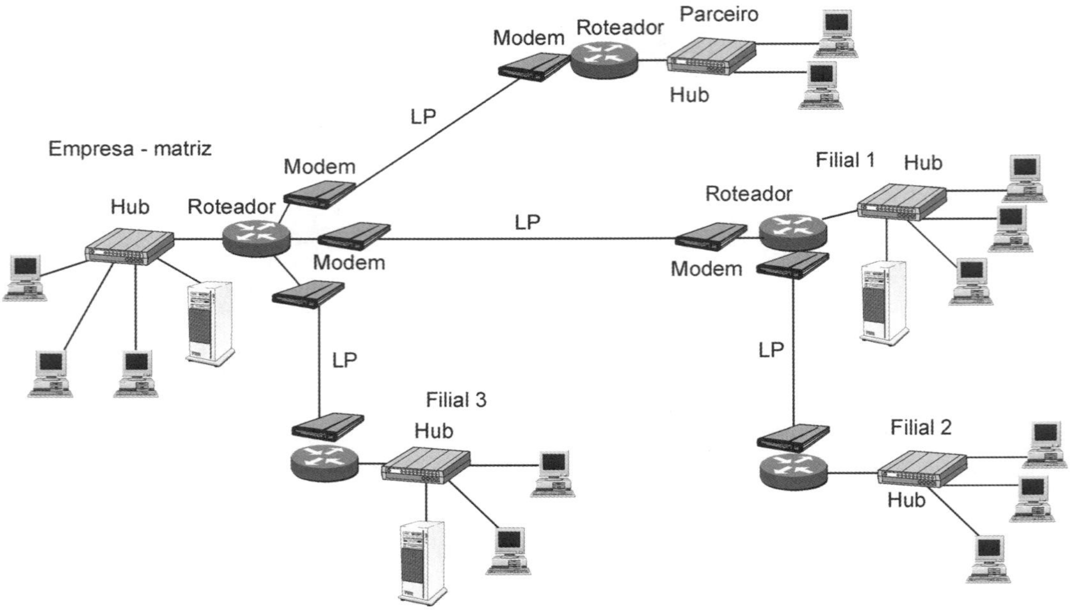

Figura 3.25 - Rede privativa formada por roteadores interligados por LPs exclusivas (privativa).

Vê-se que os roteadores compreendem e convertem vários protocolos, como *frame-relay*, HDLC, PPP, FDDI, *Token-Ring*, *Ethernet* e outros, interligando redes heterogêneas com diferentes protocolos de acesso e compartilhando os meios de comunicação com diferentes usuários.

Atualmente, os roteadores são os equipamentos mais utilizados na integração de redes WAN, e vêm substituindo os antigos multiplexadores e outros equipamentos usados no compartilhamento de meios de comunicação.

Os roteadores atuam na camada de rede dos modelos TCP/IP e OSI e fazem, principalmente, o roteamento ou encaminhamento dos pacotes ao longo da rede até a rede de destino.

O envio de um pacote IP a um único destinatário, a um grupo de destinatários ou a vários destinatários em uma rede IP é classificado da seguinte forma:

- ***Unicast:*** envio de um pacote IP a apenas um destinatário.
- ***Multicast:*** envio de um pacote IP a um grupo específico de destinatários.
- ***Broadcast:*** envio de um pacote IP aos dispositivos que estejam na mesma camada de enlace do originador da mensagem. Por exemplo, o computador de uma rede local ligada a um *switch*, que interliga várias redes locais, envia uma mensagem IP de *broadcasting*, que será enviada aos dispositivos de todas as redes locais ligadas ao *switch*. Denomina-se essa abrangência de domínio de *broadcasting*. Nesse caso, a mensagem de *broadcasting* IP só pára em um roteador que não passa adiante a mensagem.

Roteadores bloqueiam mensagens de *broadcast*, as quais ficam restritas apenas à rede que as originou. O *switch* repassa essas mensagens a todos os segmentos ligados a ele, o que gera propagação de mensagens a todos os segmentos de redes interligados por *switches*.

3.5.5. *Backbones* corporativos

Chama-se de *backbone* a arquitetura central de conexões em uma rede, ou seja, as artérias principais pelas quais passa o tráfego de comunicação entre as redes.

Em uma empresa locada em um edifício, normalmente as redes locais são interligadas por meio de um *switch* central, e as conexões entre as redes e o *switch* central formam um "esqueleto" dos meios de comunicação chamado de *backbone*.

Em uma rede WAN de conexões a longas distâncias, denominam-se *backbones* as conexões principais, funcionam como artérias que levam a informação aos pontos mais remotos.

Esse conjunto de canais de comunicação que interligam as diversas redes locais e remotas de uma empresa chama-se de *backbone* corporativo.

A figura 3.26 apresenta dois edifícios interligados por roteadores e um anel de fibras ópticas. Em cada edifício, vê-se um *backbone* com várias redes locais interligadas por um *switch* que se liga ao roteador para acesso externo.

Os computadores das redes locais ligadas aos *backbones* dos edifícios se comunicam com as filiais por meio das LPs externas, e também à Internet pela conexão ao roteador do provedor.

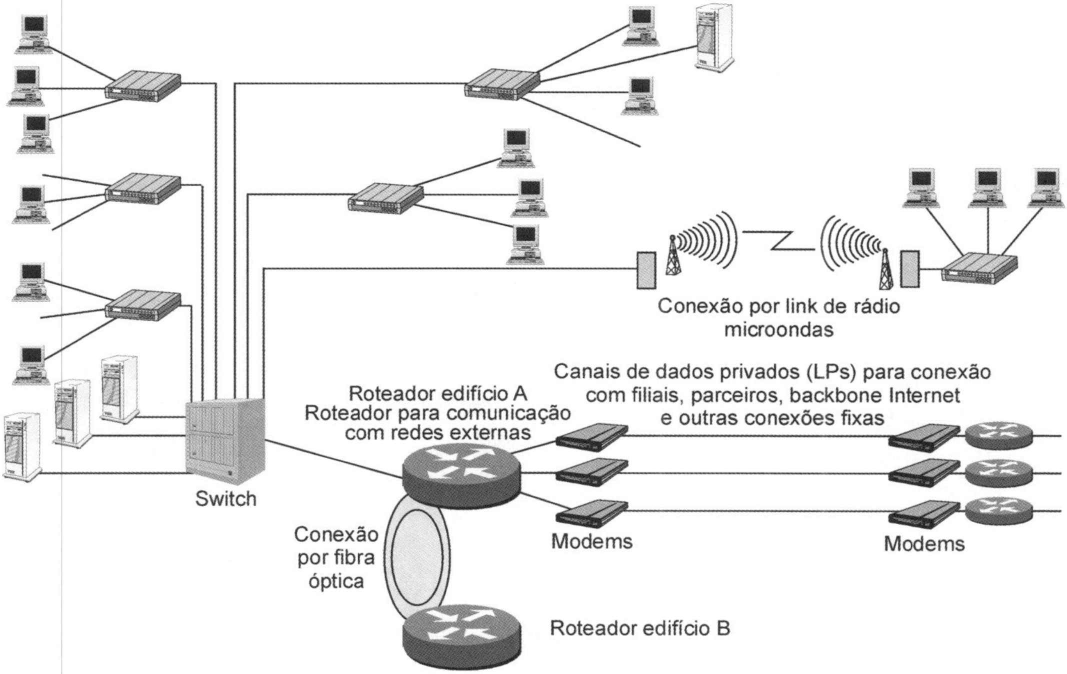

Figura 3.26 - Backbone de rede corporativa interligando prédios por fibra óptica, rádio e LPs.

Vê-se que os *switches* e *hubs* são utilizados para integrar redes LAN e os roteadores para integrar LAN e WAN, permitindo a interoperabilidade de diferentes sistemas e plataformas tecnológicas.

Uma empresa também pode permitir a conexão remota de seus funcionários e parceiros a sua rede por meio de *modems* e linhas telefônicas da empresa.

No exemplo seguinte, a empresa possui um servidor de acesso, ou servidor de comunicação, com vários *modems* ligados a ele, e com linhas telefônicas conectadas aos *modems* por meio das quais os usuários externos à empresa acessam a sua rede.

O servidor disponibiliza o acesso desses *modems* à rede local da empresa.

Esse tipo de solução pode ser utilizado por vendedores externos, para acessarem o computador da empresa pelas linhas telefônicas, diretamente, sem usar a Internet.

Desta forma, micros distantes da empresa e funcionários na rua ou em suas residências podem acessar a rede local da empresa por uma conexão telefônica (*dial-up*), como se estivessem na empresa.

Os servidores de comunicação para acesso remoto são equipamentos chamados de RAS (*Remote Access Server*). Trata-se de um equipamento dedicado a esse serviço, ligado diretamente ao *hub* ou a um *switch* de concentração das redes locais de uma empresa, como no exemplo seguinte. Pode também ter o formato de placas multisseriais, que ficam dentro de um servidor, das quais saem os cabos seriais (RS-232, V.24) para conexão aos *modems* ligados às linhas telefônicas.

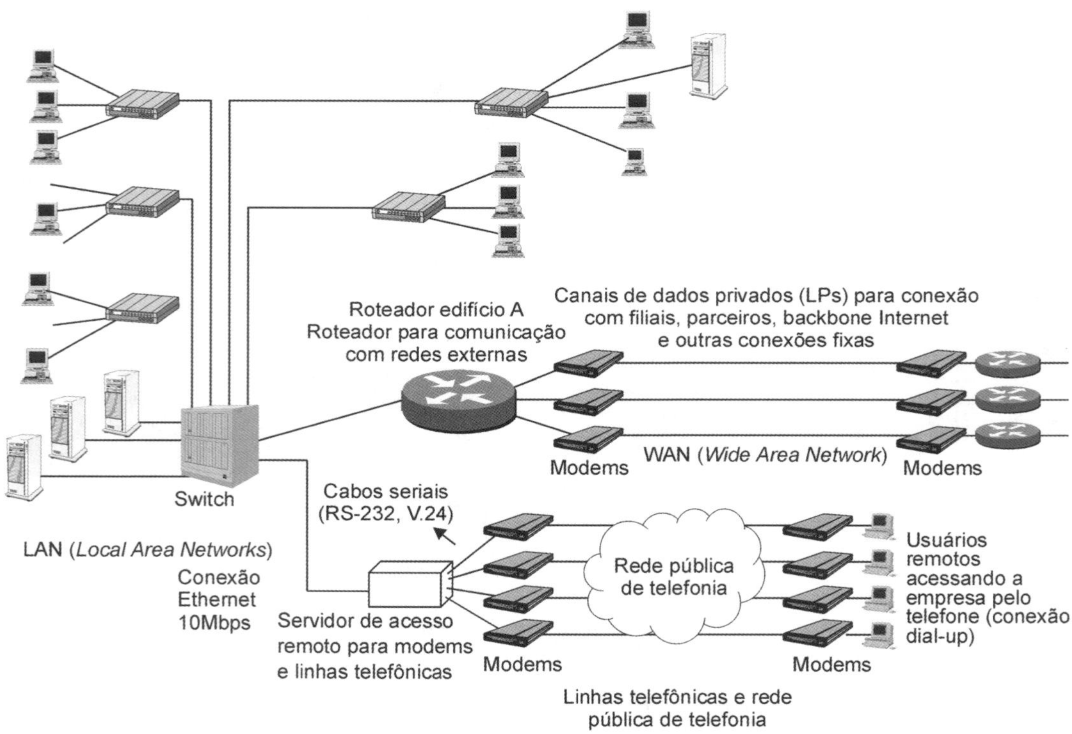

Figura 3.27 - Rede local da empresa com servidor de comunicação de acesso com quatro modems.

Nesse caso, uma estação remota (computador remoto) com um *modem* acessa, por linha telefônica (conexão *dial-up*), um servidor de comunicação de acesso remoto na empresa com vários *modems* que conectam diversos usuários externos simultaneamente. Ambos (estação remota e servidor de comunicação) têm um *software* de comunicação que controla a comunicação dos dados e faz o controle de fluxo deles utilizando um protocolo de enlace para redes WAN, como o PPP.

No exemplo, o servidor de comunicação recebe e transmite os dados do lado WAN com o protocolo PPP, e no lado interno a empresa envia e recebe os dados da rede local (LAN) com o protocolo *Ethernet-CSMA/CD*.

Essa solução de acesso remoto pela rede telefônica com servidores de acesso remoto é tipicamente utilizada pelos provedores de acesso à Internet a seus clientes.

3.5.6. *Modems*

Existem diferentes tipos de *modems* que transmitem os dados por uma rede WAN. O tipo de *modem* utilizado depende do meio de transmissão.

Para transmitir dados por fibra óptica, utiliza-se um *modem* óptico. Se o meio de transmissão for rádio ou satélite, usa-se um *modem* rádio com antena. Se a transmissão for com fios metálicos, faz-se uso dos *modems* conectados às LPs ou linhas telefônicas.

Os *modems* utilizados para transmissão de dados por LPs e linhas telefônicas são os mais utilizados.

A função básica de um *modem* é colocar o sinal digital que sai dos equipamentos (PCs, roteadores, multiplexadores e outros) em um sinal analógico chamado de portadora, a qual é transmitida pelo meio de comunicação. Esse processo de colocação do sinal digital do computador em uma onda portadora analógica se chama modulação, e o processo inverso demodulação. Daí o nome *modem* (modulador/demodulador).

Cada meio de transmissão possui suas próprias características e, para atravessá-lo ou utilizá-lo com o intuito de levar um sinal elétrico, esse sinal deve ter uma freqüência compatível com o meio.

Por exemplo:

- Para um sinal ser transmitido por uma linha telefônica analógica, deve ter uma freqüência na faixa de 1.000Hz a 3.000Hz.
- Para um sinal ser transmitido por rádio microondas, deve ter uma freqüência na faixa de 1GHz a 30GHz.
- Para um sinal ser transmitido por fibras ópticas, deve ter uma freqüência na faixa de 300THz.

Os *modems* analógicos transportam os dados por uma portadora analógica. O exemplo mais comum são os utilizados para transmissão de dados pela rede telefônica (que é analógica).

Existem alguns chamados de *modem* digital ou *modem* banda-base, que transmitem o sinal digital sem fazer a modulação, ou seja, sem colocar o sinal digital em uma portadora analógica.

Eles apenas adequam o sinal digital e o transmitem pelo meio, porém com uma limitação de velocidade e distância em LPs. O alcance da transmissão é de apenas um ou dois quilômetros, dependendo da velocidade.

A vantagem desse *modem* é que ele consegue transmitir dados em velocidades bem maiores que os analógicos, apesar de ter um alcance limitado.

Uma evolução dos *modems* banda-base são os chamados HDSL (*High Data Rate Digital Subscriber Line*), que transmitem dados em velocidades de 2Mbps com alcance em torno de dois quilômetros, utilizando como meio de transmissão o par metálico (fios trançados utilizados na rede de telefonia).

3.6. Atividades de fixação

1) Defina arquitetura TCP/IP e suas características principais.

2) Que são *ports* do TCP?

3) Defina as camadas do modelo TCP/IP e suas funções.

4) Qual é a função do *hub*?

5) Qual é a finalidade de um *switch*?

6) Explique o conceito de VLANs em *switches*.

7) Quais são as principais funções do roteador?

Capítulo 4

Protocolos e Arquitetura TCP/IP

4.1. Protocolos de comunicação de dados

Os protocolos de comunicação de dados são como as linguagens de comunicação. Para duas pessoas se comunicarem, necessitam falar a mesma língua. De semelhante forma, dois computadores ou equipamentos, para se comunicarem, precisam falar uma única língua, no caso, o mesmo protocolo de comunicação.

Os protocolos de comunicação de dados são, simplesmente, programas carregados na memória dos computadores, equipamentos ou dispositivos de redes e têm como função efetuar e controlar a comunicação de dados entre dois pontos ou em uma rede.

Em uma comunicação de dados, vários protocolos são utilizados em conjunto, e cada um trabalha em uma camada do modelo TCP/IP ou OSI.

Assim, temos:

- Um protocolo na camada de aplicação do transmissor que se comunica com o mesmo protocolo na camada de aplicação do receptor.
- Um protocolo na camada de transporte (TCP, por exemplo) do transmissor que se comunica com o protocolo TCP da camada de transporte do receptor.
- Um protocolo da camada de rede (IP, por exemplo) do transmissor que se comunica com o protoco IP da camada de rede do receptor.
- Um protocolo da camada de enlace (*Ethernet*, PPP, HDLC, *frame-relay*, por exemplo) do transmissor que se comunica com o mesmo protocolo da camada de enlace do receptor.

O protocolo de uma camada se comunica com o seu correspondente na mesma camada de destino, utilizando os protocolos das camadas inferiores para enviar os seus dados.

Os protocolos de transporte e de rede, como o TCP e o IP, são utilizados tanto em redes locais (LAN) como em redes a longas distâncias, que utilizam as redes das concessionárias públicas para transmitir e receber seus dados (WAN).

Os protocolos de enlace são mais específicos. Alguns são utilizados somente em redes locais LAN e outros apenas em redes WAN.

Chama-se de rede local ou LAN (*Local Area Network*) um conjunto de computadores interligados, dentro de uma empresa, ou seja, em uma área geograficamente pequena.

Ao se referir a redes interligadas a longas distâncias, utiliza-se a denominação WAN (*Wide Area Network*), que significa redes interligadas em uma área geograficamente ampla.

Em uma rede local, para que dois equipamentos se comuniquem entre si, por suas placas de rede, utiliza-se normalmente como protocolo de enlace o *Ethernet-CSMA/CD* (*Carrier Sense Multiple Access with Colision Detection*).

Existem outros protocolos de enlace para redes locais, como o *Token-Ring* e o FDDI, porém são menos utilizados.

Em uma rede WAN, a comunicação entre dois pontos utiliza outros protocolos de enlace para levar os dados de um equipamento a outro, sendo os mais comumente utilizados o HDLC, o PPP ou o *frame-relay*.

Para conectar uma rede local a outra rede, em uma localidade remota, utilizando uma rede pública *frame-relay*, o equipamento de transmissão (multiplexador ou roteador) deve ser configurado com o protocolo *frame-relay* na porta de comunicação que será ligada ao *modem* de acesso à rede.

Para conectar uma rede local a outra rede, em uma localidade remota, utilizando um canal privativo (LP), o equipamento de transmissão (multiplexador ou roteador) é configurado com o protocolo HDLC na porta de comunicação que será ligada ao *modem* de acesso ao canal privativo.

A regra para o uso de um protocolo de enlace depende dos equipamentos e dos meios de transmissão a serem utilizados. Deve-se observar que os dados são enviados em blocos pelos protocolos. Esses blocos, além de transportar os dados que recebem de outros protocolos ou aplicações, também transportam as informações de controle. Os dados e os controles são colocados em campos do bloco.

O bloco de informações transmitido tem várias denominações, entre elas: registro, *frame*, pacote ou datagrama, nomenclatura esta que vamos utilizar no estudo dos protocolos.

4.2. Introdução aos protocolos da arquitetura TCP/IP

A arquitetura TCP/IP é um conjunto de protocolos, ou programas, que controlam a comunicação de dados em redes de computadores, os quais foram desenvolvidos em uma pesquisa da DARPA (*Defense Advanced Research Projects Agency*) dos EUA.

Esses protocolos formam a arquitetura TCP/IP, que tem o objetivo de efetuar a comunicação entre redes de computadores tanto locais (LAN) como remotas (WAN).

Como visto, essa arquitetura é dividida em quatro camadas, para melhor entendimento e divisão das funções de cada componente da comunicação de dados.

A camada 1 do modelo TCP/IP (física e enlace ou *data link*) recebe também o nome de camada de interface de rede, pois faz a interligação entre o protocolo que controla a transmissão no meio físico e o protocolo que controla o endereçamento de rede na camada de rede (*Internetwork*).

Temos as camadas: física/enlace, *Internetwork*, transporte e a camada de aplicação na qual temos protocolos de aplicações como FTP, TFPT, NFS, SMTP, Telnet, SNMP (gerenciamento de redes), DNS (gerenciamento de nomes) e RIP (roteamento).

A seguir, é possível ver os protocolos mais utilizados em cada uma dessas camadas.

Para facilitar a compreensão e a comparação com o modelo OSI, subdivide-se a camada 1 do modelo original TCP/IP em duas camadas (física e enlace).

Modelo TCP/IP em comparação com o modelo OSI

Modelo TCP/IP	**Modelo de referência OSI**
Aplicações	Aplicações Apresentação Sessão
Transporte (TCP, UDP)	Transporte
Rede ou *Internetwork* (IP, ICMP, ARP)	Rede
Enlace ou *data link* (interface de rede)	Enlace
Físico (interface de rede)	Físico

4.2.1. Protocolos da camada de aplicação do modelo TCP/IP

Na camada de aplicação, têm-se os protocolos que executam atividades solicitadas pelo cliente, como a consulta de uma página *web* ou a transferência de um arquivo.

4.2.1.1. Protocolo HTTP (*Hypertext Transfer Protocol*)

O HTTP é um protocolo que faz a comunicação entre o *browser* (programa *client*, responsável pelo recebimento de páginas *web*) do computador e o servidor *Web*. Ou seja, é uma aplicação responsável pelo recebimento de páginas *web*.

Figura 4.1 - Comunicação HTTP entre um computador e um servidor Web para receber uma página.

4.2.1.2. Protocolo Telnet (*terminal emulator*)

É uma aplicação que faz a conexão e a simulação de um computador a um servidor ou equipamento, como se esse computador fosse uma estação dele. Desta forma, é possível acessar os dados de um servidor, mesmo remotamente, como se fosse um terminal desse servidor.

O acesso pode ser por cabo direto, quando se quer configurar um equipamento utilizando um computador com o Telnet, por exemplo, ou por uma rede como a Internet, para acessar um sistema remoto. Ou seja, o Telnet simula o terminal de um computador servidor ou de um equipamento que tenha interface TCP/IP.

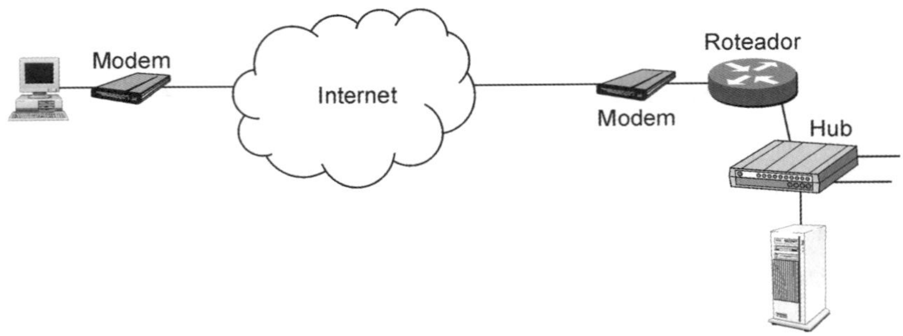

Figura 4.2 - Computador acessando outro sistema com o protocolo Telnet como se fosse um terminal dele. Nesse caso, o acesso é feito pela Internet, mas pode ser feito por outros meios.

4.2.1.3. Protocolo FTP (*File Transfer Protocol*)

É uma aplicação da arquitetura TCP/IP que realiza a transferência de arquivos entre dois computadores em uma rede TCP/IP.

O FTP permite interatividade entre o *client* (computador que solicita o arquivo) e o servidor (computador que fornece o arquivo), com segurança, por meio de logins e senhas.

Em uma conexão entre dois dispositivos que pretendem transferir um arquivo utilizando o FTP, primeiramente é feita a conexão de controle (*port* 21), em que o usuário insere nome e senha de acesso para o servidor FTP autenticar e permitir a transferência.

A seguir, as etapas de comunicação entre o dispositivo de origem (cliente), que pede o arquivo, e o servidor FTP, que envia o arquivo:

- SYN, *port* de destino = 21 (conexão de controle do FTP), *port* de origem = 1040.

O servidor FTP responde com:

- SYN, ACK (recebi), *port* destinatário = 1040, *port* originário = 21.

O dispositivo cliente responde com:

- SYN, ACK, *port* destinatário = 21, *port* originário = 1040.

Após a conexão de controle ter sido efetuada, inicia-se a transferência dos dados do arquivo no *port* 20 (transferência de dados do servidor FTP). O dispositivo que pede o arquivo envia para o servidor:

- GET, *port* da origem = 1041, nome do arquivo.

O servidor responde:

- ACK (confirmação de recebimento).

O dispositivo que vai receber o arquivo envia:

- SYN, *port* destinatário = 20, *port* originário = 1041.

O servidor FTP responde:

- SYN, ACK, *port* destinatário = 1041, *port* originário = 20.

O dispositivo que vai receber o arquivo confirma:

- ACK, *port* destinatário = 20, *port* originário = 1041.

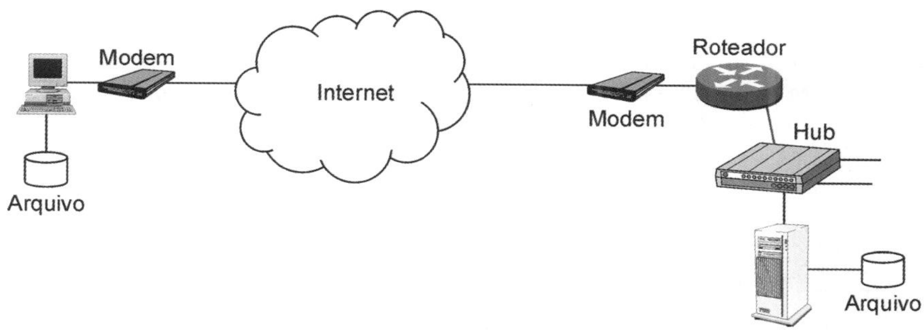

Figura 4.3 - Computador troca arquivos com outro computador utilizando o protocolo FTP, no caso, por meio da Internet.

4.2.1.4. Protocolo TFTP *(Trivial File Transfer Protocol)*

É uma aplicação da arquitetura TCP/IP utilizada para transferência de arquivos entre dois computadores em uma rede IP, utilizado com o UDP. Ou seja, é uma transferência de arquivos sem os controles de fluxo e de seqüência de pacotes. Essa forma de transmissão é mais rápida, porém sujeita a erros de transmissão.

4.2.1.5. Protocolo SMTP (*Simple Mail Transfer Protocol*) e POP (*Post Office Protocol*)

Analogamente ao protocolo HTTP, os protocolos SMTP e POP são responsáveis pela comunicação entre um computador e um servidor, nesse caso, um servidor de correio eletrônico para envio e recebimento de mensagens de e-mail.

4.2.1.6. Protocolo NFS (*Network File System*)

Análogo ao FTP, o NFS realiza a transferência de arquivos, porém, adicionalmente, faz acesso on-line aos arquivos da rede utilizando como protocolo de transporte o UDP, e não o TCP.

4.2.1.7. Protocolo SNMP (*Simple Network Management Protocol*)

É um protocolo de comunicação usado para transmitir informações de status de equipamentos conectados à rede a um servidor gerenciador dessas informações.

Os computadores em uma rede possuem um *software client*, também chamado de agente SNMP, o qual colhe informações do equipamento e as envia, por meio do protocolo SNMP, a um servidor central.

No servidor central da plataforma de gerenciamento existe um *software* chamado de gerente SNMP, que recebe essas informações e as armazena em uma base de dados denominada MIB (*Management Information Base*).

Com esses dados são feitas estatística e análises da rede, como a avaliação do tráfego, visando obter subsídios para efetuar ações corretivas ou de expansão e adequação da rede, por exemplo.

Essas informações também são utilizadas para compor um diagrama da rede que é programado para alarmar e sinalizar os componentes com problemas, avisando os operadores de rede para tomarem as devidas ações corretivas ou preventivas.

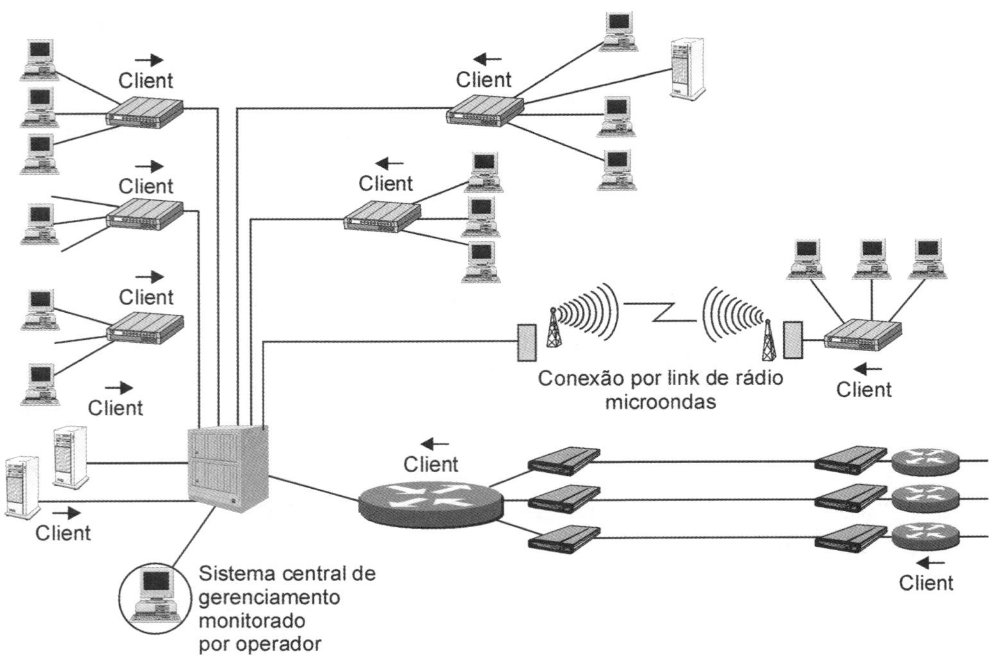

Figura 4.4 - Gerenciamento de redes. Componentes da rede enviam informações de status para um sistema de gerenciamento central.

Assim, todos os equipamentos de uma rede que tiverem um agente SNMP enviando informações de status a um gerenciador SNMP podem ser monitorados em tempo real. Sistemas de gerenciamento são importantes para a administração de grandes redes.

O protocolo SNMP é a aplicação de gerenciamento da arquitetura TCP/IP e utiliza o UDP como protocolo de transporte de seus dados enviados ao gerente.

4.2.2. Protocolos da camada de transporte do modelo TCP/IP

Essa camada provê um serviço de transporte fim a fim, ou seja, de um transmissor a um receptor, constituindo uma conexão lógica e confiável entre eles, com controle do fluxo e da seqüência de pacotes enviados e recebidos, de forma a detectar eventuais perdas de pacotes ao longo da transmissão. Também avisa o recebimento dos pacotes.

O protocolo de transporte mais conhecido é o TCP. Existem, porém, outros protocolos de transporte, como o UDP, na arquitetura TCP/IP e o SPX, na arquitetura *Netware*.

4.2.2.1. Protocolo TCP (*Transmission Control Protocol*)

O TCP provê um circuito virtual entre as aplicações para as quais ele transporta os dados e garante a integridade dos dados enviados e recebidos por meio de controles do fluxo e da seqüência de pacotes.

O protocolo TCP é responsável pela recuperação de erros ocorridos na transmissão, solicitando a retransmissão de pacotes que foram perdidos ou descartados pela rede. Isso acontece porque, no processo de roteamento e encaminhamento de pacotes IP pela rede, um roteador pode descartar pacotes IP por não ter uma rota para enviá-lo ou falta de espaço em sua memória (*buffer*) para armazená-lo. Se houver perdas de pacotes IP em uma transmissão na camada de rede (camada 3), o TCP detecta e solicita a retransmissão para corrigir o problema.

O TCP controla a seqüência de recepção dos pacotes no receptor e solicita a retransmissão a partir do pacote que está faltando. Ele também faz a multiplexação dos dados (transmissão de várias aplicações por uma única conexão física) e o controle de fluxo, variando a janela de transmissão (*windowing* ou quantidade de pacotes transmitidos antes de uma confirmação do receptor) de acordo com a capacidade de transmissão do *link* e do receptor.

O UDP também é um protocolo de transporte, porém sem conexão fim a fim (*connectionless*), o que não garante a integridade dos dados transmitidos, pois não faz a verificação para detectar a falta de pacotes, nem a seqüência deles ou o aviso de recebimento dos pacotes.

Segue o formato do pacote TCP, em que é possível observar os campos de controle do protocolo:

Port de origem	*Port* de destino	Número de seqüência	Confirmação de recebimento	Tamanho do header e bits de código	Tamanho da janela de recebimento	CRC controle de erros	Indicador de urgência	Opções	Dados
2 bytes	2 bytes	4 bytes	4 bytes	2 bytes	2 bytes	2 bytes	2 bytes	4 bytes	Variável

Figura 4.5 - Formato de pacote do protocolo TCP com os seus campos de controle e dados que transporta para a aplicação.

A seguir, vê-se a descrição de cada campo de controle e sua função:

- ***Port* de origem:** identifica o número do *port* da aplicação do transmissor que fez a chamada.
- ***Port* de destino:** identifica o número do *port* da aplicação do receptor que é chamada.
- **Número de seqüência**: número do segmento transmitido utilizado para garantir a seqüência correta de chegada dos segmentos.
- **Confirmação de recebimento:** confirmação do(s) segmento(s) recebido(s) por meio do envio do número do próximo *byte* esperado.
- **Tamanho do *header* (*hlen*):** indica o tamanho dos campos de controle (quatro *bits*), seis *bits* reservados e mais seis *bits* de códigos de controle de estabelecimento e encerramento de sessões de comunicação.
- **Tamanho da janela:** indica o número de pacotes que o receptor recebe antes de fazer a confirmação de recebimento.
- **CRC:** controle de erros (*checksum*) calculado do cabeçalho e dos campos de dados.
- **Indicador de urgência:** indica se o pacote deve ter prioridade na transmissão.
- **Opções:** controles a serem definidos.
- **Dados:** dados vindos das camadas superiores e que serão transportados.

Como se vê na figura 4.6, o protocolo da camada superior envia seus dados para o protocolo da camada inferior levar e agregar suas funções no processo de comunicação.

No exemplo, uma aplicação encaminha seus dados para o TCP transportar até o destino.

O TCP, após agregar aos dados da aplicação seus campos de controle, formando assim um pacote com dados mais controles de transporte, encaminha esse pacote ao IP, que fará o endereçamento na rede.

O protocolo IP na camada de rede/*Internetwork*, ao receber o pacote TCP, agrega a ele os controles e os endereços de rede.

Quando o IP monta seu pacote (também chamado de datagrama IP), encaminha-o para a placa de rede transmitir pelo barramento da rede local em direção à placa de rede de um outro computador ou de um roteador que o envia a uma rede externa.

O protocolo de enlace *Ethernet* (CSMA/CD), na placa de rede, agrega seus controles e endereços MAC ao pacote IP, formando o *frame Ethernet*, que é transmitido pelo barramento da rede local até a placa de rede do *host* de destino na rede local (outro computador ou um roteador).

Com isso, observa-se que cada protocolo, em cada camada, tem a sua função específica. Por exemplo, um protocolo da camada de rede/*Internetwork* faz o endereçamento na rede, mas não verifica nem corrige erros de seqüência ou falta de pacotes na transmissão. O controle de seqüência de pacotes é feito pelo protocolo da camada de transporte.

O protocolo da camada de enlace ocupa-se apenas da transferência dos dados entre dois pontos no meio físico e não faz o endereçamento nem o encaminhamento pela camada de rede.

A seguir, é possível ver como os dados são encapsulados por cada camada do processo de comunicação.

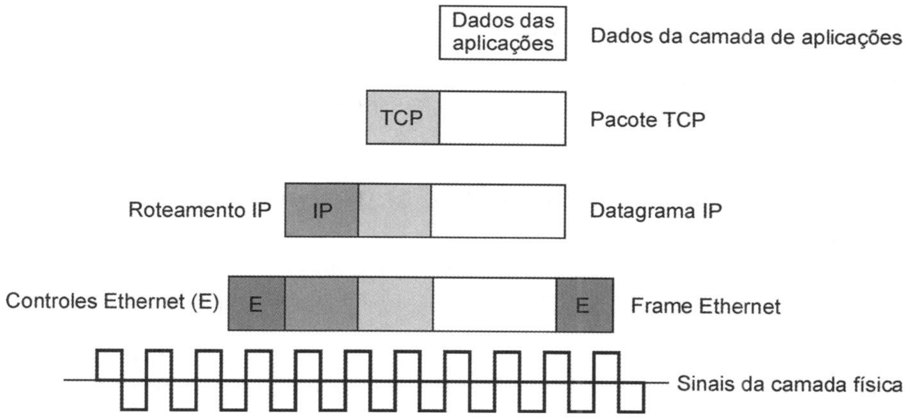

Figura 4.6 - Transmissão de dados entre as camadas.

Os protocolos TCP e UDP utilizam canais lógicos chamados de *ports* ou *sockets* para passar os dados das diferentes aplicações transportadas.

Várias aplicações podem operar simultaneamente na conexão TCP/IP em um computador, e cada uma delas tem o seu canal lógico específico dentro da conexão física, ou seja, cada aplicação tem o seu número, para identificar de quem são os dados transmitidos e recebidos.

Seguem os números dos *ports* das aplicações mais conhecidas:

- *port* 21 - FTP;
- *port* 23 - Telnet;
- *port* 25 - SMTP;
- *port* 53 - DNS;
- *port* 69 - TFTP;
- *port* 161 - SNMP;
- port 520 - RIP.

Esses *ports* são definidos pela IANA (*Internet Assigned Numbers Authority*) até o *port* de número 1024. Acima de 1024, os *ports* podem ser especificados dinamicamente nas aplicações pelos programadores que as desenvolvem.

O computador que faz o envio informa, no pacote TCP, o *port* da origem e o *port* a ser utilizado no computador destinatário.

Exemplo: uma aplicação Telnet envia um pacote TCP com número de *port* 1040 no campo *source port* (porte da origem) ao destinatário com número de *port* 23 no campo *destination port* (porte do destino). O destino, ao receber o pacote, sabe então que ele é destinado a uma aplicação Telnet.

Em uma troca de dados entre duas aplicações, em dois dispositivos interligados por uma rede TCP/IP, a aplicação da origem usa os serviços do TCP para enviar os dados.

A aplicação envia ao TCP os dados a serem transportados, o endereço IP de destino e o número da porta (*port*) que identifica a aplicação que vai receber os dados no destino. Esse conjunto (dados + endereço IP do destino + número do *port* da aplicação do destino + número do *port* da aplicação da origem) forma o chamado *socket*.

A função do TCP é, então, encaminhar os dados ao *socket* da aplicação de destino. Assim, o TCP administra a transferência de dados entre dois *sockets* de duas aplicações, utilizando os serviços do protocolo IP para entregar os dados.

4.2.2.2. Conexão inicial do TCP entre a origem e o destino

Como o TCP é orientado à conexão, ele requer um estabelecimento da conexão entre a origem e o destino antes de iniciar a transferência dos dados. Os dois *hosts*, A e B (origem e destino), devem se sincronizar entre si com o ISN (*Initial Sequence Number*), que é o número do primeiro segmento a ser transmitido.

O sincronismo é feito com a troca de pacotes TCP que contêm um *bit* de controle chamado SYN, mais o número de seqüência inicial. Cada lado (A e B) deve enviar o seu número de seqüência inicial e receber a confirmação do recebimento (ACK - *acknowledgment*) do outro lado. Os números de seqüência são trocados e a comunicação pode iniciar.

Exemplo de sincronismo entre um transmissor A e um receptor B

1. A envia para B o sincronismo SYN e o número de seqüência de A que é X.
2. B responde para A com a confirmação ACK, o número de seqüência X+1 e o número de seqüência de B que é Y.
3. A responde para B, confirmando que o número de seqüência de B será Y+1, e o número de seqüência de A será X+1.

A ===============================> B

Sincronismo (SYN) e número de seqüência X

A <=============================== B

Confirmação (ACK) e número de seqüência Y

Chama-se de *window size* (tamanho da janela) o número de segmentos que o receptor recebe de uma vez para só então fazer a confirmação (*acknowledgment*) de recebimento.

Se a cada transmissão de um segmento é exigida uma confirmação, diz-se que a janela é igual a 1.

Se forem transmitidos quatro segmentos, para só então aguardar a confirmação, a janela é igual a 4. Nesse último caso, tem-se uma eficiência maior na transmissão.

Para controlar o fluxo de dados entre dois dispositivos, o TCP utiliza esse mecanismo de controle de fluxo.

Exemplo 1

1. O receptor informa ao transmissor a janela que é capaz de receber (3, por exemplo).
2. Essa janela varia ao longo da transmissão.

3. A cada confirmação (*acknowledgment*), o receptor envia o valor da janela, a qual indica quantos *bytes* o receptor é capaz de receber.

4. O transmissor envia três pacotes e espera um ACK.

5. Se o receptor só consegue tratar dois pacotes, ele descarta o terceiro e informa ao transmissor que o próximo pacote que deve vir é o 3, e especifica uma janela de dois pacotes.

6. O transmissor envia dois pacotes e reafirma que a janela continua sendo 3.

O receptor responde requerendo o pacote 5 e especificando que a janela realmente é 2, confirmando assim a redução da janela para as próximas transmissões.

Exemplo 2

1. Um dispositivo (origem) acessa uma aplicação *web* em um servidor (destino) e envia a conexão:
   - SYN (sincronismo) + 80 (*port web* no destino) + 1030 (*port* da aplicação na origem) + seqüência (SEQ = número do último *byte* transmitido, por exemplo, 300).
2. O servidor *Web* responde à origem com:
   - SYN (sincronismo) + ACK (recebido), ACK = 301 (espera o próximo *byte* 301), seqüência (SEQ = número do último *byte* transmitido, por exemplo, 900), 1030 (*port* da aplicação), 80 (*port* do servidor).
3. O dispositivo da origem responde ao servidor *Web*:
   - ACK (recebido) + ACK = 901 (espera que o próximo *byte* enviado pelo servidor seja o 901) + 80 (*port* do servidor no destino) + 1030 (*port* do dispositivo na origem) + seqüência (SEQ = número do último *byte* transmitido).

4.2.2.3. Protocolo UDP (*User Datagram Protocol*)

O protocolo UDP é mais simples e rápido que o TCP, pois possui menor quantidade de controles na transmissão. O UDP não utiliza o controle de fluxo por janelas nem as confirmações de recebimento que existem no TCP.

Foi projetado para aplicações que provêem seus próprios processos de correção de erros ou que necessitam de uma transmissão de maior velocidade e com menor processamento, e que exijam menor retardo do protocolo como transmissões de voz ou imagem.

Os protocolos da camada de aplicação que utilizam o UDP na camada de transporte são, por exemplo: TFTP, SNMP, NFS (*Network File System*) e DNS (*Domain Name System*).

O formato do pacote UDP é:

Port de origem 2 bytes	Port de destino 2 bytes	Tamanho do pacote 2 bytes	CRC 2 bytes	Dados variável

Figura 4.7 - Formato do pacote do protocolo de transporte UDP.

A seguir, a descrição dos campos do pacote UDP:

- ***Port* de origem:** identificação da aplicação do transmissor que está chamando.
- ***Port* de destino:** identificação da aplicação no receptor que está sendo chamado.
- **Tamanho do pacote:** tamanho do pacote UDP, incluindo campos e controle e dados.
- **CRC:** controle de erros.
- **Dados:** dados vindos das camadas superiores e que serão transportados.

4.2.3. Protocolos da camada de rede do modelo TCP/IP

Na camada de rede, também denominada camada de *Internetwork* da arquitetura TCP/IP, estão os protocolos que atuam no encaminhamento dos pacotes pela rede. Eles tratam tanto os endereços dos pacotes como as informações de problemas de transmissão ao longo da rede e associações dos endereços IP com os endereços de placas de rede ou *MAC-address*.

Os protocolos que fazem parte dessa camada são, por exemplo:

- **IP (*Internet Protocol*):** responsável pelo endereçamento do pacote na rede.
- **ICMP (*Internet Control Message Protocol*):** responsável pelo envio de informações ao transmissor, quando ocorre algum problema na transmissão pela rede.
- **ARP (*Address Resolution Protocol*):** detecta e associa o endereço MAC de destino ao endereço IP do pacote.
- **RARP (*Reverse Address Resolution Protocol*):** faz o processo inverso ao ARP, ou seja, a partir de um endereço MAC detecta o seu endereço IP correspondente.

Essa camada do modelo TCP/IP corresponde à camada de rede do modelo OSI.

4.2.3.1. Protocolo IP

É o responsável pela colocação do endereço IP no pacote que será transmitido e também pelo encaminhamento dele ao longo da rede até atingir o seu destino. O protocolo IP não é orientado à conexão fim a fim como o TCP, ou seja, não controla a conexão entre o transmissor e o receptor, apenas trabalha no envio do seu datagrama (pacote IP) através da rede, roteando e encaminhando o datagrama ao seu destino, de acordo com o endereço IP.

A seguir, vê-se o formato do datagrama IP, no qual é possível observar os campos de controle do protocolo e o campo de dados recebidos da camada de transporte.

Tipo e versão	Tamanho do data-grama	Identifi-cação	Controle de fragmen-tação	Controle de tempo	Identif. protocolo superior	CRC	Endereço IP origem	Endereço IP destino	Opções IP	Dados
2 bytes	2 bytes	2 bytes	2 bytes	1 byte	1 byte	2 bytes	4 bytes	4 bytes	4 bytes	(variável)

Figura 4.8 - Formato do datagrama IP com seus campos de controle e com o campo de dados que vem da camada de transporte.

Em seguida, a descrição de cada um dos campos do datagrama IP:

- **Tipo e versão:** versão do protocolo (quatro *bits*), tamanho do *header* (quatro *bits*), prioridade e tipo de serviço (oito *bits*).
- **Tamanho do datagrama:** tamanho total do datagrama (*header* + dados).
- **Identificação:** identificação do datagrama.
- **Controle de fragmentação:** usado se houver fragmentação do datagrama na rede.
- **Controle de tempo:** tempo de vida do datagrama na rede.
- **Identificação do protocolo superior:** identifica a qual protocolo o datagrama está transportando os dados.
- **CRC:** controle de erros.
- **Endereço IP de origem:** endereço IP do transmissor.
- **Endereço IP de destino:** endereço IP do receptor.
- **Opções:** para uso em testes, segurança e análise de erros na rede.
- **Dados:** dados das camadas superiores levados pelo datagrama IP.

O campo "protocolo" do pacote IP especifica o protocolo que está na camada de transporte para o qual o IP está transportando os dados.

A maioria dos dados que o pacote IP transporta é do protocolo TCP ou do UDP da camada de transporte, os quais são especificados pelos números 6 e 17 no campo de tipo de protocolo respectivamente.

Existem também outros protocolos atuantes na camada de transporte que utilizam o IP para levar e rotear seus dados. Em seguida, alguns protocolos que utilizam o IP para levar seus dados e seus números de identificação no pacote IP:

- **ICMP (*Internet Control Message Protocol*):** protocolo 1.
- **IGRP (*Interior Gateway Routing Protocol*):** protocolo 9.
- **IP versão 6 (IPv6):** protocolo 41.
- **GRE (*Generic Routing Encapsulation*):** protocolo 47.

- **IPX em IP (*Internetwork Packet Exchange in Internet Protocol*)**: protocolo 111.
- **L2TP (*Layer 2 Tunneling Protocol*)**: protocolo 115.

Características básicas do protocolo IP

- A entrega do pacote IP não é garantida pelo protocolo IP, ou seja, podem ocorrer perdas de pacotes ao longo da transmissão.
- É um protocolo não orientado à conexão.
- Os pacotes podem se perder, atrasar ou ser entregues fora de ordem.
- Cada pacote pode seguir por diferentes rotas (caminhos).
- Os pacotes IP têm um "tempo de vida" de tráfego na rede. Não alcançando o seu destino, é descartado pela rede para não ficar vagando e ocupando recursos na rede.

Características básicas do protocolo TCP

- Oferece segurança na transmissão de dados contra a perda de pacotes, verificando a seqüência dos pacotes enviados e recebidos.
- Garante a integridade dos dados transmitidos contra erros e perdas.
- É um protocolo orientado à conexão ou fim a fim.

Características básicas do protocolo UDP

- Utilizado quando se deseja um baixo volume de tráfego na rede, com poucos controles de transmissão e maior agilidade no envio dos dados.
- Opera como o TCP, porém sem controle fim a fim.
- O *overhead* (campo de controle) do UDP é bem menor que o do TCP, pois identifica apenas o *port* utilizado e não implementa confirmações nem controle de seqüenciamento.
- Em razão dessas características, é o protocolo ideal para transmissões de voz e vídeo que necessitam de uma pequena latência (retardo) na transmissão.

4.2.3.2. Protocolo ICMP (*Internet Control Message Protocol*)

O ICMP é um protocolo de controle das transmissões pela rede. Ele envia mensagens de erro para o transmissor quando algum pacote sofre um problema na transmissão, ajudando o protocolo IP no controle das transmissões na rede.

As mensagens do protocolo ICMP são enviadas no formato apresentado a seguir. Nos campos Tipo e Código informa-se o tipo da mensagem.

IP	Tipo	Código	CRC	Variável

Mensagem ICMP (Internet Control Message Protocol).

São mensagens de aviso de erros, como: destino não alcançável, tempo excedido, problema de parâmetro, pedido de submáscara, redirecionamento, pedido de informações, resposta de informações, pedido de endereço, resposta de endereço e outras.

4.2.3.3. Protocolo ARP (*Address Resolution Protocol*)

O ARP descobre e determina o endereço da camada de enlace (endereço *MAC-address* da placa de rede) em uma rede local correspondente ao endereço IP.

As associações entre endereços IP e seus endereços MAC correspondentes são colocadas em uma tabela no computador que faz a transmissão.

Para determinar o endereço de destino de um datagrama IP, consulta-se o endereço MAC correspondente a ele na tabela ARP. Se o endereço não estiver na tabela, o protocolo ARP envia um *broadcasting* a todas as estações da rede local, procurando a estação de destino, obtendo o seu endereço MAC e alocando-o na tabela que será utilizada nas próximas transmissões.

Em resumo, o ARP é necessário pois para transmitir um pacote IP em uma rede local necessita-se criar um *frame Ethernet* com o endereço MAC de destino. O ARP é o protocolo que descobre o endereço de enlace (endereço MAC), no caso, o endereço físico da placa de rede do dispositivo que vai receber o *frame Ethernet* com o pacote IP encapsulado.

O ARP é um protocolo que opera na camada de rede (camada 3 do modelo de referência OSI).

4.2.3.4. Protocolo RARP (*Reverse Address Resolution Protocol*)

O protocolo RARP faz a operação inversa do ARP, ou seja, a partir de um endereço de enlace (*MAC-address*) conhecido do destinatário, determina o endereço da rede IP correspondente.

Por exemplo, uma estação (*host*) da rede que necessita saber o seu endereço IP envia o seu endereço MAC para um servidor RARP (que possui uma tabela de endereços IP relacionados aos endereços MAC) e pergunta o seu endereço IP.

O DHCP é uma implementação moderna do RARP. Os servidores DHCP são muito utilizados para distribuir endereços IP a todos os componentes de uma rede. Isso evita a necessidade de especificar e configurar os endereços IP de todos os *hosts* de uma rede local. Nesse caso, a geração dos endereços IP para cada *host* é feita automaticamente, o que simplifica o trabalho do projetista da rede.

4.2.4. Protocolos da camada de enlace do modelo TCP/IP

As camadas física e de enlace do modelo TCP/IP têm os protocolos responsáveis pela transmissão dos dados no meio físico de comunicação da rede.

4.2.4.1. Protocolo *Ethernet-CSMA/CD*

O exemplo mais comum é o protocolo *Ethernet-CSMA/CD*, responsável pela transmissão e controle dos dados no barramento de uma rede local.

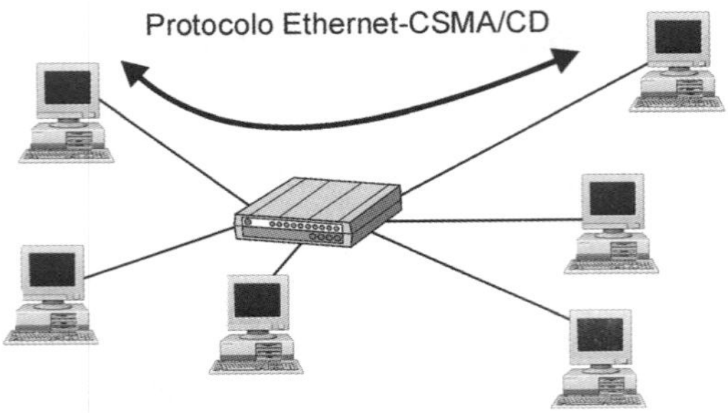

Figura 4.9 - Comunicação entre duas placas de rede pelo barramento de uma rede Ethernet. O protocolo de enlace é o Ethernet-CSMA/CD.

Frame Ethernet 802.3

Em seguida, é possível ver o formato do *frame* (pacote) de dados *Ethernet*, transmitido entre duas placas de rede pelo barramento de uma rede local.

Esse protocolo tem como função levar os dados de uma placa de rede a outra nos equipamentos dentro da rede local. Como visto, o *Ethernet-CSMA/CD* é um protocolo de nível de enlace que leva dentro do seu *frame* os dados vindos do protocolo da camada de rede.

Como exemplo, em uma arquitetura de rede TCP/IP, o protocolo *Ethernet* leva dentro de seu *frame* o pacote IP, o qual leva o pacote do TCP.

Preâmbulo (início do frame)	Endereço destino	Endereço origem	Tipo de frame	Dados	FCS (controle de erros)
8 bytes	6 bytes	6 bytes	2 bytes	64 a 1518 bytes	4 bytes

Figura 4.10 - Formato do frame Ethernet IEEE-802.3, que transporta pelo barramento da rede local os dados vindos da camada de rede.

Descrição dos campos do *frame Ethernet-CSMA/CD*:

- **Preâmbulo:** campo com controles do protocolo CSMA/CD.
- **Endereço de destino:** endereço da placa de rede (MAC) do receptor.
- **Endereço de origem:** endereço da placa de rede (MAC) do transmissor.
- **Tipo de *frame*:** especifica o tipo do *frame*, como dados, controle, entre outros.
- **Dados:** dados vindos da camada superior que estão sendo levados pelo *frame*.
- **FCS:** controle de erros na transmissão (*checksum*).

Em conexões para redes externas por redes WAN, são utilizados protocolos como o HDLC e o PPP para o transporte dos dados pelos meios físicos, conforme visto a seguir.

4.2.4.2. Protocolo PPP (*Point-to-Point Protocol*)

O PPP é um protocolo de enlace (camada 2) para redes WAN. É utilizado para levar dados que vêm das camadas superiores pelos meios de comunicação de redes WAN.

Em uma arquitetura TCP/IP, o PPP é utilizado para transportar os pacotes IP, que vêm da camada 3, por um meio de transmissão (LP, *link*, canal ou circuito de transmissão de dados) em uma rede WAN.

O PPP é normalmente utilizado na conexão discada dos usuários aos provedores da Internet, conectando-os após os *modems* estarem conectados, fazendo a autenticação do usuário no provedor e o envio do endereço IP que será utilizado pelo usuário.

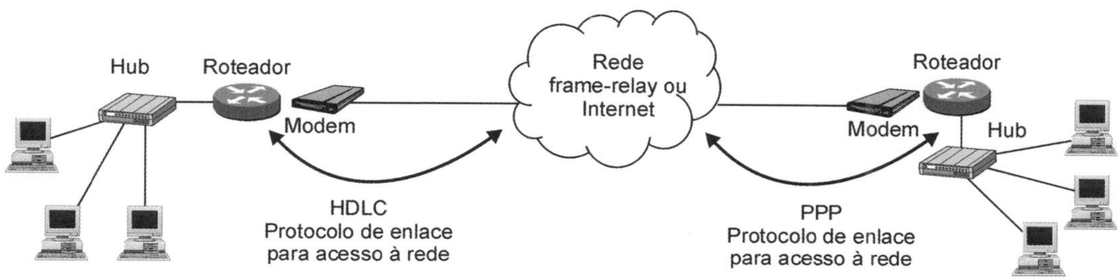

Figura 4.11 - Comunicação entre dois equipamentos por meio de uma rede WAN. Nesse caso, os protocolos de enlace utilizados são o HDLC em um trecho e o PPP em outro.

A interface física (conector utilizado para conectar o *modem* ao equipamento transmissor, no caso, o roteador) normalmente é a RS-232 ou V.35.

O PPP é um protocolo usado em conexões discadas (*dial-up*) e dedicadas (LP), e trabalha tanto na forma síncrona quanto assíncrona no meio de comunicação. Ele estabelece a conexão entre transmissor e receptor, depois de conectados os *modems* e com as portadoras ativas.

Esse protocolo conta com um mecanismo de conferência e correção de erros FCS (*Frame Check Sequence*) na transmissão. Possui também um mecanismo de verificação e autenticação de usuários no acesso, para garantir a segurança (em especial para acessos discados), utilizando o protocolo PAP (*Password Authentication Protocol*). Nesse caso, a autenticação é feita entre transmissor e receptor, trocando nome e senha antes de iniciar a transmissão dos dados.

4.2.4.3. Protocolo HDLC (*High-Level Data Link Control*)

O HDLC, semelhantemente ao PPP, é um protocolo de enlace que leva informações pelo meio físico em redes WAN.

O HDLC recebe dados das camadas superiores à camada de enlace e transporta-os entre dois equipamentos. É muito utilizado na conexão entre roteadores em uma rede WAN, para transportar os pacotes IP no meio físico.

O HDLC, com suas variações, é também o protocolo de acesso utilizado em redes X.25 e *frame-relay*.

No exemplo seguinte, o protocolo HDLC leva pacotes IP para serem transportados por uma rede X.25 ou *frame-relay*. Essas redes públicas possuem sistemas de empacotamento e endereçamento internos, pelos quais levam a informação de um ponto de entrada, em sua nuvem, a um ponto de saída, em sua nuvem.

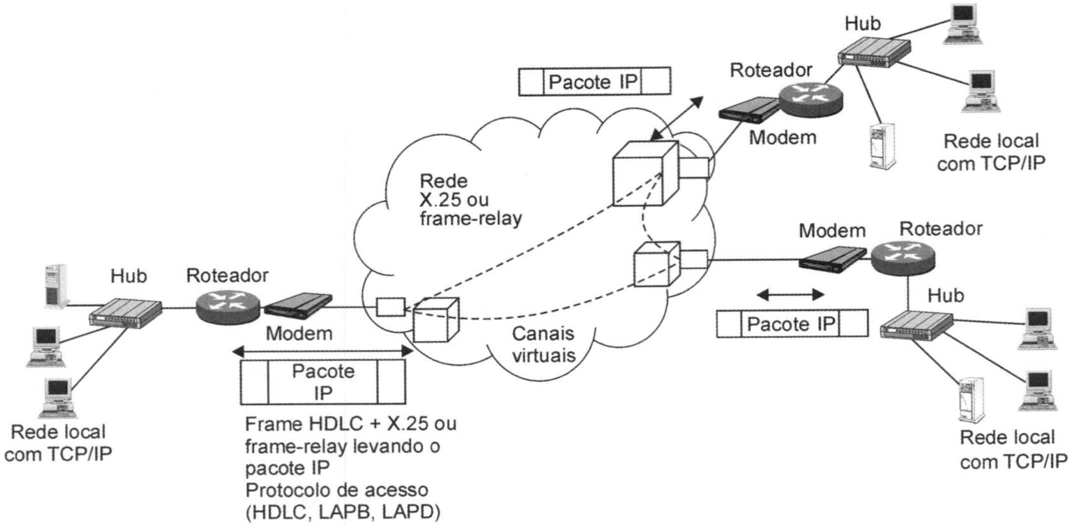

Figura 4.12 - Redes locais Ethernet com TCP/IP conectadas por uma rede pública X.25 ou frame-relay.

A rede pública cria e fornece canais virtuais para a conexão entre os dois pontos. Uma rede local pode acessar qualquer outra ligada à rede X.25 ou *frame-relay*, utilizando apenas um circuito físico de acesso à rede pública.

O acesso a uma rede de pacotes X.25 ou *frame-relay* é síncrono. Assim, é necessário que o equipamento que faz o acesso à rede (no caso, o roteador) tenha uma placa ou porta configurada com o protocolo X.25 ou *frame-relay* para acessar a rede pública.

Vê-se que dentro da rede pública os meios são compartilhados por diversos usuários, diferentemente dos canais dedicados (LPs), em que o canal é fisicamente fixo e sem compartilhamento.

4.3. Atividades de fixação

1) Descreva a função básica do protocolo Telnet.

2) Explique a diferença entre os protocolos TCP e UDP.

3) Cite as características e funções do protocolo IP.

4) O que faz o protocolo ARP?

5) Descreva a função do protocolo de enlace PPP.

6) O que é protocolo fim a fim ou orientado à conexão?

Capítulo 5

Plano de Endereçamento em Redes

5.1. Endereçamento em redes

Em um ambiente com uma ou várias redes de computadores, cada rede e cada equipamento precisam de um endereço para receber dados enviados de outras redes e computadores.

O endereço de rede também é necessário para que os roteadores consigam encaminhar os pacotes aos seus destinos, assim como os carteiros levam cartas aos destinatários, encaminhando-as por país, cidade, bairro, rua, endereço e número da residência, em uma estrutura de endereços que se chama hierárquica.

Na arquitetura TCP/IP, o endereçamento utilizado é o do protocolo IP, conhecido como endereço IP. O datagrama (pacote) IP que trafega na rede possui os endereços IP de origem e destino, além dos campos de controle do protocolo IP.

Cada computador, em uma rede TCP/IP, possui um endereço IP único. Cada rede possui um endereço de rede único também.

O endereço IP é composto por 32 *bits* (quatro *bytes*) e, na representação decimal, fica com quatro números separados por pontos. Uma parte do endereço IP identifica o número da rede (NetID) e a outra é usada para identificar o computador ou equipamento (*host*) na rede. Essa forma de subdivisão do endereço denomina-se hierárquica ou endereçamento hierárquico, analogamente ao endereço de uma casa em que especificamos o país, Estado, cidade, rua e finalmente o número da casa.

No endereçamento IP, a hierarquia é composta por endereços de rede, sub-rede e *host*. A parte do endereço utilizada para especificar a rede é chamada de endereço de rede (*network address*), o qual é usado pelos roteadores para encaminhar os pacotes IP à rede de destino.

O IP é um endereço lógico, ou seja, configurado nos programas e sistemas de um dispositivo ligado à rede. Diferentemente, o *MAC-address* é um endereço físico, pois é gravado no *hardware*, como, por exemplo, em uma placa de rede.

Exemplo de endereço IP: 172.19.110.89

Cada um desses quatro números decimais pode ser representado também pelo seu equivalente binário de oito *bits*, utilizando a representação binária.

Por exemplo:

172 = 10101100

19 = 00010011

110 = 01101110

89 = 01011001

No exemplo anterior, a parte 172.19 representa o número da rede e a parte 110.89 o número de um *host* (computador) dentro dessa rede. Vê-se, assim, que dentro da rede 172.19 é possível ter e endereçar muitos *hosts*, utilizando os dois *bytes* da direita no endereço IP, variando de 0.1 a 255.254.

Na instalação do TCP/IP em uma rede, o sistema de configuração solicita os números dos endereços IP compostos de quatro *bytes*. Cada computador que utiliza o TCP/IP terá um endereço IP único na rede, o qual deve ser especificado pelo administrador da rede, carregado e configurado no TCP/IP do sistema operacional da máquina.

No Windows, por exemplo, a configuração e a instalação do TCP/IP são feitas no painel de controle e na rede.

O IP é um endereço lógico (especificado por *software*), ou seja, não é um endereço de *hardware* ou físico. Desta forma, é possível referenciar-se a um equipamento da rede independentemente do tipo de *hardware* ou arquitetura física utilizada.

5.1.1. Códigos de representação numérica

Antes de prosseguir, vamos rever a representação binária de números.

Matematicamente, quantidades podem ser representadas de diversas formas e sistemas de numeração.

5.1.1.1. Sistema decimal (base 10)

O sistema de numeração mais conhecido e utilizado é o decimal que, como o próprio nome diz, utiliza dez caracteres (base 10) para representar quantidades numericamente.

Os dez caracteres, como sabemos, são: 0, 1, 2, 3, 4, 5, 6, 7, 8 e 9.

Na representação numérica, os dígitos da direita possuem valor menor que os da esquerda. Assim, da direita para a esquerda, no sistema decimal, têm-se unidade, dezena, centena, milhar e assim por diante crescentemente.

Exemplo de número decimal: 1 0 8 5 0

Existem outros sistemas de numeração que utilizam um conjunto maior ou menor de caracteres para representar os números.

5.1.1.2. Sistema hexadecimal (base 16)

Esse sistema utiliza 16 caracteres (base 16) para representar números. Os caracteres utilizados no sistema de numeração hexadecimal são: 0, 1, 2, 3, 4, 5, 6, 7, 8, 9, A, B, C, D, E e F.

Exemplo de um número hexadecimal: F 1 2 3 A 4 B D 7 0 C 3

5.1.1.3. Sistema binário (base 2)

O sistema binário utiliza apenas dois caracteres (base 2) para representar números.

Os caracteres utilizados no sistema binário são: 0 e 1.

Exemplo de um número binário: 1 1 1 0 0 1 1 0

Para obter o valor decimal de um número, em qualquer sistema de numeração em que esteja, basta multiplicar cada dígito do número pela sua base do sistema numérico elevada ao número da posição em que ele está (começando da direita para a esquerda, os valores da potência são 0, 1, 2, 3, 4 e assim por diante) e somar todos os valores.

Por exemplo, o valor decimal do número decimal 10.850 é:

$$\frac{1}{\times 10^4} \quad \frac{0}{\times 10^3} \quad \frac{8}{\times 10^2} \quad \frac{5}{X\ 10^1} \quad \frac{0}{\times 10^0}$$

$$1.0000 + 0 + 800 + 50 + 0 = 10.850$$

Como visto, o valor decimal é o mesmo do número, pois ele já estava no sistema decimal. Porém, se o número estiver em outro sistema numérico, a conversão fica mais clara, como se vê em seguida.

Por exemplo, vamos converter o número binário 1 1 1 0 0 1 1 0 em decimal. Como a base é 2, multiplica-se cada posição pela base do sistema numérico binário (2) elevada à potência da posição, crescendo da direita para a esquerda (pois os dígitos da direita têm menor valor que os da esquerda):

$$\frac{1}{\times 2^7} \quad \frac{1}{\times 2^6} \quad \frac{1}{\times 2^5} \quad \frac{0}{\times 2^4} \quad \frac{0}{\times 2^3} \quad \frac{1}{\times 2^2} \quad \frac{1}{\times 2^1} \quad \frac{0}{\times 2^0}$$

$$128 + 64 + 32 + 0 + 0 + 4 + 2 + 0 = 230$$

Assim, observa-se que o número binário 11100110 equivale a 230 na representação decimal.

Repare nos valores de cada posição binária, pois vamos utilizá-los freqüentemente para converter números binários em decimais:

Posições do *byte*	1	1	1	1	1	1	1	1
Valor decimal	128	64	32	16	8	4	2	1

Na conversão de binário em decimal, se uma posição binária tem valor zero, o valor não é computado na soma para obter o valor decimal correspondente.

Observa-se também que, com oito *bits*, é possível representar números decimais de 0 a 255, ou seja, 00000000 a 11111111.

Sabe-se que um *byte* é composto normalmente de oito *bits* que, combinados, representam letras, números e caracteres especiais. Essa combinação de *bits* para representar um determinado caractere chama-se codificação. O método de codificação mais utilizado é o ASCII de oito *bits*.

Quando um *byte* é composto de oito *bits*, ele também é chamado de octeto.

O endereço IP é composto de quatro octetos (*bytes* de oito *bits*), separados por vírgula e especificados no sistema decimal.

5.1.2. Protocolos da arquitetura TCP/IP

Os protocolos da arquitetura TCP/IP são os mais utilizados na interconexão de equipamentos e redes de dados corporativas.

Na camada de aplicações, alguns dos protocolos do modelo TCP/IP são: TFTP, FTP, NFS, SMTP, Telnet, SNMP, DNS.

Na camada de transporte tem-se o TCP, que provê o serviço de transporte fim a fim, estabelecendo e controlando a conexão lógica entre a origem e o destino. O protocolo TCP estabelece uma conexão entre as duas pontas da comunicação antes de iniciar a transferência dos dados, procedimento que o faz ser chamado de protocolo orientado à conexão (*connection oriented*). Os dados a serem transmitidos são divididos em unidades denominadas segmentos.

Alguns protocolos da camada de aplicações utilizam como transporte o TCP, outros utilizam o UDP, que possui menos controles que o TCP, tornando-se mais rápido, contudo não detecta erros nem a perda de pacotes que podem ocorrer.

Os protocolos de aplicações utilizam portas numeradas para se comunicarem com o TCP e com o UDP. Essas portas são chamadas de *ports*. Este número serve para identificar a aplicação que está enviando ou recebendo os dados transmitidos. A seguir vemos alguns dos *ports* mais utilizados. Um pacote de dados quando chega a um computador é direcionado para a sua aplicação correspondente de acordo com o número do *port* escrito no pacote.

- Port 21 no TCP = FTP (transferência de arquivos).
- Port 23 do TCP = Telnet (emulação de terminal).
- Port 25 no TCP = SMTP (correio eletrônico/e-mail).
- Port 53 do TCP e do UDP = DNS (servidor de endereços IP).
- Port 69 do UDP = TFTP (transferência de arquivos).
- Port 161 do UDP = SNMP (mensagens de gerenciamento de rede).
- Port 520 do UDP = RIP (mensagens de roteamento).

Outras aplicações desenvolvidas na arquitetura TCP/IP têm seus números de *ports* definidos pelo programador da aplicação e com numeração acima de 1024, faixa esta reservada a novas aplicações.

Quando o TCP estabelece uma conexão entre as duas pontas, faz um sincronismo entre elas, enviando um segmento com um *bit* de controle de sincronismo acionado (SYN) e um número inicial de seqüência de segmentos a serem enviados. Em uma conexão entre um dispositivo A e um B, temos:

1. A envia para B: SYN + número de seqüência inicial (por exemplo, 200).
2. B recebe e responde para A com: ACK (recebido) + informa que espera receber o próximo segmento de número 201 + seu próprio número de seqüência inicial (por exemplo, 300) + SYN.
3. A responde para B com: ACK (recebido) + informa que espera receber o próximo segmento de número 301 + seu número de seqüência 201 + SYN.

O ACK é uma confirmação de recebimento feita pelo receptor. Pode ser feita a cada segmento ou a certo número de segmentos especificado. Se a confirmação for realizada após cada segmento, tem-se perda de performance na transmissão na rede. O ideal é que a confirmação seja feita após três, quatro ou até mais segmentos. Esse número de segmentos recebe o nome de janela de transmissão (*windows*) e varia de acordo com o informado pelo receptor, conforme sua capacidade de recepção.

Se o receptor recebe segmentos TCP com uma janela de quatro segmentos por confirmação, e só tem condições de absorver três, ele informa ao transmissor que só pode receber três segmentos e descarta o quarto que deve, então, ser retransmitido.

Na camada de rede do modelo TCP/IP se encontram os protocolos IP, ICMP, ARP e RARP. No pacote IP, também chamado de datagrama, existe um campo que identifica o protocolo de transporte para o qual ele carrega os dados.

No pacote IP, o protocolo TCP é identificado pelo número 6, o UDP pelo número 17, o ICMP pelo número 1, o IGRP pelo número 9, o IPV6 pelo número 41, o GRE pelo número 47, o IPX pelo número 111 e o L2TP pelo número 115.

5.2. Classes de endereçamento IP

O endereçamento IP é estruturado em classes, e uma parte do endereço IP representa o endereço e a outra o computador da rede. O que varia de uma classe a outra é o número de *bytes* utilizado para representar os endereços de rede e os de *hosts*.

5.2.1. Classe A

Na classe A utilizam-se oito *bits* (um *byte*) para endereçar a rede e 24 *bits* (três *bytes*) para endereçar os *hosts* dentro da rede. O primeiro *byte* da esquerda representa o número do endereço de rede, que pode variar de 0 a 127 (00000000 a 01111111), observando que o *bit* da esquerda é sempre 0 (zero) na classe A. Os demais *bytes* formam o endereço do *host*.

Pode-se ter 16.777.216 combinações na parte de endereços de *hosts* que é composta por três *bytes* ou 24 *bits* (2 elevado a 24). O endereço de *host* não pode ser todo composto de zeros nem de uns, pois o *host* todo zerado é utilizado para representar o endereço da rede, e repleto de uns é utilizado para fazer *broadcasting* de mensagens a todos os *hosts* dentro da rede.

Na classe A, os endereços válidos das redes podem variar de 1.0.0.0 a 126.0.0.0. Os endereços 0 e 127 são reservados, assim, só é possível ter 126 redes na classe A.

O número de endereços de *hosts* possível é 16.777.214, variando de 0.0.1 a 255.255.254, pois não se pode usar o endereço todo zerado (que indica rede), nem todo formado com uns (que é usado para fazer *broadcasting* de mensagens na rede).

1 a 127 . X . X . X

_____ _________

rede computador (*host*)

Os computadores da mesma rede devem possuir número igual de rede e cada computador um número diferente dentro da rede.

A seguir, um exemplo de endereços IP de uma rede de número 50 com cinco *hosts* ligados a ela.

50.244.11.1

50.244.11.2

50.244.11.3

50.244.11.4

50.244.11.5

50.0.0.0 é o endereço que indica a rede.

50.255.255.255 é o endereço que indica o *broadcasting* para toda a rede.

Os endereços dos dispositivos dentro da rede 50 podem variar de 50.0.0.1 a 50.255.255.254.

A classe A é indicada a redes com um número elevado de *hosts*, pois se pode ter e endereçar uma quantidade grande de *hosts* na rede. Porém, vê-se que o número de redes possível nessa classe é muito reduzido, apenas 126.

Como há uma quantidade muito grande de *hosts* em uma rede de endereço classe A, é necessário dividi-la em sub-redes, de forma a conseguir administrá-la.

Não é viável ter uma rede com um número muito grande de *hosts*, pois fica difícil controlar problemas de *broadcast* de mensagens e colisões dentro dessa rede, por exemplo. Essa subdivisão da rede principal é feita por meio de máscaras de sub-redes que estudaremos à frente.

A máscara de sub-rede define ou confirma quantos e quais *bytes* e *bits* do endereço IP serão usados para identificar o endereço de rede e quantos e quais *bytes* e *bits* do endereço IP serão usados para identificar o endereço de *hosts*.

O conceito de sub-rede (*subnetting*) é desmembrar uma rede grande em redes menores para reduzir o tráfego no barramento de cada uma delas, facilitar o gerenciamento, a detecção e a solução de problemas, além de aumentar a performance.

A máscara de rede especifica as posições do endereço IP utilizadas para representar o endereço de rede com o *bit* 1. As posições do endereço IP utilizadas para representar o *host* ficam com o *bit* 0 na máscara. Para o exemplo anterior, que mostra uma rede de número 50, sem sub-redes, a máscara é 255.0.0.0 (11111111 00000000 00000000 00000000), padrão para a classe A. Ou seja, somente os primeiros oito *bits* do endereço IP serão utilizados para representar o endereço da rede.

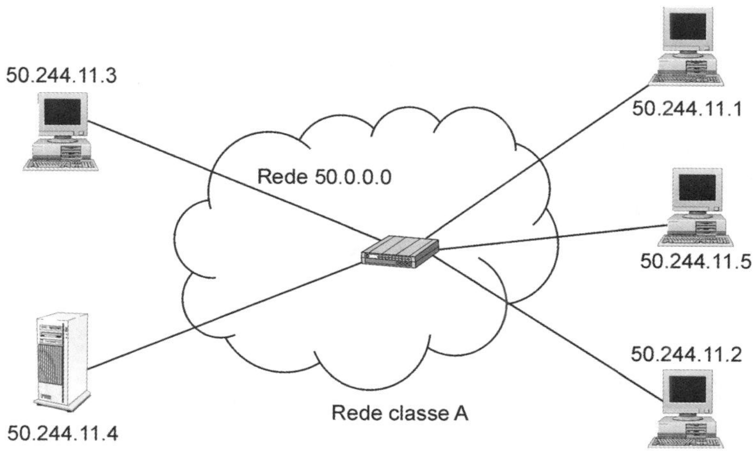

Figura 5.1 - Uma rede IP com endereçamento classe A em um mesmo barramento. A máscara utilizada é 255.0.0.0.

5.2.1.1. Endereçamento de sub-redes

No endereçamento de classe A é possível endereçar sub-redes dentro da rede principal. Assim, uma empresa que tenha uma rede com endereço classe A pode subdividi-la ou segmentá-la em várias redes, dentro da rede principal.

No exemplo seguinte, na rede 50 criaram-se as sub-redes 50.1, 50.2, 50.130 e 50.244.

Isso é feito utilizando o segundo *byte* do endereço IP para especificar a sub-rede e não mais os endereços de *host*. Ou seja, pega-se um *byte* que era utilizado para endereçar os computadores da rede e passa-se a utilizá-lo para endereçar sub-redes.

Nesse caso, no endereçamento de classe A com sub-redes, nos *bytes* da esquerda para a direita, encontram-se:

- Primeiro *byte* = NetID (endereço de rede).
- Segundo *byte* = SubnetID (endereço de sub-rede).
- Terceiro *byte* = *HostID* (endereço de equipamento).
- Quarto *byte* = *HostID* (endereço de equipamento).

Assim, na rede 50, é possível ter várias sub-redes com diversos *hosts* cada uma delas, separadas por *gateways* (*switches*, *routers*, *bridges*) com os endereçamentos:

Sub-rede 50.1	Sub-rede 50.2	Sub-rede 50.130	Sub-rede 50.244
50.1.0.1	50.2.0.1	50.130.0.1	50.244.0.1
50.1.0.2	50.2.0.2	50.130.0.2	50.244.0.2
50.1.0.3	50.2.0.3	50.130.0.3	50.244.0.3
50.1.0.4	50.2.0.4	50.130.0.4	50.244.0.4
50.1.0.5	50.2.0.5	50.130.0.5	50.244.0.5

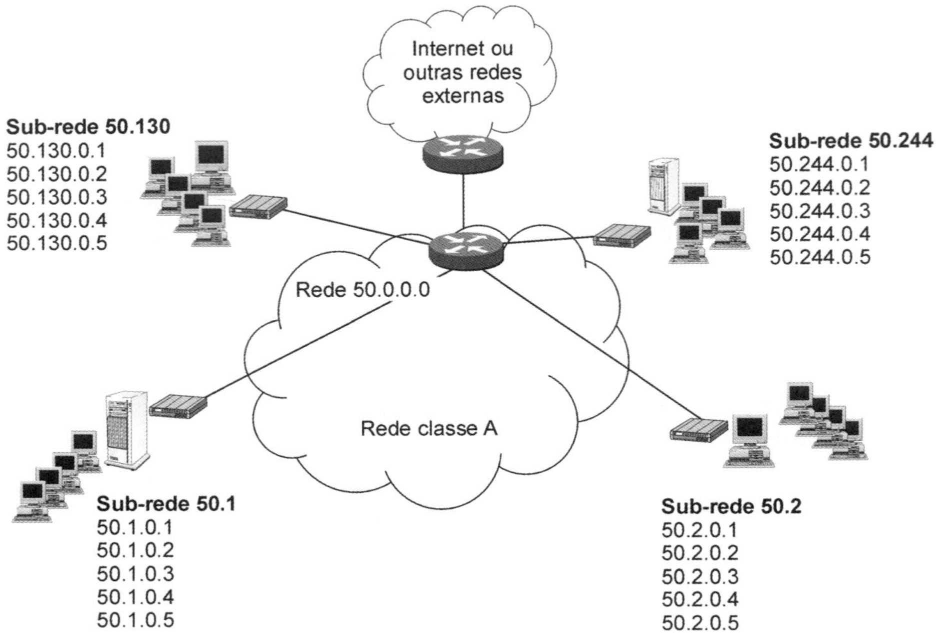

Figura 5.2 - Rede 50 vista como única pelo mundo externo, mas internamente é dividida em quatro sub-redes, utilizando a máscara 255.255.0.0.

Nesse caso, como se utilizam os dois primeiros *bytes* (16 *bits*) do endereço IP para representar o endereço de rede (rede e sub-rede), a máscara deve ter *bit*s 1 nessas posições. Com isso, a máscara para o exemplo anterior, que utiliza dois *bytes*, para representar a rede passa a ser 255.255.0.0 (11111111 11111111 00000000 00000000).

5.2.2. Classe B

Na classe B, utilizam-se 16 *bits* (dois *bytes*) para endereçar redes, e o primeiro *byte* tem o valor de 128 a 191 (10000000 a 10111111). As redes vão de 128.0.0.0 a 191.255.0.0.

Como na classe B os dois primeiros *bits* da esquerda devem ser sempre 10, só sobram seis *bits* do primeiro *byte* mais oito *bits* do segundo *byte* para representar as redes. São, portanto, 14 *bits* que podem ser combinados, totalizando um número de redes possível de ser endereçado, igual a 16.384 (2 elevado a 14).

Na parte de endereçamento de *hosts* do endereço IP (dois *bytes* = 16 *bits*), o número de combinações possível para endereçar *hosts* é igual a 65.536 (2 elevado a 16).

O número de endereços de *hosts* possível é 65.534, pois não se pode usar o endereço de *host* zerado (que indica rede) nem todo formado por uns (que é utilizado para fazer *broadcasting* de mensagens na rede para todos os *hosts*).

O número da rede é representado no primeiro e no segundo *bytes* da esquerda, visto que o primeiro varia de 128 a 191 (os primeiros dois *bits* são 10). O terceiro e o quarto *bytes* formam o endereço do computador, que varia de 0.1.a 255.254, como mostrado a seguir.

128 a 191 .   X . X . X

rede   computador (*host*)

Todos os computadores de uma mesma rede devem possuir o mesmo número de rede e cada computador dentro da rede deve ter um número diferente.

A seguir, vê-se um exemplo de endereços IP de uma rede de número 130.250 com cinco *hosts* ligados a ela. Nesse caso, em que os dois primeiros *bytes* (16 *bits*) do endereço IP são utilizados para endereçar redes, a máscara é 255.255.0.0 (11111111 11111111 00000000 00000000), padrão para classe B.

130.250.3.1

130.250.3.2

130.250.3.3

130.250.3.4

130.250.3.5

130.250.0.0   indica o endereço da rede.

130.250.255.255   indica o *broadcasting* para todas as estações dessa rede.

Os endereços dos dispositivos dentro da rede 130.250 podem variar de 130.250.0.1 a 130.250.255.254.

A classe B é indicada a redes com uma quantidade média-grande de *hosts* ligados a ela. Em uma rede com endereço classe B, como visto anteriormente, é possível endereçar 65.534 *hosts*. Uma quantidade muito grande de *hosts* em uma única rede, ou seja, no mesmo domínio de *broadcast*, gera problemas de colisões e de tráfego no barramento da rede local. Em virtude disso, divide-se a rede principal em sub-redes. A divisão é feita por meio das máscaras de sub-redes.

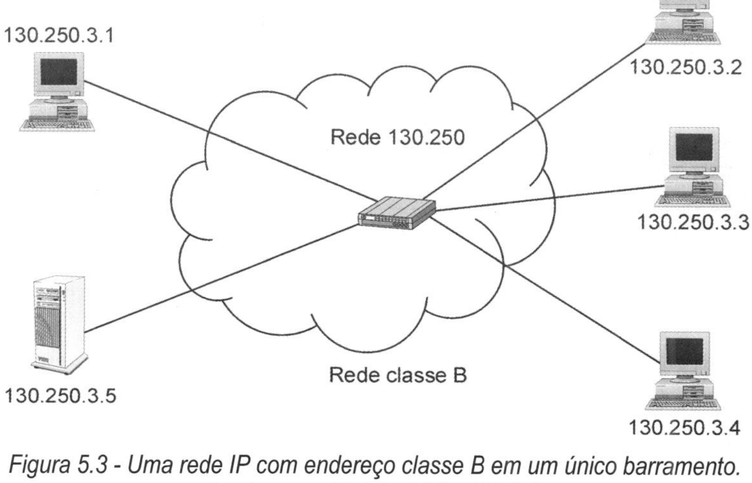

Figura 5.3 - Uma rede IP com endereço classe B em um único barramento.
A máscara utilizada é 255.255.0.0.

A máscara de sub-rede define ou confirma quantos e quais *bytes* e *bits* do endereço IP serão utilizados para identificar o endereço de rede, e quantos e quais serão utilizados para identificar o endereço dos *hosts* dessa rede.

A máscara de rede especifica as posições do endereço IP utilizadas para representar o endereço de rede, com o *bit* 1. As posições do endereço IP utilizadas para representar o *host* ficam com o *bit* 0 na máscara. Para o exemplo anterior, que mostra uma rede de número 130.250, sem sub-redes, a máscara é 255.255.0.0 (11111111 11111111 00000000 00000000), padrão para a classe B. Ou seja, somente os primeiros 16 *bits* do endereço IP serão utilizados para representar o endereço da rede.

5.2.2.1. Endereçamento de sub-redes

No endereço de classe B, pode-se endereçar sub-redes na rede principal. No exemplo seguinte, dentro da rede 130.250 criamos as sub-redes 130.250.1, 130.250.2, 130.250.3 e 130.250.4.

O endereçamento das sub-redes é feito com o terceiro *byte* do endereço IP para especificar a sub-rede e não mais os *hosts* dessa rede. Pega-se um *byte* que era utilizado para endereçar os computadores da rede e utiliza-se para endereçar sub-redes.

Neste exemplo, no endereço de classe B com sub-redes, nos *bytes* da esquerda para a direita, temos:

- Primeiro *byte* = NetID (endereço de rede).
- Segundo *byte* = NetID (endereço de rede).
- Terceiro *byte* = SubnetID (endereço de sub-rede).
- Quarto *byte* = *HostID* (endereço de equipamento).

Desta forma, na rede 130.250é possível ter várias sub-redes com diversos *hosts* cada uma delas, separadas por *gateways* (*switches*, *routers* e *bridges*), como:

Sub-rede 130.250.1	**Sub-rede 130.250.2**	**Sub-rede 130.250.3**	**Sub-rede 130.250.4**
130.250.1.1	130.250.2.1	130.250.3.1	130.250.4.1
130.250.1.2	130.250.2.2	130.250.3.2	130.250.4.2
130.250.1.3	130.250.2.3	130.250.3.3	130.250.4.3
130.250.1.4	130.250.2.4	130.250.3.4	130.250.4.4
130.250.1.5	130.250.2.5	130.250.3.5	130.250.4.5

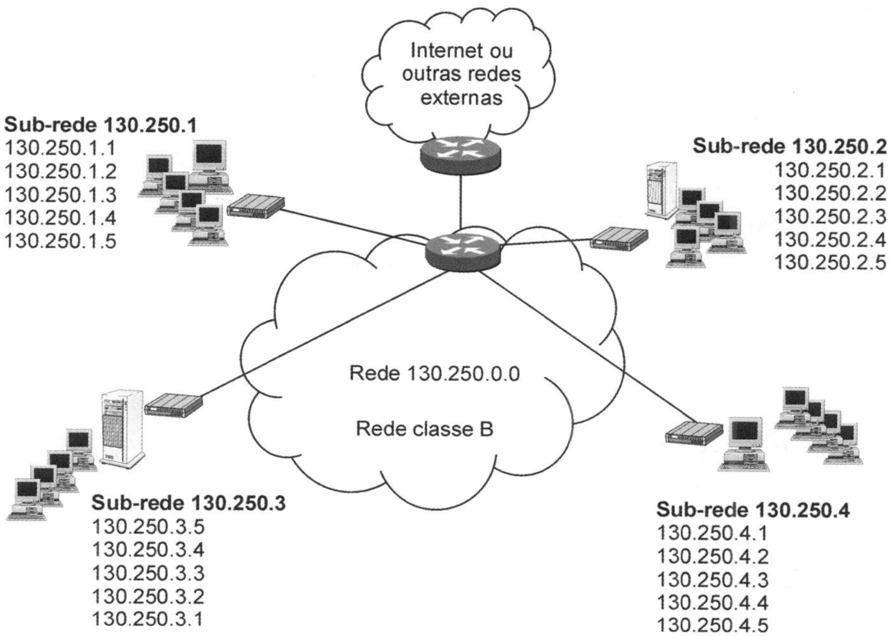

Figura 5.4 - Rede 130.250 é vista como única pelo mundo externo, mas internamente é dividida em quatro sub-redes, utilizando a máscara 255.255.255.0.

Nesse caso, como se utilizam os três primeiros *bytes* (24 *bits*) do endereço IP para representar o endereço de rede e sub-rede, a máscara deve ter *bits* 1 nessas posições. Com isso, a máscara utiliza três *bytes* para representar a rede e a sub-rede:

255.255.255.0 (11111111 11111111 11111111 00000000).

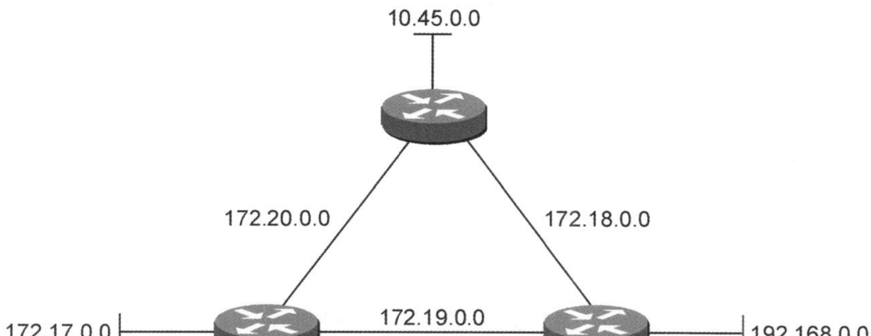

Figura 5.5 - Várias redes interligadas por roteadores.

5.2.3. Classe C

Na classe C, utilizam-se 24 *bits* (três *bytes*) para representar a rede, e o primeiro *byte* tem valor de 192 a 223 (11000000 a 11011111). O endereço classe C começa sempre com os *bits* 110 e a variação nesse primeiro *byte* do endereço só ocorre nos cinco *bits* da direita.

As redes têm endereços de 192.0.0.0 a 223.255.255.0.

Como o número de *bits* que se pode combinar para especificar os endereços de redes nesses três primeiros *bytes* é 5 + 8 + 8 = 21, o número de redes possível é igual a 2.097.152 (2 elevado a 21).

Para representar os *hosts* da rede fica-se com apenas um *byte*. O número de combinações possível para *hosts*, ou seja, o número de *hosts* que pode ser endereçado com apenas um *byte* é igual a 254, variando de 1 a 254 no quarto *byte*.

O número de combinações possível com um *byte* (oito *bits*) é 256. No entanto, como não se pode usar o valor 0 (00000000) nem o valor 255 (11111111), pois são usados para especificar o endereço de rede e mensagens de *broadcast* respectivamente, o número de *hosts* que pode ser endereçado é 256 - 2 = 254.

Assim, em um endereço IP classe C padrão, o número da rede é representado pelo primeiro, segundo e terceiro *bytes* da esquerda. O primeiro *byte* da esquerda varia de 192 a 223 (os primeiros três *bits* são 110).

O *byte* da direita indica o endereço do computador, mostrado em seguida.

192 a 223 .	X . X . X
rede	computador (*host*)

Todos os computadores dentro da mesma rede devem possuir o mesmo número de rede e cada computador (*host*) um número exclusivo.

A seguir, um exemplo de endereços IP de uma rede de número 210.30.40 com cinco *hosts* ligados a ela.

210.30.40.1

210.30.40.2

210.30.40.3

210.30.40.4

210.30.40.5

210.30.40.0 indica o endereço da rede.

210.30.40.255 indica o *broadcasting* de mensagem para todos os *hosts* da rede.

Os endereços dos dispositivos dentro da rede 210.30.40 variam de 210.30.40.1 a 210.30.40.254.

A classe de endereçamento C é utilizada para redes que possuam 254 *hosts* ou menos.

Vê-se que é possível endereçar uma quantidade grande de redes, pois há três *bytes* para representá-las, porém um número pequeno de *hosts* em cada endereço de rede (no caso, no máximo 254 *hosts* em cada rede). Para o exemplo anterior, de um endereço de classe C, sem sub-redes, a máscara-padrão é 255.255.255.0 (11111111 11111111 11111111 00000000). Ou seja, os primeiros 24 *bits* são utilizados para representar o endereço de rede.

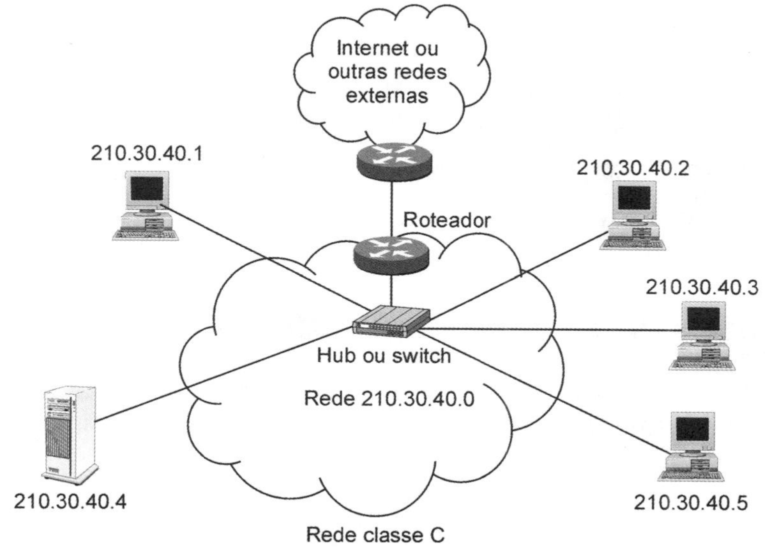

Figura 5.6 - Rede 210.30.40 com máscara 255.255.255.0 é vista como única pelo mundo externo, mas é dividida internamente utilizando máscaras de sub-rede que dividem o byte de endereçamento de hosts em duas partes, sendo uma parte do byte para representar o número e outra para os hosts.

5.2.3.1. Endereçamento de sub-redes

No endereço de classe C também é possível criar e endereçar sub-redes dentro do endereço de rede principal. Isso é feito com o uso de máscaras de sub-redes, vistas à frente.

No endereço de classe C, nos *bytes* da esquerda para a direita:

- Primeiro *byte* = NetID (endereço de rede).
- Segundo *byte* = NetID (endereço de rede).
- Terceiro *byte* = NetID (endereço de rede).
- Quarto *byte* = *HostID* (endereço de equipamento).

Para endereçar sub-redes em classe C, usa-se o artifício de máscaras de sub-redes, as quais utilizam uma parte do *byte* de endereço de host (quarto *byte*) para endereçar sub-redes e outra para endereçar os *hosts* dentro da sub-rede.

5.2.4. Classe D

A classe de endereçamento D é utilizada para o envio de dados a grupo específico de computadores, e chama-se *multicast*. Não é utilizada para endereçar computadores na rede.

Nessa classe, os valores do primeiro *byte* da esquerda variam de 224 a 239 e os dos endereços de 224.0.0.0 a 239.255.255.255.

5.2.5. Classe E

A classe E é reservada à pesquisa e desenvolvimento de novas aplicações, começando em 240.0.0.0 até 247.255.255.255, e é utilizada para fins experimentais.

Essa classe usa os endereços do primeiro *byte* de 240 a 255.

É destinada a testes e novas implementações do TCP/IP, não sendo usada para endereçar computadores na rede.

5.3. Endereços reservados a redes internas

Para evitar conflitos às empresas entre endereços utilizados em redes internas e externas, como a Internet, foram reservadas faixas de endereços IP para serem utilizadas exclusivamente em redes internas.

Essas faixas de endereços IP não são usadas em redes públicas ou externas, evitando assim conflitos de endereços entre redes locais e externas quando estão interligadas.

Os seguintes endereços de rede são reservados e não usados na rede pública Internet. Têm-se três faixas de endereços, cada uma delas dentro de uma das classes de endereçamento:

- **Faixa de endereços IP privados:** 10.0.0.0 a 10.255.255.255 (rede 10).
- **Faixa de endereços IP privados:** 172.16.0.0 até rede 172.31.255.255.
- **Faixa de endereços IP privados:** 192.168.0.0 até rede 192.168.255.255.

Os computadores de uma rede devem ter endereços compatíveis (de uma mesma classe e número de rede) para se comunicarem entre si.

Computadores com classe ou número de rede diferentes dentro de uma mesma rede não se comunicam entre si.

Quando um computador envia um pacote com endereço de destino diferente dos endereços internos da rede em que ele está, um roteador-padrão definido na rede encaminha esse pacote para as outras redes com endereços diferentes dos existentes no segmento.

O protocolo IP verifica se o endereço de destino pertence ao segmento ou não. Se sim, lança o pacote no segmento; se não, verifica se existe um roteador-padrão e envia o pacote para que ele encaminhe a outras redes.

Por isso, deve-se configurar e especificar no sistema operacional de rede dos *hosts* o roteador--padrão ou *gateway* de saída da rede para transmissão dos pacotes a outras redes de classes e endereços diferentes.

Assim, para que várias redes se comuniquem entre si, utilizam-se roteadores que encaminham os dados de uma rede para outra por meio de rotas (caminhos ou *links* de comunicação) usando os endereços IP.

A figura 5.7 apresenta diferentes segmentos de rede, com distintos endereços e classes, comunicando-se por meio de roteadores.

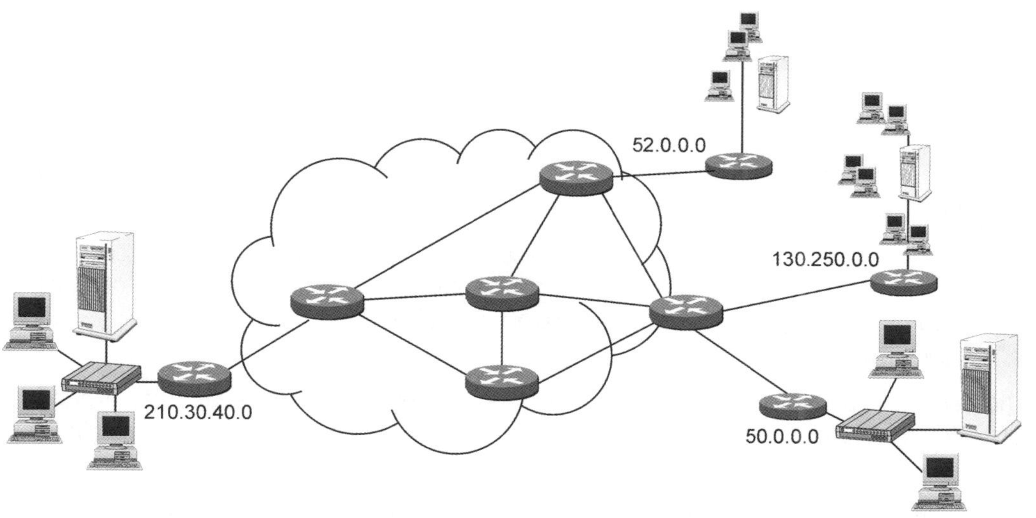

Figura 5.7 - Diferentes redes, com diferentes classes de endereçamento, comunicando-se por meio de roteadores.

A função do roteador é escolher o melhor caminho ao envio dos pacotes IP (datagramas). Ele utiliza tabelas de roteamento IP com os endereços das redes para encaminhar os datagramas ao seu destino.

Quando ocorrem problemas ao longo da transmissão, como: excesso de tráfego em alguma rota, falhas físicas ou problemas no roteamento, os roteadores geram mensagens de erro ICMP.

Desta forma, tem-se mais um protocolo utilizado na rede: o ICMP (*Internet Control Message Protocol*), que envia mensagens informativas de problemas que estão ocorrendo no processo de roteamento. Quando se perde parte de um datagrama ao longo da transmissão, por exemplo, o ICMP devolve o que restou dele ao originador. O protocolo ICMP existe para suprir a lacuna do protocolo IP em relação à informação de falhas na transmissão.

Em uma rede privativa que não esteja ligada à Internet, pode-se utilizar qualquer endereço IP e diferentes classes de endereçamento, respeitando as regras já vistas.

No caso de redes conectadas à Internet, deve-se utilizar os endereços de rede registrados e controlados por meio de um órgão internacional chamado InterNIC, cuja função é evitar conflitos de endereçamento, impedindo que haja endereços duplicados em redes interconectadas pela Internet.

O centro de controle NIC (*Network Information Center*) é o responsável por gerar, padronizar e delegar os endereços IP, evitando a repetição deles e garantindo a interoperabilidade na comunicação entre as redes.

Quando uma pessoa acessa a Internet pelo seu provedor, por linha telefônica, por exemplo, um endereço IP da rede do provedor é fornecido. O provedor possui uma faixa de endereços válidos e registrados na Internet para compartilhar com seus clientes.

Nesse caso, o sistema operacional do computador que está acessando (Windows 98, por exemplo) deve estar configurado para obter o endereço IP de outro computador (no caso, o do provedor).

Empresas podem ter suas redes com endereços privados e independentes ligadas à Internet por meio de endereços válidos e registrados. A conexão física à Internet é feita por meio de roteadores e circuitos de comunicação de dados (LPs ou *links* privativos).

Os roteadores e servidores que tratam do acesso da rede local à Internet funcionam como *gateways*, traduzindo os endereços válidos da Internet para a comunicação com os endereços internos da rede da empresa. Sistemas operacionais de rede usam produtos como o IP *Gateway* ou NAT para fazer essa tradução.

É possível ver as configurações das interfaces de um roteador Cisco, suas rotas e protocolos, utilizando os comandos *show interface*, *show IP route*, *show IP protocol*, *show* CDP *neighbor*.

Na figura 5.8, vê-se o roteador com uma porta acessando a Internet por meio de um endereço válido e registrado, fazendo o papel de *gateway* para interligar a rede local interna com o endereço 10.

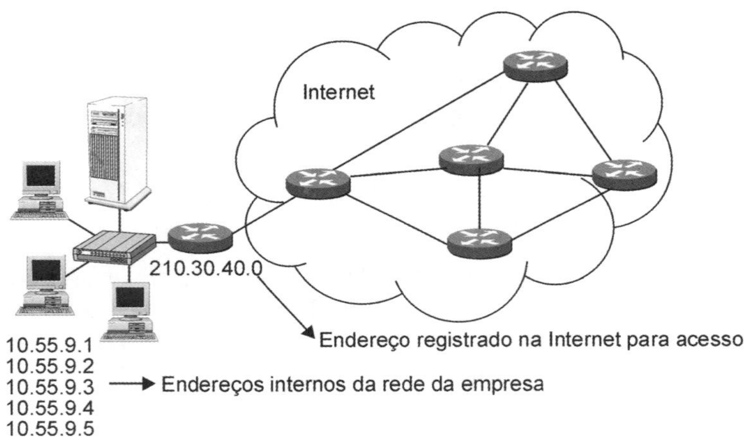

Figura 5.8 - Empresa com endereço de classe C 210.30.40.0 registrado na Internet para acesso a ela. O roteador, que faz o papel de gateway para a comunicação externa ou um servidor, traduz e associa o endereço externo 210.30.40.x aos endereços internos da rede 10 da empresa para que os hosts dessa rede acessem a Internet.

5.3.1. Resumo de endereços de rede válidos

- **Classe A =** 1.0.0.0 /8 a 126.0.0.0 /8 (em que /8 confirma os primeiros oito *bits* para rede).
- **Classe B =** 128.0.0.0/16 a 191.255.0.0/16 (/16 = 16 primeiros *bits* para rede).
- **Classe C =** 192.0.0.0/24 a 223.255.255.0/24 (/24 = 24 primeiros *bits* para rede).
- **Classe D =** 224.0.0.0 a 239.255.255.255.

5.3.2. Endereços privados

Para evitar conflitos entre endereços IP utilizados em redes locais e em Internet, foram reservadas algumas faixas de endereços para uso exclusivo em redes locais internas. São chamados de endereços privados.

Ao utilizar esses endereços nas redes locais privativas internas das empresas, evita-se o uso de endereços públicos e os conflitos de endereços na Internet. A seguir, têm-se as faixas reservadas:

- **Classe A privado =** 10.0.0.0/8 a 10.255.255.255/8.
- **Classe B privado =** 172.16.0.0/12 a 172.31.255.255/12.
- **Classe C privado =** 192.168.0.0/16 a 192.168.255.255/16.

Em que /8, /12 e /16 indicam o número de *bits* utilizado para representar o número da rede no endereço IP.

O endereço de rede 127 na classe A é reservado e usado como endereço de *loopback* de teste do dispositivo em que nos encontramos. Por exemplo, digitando o comando *ping* no *prompt* do Windows, testa-se o funcionamento desse dispositivo. O 127.0.0.1 é o endereço da interface de *loopback* desse equipamento. São enviados quatro pacotes que devem retornar com 0% de perda. Essa facilidade é muito importante para o diagnóstico e solução de problemas.

C:\WINDOWS>ping 127.0.0.1

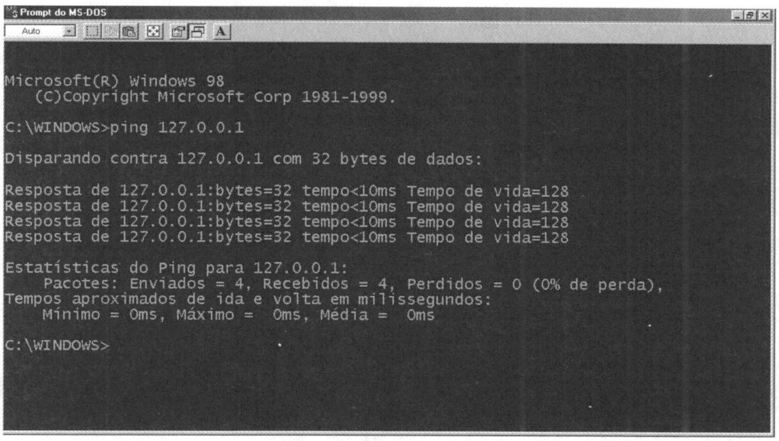

Figura 5.9 - Comando ping para verificar se a interface do equipamento está respondendo.

5.4. Protocolo ARP *(Address Resolution Protocol)*

A associação do endereço IP ao endereço MAC da placa de rede, em uma rede local TCP/IP, é necessária para um computador se comunicar com outro.

Para um computador enviar dados a outro, necessita ter:

- O endereço IP do outro computador.
- O endereço da placa de rede (MAC) do outro computador.

A associação entre o endereço IP e o endereço MAC de um *host* é feita pelo protocolo ARP, que tem a função de obter o endereço físico da placa de rede do outro computador, a partir do endereço IP dele.

O ARP é um protocolo que descobre o endereço da placa de rede Ethernet de um *host* (endereço MAC) a partir do endereço IP dele e mantém uma tabela com essa correlação de endereços.

Esse protocolo envia um *frame* em *broadcasting* na rede, perguntando: "quem tem o endereço IP xxxx, informe o endereço MAC da placa de rede".

Ao receber a resposta, o *host* que enviou o pedido guarda o endereço MAC em uma tabela com o endereço IP, e passa a utilizar esse endereço MAC para enviar os próximos datagramas IP.

Desse modo, todos os *hosts* passam a montar uma tabela com os endereços de placas de rede local MAC (camada de enlace) em correspondência aos respectivos endereços IP dos *hosts* (camada de rede), de forma que, quando enviar outro datagrama IP, não tenha que pesquisar novamente o endereço MAC de enlace. Com isso, ganham-se tempo e agilidade nas comunicações seguintes e diminui-se o *broadcasting* na rede.

Para consultar essa tabela, no caso do Windows, por exemplo, digite no *prompt* do DOS: C:\WIN98>ARP -A

Em resumo, o protocolo IP pede ao ARP que descubra o endereço MAC correspondente a um determinado IP.

No caso, o ARP é um protocolo de interface entre as camadas de enlace (Ethernet) e rede (IP).

Esse tabelamento entre o endereço IP e o endereço da camada de enlace não seria necessário se todas as interfaces de rede compreendessem o endereçamento IP.

5.5. Máscaras de sub-redes

Como o endereçamento IP por classes pode resultar na perda de muitos endereços por utilizar somente parte da numeração fornecida pelas classes, foi desenvolvido o conceito de utilização de máscaras de sub-redes, que permitem um aproveitamento mais efetivo dos endereços IP.

O endereçamento IP passou de um conceito inicial de classes ao uso efetivo de máscaras de sub-redes para melhor aproveitamento de endereços. Quando se utilizam as máscaras de sub-redes, o conceito de classes deixa de ser aproveitado e passa-se a usar as posições da máscara que indicam qual parte do endereço é rede e sub-rede.

Quando se configura o TCP/IP em um computador, é preciso especificar o endereço IP e a máscara de sub-rede.

A máscara serve para definir a classe de endereçamento, especificando que parte do endereço IP representa a rede e que parte representa o *host* (computador).

A máscara confirma ou altera a classe do endereço.

O número 255, na máscara, confirma que o respectivo *byte* do endereço IP faz parte do endereço de rede.

Exemplo

- 255.255.255.0 = máscara para endereço classe C, em que os três primeiros *bytes* representam o endereço de rede.
- 255.255.0.0 = máscara para endereço classe B.
- 255.0.0.0 = máscara para endereço classe A.

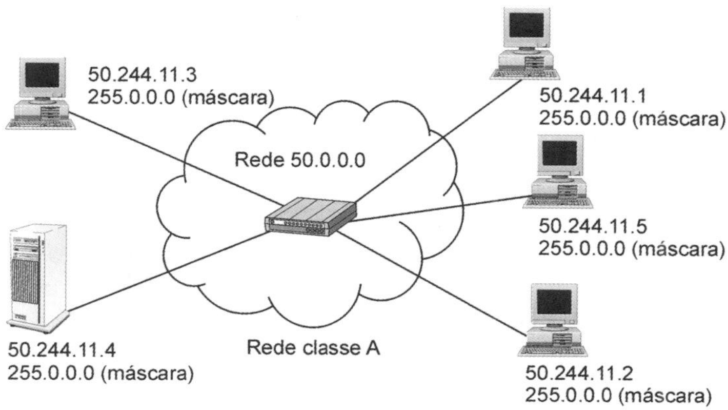

Figura 5.10 - Uma rede de endereço classe A com máscara classe A, confirmando a classe.

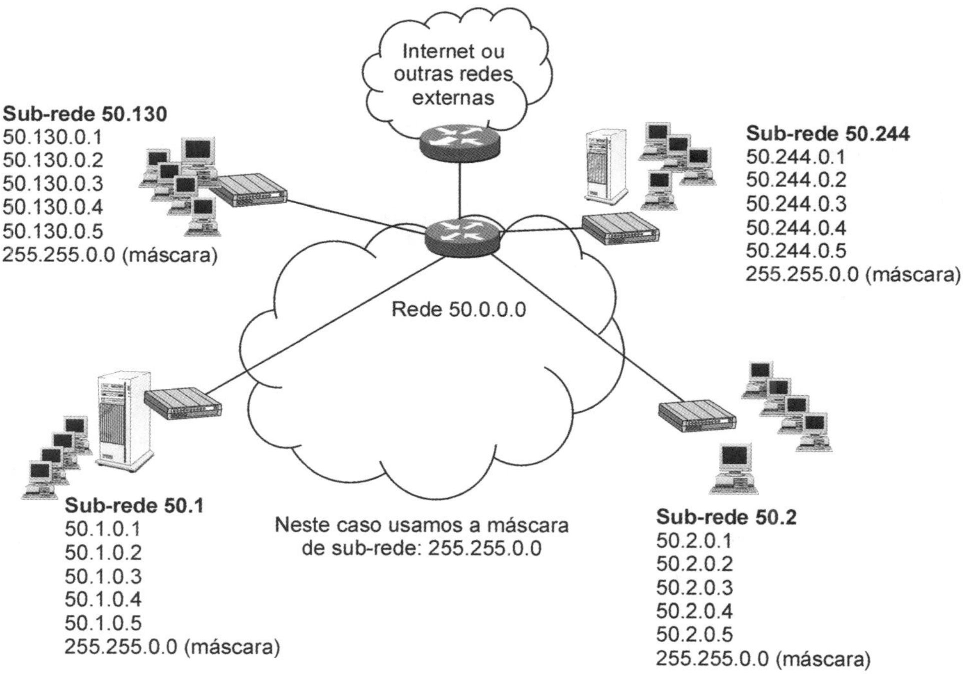

Figura 5.11 - Rede 50 vista como única pelo mundo externo, mas internamente dividida em quatro sub-redes com a máscara 255.255.0.0 indicando que dois bytes são reservados para endereço de rede e sub-rede.

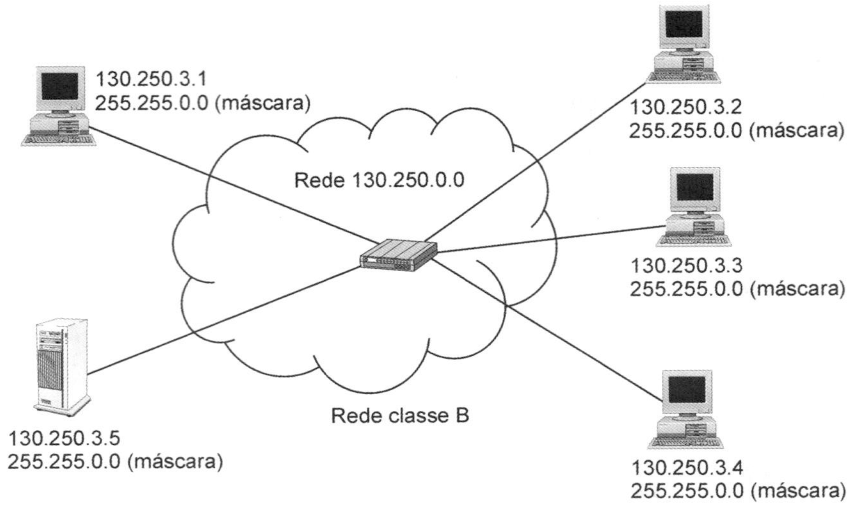

Figura 5.12 - Rede IP com endereço classe B e máscara confirmando a classe de endereço.

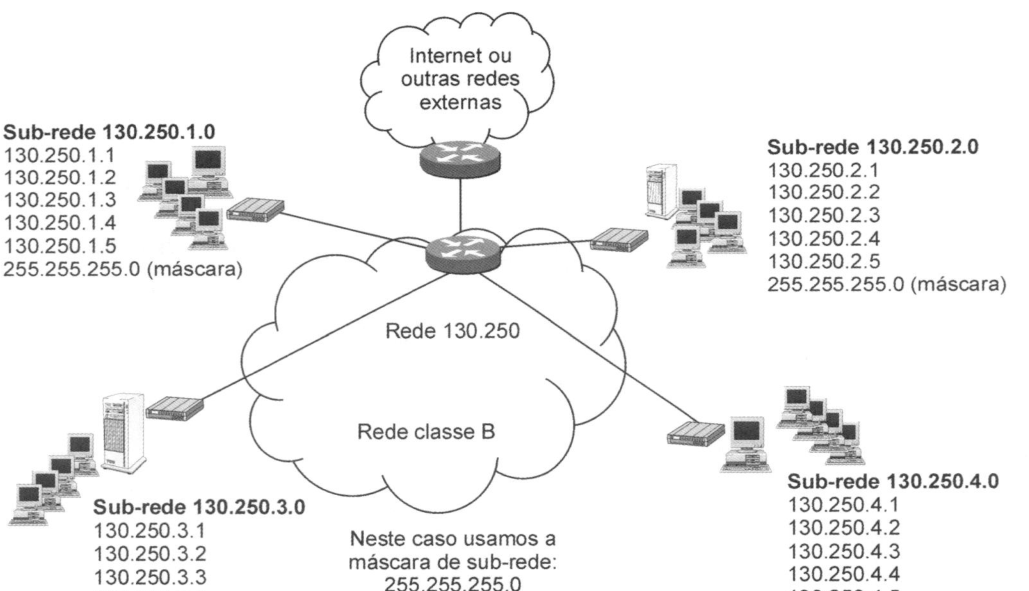

Figura 5.13 - Rede 130.250 vista como única pelo mundo externo, mas internamente dividida em quatro sub-redes, utilizando a máscara 255.255.255.0, que indica três bytes utilizados para endereçar a rede e sub-redes e somente um byte para endereçar hosts.

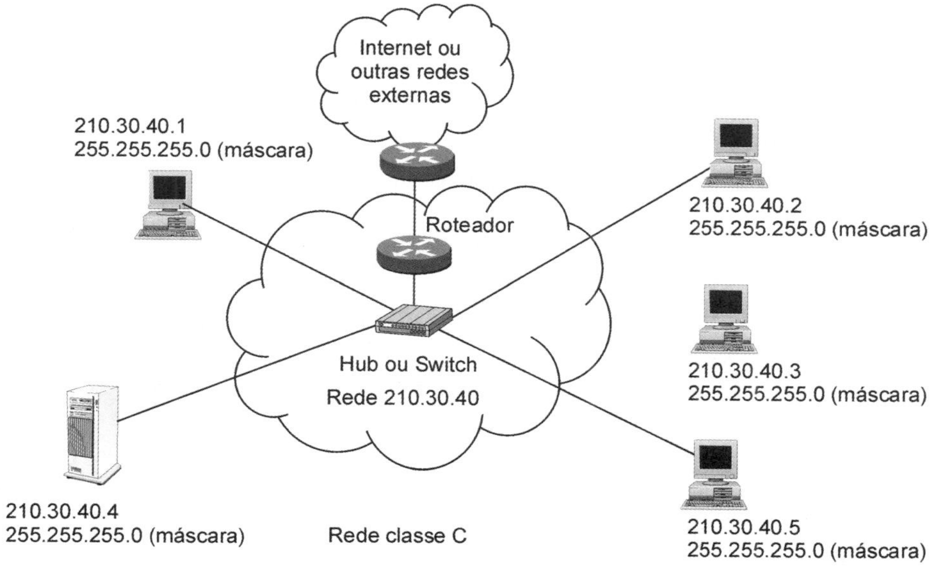

Figura 5.14 - Rede 210.30.40 vista como única pelo mundo externo, o que é confirmado pela máscara 255.255.255.0. Para dividi-la internamente em sub-redes, deve-se alterar a máscara-padrão, alterando o último byte da direita da máscara de zero para valores que o dividem em duas partes, uma para representar o número da rede e outra para representar o número dos hosts dentro de cada sub-rede.

O uso da máscara de rede é importante quando, por exemplo, uma empresa com várias redes locais internas e apenas um endereço Internet necessita que todos os seus computadores acessem a Internet.

Exemplo

Supõe-se que o endereço de rede classe C de uma empresa seja 210.128.170.0. Os endereços de *host* da rede são especificados no quarto *byte* da direita (x) no endereço IP 210.128.170.x.

Nesse caso, tem-se apenas x, variando de 1 a 254 computadores em um único segmento (rede) da empresa, todos usando a máscara 255.255.255.0.

Por exemplo, para ter e endereçar vários segmentos de rede dentro da empresa:

- Usar metade do *byte* x para endereçar as sub-redes (segmentos).
- Usar a outra metade de x para endereçar os computadores de cada segmento.

Isso pode ser feito pela colocação da máscara 255.255.255.240, em que:

- 240 em binário = 11110000.

Aqui, a metade esquerda com 1111 indica que, no endereço IP, o último *byte* (x) representa em sua primeira metade o endereço da sub-rede. Somente a segunda metade do *byte* (com máscara 0000) representa os números dos *hosts* (computadores).

Na máscara, os *bits* 1 indicam as posições que constituem os endereços de rede e os *bits* 0 os endereços de *hosts*.

- Para o exemplo anterior, a máscara 240 pode ser representada por 255.255.255.240, ou coloca-se o número de *bits* usado para a rede no endereço IP:
- 210.128.170.0/28 (em que /28 indica que os 28 primeiros *bits* do endereço são para rede, o que equivale à máscara 255.255.255.240).

Com a máscara 240 (1111 0000) é possível representar 16 sub-redes, combinando os quatro *bits* 1 da esquerda:

0000 0000 = sub-rede 0	(210.128.170.0 /28)
0001 0000 = sub-rede 16	(210.128.170.16 /28)
0010 0000 = sub-rede 32	(210.128.170.32 /28)
0011 0000 = sub-rede 48	(210.128.170.48 /28)
0100 0000 = sub-rede 64	(210.128.170.64 /28)
0101 0000 = sub-rede 80	(210.128.170.80 /28)
0110 0000 = sub-rede 96	(210.128.170.96 /28)
0111 0000 = sub-rede 112	(210.128.170.112 /28)
1000 0000 = sub-rede 128	(210.128.170.128 /28)
1001 0000 = sub-rede 144	(210.128.170.144 /28)
1010 0000 = sub-rede 160	(210.128.170.160 /28)
1011 0000 = sub-rede 176	(210.128.170.176 /28)
1100 0000 = sub-rede 192	(210.128.170.192 /28)
1101 0000 = sub-rede 208	(210.128.170.208 /28)
1110 0000 = sub-rede 224	(210.128.170.224 /28)
1111 0000 = sub-rede 240	(210.128.170.240 /28)

Não se pode utilizar nem a primeira combinação (0) nem a última (240), pois são endereços de rede e *broadcast* da rede principal.

Com isso, de um total de combinações igual a 16, só é possível utilizar 14, ou seja, podem-se criar até 14 sub-redes com essa máscara.

Em relação ao número de *hosts* possível em cada sub-rede, também é 14, pois têm-se quatro *bits* para endereçá-los.

Vamos supor agora que a empresa recebeu o endereço de acesso à Internet 210.128.170.0 e precisa distribuir esse acesso internamente a quatro redes com 20 computadores cada.

Qual seria a máscara ideal para dividir esse endereço principal em sub-redes?

É a máscara 255.255.255.224 (ou /27), que endereça até seis sub-redes com 30 *hosts* cada. Essa máscara utiliza três *bits* do quarto *byte* à direita para representar sub-redes.

Com a máscara 224 (111 00000) é possível constituir oito sub-redes, combinando os três *bits* 1 da esquerda:

000 00000 = sub-rede 0	(210.128.170.0 /27)
001 00000 = sub-rede 32	(210.128.170.32 /27)
010 00000 = sub-rede 64	(210.128.170.64 /27)
011 00000 = sub-rede 96	(210.128.170.96 /27)
100 00000 = sub-rede 128	(210.128.170.128 /27)
101 00000 = sub-rede 160	(210.128.170.160 /27)
110 00000 = sub-rede 192	(210.128.170.192 /27)
111 00000 = sub-rede 224	(210.128.170.224 /27)

Não se pode utilizar a primeira combinação (0) nem a última (224), pois são endereços de rede e *broadcast* da rede principal.

Desta forma, de um total de combinações igual a oito, só se pode utilizar seis, ou seja, criam-se até seis sub-redes com essa máscara.

O número de *hosts* possível em cada sub-rede é 30, que é o total de combinações com os cinco *bits* da direita menos os endereços de rede (00000) e *broadcast* (11111), sendo 32 - 2 = 30.

5.5.1. Máscaras de sub-redes e capacidade de endereçamento

A seguir, vêem-se diferentes máscaras de sub-redes e a quantidade de redes e *hosts* que cada uma consegue endereçar.

Para os endereços IP, compostos de quatro *bytes* (x. x. x. x.), varia-se a máscara apenas do quarto *byte* para endereços de classe C, permitindo endereçar, em cada caso, mais ou menos sub-redes.

Vale relembrar os valores decimais de cada posição binária de um *byte*:

1	1	1	1	1	1	1	1
128	64	32	16	8	4	2	1

O valor decimal do endereço IP é obtido pela soma dos correspondentes valores decimais das casas que têm o *bit* 1. Exemplo: 192 = 11000000 = 128 + 64.

Observam-se os valores utilizados pelas máscaras, *bytes* com os *bits* 1, sendo preenchidos da esquerda para a direita na máscara:

- 10000000 = 128 (não utilizada)
- 11000000 = 192
- 11100000 = 224
- 11110000 = 240

- 11111000 = 248
- 11111100 = 252
- 11111110 = 254 (não utilizada)
- 11111111 = 255 (não utilizada)

Utilizam-se apenas as máscaras 192 a 252, capazes de endereçar um mínimo de duas sub-redes e dois *hosts* respectivamente.

IP = x. x. x. x

Máscara = 255.255. 255. 192 (11 000000)

Essa máscara pode representar quatro sub-redes com 62 *hosts* cada, sendo:

- **Redes:** x.x.x.0, x.x.x.64, x.x.x.128 e x.x.x.192 e seus *hosts*.

  O quarto *byte* indica a rede, e em seguida têm-se as faixas de endereços de *hosts* endereçadas nesse quarto *byte* para cada uma das redes anteriores respectivamente.

- **Hosts**: 1 a 62, 65 a 126, 129 a 190 e 193 a 254.

Rede	Estações (*hosts*)
x.x.x.0	x.x.x.1 a x.x.x.62 (sub-rede não utilizada)
x.x.x.64	x.x.x.65 a x.x.x.126
x.x.x.128	x.x.x.129 a x.x.x.190
x.x.x.192	x.x.x.193 a x.x.x.254 (sub-rede não utilizada)

Exemplo: para um endereço de sub-rede 200.36.130.64 /26 (máscara 255.255.255.192), os *hosts* podem ter endereços IP de 200.36.130.65 a 200.36.130.126. O endereço de *broadcast* para essa sub-rede é 200.36.130.127.

Máscara = 255. 255. 255. 224 (111 00000)

Essa máscara representa oito sub-redes com 30 *hosts* cada, sendo:

- **Redes:** x.x.x.0, x.x.x.32, x.x.x.64, x.x.x.96, x.x.x.128, x.x.x.160, x.x.x.192, x.x.x.224, com seus respectivos *hosts*:

Rede	Estações (*hosts*)
x.x.x.0	x.x.x.1 a x.x.x.30 (sub-rede não utilizada)
x.x.x.32	x.x.x.33 a x.x.x.62
x.x.x.64	x.x.x.65 a x.x.x.94
x.x.x.96	x.x.x.97 a x.x.x.126
x.x.x.128	x.x.x.129 a x.x.x.158
x.x.x.160	x.x.x.161 a x.x.x.190
x.x.x.192	x.x.x.193 a x.x.x.222
x.x.x.224	x.x.x.225 a x.x.x.254 (sub-rede não utilizada)

Máscara = 255.255. 255. 240 (1111 0000)

Essa máscara representa 16 sub-redes com 14 *hosts* cada, sendo:

- **Redes:** x.x.x.0, x.x.x.16, x.x.x.32, x.x.x.48, x.x.x.64, x.x.x.80, x.x.x.96, x.x.x.112, x.x.x.128, x.x.x.144, x.x.x.160, x.x.x.176, x.x.x.192, x.x.x.208, x.x.x.224, x.x.x.240.

Com seus respectivos *hosts*:

Rede	Estações (*hosts*)
x.x.x.0	x.x.x.1 a x.x.x.14 (sub-rede não utilizada)
x.x.x.16	x.x.x.17 a x.x.x.30
x.x.x.32	x.x.x.33 a x.x.x.46
x.x.x.48	x.x.x.49 a x.x.x.62
x.x.x.64	x.x.x.65 a x.x.x.78
x.x.x.80	x.x.x.81 a x.x.x.94
x.x.x.96	x.x.x.97 a x.x.x.110
x.x.x.112	x.x.x.113 a x.x.x.126
x.x.x.128	x.x.x.129 a x.x.x.142
x.x.x.144	x.x.x.145 a x.x.x.158
x.x.x.160	x.x.x.161 a x.x.x.174
x.x.x.176	x.x.x.177 a x.x.x.190
x.x.x.192	x.x.x.193 a x.x.x.206
x.x.x.208	x.x.x.209 a x.x.x.222
x.x.x.224	x.x.x.225 a x.x.x.238
x.x.x.240	x.x.x.241 a x.x.x.254 (sub-rede não utilizada)

Máscara = 255. 255. 255. 248 (11111 000)

Essa máscara pode representar 32 sub-redes com seis *hosts* cada, sendo:

- **Redes:** x.x.x.0, x.x.x.8, x.x.x.16, x.x.x.24, x.x.x.32, x.x.x.40, x.x.x.48, x.x.x.56, x.x.x.64, x.x.x.72, x.x.x.80, x.x.x.88, x.x.x.96, x.x.x.104, x.x.x.112, x.x.x.120, x.x.x.128, x.x.x.136, x.x.x.144, x.x.x.152, x.x.x.160, x.x.x.168, x.x.x.176, x.x.x.184, x.x.x.192, x.x.x.200, x.x.x.208, x.x.x.216, x.x.x.224, x.x.x.232, x.x.x.240, x.x.x.248.

Com seus respectivos *hosts*:

Rede	Estações (*hosts*)
x.x.x.0	x.x.x.1 a x.x.x.6 (sub-rede não utilizada)
x.x.x.8	x.x.x.9 a x.x.x.14
x.x.x.16	x.x.x.17 a x.x.x.22

Rede	Estações (*hosts*)
x.x.x.24	x.x.x.25 a x.x.x.30
x.x.x.32	x.x.x.33 a x.x.x.38
x.x.x.40	x.x.x.41 a x.x.x.46
x.x.x.48	x.x.x.49 a x.x.x.54
x.x.x.56	x.x.x.57 a x.x.x.62
x.x.x.64	x.x.x.65 a x.x.x.70
x.x.x.72	x.x.x.73 a x.x.x.78
x.x.x.80	x.x.x.81 a x.x.x.86
x.x.x.88	x.x.x.89 a x.x.x.94
x.x.x.96	x.x.x.97 a x.x.x.102
x.x.x.104	x.x.x.105 a x.x.x.110
x.x.x.112	x.x.x.113 a x.x.x.118
x.x.x.120	x.x.x.121 a x.x.x.126
x.x.x.128	x.x.x.129 a x.x.x.134
x.x.x.136	x.x.x.137 a x.x.x.142
x.x.x.144	x.x.x.145 a x.x.x.150
x.x.x.152	x.x.x.153 a x.x.x.158
x.x.x.160	x.x.x.161 a x.x.x.166
x.x.x.168	x.x.x.169 a x.x.x.174
x.x.x.176	x.x.x.177 a x.x.x.182
x.x.x.184	x.x.x.185 a x.x.x.190
x.x.x.192	x.x.x.193 a x.x.x.198
x.x.x.200	x.x.x.201 a x.x.x.206
x.x.x.208	x.x.x.209 a x.x.x.214
x.x.x.216	x.x.x.217 a x.x.x.222
x.x.x.224	x.x.x.225 a x.x.x.230
x.x.x.232	x.x.x.233 a x.x.x.238
x.x.x.240	x.x.x.241 a x.x.x.246
x.x.x.248	x.x.x.249 a x.x.x.254 (sub-rede não utilizada)

Máscara = 255. 255. 255. 252 (111111 00)

Essa máscara pode representar 64 sub-redes com dois *hosts* cada, sendo:

- **Redes:** x.x.x.0, x.x.x.4, x.x.x.8, x.x.x.12, x.x.x.16, x.x.x.20, x.x.x.24, x.x.x.28, x.x.x.32, x.x.x.36, x.x.x.40, x.x.x.44, x.x.x.48, x.x.x.52, x.x.x.56, x.x.x.60, x.x.x.64, x.x.x.68, x.x.x.72, x.x.x.76, x.x.x.80, x.x.x.84, x.x.x.88, x.x.x.92, x.x.x.96, x.x.x.100, x.x.x.104, x.x.x.108, x.x.x.112, x.x.x.116, x.x.x.120, x.x.x.124, x.x.x.128, x.x.x.132, x.x.x.136, x.x.x.140, x.x.x.144, x.x.x.148, x.x.x.152, x.x.x.156, x.x.x.160, x.x.x.164, x.x.x.168, x.x.x.172, x.x.x.176, x.x.x.180, x.x.x.184, x.x.x.188, x.x.x.192, x.x.x.196, x.x.x.200, x.x.x.204, x.x.x.208, x.x.x.212, x.x.x.216, x.x.x.220, x.x.x.224, x.x.x.228, x.x.x.232, x.x.x.236, x.x.x.240, x.x.x.244, x.x.x.248, x.x.x.252.

Com seus respectivos *hosts*:

Rede	Estações (*hosts*)
x.x.x.0	x.x.x.1 e x.x.x.2 (sub-rede não utilizada)
x.x.x.4	x.x.x.5 e x.x.x.6
x.x.x.8	x.x.x.9 e x.x.x.10
x.x.x.12	x.x.x.13 e x.x.x.14
x.x.x.16	x.x.x.17 e x.x.x.18
x.x.x.20	x.x.x.21 e x.x.x.22
x.x.x.24	x.x.x.25 e x.x.x.26
x.x.x.28	x.x.x.29 e x.x.x.30
x.x.x.32	x.x.x.33 e x.x.x.34
x.x.x.36	x.x.x.37 e x.x.x.38
x.x.x.40	x.x.x.41 e x.x.x.42
x.x.x.44	x.x.x.45 e x.x.x.46
x.x.x.48	x.x.x.49 e x.x.x.50
x.x.x.52	x.x.x.53 e x.x.x.54
x.x.x.56	x.x.x.57 e x.x.x.58
x.x.x.60	x.x.x.61 e x.x.x.62
x.x.x.64	x.x.x.65 e x.x.x.66
x.x.x.68	x.x.x.69 e x.x.x.70
x.x.x.72	x.x.x.73 e x.x.x.74
x.x.x.76	x.x.x.77 e x.x.x.78
x.x.x.80	x.x.x.81 e x.x.x.82
x.x.x.84	x.x.x.85 e x.x.x.86
x.x.x.88	x.x.x.89 e x.x.x.90
x.x.x.92	x.x.x.93 e x.x.x.94
x.x.x.96	x.x.x.97 e x.x.x.98

Rede	Estações (*hosts*)
x.x.x.100	x.x.x.101 e x.x.x.102
x.x.x.104	x.x.x.105 e x.x.x.106
x.x.x.108	x.x.x.109 e x.x.x.110
x.x.x.112	x.x.x.113 e x.x.x.114
x.x.x.116	x.x.x.117 e x.x.x.118
x.x.x.120	x.x.x.121 e x.x.x.122
x.x.x.124	x.x.x.125 e x.x.x.126
x.x.x.128	x.x.x.129 e x.x.x.130
x.x.x.132	x.x.x.133 e x.x.x.134
x.x.x.136	x.x.x.137 e x.x.x.138
x.x.x.140	x.x.x.141 e x.x.x.142
x.x.x.144	x.x.x.145 e x.x.x.146
x.x.x.148	x.x.x.149 e x.x.x.150
x.x.x.152	x.x.x.153 e x.x.x.154
x.x.x.156	x.x.x.157 e x.x.x.158
x.x.x.160	x.x.x.161 e x.x.x.162
x.x.x.164	x.x.x.165 e x.x.x.166
x.x.x.168	x.x.x.169 e x.x.x.170
x.x.x.172	x.x.x.173 e x.x.x.174
x.x.x.176	x.x.x.177 e x.x.x.178
x.x.x.180	x.x.x.181 e x.x.x.182
x.x.x.184	x.x.x.185 e x.x.x.186
x.x.x.188	x.x.x.189 e x.x.x.190
x.x.x.192	x.x.x.193 e x.x.x.194
x.x.x.196	x.x.x.197 e x.x.x.198
x.x.x.200	x.x.x.201 e x.x.x.202
x.x.x.204	x.x.x.205 e x.x.x.206
x.x.x.208	x.x.x.209 e x.x.x.210
x.x.x.212	x.x.x.213 e x.x.x.214
x.x.x.216	x.x.x.217 e x.x.x.218
x.x.x.220	x.x.x.221 e x.x.x.222
x.x.x.224	x.x.x.225 e x.x.x.226
x.x.x.228	x.x.x.229 e x.x.x.230
x.x.x.232	x.x.x.233 e x.x.x.234

Rede	Estações (*hosts*)
x.x.x.236	x.x.x.237 e x.x.x.238
x.x.x.240	x.x.x.241 e x.x.x.242
x.x.x.244	x.x.x.245 e x.x.x.246
x.x.x.248	x.x.x.249 e x.x.x.250
x.x.x.252	x.x.x.253 e x.x.x.254 (sub-rede não utilizada)

Os endereços de *hosts* não podem ser 0 nem 1, pois o endereço IP com todos os *bits* de *hosts* zerados indica o endereço da rede, e com todos iguais a um representa *broadcasting* para toda a rede.

5.5.1.1. Resumo das máscaras de sub-redes para endereços classe C

Máscara = 255.255. 255. 192 (11 000000)

- Permite criar duas sub-redes com 62 *hosts* cada.

Máscara = 255. 255. 255. 224 (111 00000)

- Permite criar seis sub-redes com 30 *hosts* cada.

Máscara = 255.255. 255. 240 (1111 0000)

- Permite criar 14 sub-redes com 14 *hosts* cada.

Máscara = 255. 255. 255. 248 (11111 000)

- Permite criar 30 sub-redes com seis *hosts* cada.

Máscara = 255. 255. 255. 252 (111111 00)

- Permite criar 62 sub-redes com dois *hosts* cada.

Exemplo de divisão de rede com endereço de classe C

Na figura seguinte vê-se o exemplo de quatro redes locais internas ou de várias empresas ligadas à Internet. O endereço de acesso à Internet é da classe C, com máscara-padrão 200.128.170.0, com máscara 255.255.255.0.

Utilizando a máscara de sub-redes 255.255.255.240 para as quatro redes locais internas, o endereço de rede da Internet pode ser dividido em até 16 sub-redes, podendo utilizar 14. No exemplo, só dividiu-se em quatro sub-redes com os seguintes números:

200.128.170.64

200.128.170.80

200.128.170.96

200.128.170.112

Desse modo, a partir de apenas um endereço de rede classe C (200.128.170.0) é possível dividi-lo internamente, permitindo que várias redes independentes acessem a Internet.

Racionaliza-se o uso dos endereços disponíveis e mantêm-se os domínios de *broadcast* de cada rede isolados entre si. As sub-redes deste exemplo são 64 (com quatro *hosts*), 80 (com quatro *hosts*), 96 (com quatro *hosts*) e 112 (com cinco *hosts*).

A seguir, os números de cada *host* dentro de cada uma das sub-redes e como eles são formados no quarto *byte* do endereço IP:

rede 64		***host***	**Endereço IP do host e máscara**
0100	0001 = 64 + 1	200.128.170.65	255.255.255.240
0100	0010 = 64 + 2	200.128.170.66	255.255.255.240
0100	0011 = 64 + 3	200.128.170.67	255.255.255.240
0100	0100 = 64 + 4	200.128.170.68	255.255.255.240
rede 80		***host***	
0101	0001 = 80 + 1	200.128.170.81	255.255.255.240
0101	0010 = 80 + 2	200.128.170.82	255.255.255.240
0101	0011 = 80 + 3	200.128.170.83	255.255.255.240
0101	0100 = 80 + 4	200.128.170.84	255.255.255.240
rede 96		***host***	
0110	0001 = 96 +1	200.128.170.97	255.255.255.240
0110	0010 = 96 + 2	200.128.170.98	255.255.255.240
0110	0011 = 96 + 3	200.128.170.99	255.255.255.240
0110	0100 = 96 + 4	200.128.170.100	255.255.255.240
rede 112		***host***	
0111	0001 = 112 + 1	200.128.170.113	255.255.255.240
0111	0010 = 112 + 2	200.128.170.114	255.255.255.240
0111	0011 = 112 + 3	200.128.170.115	255.255.255.240
0111	0100 = 112 + 4	200.128.170.116	255.255.255.240
0111	0101 = 112 + 5	200.128.170.117	255.255.255.240

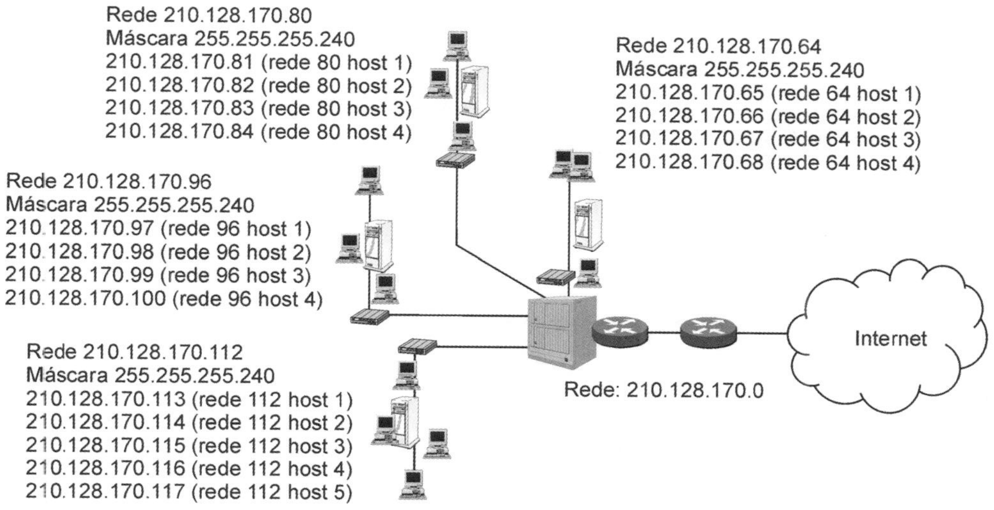

Figura 5.15 - Rede com apenas um endereço de classe C registrado na Internet. Pode-se criar e endereçar quatro sub-redes internas com o uso da máscara. Nesse caso, a máscara dividiu o último byte do endereço de rede em duas partes para endereçar as sub-redes com uma parte e com a outra endereçar os hosts dentro de cada sub-rede.

A máscara de uma rede pode ser representada de três formas:

- **Formato decimal:** 172.17.0.0 255.255.0.0
- **Formato da máscara em número de *bits* 1 dela:** 172.17.0.0/16
- **Formato hexadecimal:** 172.17.0.0 0xFFFF0000

Exemplo de divisão de rede com endereço de classe B

Para o endereço de rede reservado (não existente na Internet) de classe B:

- Rede 172 . 16 . 0 . 0

Vamos dividi-la em cinco sub-redes internas.

Para especificar cinco sub-redes na máscara, precisa-se de três *bits* (111), os quais permitem oito combinações e representam até seis sub-redes.

Utilizam-se três *bits* do terceiro *byte* para representar as sub-redes. Assim, fica-se com a máscara:

255. 255 . 224 . 0(11111111 . 11111111 . <u>11100000</u> . 00000000)

O terceiro *byte* da máscara indica os valores de sub-redes:

0	(sub-rede não utilizada)
32	
64	
96	
128	
160	
192	
224	(sub-rede não utilizada)

Desse modo, pode-se ter os endereços de sub-redes, máscara, *broadcast* e *hosts* em seguida, utilizando a máscara 255.255.224.0:

Sub-rede	Máscara	Endereço de *broadcast*	Endereços dos *hosts* da sub-rede
172.16.32.0	255.255.224.0	*Broadcast*: 172.16.63.255	*Hosts*: 172.16.32.1 a 172.16.63.254
172.16.64.0	255.255.224.0	*Broadcast*: 172.16.95.255	*Hosts*: 172.16.64.1 a 172.16.95.254
172.16.96.0	255.255.224.0	*Broadcast*: 172.16.127.255	*Hosts*: 172.16.96.1 a 172.16.127.254
172.16.128.0	255.255.224.0	*Broadcast*: 172.16.159.255	*Hosts*: 172.16.128.1 a 172.16.159.254
172.16.160.0	255.255.224.0	*Broadcast*: 172.16.191.255	*Hosts*: 172.16.192.1 a 172.16.191.254
172.16.192.0	255.255.224.0	*Broadcast*: 172.16.223.255	*Hosts*: 172.16.192.1 a 172.16.223.254

Para endereços classe B tem-se a seguinte estrutura de máscaras de sub-redes:

Máscara	Número de sub-redes	Número de *hosts*
255.255.192.0	2	16382
255.255.224.0	6	8190
255.255.240.0	14	4094
255.255.248.0	30	2046
255.255.252.0	62	1022
255.255.254.0	126	510
255.255.255.0	254	254
255.255.255.128	510	126
255.255.255.192	1022	62
255.255.255.224	2046	30
255.255.255.240	4094	14
255.255.255.248	8190	6
255.255.255.252	16382	2

Exemplo de divisão de rede com endereço de classe A

Vamos dividir a rede com o endereço apresentado em seguida em 12 sub-redes internas.

- Rede 10 . 0 . 0 . 0

Para especificar 12 sub-redes na máscara, são necessários quatro *bits* (1111), os quais permitem 16 combinações e representam até 14 sub-redes.

Utilizam-se quatro *bits* do segundo *byte* para representar as sub-redes. Assim, tem-se a máscara:

- 255 . 240 . 0 . 0 (11111111 . 11110000 . 00000000 . 00000000)

O segundo *byte* da máscara indica os valores:

0	(sub-rede não utilizada)
16	
32	
48	
64	
80	
96	
112	(sub-rede não utilizada)
128	
144	
160	
176	
192	
208	
224	
240	(sub-rede não utilizada)

Desta forma, pode-se ter os seguintes endereços de sub-redes, máscara, *broadcast* e *hosts* utilizando a máscara 255.240.0:

Sub-rede	Máscara	Endereço de *broadcast*	Endereços dos *hosts* da sub-rede
10.16.0.0	255.240.0.0	*Broadcast*: 10.31.255.255	*Hosts*: 10.16.0.1 a 10.31.255.254
10.32.0.0	255.240.0.0	*Broadcast*: 10.47.255.255	*Hosts*: 10.32.0.1 a 10.47.255.254
10.48.0.0	255.240.0.0	*Broadcast*: 10.63.255.255	*Hosts*: 10.48.0.1 a 10.63.255.254
10.64.0.0	255.240.0.0	*Broadcast*: 10.79.255.255	*Hosts*: 10.64.0.1 a 10.79.255.254
10.80.0.0	255.240.0.0	*Broadcast*: 10.95.255.255	*Hosts*: 10.80.0.1 a 10.95.255.254
10.96.0.0	255.240.0.0	*Broadcast*: 10.111.255.255	*Hosts*: 10.96.01 a 10.111.255.254

Sub-rede	Máscara	Endereço de *broadcast*	Endereços dos *hosts* da sub-rede
10.112.0.0	255.240.0.0	*Broadcast*: 10.127.255.255	*Hosts*: 10.112.0.1 a 10.127.255.254
10.128.0.0	255.240.0.0	*Broadcast*: 10.143.255.255	*Hosts*: 10.128.0.1 a 10.143.255.254
10.144.0.0	255.240.0.0	*Broadcast*: 10.159.255.255	*Hosts*: 10.144.0.1 a 10.159.255.254
10.160.0.0	255.240.0.0	*Broadcast*: 10.175.255.255	*Hosts*: 10.160.0.1 a 10.175.255.254
10.176.0.0	255.240.0.0	*Broadcast*: 10.191.255.255	*Hosts*: 10.176.0.1 a 10.191.255.254
10.192.0.0	255.240.0.0	*Broadcast*: 10.207.255.255	*Hosts*: 10.192.0.1 a 10.207.255.254
10.208.0.0	255.240.0.0	*Broadcast*: 10.2 23.255.255	*Hosts*: 10.208.0.1 a 10.223.255.254
10.224.0.0	255.240.0.0	*Broadcast*: 10.239.255.255	*Hosts*: 10.224.0.1 a 10.239.255.254

Como o exemplo pede a divisão em 12 sub-redes, utilizam-se apenas 12 endereços de sub-redes dos 14 disponíveis. Têm-se 20 *bits* disponíveis para representar *hosts*, o que dá uma quantidade de endereços de *hosts* de ($2^{20} - 2$) por sub-rede.

5.5.2. Conexões de rede e sub-redes à Internet

O conceito de sub-rede é dividir uma única rede classe A, B ou C de modo que as sub-redes comportem-se como uma rede única e independente. As redes e sub-redes são separadas ou isoladas por roteadores.

Uma empresa com rede corporativa ligada à Internet, e sem tradução de endereços (como o NAT) externos para endereços internos, utiliza um endereçamento IP registrado no NIC (órgão controlador de endereços na Internet) também internamente.

A divisão de uma rede em sub-redes permite que se tenham redes de tamanhos adequados a cada necessidade e também o uso racional dos endereços disponíveis.

No exemplo apresentado na figura 5.16 consta um endereço de rede classe B registrado da Internet, de número 130.250.0.0. Uma forma de dividir essa rede é utilizar vários roteadores interligados por linhas privativas (LPs) ou *frame-relay*.

Quando um dispositivo de rede (roteador, computador ou outro tipo) recebe um endereço IP, efetua uma operação AND do endereço com a máscara de sub-rede, para obter o número da rede.

Com isso, o endereço de uma rede IP fica com a parte de *host* composta por zeros.

O endereço de *broadcast* para uma rede ou sub-rede é obtido colocando diversos uns nos *bits* de *hosts* do endereço IP. Para o exemplo anterior, os endereços de *broadcast* das sub-redes são: 130.250.2.255, 130.250.1.255, 130.250.5.255, 130.250.3.255, 130.250.6.255 e 130.250.4.255.

Observa-se que a parte dos endereços que representa os *hosts* é o *byte* da direita composto de *bits* 1 (1111 1111 = 255).

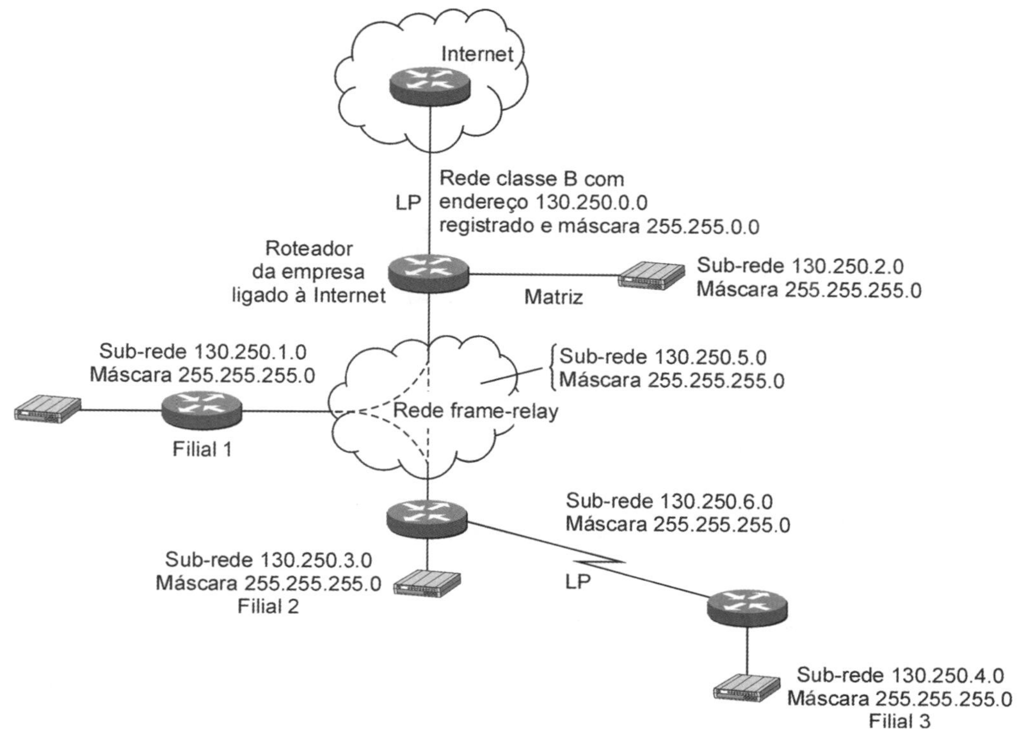

Figura 5.16 - Rede de uma empresa em que o roteador da matriz possui uma conexão com a Internet. As demais filiais da empresa têm seus roteadores interligados ao roteador da matriz por meio de circuitos de uma rede frame-relay.

5.6. Outros componentes da arquitetura TCP/IP

5.6.1. Protocolo DHCP: configuração e geração automática de endereços IP na rede

Como visto, a geração e administração de endereços IP é trabalhosa. Para automatizar parte dessa tarefa, foi criado o protocolo DHCP (*Dynamic Host Configuration Protocol*) o qual, por meio de um servidor DHCP, distribui os endereços IP para os computadores da rede, máscaras, endereço IP do *default gateway* da rede (roteador de saída da rede) e outras configurações automaticamente.

Além do servidor DHCP, os computadores da rede devem possuir um *software* cliente DHCP para se comunicar com esse servidor.

O *software* cliente DHCP solicita e obtém do servidor DHCP as configurações básicas do TCP/IP, como: endereço IP, máscara e *default gateway* (ou roteador-padrão), quando é ligado. O *software* cliente DHCP já vem dentro de sistemas operacionais como o Windows e, quando ativado, procura um servidor DHCP para solicitar uma configuração TCP/IP e aceitá-la.

A partir de uma faixa de endereços IP predefinidos, o servidor DHCP atribui endereços aos computadores da rede configurados com o *client* DHCP. O servidor DHCP normalmente atende a um segmento de rede.

Para atender a outros segmentos da rede, o roteador que os interliga deve ter o agente DHCP e fazer a ponte entre o computador cliente e o servidor DHCP.

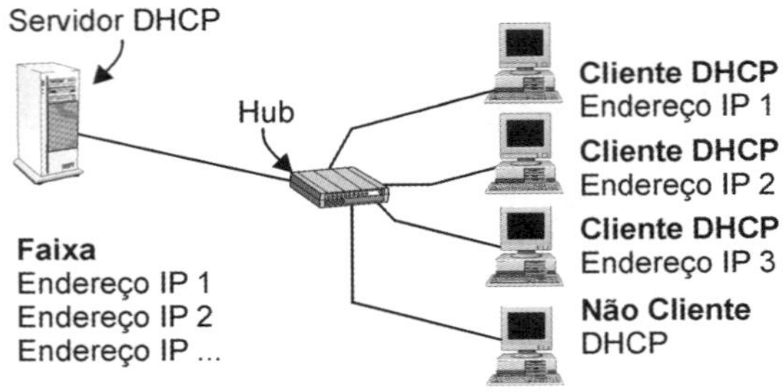

Figura 5.17 - Faixa de endereços IP fornecida. O servidor DHCP cria e distribui os endereços e configurações de endereços para os hosts de cada rede. Isso evita que o trabalho de endereçamento seja feito manualmente.

A partir de uma faixa de endereços IP fornecida, o servidor DHCP faz a alocação dinâmica dos endereços IP e outras configurações básicas aos computadores da rede.

5.6.2. NAT (*Network Address Translation*)

Quando uma rede de computadores interna de uma empresa é ligada à Internet, é preciso que todos os computadores tenham endereços válidos para se comunicarem com ela.

Como a quantidade de endereços IP da Internet é limitada, e também para evitar conflitos de endereços entre as redes internas e endereços válidos da Internet, foram reservados três conjuntos de numeração para redes internas, conforme já visto.

Esses endereços são chamados de endereços privados ou reservados e são:

- **Classe A privado** = 10.0.0.0/8 a 10.255.255.255/8 (endereça uma rede).
- **Classe B privado** = 172.16.0.0/12 a 172.31.255.255/12 (endereça até 16 redes).
- **Classe C privado** = 192.168.0.0/16 a 192.168.255.255/16 (endereça até 256 redes).

As empresas, por exemplo, utilizam essas faixas de endereços IP em suas redes internas. Para acesso à Internet, usam endereços registrados nela.

Quando um computador das redes internas da empresa vai acessar a Internet, é preciso associar o endereço IP do computador na rede interna com o endereço IP externo de acesso à Internet.

O NAT tem a função de traduzir os endereços válidos e registrados de acesso à Internet para os endereços reservados da rede interna e vice-versa. Essa tradução de endereços também é chamada de *address translation*. O NAT pode ser implementado em um roteador ou em um computador, em conjunto com um *firewall*.

O roteador com NAT monta uma tabela com o endereço local interno e o externo que ele está acessando. Quando os dados vêm do endereço externo, o roteador consulta a tabela de tradução e encaminha-os para o endereço interno. Assim, as redes e os *hosts* de uma rede interna com endereços privados acessam os endereços IP públicos da rede Internet.

Com essa facilidade, obtém-se aumento da segurança, pois os endereços internos privados não são válidos na Internet. Portanto, os usuários da Internet não têm como acessá-los.

É possível também mudar a faixa de endereços IP da Internet sem alterar a numeração interna dos computadores da empresa, evitando muito trabalho de configurações.

A tradução dos endereços da rede interna para a externa pode ser de um para um, ou seja, de um endereço interno a um externo, ou pode ser feita dinamicamente, em que só é feita a associação quando um computador da rede interna pretende fazer um acesso externo.

A associação dinâmica é mais racional, pois otimiza a utilização dos endereços externos permitindo que, para uma faixa reduzida de endereços externos válidos, haja uma quantidade relativamente maior de endereços internos. Por exemplo, para uma faixa de apenas 14 endereços externos IP válidos, pode-se ter internamente na empresa 30 *hosts* ou mais acessando a Internet, utilizando compartilhadamente os 14 endereços disponíveis.

O uso de endereços registrados e únicos para a comunicação entre redes na Internet evita o conflito de endereços.

A Internet nada mais é do que redes IP interligadas mundialmente.

Para reduzir e racionalizar a necessidade de endereços registrados, utilizam-se o NAT e os endereços privados (faixas reservadas), o que permite o emprego de endereços não-registrados pela empresa, podendo também se comunicar com a Internet.

O NAT altera os endereços IP dentro de cada pacote IP, traduzindo os endereços IP externos registrados na Internet para os das redes internas não registrados.

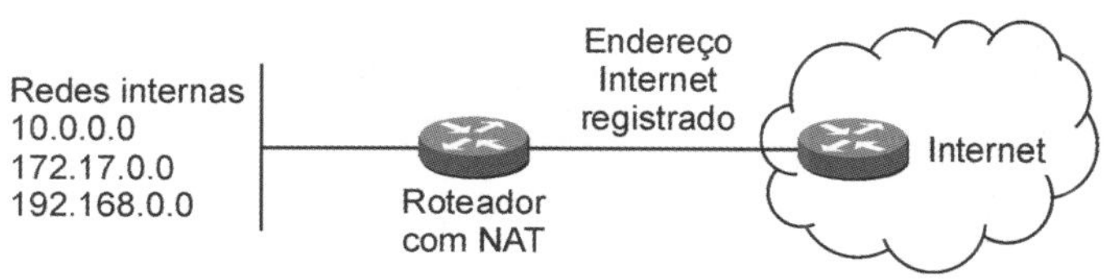

Figura 5.18 - Roteador de uma empresa conectado à Internet com um endereço registrado. O NAT faz a correlação dos endereços externos da faixa registrada na Internet com os endereços internos.

Em relação aos endereços IP privados, uma empresa poderia utilizar qualquer faixa de deles para montar o endereçamento de suas redes internas. Porém, ao se interligar à Internet, teria conflitos de endereços.

Para evitar esse problema, deve-se, preferencialmente, estruturar o projeto do plano de endereçamento IP das redes internas de uma empresa de forma a usar os endereços privados. Esses endereços não têm permissão para se anunciarem como rotas na Internet.

5.6.3. DNS (*Domain Name System*)

Os endereços de acesso que trafegam nos equipamentos da rede Internet ou em Intranets são os endereços IP no formato x.x.x.x, difíceis de lembrar.

Para superar essa dificuldade e facilitar o acesso, foi desenvolvida uma equivalência de nomes aos endereços IP. Esses nomes são chamados de domínios. Assim, os acessos passam a ser feitos por nomes, os quais conhecemos como www.nome.

Exemplo de domínio: www.empresaxyz.com.br

Para que os dados percorram a rede e os endereços sejam entendidos por ela, é preciso traduzir o nome www para o seu respectivo endereço IP numérico.

Essa tradução é feita pelos servidores DNS, que possuem tabelas de conversão e ficam alocados nos provedores de acesso à Internet ou em outros pontos da rede, bem como em servidores DNS de Intranets.

O DNS é o sistema que traduz os nomes de domínios (www) para os seus respectivos endereços IP que trafegam na rede. Os nomes e endereços IP são armazenados em tabelas do banco de dados que fica alocado nos servidores DNS.

Trata-se de um sistema de gerenciamento e tradução de nomes dos domínios .edu; .com; .net; .gov; .mil; *versus* os endereços IP correspondentes.

Na Internet, existem vários servidores DNS interligados logicamente em uma estrutura hierárquica a servidores DNS centrais (*root*).

Toda rede deve ter um servidor DNS para ler um nome de domínio (www) e descobrir o seu endereço IP correspondente. Se um determinado servidor DNS não possuir o endereço IP correspondente, ele procura e consulta em outros servidores DNS espalhados pela rede.

5.6.4. Protocolo HTTP (*Hypertext Transfer Protocol*)

É o protocolo de comunicação entre o *browser* (programa *client*) do computador e o servidor *Web* que irá acessar (*server*).

O protocolo HTTP faz parte da camada de aplicação da arquitetura TCP/IP.

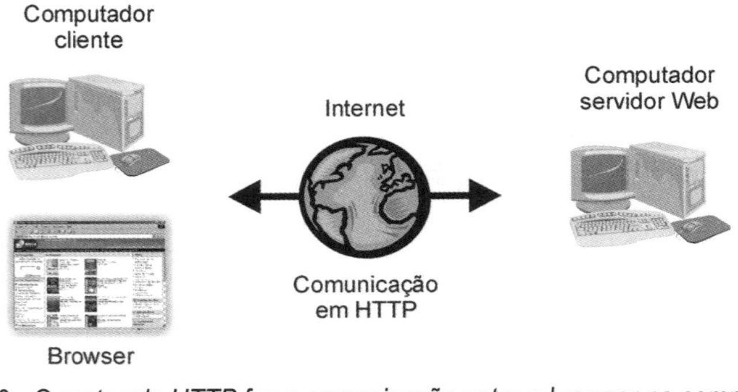

Figura 5.19 - O protocolo HTTP faz a comunicação entre o browser no computador e o servidor Web que lhe fornecerá as páginas web solicitadas.

5.6.5. Protocolo Telnet

É um protocolo que faz a conexão remota de um *host* a um servidor, como se esse *host* fosse uma estação local do servidor, ou seja, o protocolo Telnet simula um terminal do servidor que se quer acessar. É utilizado tanto para efetuar consultas a um computador como para configurar equipamentos remotamente.

5.6.6. FTP (*File Transfer Protocol*)

É um protocolo da arquitetura TCP/IP utilizado para transferência de arquivos entre computadores.

O FTP promove a interatividade entre o computador cliente e o servidor, com segurança e por meio de logins e senhas.

5.6.7. Protocolos SMTP (*Simple Mail Transfer Protocol*) e POP (*Post Office Protocol*)

Analogamente ao protocolo HTTP, os protocolos SMTP e POP são responsáveis pela comunicação entre os computadores e os servidores de correio eletrônico (envio e recepção de mensagens de e-mail).

Como características principais do protocolo TCP, ele oferece segurança na transmissão de dados contra a perda de pacotes, garante a integridade dos dados e é um protocolo orientado à conexão, ou fim a fim, ou seja, garante que os dados transmitidos sejam todos recebidos.

Em muitas aplicações, no entanto, a perda de pacotes pode ser desejável em caso de erro em aplicações de transmissão de voz ou imagens digitalizadas.

Se um pacote que transporta dados de voz ou imagens ao vivo sofrer erros ou interferências na transmissão, não há benefício em retransmiti-lo. Nesse caso, o interesse é receber o próximo pacote o mais rápido possível. Para atender a essa necessidade, utiliza-se o protocolo UDP no lugar do TCP.

O protocolo UDP possui menos controles, logo é mais rápido e versátil em aplicações que podem perder pacotes.

O UDP é um TCP sem controle fim a fim.

O *overhead* (campos de controle) do UDP é bem menor que o do TCP, pois identifica apenas o *port* utilizado e não implementa confirmações nem controle de seqüenciamento de pacotes. O número de campos de controle no UDP é menor que no TCP.

5.7. Atividades de fixação

1) Defina o que é endereçamento hierárquico.
2) Descreva as características de um endereço classe A.
3) Cite as características de um endereço classe B.
4) Quais são as características de um endereço classe C?
5) Explique endereços privados e sua utilização.
6) Descreva as funções e utilizações das máscaras de sub-redes.
7) Explique a função do DHCP.
8) Qual é a finalidade do NAT?

Capítulo 6

Roteadores - Estrutura e Configuração

Neste capítulo aprenderemos como configurar roteadores utilizando como referência um equipamento Cisco. Os roteadores estudados vêm de fábrica com um *setup* básico a partir do qual fazemos a configuração necessária.

A configuração de roteadores usa uma interface do sistema operacional do equipamento IOS (*Internetwork Operating System)* que se comunica com o usuário para entrada dos comandos. Essa interface chama-se CLI (*Command Line Interface*) e é acessada pela porta de console do roteador por *modem* ou sessão Telnet de um PC ligado a essa porta de console, ou pela própria rede.

O sistema operacional IOS está presente em todos os roteadores da Cisco da linha de *switches* denominada Catalyst 1900.

Quando se liga o equipamento, o primeiro passo é um conjunto de rotinas de testes chamado POST (*Power-on Self Test*). Se estiver tudo bem com o *hardware*, o equipamento encarrega-se do segundo passo, carregar o sistema operacional na memória de execução RAM. Em seguida, realiza-se o terceiro passo, que é carregar a configuração do equipamento na memória RAM.

Para entrar com os comandos de configuração na interface de comando CLI, eles devem ser digitados em um dos modos de comando existentes. Cada modo de configuração possui um *prompt* diferente.

Tem-se o modo EXEC, que só permite comandos básicos de monitoração do roteador.

Há também o modo EXEC privilegiado, que permite a entrada de comandos de configuração do roteador. Para entrar nesse modo privilegiado, recomenda-se colocar senha de acesso para evitar que pessoas não autorizadas alterem a configuração do roteador.

O acesso ao roteador, para configurá-lo, é normalmente feito pela porta de console na qual se liga um PC (computador) com o programa Telnet, conforme a figura 6.1:

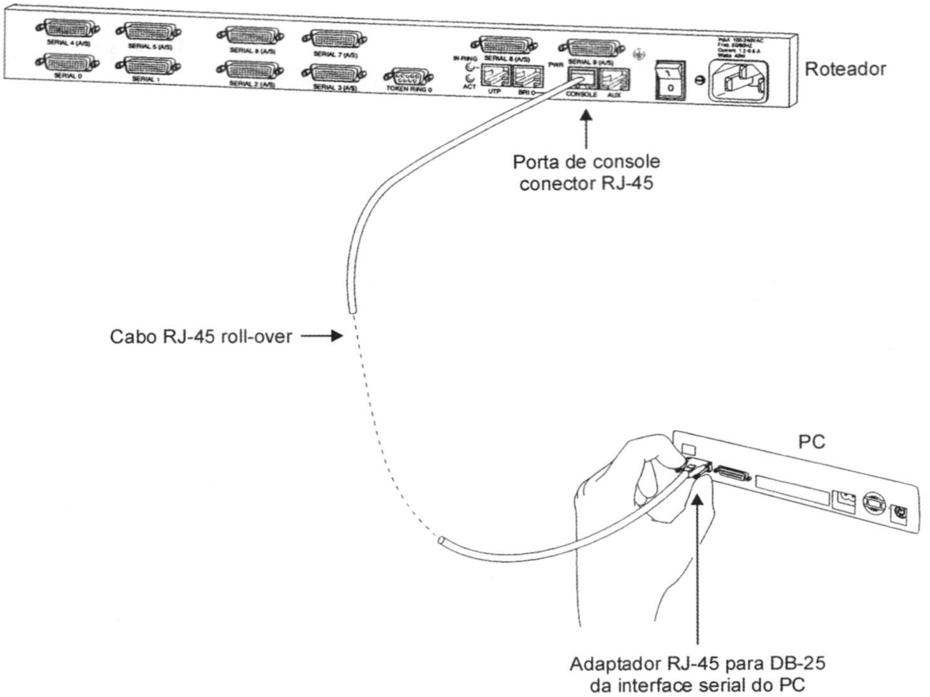

Figura 6.1 - PC ligado à porta de console do roteador para configuração.
O cabo usado é um UTP com pinagem roll-over.

Quando se acessa um roteador pela porta de console, por exemplo, abre-se uma sessão EXEC com o nome do roteador (*hostname*) e o *prompt* ">" exibido em seguida.

```
hostname>
```

Se o roteador possui o nome R1, aparece:

```
R1>
```

Se digitar "?", o sistema operacional mostra os comandos disponíveis neste ponto:

```
R1>?
```

Para ir ao modo EXEC privilegiado, no qual é possível alterar a configuração do roteador, digita-se o comando *enable*. O sistema operacional solicita a senha (*password*) que tenha sido configurada anteriormente. Após a digitação da senha, surge o *prompt* "#", indicando que se está no modo privilegiado, no qual é possível digitar comandos para configurar ou alterar a configuração do roteador.

```
R1>enable
R1#
R1#?            (interrogação mostra os comandos disponíveis neste ponto)

R1#disable      (o comando disable faz o roteador voltar ao modo EXEC normal)
R1>
```

6.1. Configuração de roteadores

Veremos como um roteador é configurado, utilizando como referência o roteador da família Cisco 2500/2600. Serão estudados a estrutura interna de armazenagem de dados do roteador e os comandos para ativação e configuração.

O roteador funciona como um computador composto de processador e memórias. Assim como um computador, ele possui memória com a carga inicial do sistema operacional (BIOS-ROM) e uma memória volátil (RAM) para armazenagem dos programas e dos dados que são processados.

O sistema operacional que controla a maior parte dos roteadores e *switches* da Cisco chama-se IOS (*Internetwork Operating System*). Ele fica armazenado na memória do equipamento, controlando operação, tráfego dos dados, acesso e bloqueio de seus usuários.

O sistema operacional do roteador (IOS) fica guardado na memória *Flash* que não se apaga mesmo quando o equipamento é desligado. Quando se liga o roteador, o IOS é transferido da memória *Flash* para a memória RAM, na qual é executado.

A interface de comunicação com o operador é a CLI (*Command-Line Interface*), que interage com o usuário na entrada de comandos e na troca de mensagens de configuração com o roteador, ou seja, quando o usuário digita os comandos no roteador, o processamento dos comandos digitados é feito por essa interface.

Os sistemas operacionais são atualizados periodicamente, agregando novas funções e corrigindo erros (*bugs*) por meio de novas versões.

Além do sistema operacional, configurações e memórias, o roteador possui interfaces ou portas às quais os equipamentos são conectados.

Roteadores normalmente possuem interfaces ou portas seriais para conexão de *modems* ou cabos para conexão direta, interfaces *Ethernet* ou *Fast-Ethernet* para conexão a *hubs* e *switches* de redes locais, interface de console para conectar um PC que configure o roteador e uma interface auxiliar assíncrona para conectar um *modem* de acesso discado remoto, que é utilizado para *backup* no caso de falha do canal principal ou para configuração remota.

As interfaces são numeradas de acordo com a placa e porta da placa em que estão. Por exemplo, uma interface que está na placa (*slot*) 4 do roteador na porta 1 dessa placa será referenciada pelo nome interface 4/1 do roteador.

Quando se liga o roteador, inicia-se a execução das rotinas de testes e carga dos *softwares* como o sistema operacional e a configuração do roteador. Primeiramente, são feitos testes do *hardware* por rotinas denominadas POST (*Power-on Self Test*). Em seguida, o sistema operacional IOS é carregado. Finalmente, carrega-se o arquivo com as configurações do roteador.

Se não existe uma configuração no roteador, ele entra em um diálogo de configuração, como:

```
--- System Configuration Dialog ---
Continue with configuration dialog? [yes/no]: yes   (respondendo yes iniciamos a
criação de uma configuração básica)
```

Para um roteador que já possui um arquivo de configuração armazenado, aparece o nome do roteador (R1, por exemplo) com o *prompt* do modo usuário (>):

```
R1 con0 is now available
Press RETURN to get started
R1>
R1>
```

O roteador tenta carregar uma configuração já existente. Se a configuração não existir, ele vai ao diálogo de configuração (*system configuration dialog* ou *setup dialog*) para o usuário iniciar a montagem de uma configuração básica mínima para começar a operar.

No diálogo do *setup*, as respostas padrão da configuração ficam entre colchetes "[ ]". Apertando a tecla Enter, aceita-se a palavra sugerida entre colchetes.

Quando o diálogo do *setup* inicia, opta-se por continuar ou não (*yes* ou *no*). Se digitar *yes*, ele continua.

A qualquer momento, se apertar as teclas Ctrl+C, retorna-se ao *prompt* do modo de EXEC de usuário (>).

Em seguida, pergunta-se se deseja o *setup* básico, que não configura as interfaces do roteador. Se responder *no*, é aberta a configuração do *setup* completo, que configura também as interfaces do roteador:

```
R1#setup
        ---System Configuration Dialog ---
Continue with configuration dialog? [yes/no]: yes

Would you like to enter basic management setup? [yes/no]: no

Configuring global parameters:
Enter host name [Router]: R1  (aqui digitamos o nome do roteador, no caso R1)
```

Após isso, são solicitadas as especificações das duas senhas de acesso, sendo uma senha comum e outra criptografada (*enable password*) para maior segurança.

As demais perguntas para a montagem da configuração normalmente são respondidas com *no*, exceto se desejar configurar alguma dessas opções.

Ao final desse processo de configuração, o *setup* mostra a configuração criada. Seleciona-se a opção [2] para gravá-la na memória não-volátil NVRAM, de forma que não se apague caso o roteador seja desligado.

Para modificar, alterar ou complementar a configuração feita pelo *setup*, é preciso entrar no modo de configuração.

Quando se entra no roteador com uma configuração já feita e o sistema operacional, vê-se o *prompt* ">", o qual indica que se está no modo de execução de comandos de usuário (*user mode exec*). Esse modo só permite comandos de visualização que não alteram a configuração do roteador.

Para entrar no modo que permite alterar configurações, que é o modo privilegiado (*privileged mode exec*), digita-se o comando *enable* e aparece o *prompt* "#". Então, pode-se entrar com comandos que alteram ou completam a configuração do roteador.

Para sair desse modo, digita-se o comando *disable*. Se foi definida senha para acessar o modo privilegiado, ela será solicitada. Se precisar de ajuda para saber os comandos disponíveis no ponto em que se está, digita-se interrogação (?).

```
R1 con0 is now available
Press RETURN to get started.

R1>
R1>enable
R1#
R1#disable
R1>
R1>?  (aparecerão os comandos disponíveis neste ponto. Se a tela encher, aperte a
      tecla Enter para surgir o próximo comando, ou a barra de espaço para
      aparecer a próxima tela, ou qualquer tecla para voltar ao prompt)
```

Quando se digitam algumas letras de um comando e aperta a tecla Tab, ela faz com que o comando seja completado automaticamente. Os comandos podem ser digitados abreviados também.

No caso de entrada de comandos com erros, o sistema operacional apresenta mensagens de erro e assinala com "^" o ponto em que está o provável erro.

O comando *show history* mostra os últimos comandos que foram dados ao roteador. O *default* consiste em guardar os dez últimos comandos, mas é possível alterar esse número com o comando *terminal history size* nº de linhas, como em seguida, para 20 linhas:

```
R1>show history              (mostra os últimos comandos, armazenados em buffer)
R1>terminal history size 20  (aumenta para 20 o número de comandos armazenados)
```

Para mostrar os comandos anteriores, usa-se a tecla Seta para cima. Para mostrar os comandos à frente, a tecla Seta para baixo.

Analogamente à carga da configuração, o roteador tenta carregar um sistema operacional já existente e armazenado em sua memória não-volátil *Flash*. Caso não exista um sistema operacional armazenado, ele passa para o modo Boot ROM, que disponibiliza um sistema mínimo para que o operador possa iniciar uma carga externa. Esse processo de tentativas em níveis é chamado de *fallback*.

6.1.1. Configurações e comandos básicos

Para configurar um roteador, o primeiro método visto foi o *setup*, que permite criar uma configuração básica inicial.

Para fazer configurações mais complexas e específicas, utiliza-se a interface de linhas de comandos do modo de configuração no *prompt* (config)#.

No modo de comandos (EXEC *mode*) têm-se os modos EXEC usuário (*user* EXEC) e EXEC privilegiado (*privileged* EXEC), que permite configurações.

No modo EXEC privilegiado, digita-se o comando *configure terminal*, para então configurar as interfaces do roteador. Com esse comando passa-se ao chamado modo de configuração global, que possui o *prompt* (config)#. Aqui, é possível entrar nas interfaces específicas e configurá-las com os seguintes comandos, exemplificados para o roteador R1:

```
R1#configure terminal
R1(config)#

R1(config)#interface nome interface        (para configurar a interface
                                            especificada do roteador e passar para
                                            o prompt seguinte em que se digitam os
                                            comandos de configuração desta
                                            interface)
R1(config-if)#

R1(config)#subinterface nome subinterface  (para configurar uma interface virtual
                                            de uma interface física e passar para
                                            o prompt seguinte, em que se digitam
                                            os comandos de configuração)

R1(config-subif)#                    (prompt para entrar com os comandos de
                                     configuração da subinterface)

R1(config)#controller nome           (configura interfaces para links E1 e T1)
R1(config-controller)#               prompt para entrar com os comandos para esta
                                     interface)

R1(config)#line nome                 (configura a forma de operação de um terminal
                                     de acesso ao roteador)
R1(config-line)#                     (prompt para entrar com os comandos de
                                     configuração)

R1(config)#router nome               (para configurar protocolo de roteamento)
R1(config-router)                    (prompt para entrar com os comandos de
                                     configuração do roteamento)

R1(config)#IPX-router                (para entrar com comandos de configuração de
                                     protocolos de rede Novell)
R1(config-ipx-router)#               (prompt para entrar com os comandos de
                                     configuração para IPX)
```

Digitando o comando *exit* em qualquer modo do roteador, volta-se ao modo anterior. Quando se digita um comando e aperta a tecla Enter, automaticamente o comando é armazenado na configuração que está sendo usada na memória e começa a funcionar imediatamente.

A seguir, alguns exemplos de entrada no modo de configuração global. Há três exemplos de início de configuração: na interface serial1, na interface de console e no roteamento:

```
R1(config)#interface serial1       (entra na interface serial1 para configurar)
R1(config-if)#shutdown             (desabilitada a interface serial0)
R1(config-if)#
R1(config-if)#line console 0       (entra na porta de console para configurar)
R1(config-line)#password senha1    (especifica a senha senha1 para acesso do
                                   console)
R1(config-line)#
R1(config-line)#router rip           (entra na configuração para o roteamento rip)
R1(config-router)#network 172.17.0.0 (aplica o rip para a rede 172.17.0.0 ou outra
                                     especificada)
```

Observe que para passar de um modo de interface a outro, não é preciso entrar com o comando *exit*. Basta digitar o modo de interface em que se quer ir, o nome e o número dela, e o *prompt* altera-se automaticamente.

Após fazer alterações nessa configuração, que está na memória RAM (*running-configuration*), deve-se copiá-la para uma memória não-volátil chamada de NVRAM, de forma que a configuração não se apague quando desligar o roteador. A configuração armazenada na NVRAM é chamada de *startup-configuration*. Utiliza-se o comando seguinte para fazer essa cópia.

```
R1#
R1#copy running-config startup-config     (copia a configuração da memória RAM para
                                          a NVRAM)
Destination filename [startup-config]?    (apertar a tecla Enter para confirmar a
                                          gravação do arquivo de configuração com o
                                          nome entre colchetes)
```

Na configuração inicial (*setup*), se não for especificado o nome do roteador, ele vem com o nome padrão de fábrica *router*. Para alterar ou dar um novo nome ao roteador, usa-se o comando seguinte (*hostname*). Neste exemplo, dá-se o nome R1 ao roteador:

```
Router(config)#
Router(config)#hostname R1                (altera o nome do roteador para R1)
R1(config)#
```

É possível configurar no roteador uma mensagem de identificação para que, quando acessado, essa mensagem apareça. Pode ser uma mensagem informativa ou de identificação, o que facilita a operação da rede. Isso é feito pelo comando *banner motd*, seguido de um ou mais espaços e a frase desejada delimitada por um caractere (no caso, utiliza-se o caractere "*" como delimitador da frase).

```
R1(config)#
R1(config)#banner motd            *Este é o roteador R1 da rede 172.17.0.0. Acesso
                                  proibido a pessoas não autorizadas*
R1(config)#
```

Também é possível configurar uma frase de identificação e informação nas interfaces do roteador para que, quando solicitadas informações sobre as interfaces, com o comando *show*, por exemplo, a frase seja mostrada. Isso facilita a identificação e a administração das redes.

A seguir, o exemplo de identificação da interface ethernet1 do roteador R1. A frase explica que rede da empresa está ligada naquela interface.

```
R1(config)#
R1(config)#interface ethernet1
R1(config-if)#description         -esta rede local é do departamento de vendas e
                                  marketing no 11º andar-
R1(config-if)#
```

Senhas e segurança no acesso ao roteador

Como já comentado, pode-se restringir o acesso ao roteador com o uso de senhas. As senhas de acesso podem ser colocadas para acessar o modo de configuração do roteador, a interface de console do roteador ou para terminais virtuais (Telnet) acessarem o roteador.

A seguir, vê-se como estabelecer uma senha de acesso para a porta de console do roteador. Utiliza-se o comando *line* console 0 seguido dos subcomandos *login* e *password*, para estabelecer uma senha de acesso a usuários que desejam entrar na porta de console do roteador.

```
R1(config)# line console 0
R1(config-line)#login
R1(config-line)#password senha1        (estabelece a senha senha1 para acessar a
                                        porta de console)
```

Para acessar a configuração de um roteador remotamente, utiliza-se uma sessão Telnet. Para estabelecer senhas no roteador para acessos remotos, usa-se o comando *line* vty 0 4 seguido do subcomando *password*, em que se especifica a senha.

```
R1(config)#line vty 0 4
R1(config-line)#password senha2        (estabelece a senha senha2 para acessar por
                                        Telnet o roteador)
```

Para configurar o roteador, entra-se no modo EXEC privilegiado. A entrada nesse modo pode ser protegida por senhas especificadas nos comandos *enable password* e *enable secret*. Se ambas as senhas forem especificadas, a senha secreta (*secret password*) será a utilizada, pois tem mais segurança por ser criptografada.

```
R1(config)#
R1(config)#enable password senhax      (estabelece a senha senhax para acessar a
                                        configuração)
R1(config)#
R1(config)#enable secret senhay        (estabelece a senha senhay para acessar a
                                        configuração)
R1(config)#
```

Para desabilitar senhas, utiliza-se o comando *no* na frente do comando que especifica a senha no modo de configuração global (config).

```
R1(config)#
R1(config)#no enable secret senhay     (desabilita a senha secreta senhay para
                                        configuração do roteador)
R1(config)#
```

O comando *exec-timeout* 0 0 (0 minuto e 0 segundo) ou *no exec-timeout* é utilizado para manter a porta de console aberta indefinidamente. Isso é bom quando se está em laboratório atuando em um roteador, mas não em roteadores que estão em produção, pois após usar e sair da porta de console, ela permanece acessível a qualquer um que conecte um PC a ela.

No comando *exec-timeout* é possível especificar o tempo em minutos e segundos que a porta ficará aberta ao entrar nela com senha.

```
R1(config)#line console 0
R1(config-line)#exec-timeout 0 0
```

Mensagens de console podem surgir no meio dos comandos que se está digitando, atrapalhando a atividade. O comando *logging synchronous* faz com que o último comando se repita após as mensagens que possam aparecer.

```
R1(config)#line console 0
R1(config-line)#logging synchronous
```

Na configuração das interfaces (portas) de um roteador deve-se especificar o tipo de porta (serial, *Ethernet* ou outra), o número da placa (*slot*) e o número da porta dessa placa. Por exemplo, interface ethernet1/0 indica a porta *Ethernet* 0 da placa 1 do roteador.

A seguir, um exemplo de configurações em uma interface serial.

```
R1#
R1#configure terminal              (entra no modo de configuração)
R1(config)#interface serial1       (especifica a interface que vamos configurar, no
                                   caso a serial1)
R1(config-if)#
R1(config-if)#bandwidth 64         (especifica a velocidade do link ligado nesta
                                   interface para ser utilizado como métrica pelo
                                   protocolo de roteamento)
R1(config-if)#
R1(config-if)#clock rate 64000     (especifica a taxa de transmissão do link nesta
                                   interface, caso ela esteja atuando ccmo DCE - que
                                   é o responsável pela geração do clock do link)
R1(config-if)#exit
R1(config)#exit
R1#show interface serial1          (mostrar as configurações da interface serial1)
```

Para desabilitar uma interface, utiliza-se o comando *shutdown*. Para habilitar a interface, o comando *no shutdown*. Após configurar uma interface, é preciso utilizar o comando *no shutdown* para habilitá-la; caso contrário, ela ficará em *shutdown*.

```
R1#
R1#configure terminal
R1(config)#interface serial1
R1(config-if)#shutdown             (desabilita a interface serial1)
R1(config-if)#
R1(config-if)#no shutdown          (habilita a interface serial1)
R1(config-if)#exit
R1(config)#exit
R1#show interfaces                 (mostra o estado das interfaces)
```

Para obter informações de roteadores ou *switches* vizinhos ou remotos, usa-se o protocolo CDP (*Cisco Discovery Protocol*) ou o utilitário Telnet respectivamente.

O CDP é um protocolo de enlace (camada 2 do modelo OSI) utilizado para obter informações de equipamentos Cisco diretamente conectados (vizinhos).

Quando o equipamento é ligado, automaticamente processa o CDP para descobrir os equipamentos diretamente conectados a ele. Utiliza-se o comando *show* cdp para mostrar essas informações (nome dos dispositivos, protocolos utilizados, portas, tipo de *hardware*). O comando digitado no roteador R1 mostra informações sobre seus vizinhos.

```
R1#
R1#show cdp entry              (mostra informações dos vizinhos do roteador R1 em
                               detalhes)
R1#show cdp interface          (mostra informações sobre o estado e a
                               configuração)
R1#show cdp neighbors          (mostra informações dos vizinhos do roteador R1)
R1#show cdp traffic            (mostra informações de tráfego)
R1#
R1#configure terminal          (entra no modo de configuração)
R1(config)#no cdp run          (desabilita o protocolo CDP para todas as portas
                               do roteador)
R1(config)#interface serial1   (entra na interface serial1)
R1(config-if)#no cdp enable    (desabilita o protocolo CDP somente nesta
                               interface serial1)
```

Para obter informações de dispositivos remotos (não vizinhos), deve-se utilizar a aplicação Telnet para atuar como um terminal virtual do dispositivo que deseja acessar e obter informações.

Em um roteador Cisco com IOS é possível acionar o Telnet apenas digitando o comando Telnet seguido do endereço IP do dispositivo do qual se quer obter informações. Por exemplo, se está no roteador R1 e quer obter informações de um outro roteador ou *switch* da rede com endereço 172.17.2.3, digita-se em R1 o comando telnet 172.17.2.3, como mostrado a seguir.

```
R1#
R1#telnet 172.17.2.3
Trying 172.17.2.3.................Open
---------informações.................
.
Rx>       (prompt do roteador Rx - podemos entrar em Rx, obter informações e
          efetuar configurações)
```

O CDP e o Telnet são úteis para obter informações sobre a rede e montar um mapa da topologia da rede. Pode-se também utilizar outros comandos, como o *ping* e o *traceroute*.

O comando *ping* verifica a conectividade ao ponto especificado e também uma estatística de erros de pacotes enviados e retornados desse ponto. O comando *traceroute* mostra as rotas que os pacotes percorrem para atingir o destino especificado.

Outros comandos:

```
R1#show sessions           (mostra relação dos dispositivos para os quais estamos
                           fazendo Telnet)
R1#disconnect              (desconecta uma sessão Telnet)
R1#show user               (mostra as sessões Telnet que estão sendo feitas ao
                           roteador R1 por dispositivos externos)
R1#clear line nº           (termina a sessão Telnet de número nº que está sendo
                           feita por um  dispositivo externo ao roteador R1)
R1#ping 172.17.2.3         (mostra se o endereço está sendo acessado e a taxa de
                           erros de transmissão de pacotes de teste)
R1#traceroute 172.17.2.3   (mostra as rotas pelas quais os pacotes passam)
```

6.1.2. Memórias, conexões e modelos de roteador

O roteador possui as memórias descritas em seguida, nas quais são armazenados os dados que são processados, as configurações e os módulos do sistema operacional.

6.1.2.1. Memória ROM (*Read Only Memory*)

ROM é uma memória que não se apaga. Os dados são gravados nela na fabricação do equipamento.

Nessa memória fica o programa que faz a carga inicial do roteador quando ele é ligado (programa *bootstrap*), analogamente à BIOS de um computador.

A BIOS é um conjunto de microcódigos de funções básicas de carga do roteador, como: *bootstrap* (que carrega o IOS), POST (testes de funcionalidade do *hardware*), ROM Monitor (um sistema operacional básico para testes e solução de problemas) e o RXBOOT (um IOS parcial).

Ao ligar o roteador, o programa *bootstrap*, armazenado na ROM, automaticamente começa a carregar o sistema operacional que está armazenado em uma memória chamada de *Flash* à memória de trabalho RAM do roteador. O programa *bootstrap* carrega também o arquivo de configuração da memória NVRAM à memória de trabalho RAM.

Caso o arquivo de configuração não exista, o roteador entra em operação no modo *setup*, uma configuração básica que vem de fábrica no equipamento. No modo *setup*, com uma configuração básica, é possível alterá-la ou incrementá-la. Esse processo de carga inicial denomina-se inicialização.

6.1.2.2. Memória *Flash*

A memória *Flash* é do tipo EEPROM (*Electrical Erasable Programable Read Only Memory*), que não se apaga ao desligar o equipamento. Esse tipo de memória também pode ser regravado, ou seja, alterado quando, por exemplo, se quer carregar no equipamento uma nova versão do sistema operacional do roteador.

Nessa memória fica armazenado o sistema operacional do roteador (IOS) que é lido pelo programa *bootstrap* quando se liga o roteador e transfere-o para a memória de trabalho RAM. Nela é possível gravar várias versões de IOS.

6.1.2.3. Memória NVRAM (*Non Volatile Randomic Access Memory*)

A memória NVRAM também não se apaga (não-volátil) ao desligar o roteador. Nela fica armazenado o arquivo de configuração do roteador, composto pelos comandos que especificam o que o roteador deve fazer.

Essa memória também pode ser alterada ou regravada por meio de comandos. Assim, é possível alterar a configuração do equipamento e regravar esse arquivo na memória NVRAM do roteador.

O arquivo de configuração armazenado na memória NVRAM é lido pelo programa *bootstrap* quando o roteador é ligado e carregado na memória RAM, em que é utilizado durante a operação do roteador. O arquivo de configuração possui os endereços das interfaces, processos de roteamento e demais características operacionais que são especificadas.

A NVRAM usa uma bateria para manter seus dados de configuração quando o roteador é desligado.

6.1.2.4. Memória RAM (*Randomic Access Memory*)

RAM é a memória de trabalho do roteador na qual ficam armazenados todos os programas e dados que são processados. Ela é apagada quando o roteador é desligado, ou seja, quando o equipamento é desenergizado.

Na memória RAM são carregados para operarem: o sistema operacional (IOS), tabelas de roteamento, tabelas ARP, *buffers*, arquivo de configuração ativo (*running-config*), o executor dos comandos, o programa *bootstrap* de carga inicial e os dados utilizados e processados na operação do equipamento.

Desta forma, ao ligar o roteador, o programa *bootstrap*, que está fixo na memória ROM, inicia o processo de ativação do roteador, carregando na memória RAM:

- O sistema operacional (IOS) que está guardado na memória *Flash*.
- O arquivo de configuração que está guardado na memória NVRAM.
- Demais inicializações necessárias para a operação do roteador.

Na inicialização do roteador, caso ele não tenha o sistema operacional IOS armazenado em sua memória *Flash*, é possível carregar o IOS a partir de um servidor TFTP.

O arquivo de configuração também pode ser carregado a partir de um servidor TFTP, caso não haja um arquivo de configuração na memória NVRAM e não se deseje digitá-lo manualmente, comando por comando, no modo *setup*.

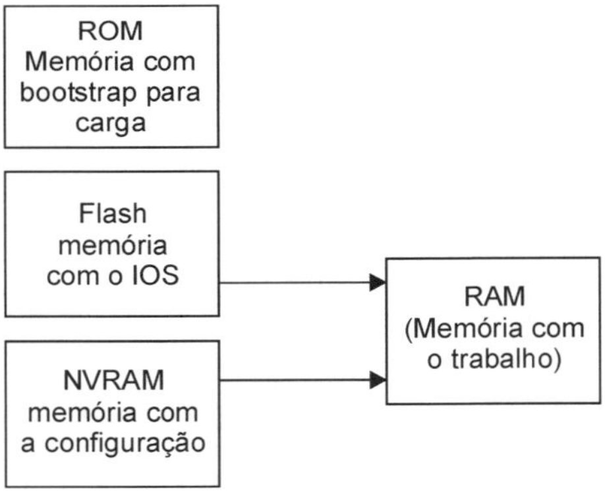

Figura 6.2 - Memórias do roteador. O IOS é carregado da memória Flash à memória RAM para ser executado. Alguns roteadores (como o da linha 2500) executam o IOS diretamente da memória Flash e não carregam na memória RAM por sua falta de espaço.

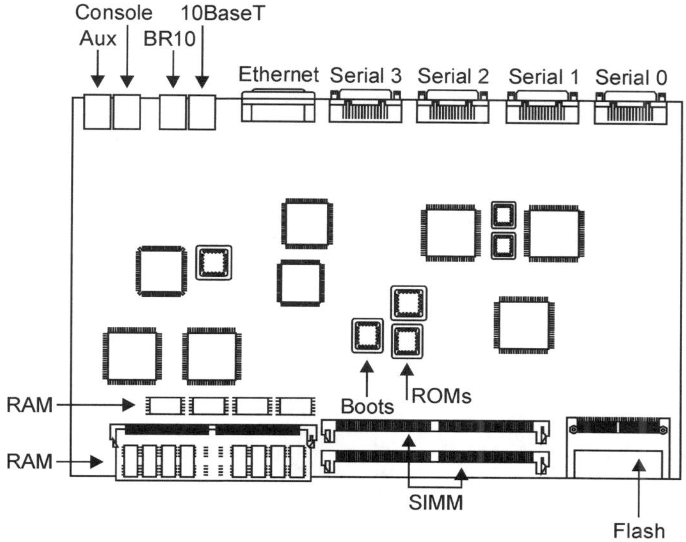

Figura 6.3 - Placa de um roteador da linha 2500 que possui quatro portas seriais, sendo uma Ethernet com conector AUI, uma ISDN (BRI), uma de console e uma auxiliar.

O comando *show flash* exibe o conteúdo da memória *Flash* do roteador, nome do arquivo do IOS, tamanho e ocupação da memória.

Após o IOS ser carregado e iniciado, o roteador precisa ativar a configuração existente na memória NVRAM, carregando-a para a memória RAM. Caso não haja arquivo de configuração na memória NVRAM, o roteador inicia o processo de *setup* para especificar uma configuração inicial pelo console ligada ao roteador.

É possível também baixar um arquivo de configuração guardado em um PC para o roteador, utilizando o programa de transferência de arquivos denominado TFTP-*Server*.

A configuração existente na memória NVRAM pode ser vista com o comando *show startup-config*.

A configuração existente e executada na memória RAM, ou seja, a configuração corrente (*current configuration*), pode ser vista com o comando *show running-config*.

A seguir, exemplos de uso dos comandos em um roteador de nome R1:

```
R1#
R1#show flash                (mostra o conteúdo da memória Flash - arquivo IOS)

R1#show running-config       (mostra a configuração em execução na memória RAM)
R1#
R1#show startup-config       (mostra a configuração guardada na memória NVRAM)
R1#
R1#copy running-config startup-config    (copia a configuração em uso na RAM para a
                                          NVRAM quando se altera a configuração
                                          corrente.
                                          Deve-se salvá-la na NVRAM para que não se
                                          apague quando desligar o roteador)
R1#
R1#copy startup-config running-config    (copia a configuração da NVRAM para a RAM)
R1#
```

```
R1#copy tftp running-config        (copia a configuração existente em um arquivo
                                   guardado no PC com TFTP para a memória RAM do
                                   roteador)
R1#
R1#copy running-config tftp        (copia a configuração em uso na memória RAM do
                                   roteador para um arquivo em um PC com TFTP ativo.
                                   Este é um processo de backup da configuração)
R1#
R1#copy tftp startup-config        (copia a configuração guardada em um arquivo de um
                                   PC com o TFTP-Server ativo para a memória NVRAM do
                                   roteador)
R1#
R1#copy startup-config tftp        (copia a configuração da memória NVRAM para um
                                   arquivo em um PC com TFTP ativo. Este é um
                                   processo de backup da configuração).
R1#erase startup-configuration     (apaga a configuração da NVRAM)
```

Observação

Quando se copia um arquivo de configuração para a memória RAM do roteador (*running-config*), são gravadas somente as alterações e inclusões efetuadas. Os demais comandos são mantidos. Ou seja, é feita uma mescla (*merge*) com a configuração existente.

Nas cópias de arquivos, é necessário sempre especificar o nome do arquivo de destino a ser gravado ou aceitar o nome sugerido entre colchetes ([ ]). No caso do TFTP, também é preciso fornecer o endereço IP do PC em que está o TFTP. Pode-se ainda usar a URL para especificar o arquivo a ser copiado pelo TFTP:

```
R1#copy nvram:tftp://172.17.4.9/config.txt   (grava o arquivo de configuração da
                                             NVRAM no arquivo config.txt que fica
                                             no endereço especificado)
```

6.1.2.5. Conexões às interfaces físicas do roteador

A seguir, alguns exemplos de conexões às interfaces do roteador.

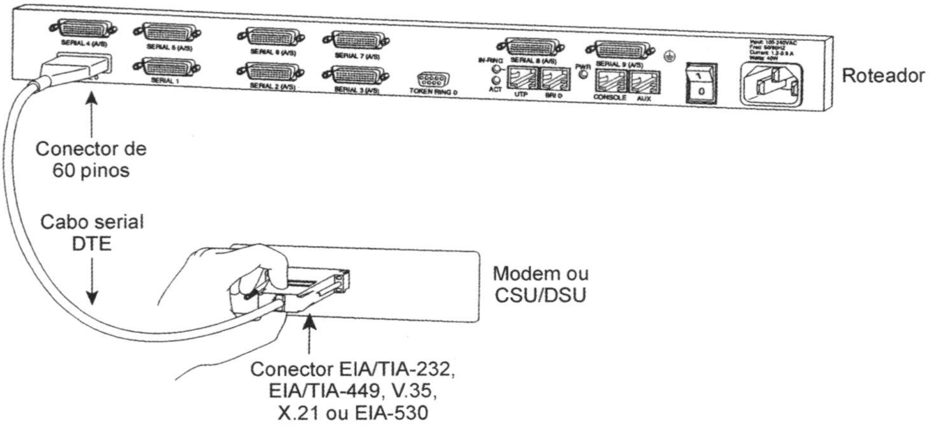

Figura 6.4 - Conexão de porta serial (serial 0) a um modem ou CSU/DSU com cabo serial DTE para conexão WAN.

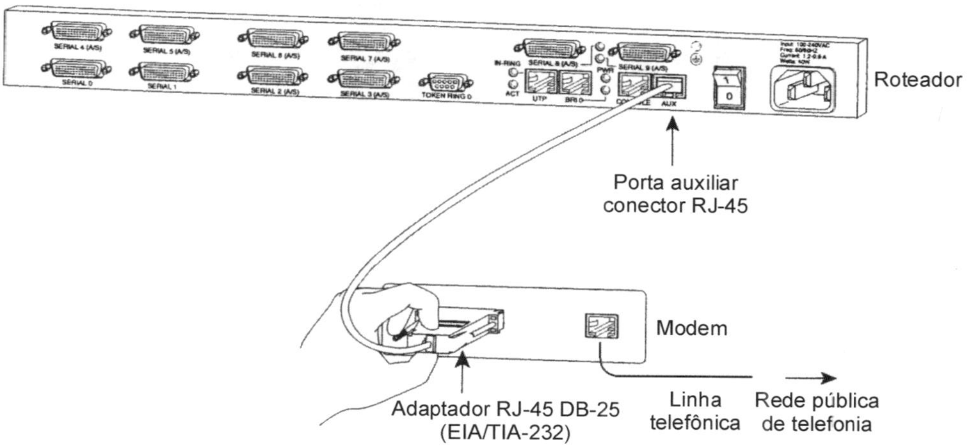

Figura 6.5 - Conexão de modem à porta auxiliar do roteador para ligação backup por linha telefônica. A conexão por linha telefônica (dial-up) pode ser acionada no caso de falha da conexão principal ligada na porta serial.

A figura seguinte mostra a conexão do roteador a uma rede local por um conector AUI de 15 pinos (DB-15). Como a conexão a um *hub* exige um conector RJ-45, é preciso usar um *transceiver* para realizar a conversão.

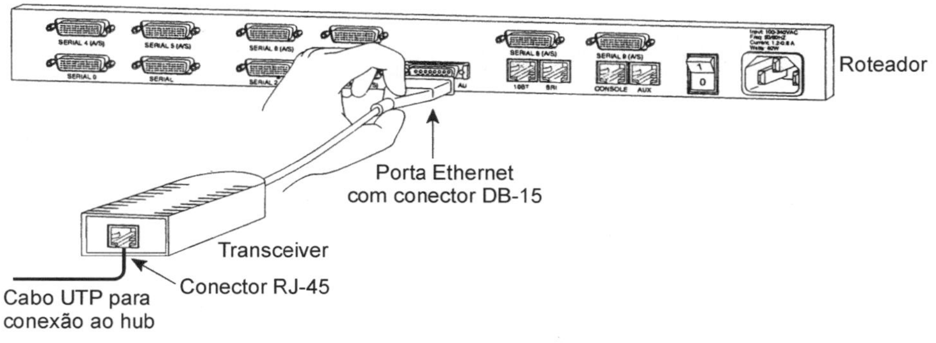

Figura 6.6 - Conexão de porta Ethernet a um hub. A porta do roteador tem conector DB-15, o que exige uma conversão para o conector RJ-45.

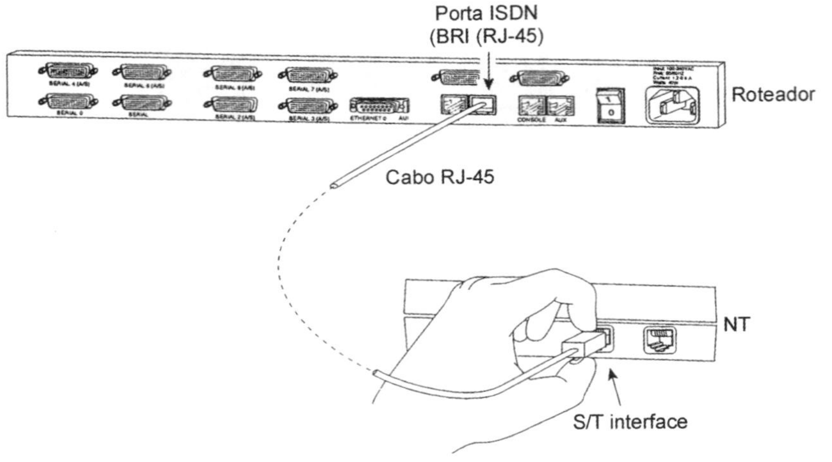

Figura 6.7 - Conexão de porta ISDN BRI do roteador a um dispositivo de acesso à rede ISDN. O acesso a uma rede ISDN (ou RDSI - rede digital de serviços integrados) é feito por meio de um dispositivo chamado NT (network terminal), ligado por um par de fios da rede telefônica à central telefônica ISDN da operadora.

6.1.2.6. Modelos de roteadores

A seguir, alguns modelos de roteadores com suas interfaces (portas).

Os modelos seguintes possuem *slots*, que são os escaninhos em que se encaixam as placas. Cada *slot* passa a ter um número (0, 1, 2,...) e suas portas são especificadas pelos números do *slot* e da porta no *slot*.

Exemplo:

- **Serial 0/0** (porta serial do *slot* 0, porta 0);
- **Serial 0/1** (porta serial do *slot* 0, porta 1);
- ***Ethernet* 0/0** (porta *ethernet* do slot 0, porta 1);
- ***Ethernet* 1/0** (porta *Ethernet* do *slot* 1, porta 0);
- **Serial 1/0** (porta serial do *slot* 1, porta 0);
- **Bri 1/0** (porta ISDN do *slot* 1, porta ISDN 0).

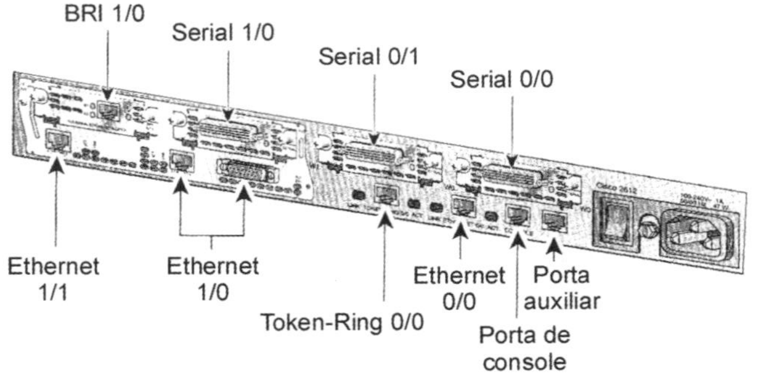

Figura 6.8 - Roteador da linha 2612 com dois slots (0 e 1) e portas seriais, Ethernet, ISDN, Token-Ring, auxiliar e console.

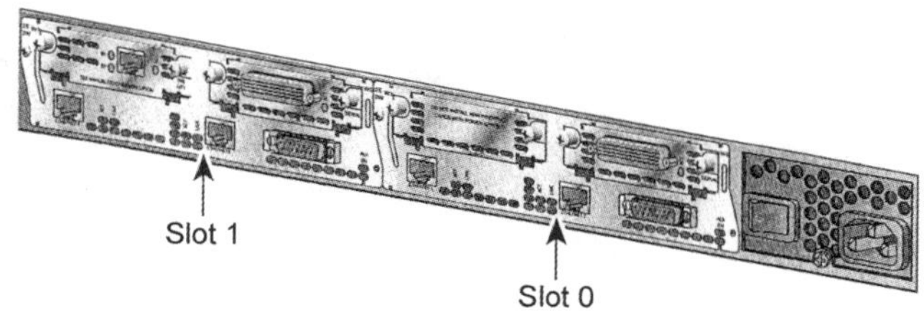

Figura 6.9 - Roteador 3620 com dois slots (0 e 1) com diversas interfaces.

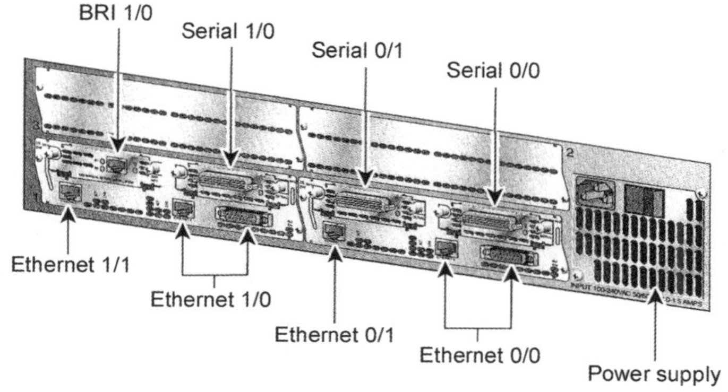

Figura 6.10 - Roteador 3600 com dois slots (0 e 1) expansíveis até quatro slots com várias interfaces.

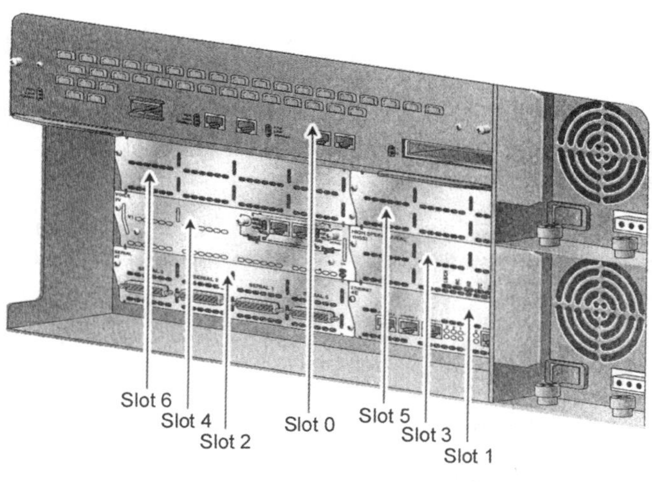

Figura 6.11 - Roteador 3660 com vários slots (0 a 6).

6.1.3. Acesso à configuração do roteador

O acesso ao sistema operacional do roteador e aos seus comandos de configuração faz-se de várias formas. A mais comum é conectar um PC (*Personal Computer* ou microcomputador) à porta de console do roteador.

Liga-se a interface serial do microcomputador (RS-232 ou COM1) à de console do roteador (RJ-45) por um cabo UTP denominado *roll-over*, que possui conector RJ-45 com adaptador para DB-9/RS-232 em uma ponta e RJ-45 na outra. Normalmente, esse cabo vem com o roteador.

A porta de console permite monitorar ou configurar um roteador, *switch* ou *hub*.

A pinagem do cabo *roll-over* é diferente dos cabos *Ethernet* já vistos. A pinagem entre os dois conectores RJ-45 nas duas pontas do cabo é:

1 - 8
2 - 7
3 - 6
4 - 5
5 - 4
6 - 3
7 - 2
8 - 1

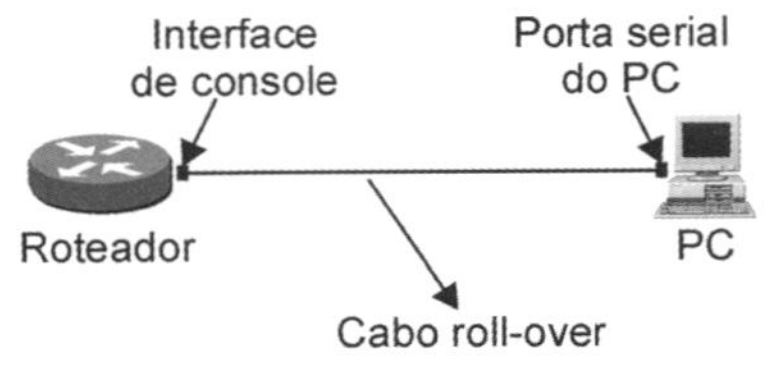

Figura 6.12 - PC ligado à porta de console pelo cabo roll-over.

O acesso à configuração do roteador também se faz pelas outras portas (interfaces), utilizando uma sessão Telnet remota. Pode-se utilizar a interface AUX (auxiliar) do roteador para conectar um *modem* com linha telefônica e por um PC com emulador Telnet acessar e fazer a configuração, remotamente.

A porta auxiliar AUX é configurada pelo console com os parâmetros de comunicação de 9600bps, oito *bits*, sem paridade e com um *bit* de parada (*stop*). Ela pode ser usada para realizar a conexão discada de *backup* ou como porta de configuração remota por *modem*.

É possível empregar outras portas (interfaces seriais ou *Ethernet*) do roteador nas quais estejam ligadas redes que contêm PCs com emulador de terminal Telnet, servidor TFTP ou de gerenciamento para acessar e configurar o roteador.

Com o TFTP-*Server* é possível armazenar os arquivos de configuração e IOS em um PC, por questões de segurança e de gerenciamento.

O processo de *backup*, ou seja, cópia e armazenagem de arquivos de IOS e configuração, é fundamental para recuperar a operação dos equipamentos em caso de panes ou acidentes.

Para configurar o roteador, utiliza-se a forma mais comum de acesso: a porta de console. A porta serial do PC deve ser ligada à de console do roteador por um cabo com conector serial em uma ponta (COM1 do micro, por exemplo) e conector RJ-45 na outra (porta de console do roteador).

Carregue no PC o *software* HyperTerminal. No Windows, a carga é feita pelo menu Iniciar, Programas, Acessórios, Comunicações, HyperTerminal e criar uma conexão com o Hypertrm.exe para a COM1 com as configurações para a porta serial (COM1) do PC:

- ***Bits* por segundo:** 9600;
- ***Bits* de dados:** oito;
- **Paridade:** nenhuma;
- ***Bits* de parada:** um;
- **Controle de fluxo:** nenhum.

Uma vez conectada a porta de console do roteador à porta COM1 do PC com o HyperTerminal, surge o nome com o qual se configurou o *software* seguido do *prompt* (>) em que se começa a digitar os comandos:

```
nome>
nome>?  (digitando "?" o roteador mostra os comandos disponíveis neste ponto)
```

O roteador possui modos de configuração que acessam diferentes comandos. O mais simples é o usuário (ou EXEC usuário), visto anteriormente com o *prompt* ">".

Esse modo de configuração só permite acesso a comandos básicos e que não alteram a configuração do roteador. Assim, no modo usuário não é possível alterar as configurações do roteador.

Para alterar configurações, deve-se optar pelo modo privilegiado (ou EXEC privilegiado), o que se faz digitando o comando enable, que solicita uma senha de acesso. Após a digitação da senha colocada na configuração, o roteador passa para o modo privilegiado, representado pelo *prompt* "#".

```
nome>
nome>enable         (para entrar no modo privilegiado no qual se alteram as
                    configurações)
Password: senha     (senha para entrar no modo privilegiado)
nome#
nome#?              (Para saber os comandos disponíveis no prompt "#", digitar "?")
```

Ao digitar "?", aparecem os comandos ou seus complementos disponíveis para aquele ponto. Caso a tela fique cheia, aperte Enter para surgirem os próximos comandos disponíveis. O "?" é um *help* muito útil, pois facilita a escolha e a digitação dos comandos.

Durante a digitação, a tecla Tab também é muito útil, pois ao digitar apenas parte de um comando, apertando a tecla Tab, todo o restante é preenchido automaticamente.

6.1.3.1. Alguns exemplos de comandos mais utilizados

Para saber o conteúdo das memórias do roteador, utilizam-se os comandos seguintes, que devem ser digitados no modo privilegiado (#):

```
nome#show version          (mostra a versão do IOS que está na memória RAM)
nome#show memory           (mostra a memória RAM)
nome#show stacks           (mostra processos interrompidos e reiniciados na
                           memória RAM)
nome#show buffers          (mostra os buffers que estão na memória RAM)
nome#show processes        (mostra os programas que estão na memória RAM)
nome#show protocols        (mostra os protocolos de camada 3 que estão na
                           memória RAM)
nome#show running-config   (mostra a configuração que está em uso na memória
                           RAM)

nome#show startup-config   (mostra a configuração guardada na memória NVRAM)
nome#show configuration    (idem)
nome#show flash            (mostra o conteúdo e o sistema operacional guardados
                           na memória Flash)
```

O comando *show flash* exibe a quantidade de memória disponível e o nome do arquivo do IOS, que permanece guardado na memória *Flash* (também chamado de imagem) e é composto de várias partes, como: c2500-sy-l-121-6.bin.

```
nome#show interfaces                (mostra o status das interfaces configuradas do
                                    roteador)

nome#show ip route                  (mostra as rotas e tipos de rotas estabelecidas)
nome#show ip interface serial 1     (mostra a configuração IP da porta serial 1)
nome#show ip interface brief        (mostra um resumo da configuração IP das
                                    interfaces)
nome#show ip arp                    (mostra a tabela ARP do roteador)
nome#ping 10.3.120.40               (faz o roteador enviar um ping ao endereço IP
                                    especificado)
```

Para acertar hora e data do roteador, emprega-se o comando *clock*. No exemplo seguinte, vê-se o estabelecimento da hora no dia 24/6/2002.

```
nome#clock set 14:35:55 24 june 2002
```

Para sair do modo configuração, digite o comando *disable*:

```
nome#disable
nome>
```

Para efetuar o logoff do roteador, digite o comando *exit*.

```
nome>exit
```

Esses comandos são básicos e devem ser decorados.

O roteador possui outros modos de configuração, como o *setup* e a configuração global.

Usa-se o modo *setup* para criar uma configuração básica inicial, normalmente quando o roteador não tem nenhum arquivo de configuração gravado na NVRAM.

No *setup*, colocam-se o nome do roteador (*hostname*) que aparece no *prompt*, senhas, endereços IP e outras configurações básicas para iniciar a operação. Se não houver o arquivo de configuração na NVRAM ao ligar o roteador, ele pergunta se o usuário deseja entrar na configuração inicial ("*would you like to enter the initial configuration dialog*?"). Se responder *yes*, entra-se no modo *setup* para efetuar a configuração básica.

Ao final do *setup* pergunta-se se deseja usar essa configuração. Se disser *yes*, ela é gravada na NVRAM e utilizada nas próximas recargas do roteador.

A entrada nesse modo é feita ao digitar o comando *setup* no modo privilegiado:

```
nome#
nome#setup     (inicia a criação de uma configuração básica para o roteador)
```

Após digitar o comando *setup*, ele pergunta e sugere configurações básicas para o roteador. Deve-se responder *yes*, nome do roteador, senha de acesso e demais dados solicitados para uma configuração básica.

Após o término da configuração básica, é possível incrementá-la. A configuração está na memória RAM e é preciso gravá-la na memória NVRAM, com o comando *copy*; caso contrário, será apagada se o roteador for recarregado.

Usa-se o modo configuração global para configurações específicas e das interfaces (portas) do roteador. Nesse modo aparece antes do *prompt* o termo (config), e se entrar em uma interface específica para configuração, aparece (config-if).

Acessa-se o modo de configuração global digitando:

```
nome#configure terminal
nome(config)#
```

Para configurar uma interface específica, digita-se seu nome no modo configuração (config) que passa ao de interface (config-if), como no exemplo seguinte, em que se configura a interface serial0:

```
nome(config)#
nome(config)#interface serial0
nome(config-if)#          (aqui se digitam os comandos de configuração para esta
                          interface)
```

A qualquer momento é possível digitar "?" (*help*) para conhecer os comandos disponíveis no ponto em que se encontra.

Para especificar senhas de acesso às interfaces, usam-se os comandos login e password para cada uma, no modo configuração. A seguir, a especificação de senhas para as interfaces de console, auxiliar e para acesso Telnet:

```
nome(config)#line console 0          (entra na interface Console)
nome(config-line)#login
nome(config-line)#password senha3    (especifica a senha senha3 para acesso à
                                     interface de console)
nome(config-line)#line aux 0         (entra na interface auxiliar)
nome(config-line)#login
nome(config-line)#password senha4    (especifica a senha senha4 para acesso à
                                     interface auxiliar)
nome(config-line)#line vty 0 4       (entra na interface que será usada para
                                     acesso Telnet serial)

nome(config-line)#login
nome(config-line)#password senha5    (especifica a senha senha5 para acesso à
                                     interface)
```

6.1.3.2. Resumo dos modos de configuração

```
Modo usuário (USER EXEC): nome>
Modo privilegiado (PRIVILEGED EXEC): nome#     (alteração de configurações)
Modo setup (SETUP)                             (para montar uma configuração
                                               inicial)
Modo configuração global (GLOBAL CONFIGURATION): nome(config)#
Modo configuração de interfaces (INTERFACE CONFIGURATION): nome(config-if)#
Modo configurações complexas: nome(config-mode)#
Modo RXBOOT              (para recuperação de senhas ou do sistema operacional se
                         forem apagados da memória Flash)
```

Outros comandos de uso comum e que facilitam a edição de comandos, quando a função *terminal editing* estiver ativada, são:

```
nome#show history          (mostra os últimos comandos que foram efetuados)
```

6.1.3.3. Facilidade da edição de comandos do IOS

Há um conjunto de funções de teclas de edição que facilita o manuseio dos comandos:

- **Ctrl p (tecla Control + tecla p) ou seta para cima:** mostra o comando anterior.
- **Ctrl n (tecla Control + tecla n) ou seta para baixo:** mostra o comando seguinte.
- **Ctrl + u:** apaga a linha de comando.
- **Ctrl + a:** vai para o início da linha de comando.
- **Ctrl + b:** volta um caractere na linha de comando.
- **Ctrl + e:** vai para o fim da linha de comando.
- **Ctrl + f:** vai um caractere à frente na linha de comando.
- **Esc + f:** avança uma palavra na linha de comando.
- **Esc + b:** volta uma palavra na linha de comando.
- **Tab:** completa automaticamente o comando que é digitado.

No modo usuário, é possível ver o histórico dos comandos anteriores digitando:

```
nome>show history                  (mostra os comandos digitados anteriormente,
                                   guardados no buffer)
nome>terminal history size 35      (especifica o tamanho de 35 linhas para o
                                   buffer)
nome#terminal no editing           (desabilita as funções de edição)
nome#terminal editing              (ativa as funções de edição)
```

A seguir, um exemplo de configuração do HyperTerminal de acesso a um roteador e os comandos disponíveis. Ao final, faz-se a carga inicial em um roteador que não possui arquivo de configuração nem nome, utilizando o *setup*.

6.1.4. Criação de um HyperTerminal e acesso aos comandos do roteador

O roteador possui em seu *hardware* memórias que armazenam o sistema operacional (IOS), os arquivo de configurações e de *backup*, além de programas e tabelas necessários a sua operação. As memórias existentes no roteador são:

- ROM;
- RAM;
- NVRAM;
- *Flash*.

Na memória RAM é carregado o sistema operacional do roteador (IOS), que fica guardado na memória *Flash* e é copiado para a memória RAM.

Também se armazenam na memória RAM o arquivo de configuração ativo, os programas como protocolos, dados de *buffer* (memória de armazenamento temporário de dados em trânsito) e tabelas.

Quando o roteador é ligado, o arquivo de configuração vem da memória NVRAM, na qual fica guardado e é colocado na memória RAM. O arquivo de configuração gravado na NVRAM fica armazenado mesmo ao desligar o roteador.

Na memória *Flash* se guarda o sistema operacional dos roteadores (IOS - *Internetwork Operating System*), que controla o equipamento. Ao ligar o roteador, o IOS é carregado da memória *Flash* à RAM e o arquivo de configuração da memória NVRAM para a RAM. A configuração de roteadores é feita por comandos especificados ao sistema operacional do equipamento.

A seguir, estudam-se a relação de comandos que podem ser utilizados e sua forma de entrada.

Para configurar o roteador, antes de iniciar a configuração, é preciso criar um acesso Telnet no computador que fará a configuração do roteador. Isso é realizado por uma conexão Telnet em um PC para comunicação com o roteador.

No Windows a emulação Telnet é feita pelo HyperTerminal, executado pelo menu Iniciar, Programas, Acessórios, Comunicações e HyperTerminal.

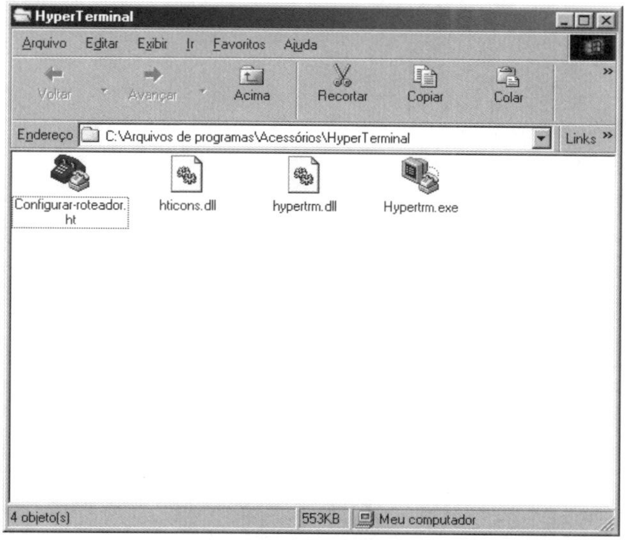

Figura 6.13 - Tela do Windows para criação do HyperTeminal.

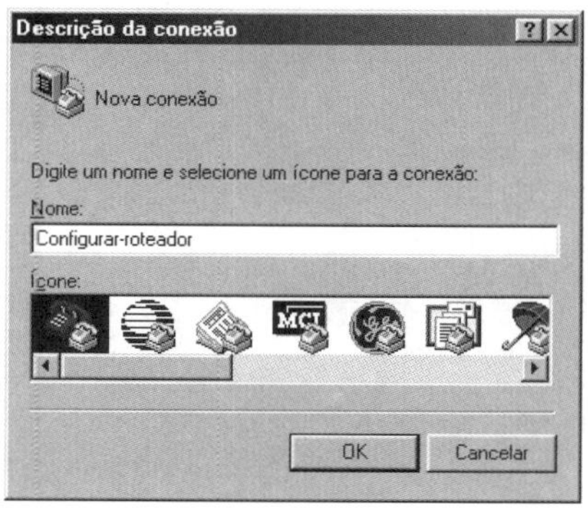

Figura 6.14 - Nome da conexão.

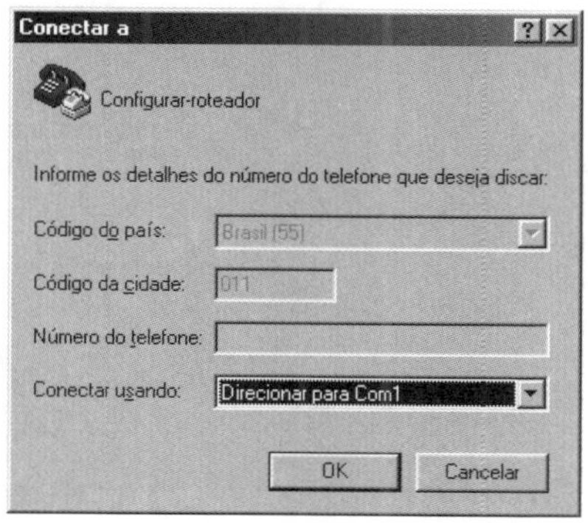

Figura 6.15 - Especificação da porta de conexão.

Configure o HyperTerminal para operar como emulador de terminal do roteador.

Execute o HyperTerminal e gere uma conexão com nome (no exemplo, o nome dado foi Configurar-roteador) e ícone, direcionando a conexão para a COM1 do PC, considerando a porta COM1 do PC ligada à de console do roteador por cabo *roll-over*, a velocidade 9600baud, oito data *bits*, *no parity*, um *stop bit* e nenhum controle de fluxo.

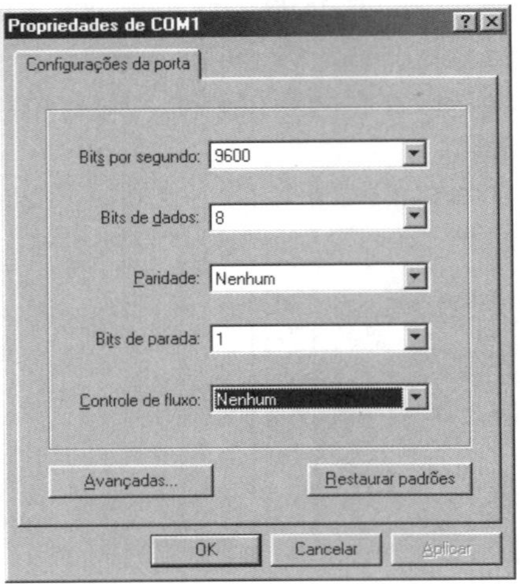

Figura 6.16 - Configuração da porta.

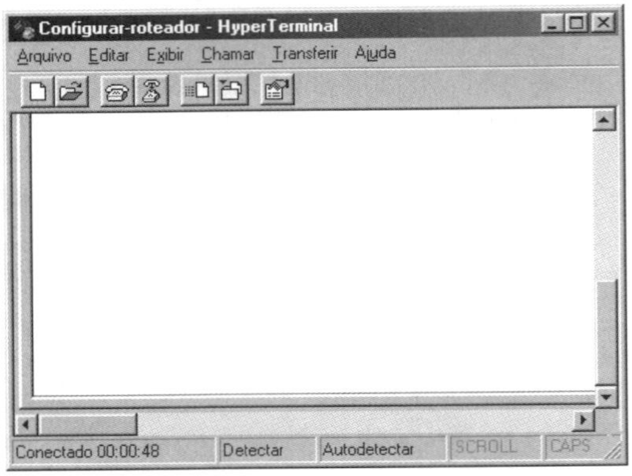

Figura 6.17 - Tela de acesso ao roteador.

Ao ligar o roteador, surge o processo de carga e, ao final desta, caso o roteador já tenha sido configurado anteriormente, aparece o nome com o qual foi configurado, seguido de um *prompt* (>). No exemplo, o roteador foi configurado com o nome "R".

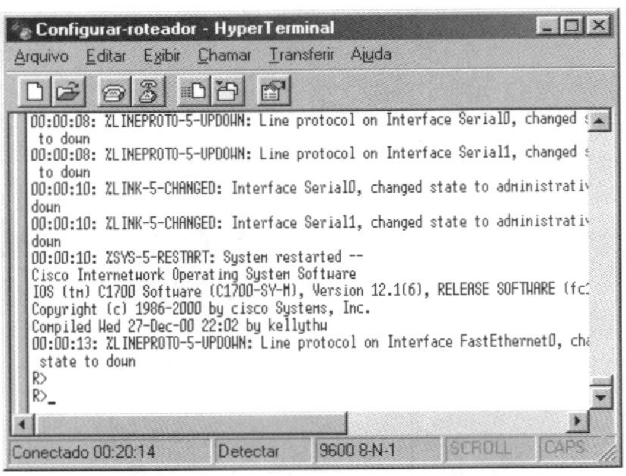

Figura 6.18 - Dados enviados pelo roteador.

6.1.5. Configurações do roteador

Quando se liga o roteador, aparece um *prompt* no formato ">" no qual se digitam os comandos. Para conhecer os comandos disponíveis nesse ponto, digite "?" e recebe-se do equipamento a relação e a função de cada um.

Nesse primeiro modo de configuração, com o *prompt* ">", só é possível introduzir comandos que não alteram a configuração do roteador. Digitando "?", o sistema lista os comandos disponíveis.

Para entrar no modo que permite inserir comandos que alteram a configuração do roteador, deve--se entrar no modo privilegiado digitando o comando *enable* e a senha de acesso criada na configuração inicial do roteador (*setup*). No modo privilegiado, o *prompt* muda de ">" para "#". Digitando "?", o sistema lista os comandos disponíveis.

É possível ir ao modo configuração global de interfaces com o comando *configure terminal*, em que há outros disponíveis para configuração. Com esse comando mostra-se "R(config)" antes do *prompt*.

Para entrar em uma interface específica do roteador e configurá-la, digita-se o comando interface seguido do nome da interface a ser configurada (serial0, serial1, fastethernet0 ou outra). No modo de configuração da interface aparece "R(config-if)" antes do *prompt*, em que se digitam todos os comandos de configuração necessários a essa interface.

Para retornar aos modos anteriores, digite o comando *exit*.

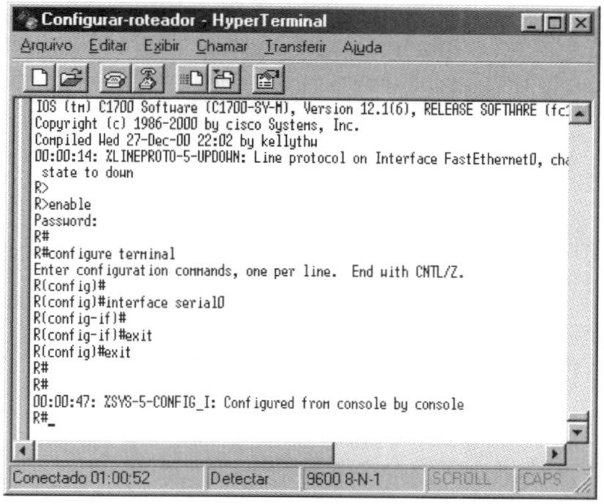

Figura 6.19 - Acesso e saída de uma interface do roteador.

Em qualquer ponto de um comando pode-se digitar o ponto de interrogação (?) e Enter quando a tela encher, pois o sistema operacional do roteador mostra os comandos disponíveis naquele ponto.

A seguir, encontram-se a relação dos comandos do modo usuário, configuração e interfaces (serial, *Ethernet* e console). A relação disponível em cada modo foi obtida com o comando "?".

```
R>?                (mostra os comandos disponíveis no modo usuário)
Exec commands:

  access-enable    Create a temporary Access-List entry
  access-profile   Apply user-profile to interface
  clear            Reset functions
  connect          Open a terminal connection
  disable          Turn off privileged commands
  disconnect       Disconnect an existing network connection
  enable           Turn on privileged commands
```

```
  exit              Exit from the EXEC
  help              Description of the interactive help system
  lock              Lock the terminal
  login             Log in as a particular user
  logout            Exit from the EXEC
  name-connection   Name an existing network connection
  pad               Open a X.29 PAD connection
  ping              Send echo messages
  ppp               Start IETF Point-to-Point Protocol (PPP)
  resume            Resume an active network connection
  rlogin            Open an rlogin connection
  show              Show running system information
  slip              Start Serial-line IP (SLIP)
  systat            Display information about terminal lines
  telnet            Open a telnet connection
  terminal          Set terminal line parameters
  traceroute        Trace route to destination
  tunnel            Open a tunnel connection
  where             List active connections
  x28               Become an X.28 PAD
  x3                Set X.3 parameters on PAD

R>
R>
```

Em seguida entra-se no modo privilegiado, o qual permite alterações na configuração do roteador. Nesse modo, a entrada é feita pelo comando *enable* e pela senha de acesso.

```
R>
R>enable        (vai ao modo privilegiado)
Password:       (digitar a senha configurada no setup)
R#
R#?             (aqui solicitamos com o "?" a relação de comandos disponíveis neste
                modo)

Exec commands:
  access-enable     Create a temporary Access-List entry
  access-profile    Apply user-profile to interface
  access-template   Create a temporary Access-List entry
  archive           manage archive files
  bfe               For manual emergency modes setting
  cd                Change current directory
  clear             Reset functions
  clock             Manage the system clock
  configure         Enter configuration mode
  connect           Open a terminal connection
  copy              Copy from one file to another
  debug             Debugging functions (see also 'undebug')
  delete            Delete a file
  dir               List files on a filesystem
  disable           Turn off privileged commands
  disconnect        Disconnect an existing network connection
  enable            Turn on privileged commands
  erase             Erase a filesystem
  exit              Exit from the EXEC
  help              Description of the interactive help system
  isdn              Make/disconnect an isdn data call on a BRI interface
  lock              Lock the terminal
  login             Log in as a particular user
  logout            Exit from the EXEC
  more              Display the contents of a file
  name-connection   Name an existing network connection
```

```
  no                Disable debugging functions
  pad               Open a X.29 PAD connection
  ping              Send echo messages
  ppp               Start IETF Point-to-Point Protocol (PPP)
  pwd               Display current working directory
  reload            Halt and perform a cold restart
  resume            Resume an active network connection
  rlogin            Open an rlogin connection
  rsh               Execute a remote command
  send              Send a message to other tty lines
  setup             Run the setup command facility
  show              Show running system information
  slip              Start Serial-line IP (SLIP)
  start-chat        Start a chat-script on a line
  systat            Display information about terminal lines
  telnet            Open a telnet connection
  terminal          Set terminal line parameters
  test              Test subsystems, memory, and interfaces
  traceroute        Trace route to destination
  tunnel            Open a tunnel connection
  undebug           Disable debugging functions (see also 'debug')
  verify            Verify a file
  where             List active connections
  write             Write running configuration to memory, network,
                    or terminal
  x28               Become an X.28 PAD
  x3                Set X.3 parameters on PAD

R#
R#
R#configure ?           ("?" após o comando, mostra os seus complementos)
  memory                Configure from NV memory
  network               Configure from a TFTP network host
  overwrite-network     Overwrite NV memory from TFTP network host
  terminal              Configure from the terminal
  <cr>
```

```
R#configure terminal          (vai para o modo de configuração)
Enter configuration commands, one per line.  End with CNTL/Z.
R(config)#?                   (mostra os comandos disponíveis para configuração)

Configure commands:
  aaa                         Authentication, Authorization and Accounting.
  access-list                 Add an access list entry
  alias                       Create command alias
  arp                         Set a static ARP entry
  async-bootp                 Modify system bootp parameters
  banner                      Define a login banner
  boot                        Modify system boot parameters
  bridge                      Bridge Group.
  buffers                     Adjust system buffer pool parameters
  busy-message                Display message when connection to host fails
  call-history-mib            Define call history mib parameters
  cdp                         Global CDP configuration subcommands
  chat-script                 Define a modem chat script
  class-map                   Configure QoS Class Map
  clock                       Configure time-of-day clock
  config-register             Define the configuration register
  controller                  Configure a specific controller
  default                     Set a command to its defaults
  default-value               Default character-bits values
  dialer                      Dialer commands
  dialer-list                 Create a dialer list entry
```

```
  dnsix-dmdp                  Provide DMDP service for DNSIX
  dnsix-nat                   Provide DNSIX service for audit trails
  downward-compatible-config  Generate a configuration compatible
                              with older software
  enable                      Modify enable password parameters
  end                         Exit from configure mode
  exception                   Exception handling
  exit                        Exit from configure mode
  file                        Adjust file system parameters
  frame-relay                 global frame relay configuration commands
  help                        Description of the interactive help system
  hostname                    Set system's network name
  interface                   Select an interface to configure
  ip                          Global IP configuration subcommands
  key                         Key management
  line                        Configure a terminal line
  logging                     Modify message logging facilities
  login-string                Define a host-specific login string
  map-class                   Configure static map class
  map-list                    Configure static map list
  memory-size                 Adjust memory size by percentage
  menu                        Define a user-interface menu
  modemcap                    Modem Capabilities database
  multilink                   PPP multilink global configuration
  netbios                     NETBIOS access control filtering
  no                          Negate a command or set its defaults
  partition                   Partition device
  policy-map                  Configure QoS Policy Map
  priority-list               Build a priority list
  privilege                   Command privilege parameters
  process-max-time            Maximum time for process to run before
                              voluntarily relinquishing processor
  prompt                      Set system's prompt
  queue-list                  Build a custom queue list
  resume-string               Define a host-specific resume string
  rlogin                      Rlogin configuration commands
  rmon                        Remote Monitoring
  route-map                   Create route-map or enter route-map
                              command mode
  router                      Enable a routing process
  rtr                         RTR Base Configuration
  scheduler                   Scheduler parameters
  service                     Modify use of network based services
  snmp-server                 Modify SNMP parameters
  sntp                        Configure SNTP
  stackmaker                  Specify stack name and add its member
  state-machine               Define a TCP dispatch state machine
  subscriber-policy           Subscriber policy
  tacacs-server               Modify TACACS query parameters
  template                    Select a template to configure
  terminal-queue              Terminal queue commands
  tftp-server                 Provide TFTP service for netload requests
  time-range                  Define time range entries
  username                    Establish User Name Authentication
  virtual-profile             Virtual Profile configuration
  x25                         X.25 Level 3
  x29                         X29 commands

R(config)#
R(config)#
R(config)#interface ? ("?" mostra os complementos para o comando interface)
  Async                    Async interface
  BVI                      Bridge-Group Virtual Interface
```

```
  Dialer                Dialer interface
  FastEthernet          FastEthernet IEEE 802.3
  Group-Async           Async Group interface
  Lex                   Lex interface
  Loopback              Loopback interface
  Multilink             Multilink-group interface
  Null                  Null interface
  Serial                Serial
  Tunnel                Tunnel interface
  Virtual-Template      Virtual Template interface
  Virtual-TokenRing     Virtual TokenRing
  VLAN                  Catalyst VLANs
```

```
R(config)#interface serial0      (entra na interface serial0 para configurá-la)
R(config-if)#?                   ("?" mostra os comandos disponíveis para
                                 configurar a interface)
Interface configuration commands:
  access-expression        Build a bridge boolean access expression
  arp                      Set arp type (arpa, probe, snap) or timeout
  autodetect               Autodetect Encapsulations on Serial interface
  backup                   Modify backup parameters
  bandwidth                Set bandwidth informational parameter
  bridge-group             Transparent bridging interface parameters
  carrier-delay            Specify delay for interface transitions
  cdp                      CDP interface subcommands
  clock                    Configure serial interface clock
  custom-queue-list        Assign a custom queue list to an interface
  default                  Set a command to its defaults
  delay                    Specify interface throughput delay
  description              Interface specific description
  dialer                   Dial-on-demand routing (DDR) commands
  dialer-group             Assign interface to dialer-list
  down-when-looped         Force looped serial interface down
  dxi                      ATM-DXI configuration commands
  encapsulation            Set encapsulation type for an interface
  exit                     Exit from interface configuration mode
  fair-queue               Enable Fair Queuing on an Interface
  frame-relay              Set frame relay parameters
  full-duplex              Configure full-duplex operational mode
  half-duplex              Configure half-duplex and related commands
  help                     Description of the interactive help system
  hold-queue               Set hold queue depth
  idle-character           Set idle character type
  ignore                   ignore signals
  ignore-dcd               ignore dcd
  invert                   Serial invert modes
  ip                       Interface Internet Protocol config commands
  keepalive                Enable keepalive
  llc2                     LLC2 Interface Subcommands
  load-interval            Specify interval for load calculation for an
                           interface
  logging                  Configure logging for interface
  loopback                 Configure internal loopback on an interface
  mac-address              Manually set interface MAC address
  map-group                Configure static map group
  max-reserved-bandwidth   Maximum Reservable Bandwidth on an Interface
  mtu                      Set the interface Maximum Transmission Unit (MTU)
  multilink-group          Put interface in a multilink bundle
  netbios                  Use a defined NETBIOS access list or enable
                           name-caching
  no                       Negate a command or set its defaults
  nrzi-encoding            Enable use of NRZI encoding
```

```
  physical-layer          Configure sync or async physical layer on serial
                          interface
  ppp                     Point-to-Point Protocol
  priority-group          Assign a priority group to an interface
  pulse-time              Force DTR low during resets
  random-detect           Enable Weighted Random Early Detection (WRED) on an
                          Interface
  serial                  serial interface commands
  service-policy          Configure QoS Service Policy
  shutdown                Shutdown the selected interface
  smds                    Modify SMDS parameters
  snapshot                Configure snapshot support on the interface
  snmp                    Modify SNMP interface parameters
  source                  Get config from another source
  timeout                 Define timeout values for this interface
  traffic-shape           Enable Traffic Shaping on an Interface or
                          Sub-Interface
  transmit-interface      Assign a transmit interface to a receive-only
                          interface
  tx-ring-limit           Configure PA level transmit ring limit

R(config-if)#
R(config-if)#
R(config-if)#exit          (volta ao modo anterior)
R(config)#
```

```
R(config)#interface fastethernet0  (entra na interface fastethernet0 para
                                   configurá-la)
R(config-if)#?                     (mostra os comandos disponíveis para utilizar
                                   na configuração)
Interface configuration commands:
  access-expression       Build a bridge boolean access expression
  arp                     Set arp type (arpa, probe, snap) or timeout
  backup                  Modify backup parameters
  bandwidth               Set bandwidth informational parameter
  bridge-group            Transparent bridging interface parameters
  carrier-delay           Specify delay for interface transitions
  cdp                     CDP interface subcommands
  cmns                    OSI CMNS
  custom-queue-list       Assign a custom queue list to an interface
  default                 Set a command to its defaults
  delay                   Specify interface throughput delay
  description             Interface specific description
  exit                    Exit from interface configuration mode
  fair-queue              Enable Fair Queuing on an Interface
  full-duplex             Configure full-duplex operational mode
  half-duplex             Configure half-duplex and related commands
  help                    Description of the interactive help system
  hold-queue              Set hold queue depth
  ip                      Interface Internet Protocol config commands
  keepalive               Enable keepalive
  llc2                    LLC2 Interface Subcommands
  load-interval           Specify interval for load calculation for an
                          interface
  logging                 Configure logging for interface
  loopback                Configure internal loopback on an interface
  mac-address             Manually set interface MAC address
  max-reserved-bandwidth  Maximum Reservable Bandwidth on an Interface
  media-type              Interface media type
  mtu                     Set the interface Maximum Transmission Unit (MTU)
  multilink-group         Put interface in a multilink bundle
```

```
  netbios                    Use a defined NETBIOS access list or enable
                             name-caching
  no                         Negate a command or set its defaults
  priority-group             Assign a priority group to an interface
  random-detect              Enable Weighted Random Early Detection (WRED) on an
                             Interface
  service-policy             Configure QoS Service Policy
  shutdown                   Shutdown the selected interface
  snapshot                   Configure snapshot support on the interface
  snmp                       Modify SNMP interface parameters
  speed                      Configure speed operation.
  standby                    Hot standby interface subcommands
  timeout                    Define timeout values for this interface
  traffic-shape              Enable Traffic Shaping on an Interface or
                             Sub-Interface
  transmit-interface         Assign a transmit interface to a receive-only
                             interface
  tx-ring-limit              Configure PA level transmit ring limit

R(config-if)#
R(config-if)#
R(config-if)#exit            (volta ao modo anterior)
R(config)#router ?           (mostra os complementos para o comando router)
  bgp        Border Gateway Protocol (BGP)
  egp        Exterior Gateway Protocol (EGP)
  eigrp      Enhanced Interior Gateway Routing Protocol (EIGRP)
  igrp       Interior Gateway Routing Protocol (IGRP)
  isis       ISO IS-IS
  iso-igrp   IGRP for OSI networks
  mobile     Mobile routes
  odr        On Demand stub Routes
  ospf       Open Shortest Path First (OSPF)
  rip        Routing Information Protocol (RIP)
  static     Static routes

R(config)#router igrp ?              (mostra o complemento disponível para o comando
                                     router igrp)
  <1-65535>  Autonomous system number

R(config)#router igrp 202            (ativa o protocolo de roteamento igrp para o
                                     roteador R)
IP routing not enabled

Rconfig)#line ?                      (mostra os complementos disponíveis para o
                                     comando line)
  <0-10>    First Line number
  aux       Auxiliary line
  console   Primary terminal line
  tty       Terminal controller
  vty       Virtual terminal

R(config)#line console 0       (entra na interface de console para configurá-la)
R(config-line)#?               ("?" mostra os comandos disponíveis para configurar)
Line configuration commands:
  absolute-timeout             Set absolute timeout for line disconnection
  access-class                 Filter connections based on an IP access list
  activation-character         Define the activation character
  autocommand                  Automatically execute an EXEC command
  autocommand-options          Autocommand options
  autohangup                   Automatically hangup when last connection closes
  autoselect                   Set line to autoselect
  buffer-length                Set DMA buffer length
  data-character-bits          Size of characters being handled
```

```
databits                     Set number of data bits per character
default                      Set a command to its defaults
disconnect-character         Define the disconnect character
dispatch-character           Define the dispatch character
dispatch-machine             Reference a TCP dispatch state machine
dispatch-timeout             Set the dispatch timer
domain-lookup                Enable domain lookups in show commands
editing                      Enable command line editing
escape-character             Change the current line's escape character
exec                         Start an EXEC process
exec-banner                  Enable the display of the EXEC banner
exec-character-bits          Size of characters to the command exec
exec-timeout                 Set the EXEC timeout
exit                         Exit from line configuration mode
flowcontrol                  Set the flow control
flush-at-activation          Clear input stream at activation
full-help                    Provide help to unprivileged user
help                         Description of the interactive help system
history                      Enable and control the command history function
hold-character               Define the hold character
insecure                     Mark line as 'insecure' for LAT
international                Enable international 8-bit character support
ip                           IP options
length                       Set number of lines on a screen
location                     Enter terminal location description
lockable                     Allow users to lock a line
logging                      Modify message logging facilities
login                        Enable password checking
logout-warning               Set Warning countdown for absolute timeout of
                             line
modem                        Configure the Modem Control Lines
monitor                      Copy debug output to the current terminal line
motd-banner                  Enable the display of the MOTD banner
no                           Negate a command or set its defaults
notify                       Inform users of output from concurrent sessions
padding                      Set padding for a specified output character
parity                       Set terminal parity
password                     Set a password
private                      Configuration options that user can set will
                             remain in effect between terminal sessions
privilege                    Change privilege level for line
refuse-message               Define a refuse banner
rotary                       Add line to a rotary group
rxspeed                      Set the receive speed
script                       specify event related chat scripts to run on the line
session-disconnect-warning Set warning countdown for session-timeout
session-limit                Set maximum number of sessions
session-timeout              Set interval for closing connection when there is  no
                             input traffic
special-character-bits       Size of the escape (and other special) characters
speed                        Set the transmit and receive speeds
start-character              Define the start character
stop-character               Define the stop character
stopbits                     Set async line stop bits
telnet                       Telnet protocol-specific configuration
terminal-type                Set the terminal type
timeout                      Timeouts for the line
transport                    Define transport protocols for line
txspeed                      Set the transmit speeds
vacant-message               Define a vacant banner
width                        Set width of the display terminal
x25                          X25 protocol-specific configuration
```

```
R(config-line)#
R(config-line)#exit           (volta ao modo anterior)
R(config)#
R(config)#exit                (volta ao modo anterior)
R#
```

Para obter informações sobre roteadores vizinhos e suas configurações, utiliza-se o protocolo CDP (*Cisco Discovery Protocol*) para equipamentos Cisco. Os comandos utilizados para conseguir dados sobre equipamentos vizinhos são:

```
R#show cdp neighbor           (mostra as características dos roteadores vizinhos)
R#show cdp entry nomeA        (mostra as características do roteador nomeA)
R#show cdp neighbor detail    (mostra detalhes da configuração dos roteadores
                              vizinhos)
R#show cdp interface          (mostra as características das interfaces desse
                              roteador)
R#show cdp traffic            (mostra o tráfego de pacotes)
```

Cada comando pode ter vários complementos. Os exemplos mostram como entrar nas interfaces mais comuns e configurá-las, além dos comandos disponíveis.

É importante desenvolver o uso dos comandos estudados e as configurações mostradas em um roteador. A prática direta nos equipamentos é fundamental para o entendimento integral dos tópicos estudados.

6.1.6. *Setup*

Como iniciar a configuração de um roteador sem nenhuma gravada em sua memória? Utilize o comando *setup*. Esse modo carrega uma configuração mínima no roteador quando ele não possui ou não encontra a sua. Entra-se nesse modo ao digitar:

```
nome>
nome>enable
Password:                 (digitar a senha de acesso ao roteador)
nome#
nome#setup
        --- System Configuration Dialog ---
Continue with configuration dialog? [yes/no]:    (inicia a configuração
                                                 respondendo yes)
```

No exemplo anterior havia uma configuração no roteador, pois se entrou nele com a senha de acesso que já estava na configuração.

No caso de a configuração guardada na NVRAM ser apagada, não existir e não estar ativa na memória RAM, deve-se entrar no modo *setup* para estabelecer uma configuração básica inicial, a partir da qual se efetua a final.

A seguir, aprende-se como apagar a configuração que está na NVRAM (*startup-config*), recarregar o roteador (*reload*) e entrar no *setup* para criar uma nova:

```
nome#
nome#erase startup-config         (apaga a configuração da memória NVRAM)
nome#reload                       (inicializa o roteador)
```

Considere desligar o roteador. Ao ligá-lo novamente, o IOS é carregado, mas sem a configuração, que foi apagada. O sistema do roteador percebe que não há configuração na NVRAM e pergunta se o usuário deseja iniciar uma configuração básica, ou seja, inicia o *setup* automaticamente:

```
        --- System Configuration Dialog ---

Would you like to enter the initial configuration dialog? [yes/no]: (responder yes
para configurar)
```

Após digitar ou confirmar os comandos do *setup*, a opção 2 ([2] *Save this configuration to nvram and exit*) salva a configuração na NVRAM.

Após isso, se desligar o roteador e ligá-lo em seguida, é carregado com ela, sem a necessidade de entrar no *setup*.

```
nome>
```

Se responder *no* à pergunta para iniciar o diálogo de configuração, o roteador entra no modo usuário sem configuração. Se quiser estabelecer uma configuração básica, basta digitar o comando *setup* ou digitá-lo manualmente.

```
        --- System Configuration Dialog ---

Would you like to enter the initial configuration dialog? [yes/no]: no
Would you like to terminate autoinstall? [yes]:
Press RETURN to get started!
Copyright (c) 1986-2000 by Cisco Systems, Inc.
Compiled Wed 27-Dec-00 22:02 by kellythw
Router>
Router>
Router>setup            (inicia e grava uma nova configuração básica)

nome>
nome>enable             (vai para o modo privilegiado)
Password:               (digitar a senha de acesso definida na configuração)
nome#
nome#
```

Nas configurações, os comandos-padrão (*default*) aparecem entre colchetes "[ ]". Para escolher o comando entre colchetes, basta clicar Enter. Para entrar com um comando diferente do sugerido, é só digitá-lo e clicar Enter. Para encerrar o processo de configuração a qualquer momento, digite Ctrl + c.

Ao final do processo de *setup* é exibida a configuração e pergunta-se se deseja usá-la. Se a resposta for *yes*, a configuração é gravada na memória NVRAM. Se digitar *no*, não é salva e o processo recomeça.

6.1.6.1. Processo de *setup* do roteador: especificação das configurações básicas

A seguir, a configuração do *setup* desde o início.

Para entrar no modo *setup*, em que é possível especificar nome do roteador, senhas de acesso e configurações iniciais básicas em roteadores sem nenhuma configuração, utiliza-se o comando *setup* no modo configuração ou entra-se no *setup* quando ligar o roteador.

```
nome#setup
         --- System Configuration Dialog ---
Continue with configuration dialog? [yes/no]: yes                (digitar yes)
Would you like to enter basic management setup? [yes/no]: yes    (digitar yes)
Configuring global parameters:
Enter host name [nome]:R      (vamos dar o nome R ao roteador a aparecer no prompt)
The enable secret is a one-way cryptographic secret used
instead of the enable password when it exists.
Enter enable secret [<Use current secret>] xxxxx    (digitar a senha secreta de
                                                     acesso, criptografada, para
                                                     entrar na configuração)
Enter enable password [san-fran]: yyyyy             (digitar a senha de acesso não
                                                     criptografada, para entrar na
                                                     configuração)
Enter virtual terminal password [san-fran]: xxxxx   (digitar a senha contra acesso
                                                     não autorizado de outras
                                                     portas além da porta de
                                                     console)

Configure SNMP Network Management? [no]      (enter)
```

O *setup* apresenta e sugere configurações básicas para as interfaces existentes no roteador, como *Ethernet*, *Token-Ring* e seriais, endereços IP, protocolos e outras opções que podem ser aceitas (*yes*) ou negadas (*no*). É possível aceitar as sugestões entre colchetes ou alterá-las digitando o valor desejado.

No final do *setup* surge o nome dado ao roteador com o *prompt* "#", em que é possível incrementar ou alterar a configuração-padrão. É importante guardar as senhas definidas no *setup*, pois serão solicitadas nos próximos acessos ao roteador.

É preciso também, após terminar a configuração, transferi-lo à NVRAM. Ou seja, o arquivo de configuração criado está na memória RAM (*running-config*). Se o roteador for desligado, ele é perdido, portanto é preciso copiá-lo para a NVRAM (*startup-config*) com o comando *copy*.

```
R#copy running-config startup-config
```

Quando o roteador for ligado ou feito *reload*, o arquivo de configuração será buscado na NVRAM.

A senha secreta (*secret*) é criptografada pelo sistema operacional do roteador não visível. A normal (*password*) não é criptografada e fica visível, com menor segurança que a secreta.

Se a senha secreta for utilizada, a normal não é. Se ambas forem especificadas, vale a senha secreta criptografada para acesso ao roteador.

Após a configuração de todas as interfaces no *setup*, ele exibe as configurações criadas e solicita a gravação. Se responder *yes*, a configuração é gravada na memória NVRAM. Se responder *no*, ela não é salva e o processo reinicia. A configuração gerada pode ser vista pelo comando *show*:

```
R#show running-config (mostra a configuração gravada na RAM)
R#show startup-config (mostra a configuração gravada na NVRAM)
```

6.2. Recuperação de senha de roteador

Caso perca a senha do roteador ou receba um roteador sem a senha de acesso, existe um procedimento pelo qual se ignora a carga da configuração da NVRAM e entra na do *bootstrap*, no qual se criam novas senhas de acesso. Esse procedimento consiste em alterar o registro de configuração do roteador.

O valor do registro de configuração é visto com o comando *show version*.

```
R1#show version                    (mostra IOS, boot e registro de configuração)
R1#configure terminal
R1(config)#config-register 0x2102  (altera e especifica o valor do registro de
                                   configuração)
```

O registro de configuração é lido somente no processo de carga do roteador, quando é inicializado. Desta forma, ao alterar o valor do registro, para que passe a valer, é preciso desligar e ligar o roteador ou utilizar o comando *reload*.

Esse registro é composto de 16 *bits*, representado por quatro dígitos. Os quatro *bits* da direita, ou seja, o dígito da direita, especificam a forma de carga do roteador (*boot process*):

- Se igual a zero, faz a carga pelo ROM Monitor quando o roteador é ligado.
- Se igual a um, faz a carga pela memória ROM.
- Se igual a dois, faz a carga *default* (padrão) usando os comandos de carga (*boot system commands*) que estão na NVRAM.

Para ignorar a carga da configuração normal da NVRAM, deve-se alterar o registrador que especifica a configuração básica do *boot*. Esse registrador, composto de 16 *bits*, está configurado para efetuar a carga a partir da NVRAM e possui o valor 0x2102.

Se alterar o valor do registrador (registro de configuração do roteador) para 0x2142, ignora-se a carga da configuração da NVRAM ao recarregar o roteador, ficando aberta no modo *setup* do ROM Monitor.

No modo *setup* ROM Monitor faz-se a cópia da configuração da NVRAM para a RAM, criam-se novas senhas e copia-se novamente na NVRAM. Em seguida, volta-se o registro ao formato inicial 0x2102 para que o roteador volte a ler a configuração da memória NVRAM quando recarregado.

Para que, inicialmente, o roteador entre no *setup* ROM Monitor, deve ser desligado. Ao ligá-lo, apertam-se as teclas Ctrl + Break. O roteador entra no modo ROM Monitor (analogamente ao PC que quando se liga e apertam-se Ctrl + Del entra no modo *setup*) no qual é possível alterar o registrador e iniciar o modo de configuração ROM Monitor.

O ROM Monitor é um *software* da memória ROM. Inicia a carga do roteador quando ele é inicializado. Na abertura do roteador, para ignorar a carga da configuração gravada na memória NVRAM, deve-se alterar o registro de configuração.

Procedimentos:

1. Desligar o roteador.
2. Ligar o roteador e apertar Ctrl + Break.
3. A carga do roteador é interrompida e ele fica no modo ROM Monitor, no qual se altera o registro:

```
monitor: command "boot" aborted due to user interrupt
rommon 1 >
rommon 1 >
rommon 1 >o/r 0x2142    (digitar o valor do novo registro com o comando o/r 0x2142
                        ou confreg 0x2142, a alteração do registro para 0x2142 que
                        ignora a carga pela NVRAM)
rommon>i                ("i" recarrega o roteador)
         --- System Configuration Dialog ---

Would you like to enter the initial configuration dialog? [yes/no]: no    (ignora
o setup)
Press RETURN to get started!
Compiled Wed 27-Dec-00 22:02 by kellythw
Router>            (o roteador foi ativado sem configuração)
Router>enable      (vai para o modo privilegiado sem digitar senha)
Router#            (entrou no modo privilegiado sem pedir senha)
Router#copy startup-config running-config      (copia-se a configuração para a
                                               memória RAM)
Destination filename [running-config]?
618 bytes copied in 0.800 secs
R#                      (estamos dentro do roteador com a configuração da NVRAM)
                        (observar que o nome do roteador veio como estava na
configuração "R")

R#configure terminal              (vamos ao modo configuração para criar outras
                                  senhas)
R(config)#enable secret xxxxx     (cria-se uma senha secreta)
R(config)#enable password xxxxx   (cria-se uma senha normal)
R(config)#exit
R#show running-config             (mostra a configuração corrente com senhas
                                  alteradas)
R#copy running-config startup-config   (copia-se a configuração alterada para a
                                       NVRAM)
R#configure terminal
R(config)#
R(config)#config-register 0x2102       (volta o registrador ao valor inicial de
                                       carga pela NVRAM)
R(config)#exit                         (sai do modo configuração)
R#show version    (mostra a versão e o novo valor do registro de configuração a ser
                  carregado)
R#reload          (recarrega a configuração do roteador da NVRAM com as novas
                  senhas)
```

Com o comando *reload* o roteador é recarregado. Na nova carga a configuração é obtida da NVRAM. Como sua configuração é a nova *running-config*, que se alterou na memória RAM e copiou-se para a memória NVRAM, as senhas de acesso solicitadas serão as criadas.

6.3. *Backup* e recuperação do arquivo do sistema operacional (IOS) e do arquivo de configuração

É importante fazer uma cópia do IOS e do arquivo de configuração do roteador para que, em caso de perda ou pane no equipamento, seja possível recarregá-los.

Normalmente o *backup* (cópia) é feito pelo programa TFTP (*Trivial File Transfer Protocol*), que fica em um computador PC. Trata-se de um protocolo de transferência de arquivos da Cisco que copia os arquivos IOS e de configuração do roteador para o PC, guardando-os em um diretório. O programa TFTP pode ser obtido pelo site da Cisco, por meio de *download* e carregando-o no computador que fará o *backup*.

O PC com o programa TFTP deve ter a placa de rede *Ethernet* ligada à interface de rede *Ethernet* do roteador por um cabo de par trançado *crossover*. Deve-se especificar e configurar um endereço IP para a porta do roteador ligado ao PC e também ativar a interface com o comando *no shutdown*.

Após configurar um endereço IP, no exemplo 192.168.60.30, e máscara 255.255.255.0, e ativar a interface com o comando *no shutdown*, vá até o DOS do Windows e teste a comunicação entre o PC e o roteador com o comando *ping*.

A seguir, a especificação do endereço IP para a interface *Fast-Ethernet* do roteador:

```
R#
R#configure terminal
Enter configuration commands, one per line.  End with CNTL/Z.
R(config)#interface fastethernet0
R(config-if)#ip address 192.168.60.30 255.255.255.0
R(config-if)#no shutdown                 (ativa a interface fastethernet)
R(config-if)#exit
R(config)#exit
R#
```

Vamos testar se a interface *Fast-Ethernet* do roteador responde a um *ping* dado do Windows. A interface deve estar ativa com o comando *no shutdown*.

Como a placa de rede do PC está diretamente ligada à *Fast-Ethernet* do roteador, a configuração do TCP/IP deve ter o *gateway* de saída (*default gateway* ou roteador-padrão) configurado com o endereço IP da interface do roteador (192.168.60.30).

Para realizar essa configuração no Windows, entre no menu Iniciar, Configurações, Painel de Controle, Rede, TCP/IP *Fast-Ethernet Adapter*, Propriedades e digite o endereço 192.168.60.30 como *gateway* de saída.

Com isso, quando der o *ping* no PC, o Windows o encaminha para esse endereço.

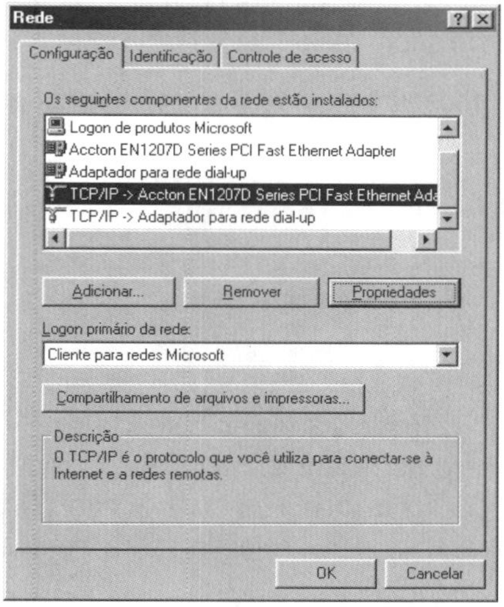

Figura 6.20 - Configuração do TCP/IP na placa de rede.

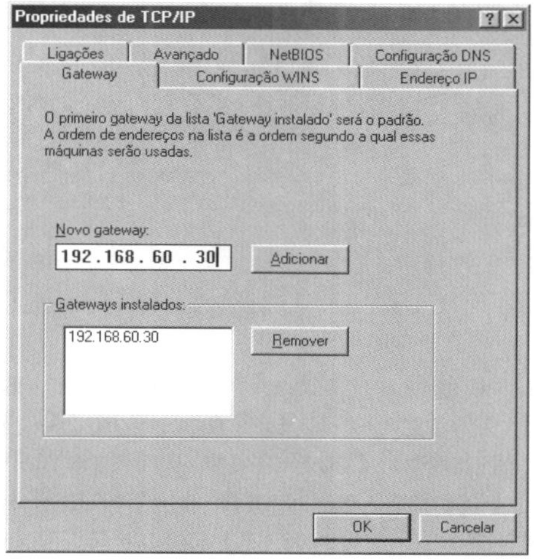

Figura 6.21 - Configuração do endereço IP do roteador no PC.

No PC com a placa de rede ligada à interface *Ethernet* ou *Fast-Ethernet* do roteador, *prompt* do Windows, no DOS, digita-se:

```
C:\WINDOWS>ping 192.168.60.30
```

A porta do roteador responde indicando que a conexão entre ele e o PC está funcionando com 0% de perda, ou seja, os quatro pacotes enviados pelo *ping* devem retornar como recebidos.

Com a conexão entre o micro (PC) e o roteador testada e funcionando, o próximo objetivo é copiar o arquivo do IOS, também chamado de imagem IOS ou imagem do sistema, que está na memória *Flash* do roteador para um arquivo no computador PC ligado ao roteador, pelo programa TFTP. Depois, faz-se o processo inverso de copiar o arquivo com o IOS guardado no PC para o roteador.

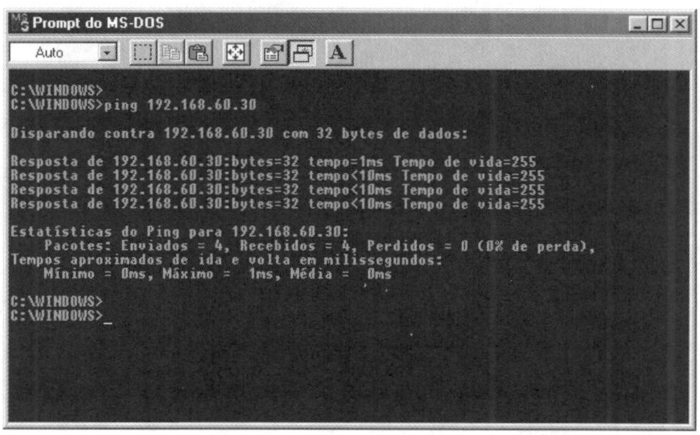

Figura 6.22 - Comando "ping" para testar o acesso da placa de rede do PC à porta do roteador.

Nesse caso é importante verificar o tamanho da memória *Flash*, para saber se comporta o sistema operacional a ser copiado nela, o que é feito com o comando *show flash*.

A seguir, uma configuração da porta do roteador e os procedimentos de *backup* do arquivo de configuração da NVRAM e do IOS da *Flash* para o servidor (PC) TFTP:

```
nome#interface ethernet0    (entrar na porta Ethernet para configurar o endereço IP)
nome(config)#ip address 192.168.60.30 255.255.255.0  (especificação do endereço IP)
nome(config)#no shutdown    (ativa a porta Ethernet0 do roteador)
nome(config)#exit           (sai do modo de configuração da porta)

(neste ponto testar a conexão PC x roteador dando um ping 192.168.60.30 no DOS)
```

Primeiramente o programa TFTP deve estar instalado no PC (pode ser obtido pelo site da Cisco). O TFTP cria para si um endereço IP no PC (TFTP-*Server*), por exemplo 10.4.9.65, configurado como o endereço IP do PC no Windows no menu Iniciar, Configurações, Painel de Controle, Rede, TCP/IP, Propriedades, Endereço IP, e que se comunica com o do roteador para efetuar as transferências de arquivos de *backup* e recuperação.

Com o TFTP carregado no PC e a placa de rede conectada à interface *Fast-Ethernet* do roteador, inicia-se o *backup*.

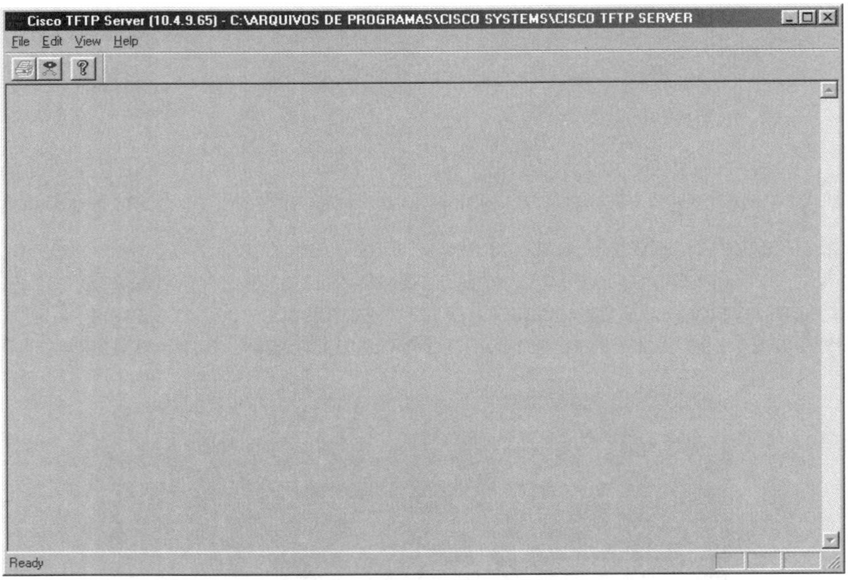

Figura 6.23 - Tela do utilitário TFTP para backup.

6.3.1. *Backup* do arquivo de configuração

Para copiar o arquivo de configuração da NVRAM (*startup-config*) do roteador no servidor TFTP, que é um microcomputador PC com placa de rede ligada à *interface Ethernet* do roteador por um cabo UTP do tipo *cross*, com o nome *startup-config-backup*, digite no HyperTerminal:

```
R#
R#copy startup-config tftp                     (copia a configuração da NVRAM do
                                               roteador para o TFTP)
Address or name of remote host []? 10.4.9.65 (digitar o endereço IP do TFTP no PC)
Destination filename [r-confg]? startup-config-backup   (digitar o nome do arquivo
                                                         a gravar no PC)
!!
713 bytes copied in 1.120 secs (713 bytes/sec)
(tamanho do arquivo copiado)
R#
R#
```

6.3.2. Recuperação do arquivo de configuração

Para copiar o arquivo de configuração do TFTP-*Server* de volta ao roteador na memória NVRAM (*startup-config*), digite no HyperTerminal:

```
R#
R#copy tftp startup-config                     (copia o arquivo do TFTP do PC para
                                                a NVRAM do roteador)
Address or name of remote host []? 10.4.9.65   (digitar o endereço IP do TFTP onde
                                                está o arquivo)
Source filename []? startup-config-backup      (digitar o nome do arquivo do TFTP
                                                que será copiado)
Destination filename [startup-config]?         (clicar Enter para assumir o nome
                                                sugerido nos colchetes)
Accessing tftp://10.4.9.65/startup-config-backup...
Loading startup-config-backup from 10.4.9.65 (via FastEthernet0): !
[OK - 713/1024 bytes]
[OK]
713 bytes copied in 19.992 secs (37 bytes/sec)
01:27:06: %SYS-5-CONFIG_NV_I: Nonvolatile storage configured from
tftp://10.4.9.65/startup-config-backup by console
R#
```

6.3.3. *Backup* do arquivo do sistema operacional (IOS)

Para copiar o arquivo do IOS da memória *Flash* para o PC (TFTP-*Server*), especifique no comando *copy* o nome do arquivo que possui o IOS. Ele pode ser obtido na descrição dada pelo comando *show version*:

```
R#
R#show version
Cisco Internetwork Operating System Software
System image file is "flash:c1700-sy-mz.121-6.bin"
Configuration register is 0x2102
R#
```

Digita-se o comando *copy*, o endereço IP do TFTP e o nome do arquivo:

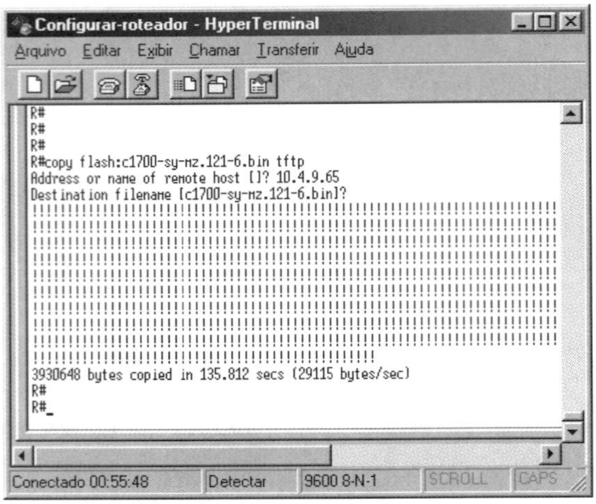

Figura 6.24 - Comando para cópia do IOS do roteador para o PC.

O nome do arquivo gravado no diretório do TFTP é o mesmo de origem, pois se clicou Enter na opção *Destination filename*, assumindo o nome sugerido entre colchetes, de origem. Pode-se também simplesmente usar o comando:

```
R#copy flash tftp
```

6.3.4. Recuperação do arquivo do sistema operacional (IOS)

Para copiar um arquivo com o IOS do *TFTP-Server* de volta à memória *Flash* do roteador ou para gravar no roteador uma nova versão do IOS, deve-se tê-la em um arquivo no diretório do servidor TFTP.

É importante, antes de iniciar a cópia, verificar se a memória do roteador possui tamanho suficiente para comportar o arquivo. Sugere-se, antes de fazer a gravação no roteador, apagar a memória *Flash*.

```
R#
R#copy tftp flash    (copia o arquivo do servidor TFTP no PC para a memória Flash)
Address or name of remote host []? 10.4.9.65       (digitar o endereço IP do TFTP-
                                                    Server)
Source filename []? c1700-sy-mz.121-6.bin          (digitar o nome do arquivo)
Destination filename [c1700-sy-mz.121-6.bin]?      (nome a ser gravado no roteador)
Accessing tftp://10.4.9.65/c1700-sy-mz.121-6.bin...
Erase flash: before copying? [confirm]       (Enter confirma que se deve apagar a
                                             Flash antes)
Erasing the flash filesystem will remove all files! Continue? [confirm]
Erasing device... eeeeeeeeeeeeeeeeeeeeeeeeeeeeeeeeeeeeeeeeeeeeeeeeeeeeeeeeeeeeee
...erased
Erase of flash: complete
Loading c1700-sy-mz.121-6.bin from 10.4.9.65 (via FastEthernet0): !!!!!!!!!!!!!
!!!!!!!!!!!!!!!!!!!!!!!!!!!!!!!!!!!!!!!!!!!!!!!!!!!!!!!!!!!!!!!!!!!!!!!!!!!!!!!!
 [OK - 3930648/7861248 bytes]
Verifying checksum...  OK (0xF832)
3930648 bytes copied in 114.120 secs (34479 bytes/sec)
R#
R#show flash                  (mostra o IOS gravado na memória Flash)
```

Durante o processo de carga, cada ponto de exclamação "!" indica que um segmento UDP foi transferido com sucesso.

Se o roteador não possui IOS gravado na memória *Flash*, para copiá-lo usa-se o comando tftpdnld após especificar os endereços IP, bem como a máscara e o nome do arquivo a ser copiado. Sem o IOS o roteador entra no modo ROM Monitor e então se digitam os endereços IP, o nome do arquivo e o comando tftpdnld:

```
rommon 1 >
rommon 1 > IP_ADDRESS=192.168.60.30           (digita-se o IP do roteador)
rommon 2 > IP_SUBNET_MASK=255.255.255.0       (digita-se a máscara do roteador)
rommon 3 > DEFAULT_GATEWAY=10.4.9.65          (digita-se o default gateway do roteador)
rommon 4 > TFTP_SERVER=10.4.9.65              (digita-se o IP do TFTP server)
rommon 5 > TFTP_FILE=c1700-sy-mz.121-6.bin    (digita-se o nome do arquivo a ser
                                              copiado)
rommon 6 > tftpdnld                           (comando para iniciar a cópia do
                                              arquivo do TFTP para a memória Flash)
          IP_ADDRESS: 192.168.60.30
      IP_SUBNET_MASK: 255.255.255.0
     DEFAULT_GATEWAY: 10.4.9.65
         TFTP_SERVER: 10.4.9.65
           TFTP_FILE: c1700-sy-mz.121-6.bin
Invoke this command for disaster recovery only.
WARNING: all existing data in all partitions on flash will be lost!
Do you wish to continue? y/n:  [n]:  y
Receiving c1700-sy-mz.121-6.bin from 10.4.9.65 !!!!!!!!!!!!!!!!!!!!!!!!!!!!!!!!
!!!!!!!!!!!!!!!!!!!!!!!!!!!!!!!!!!!!!!!!!!!!!!!!!!!!!!!!!!!!!!!!!!!!!!!!!!!!!!!!
File reception completed.
Copying file c1700-sy-mz.121-6.bin to flash.
Erasing flash at 0x607f0000
Programming location 603b0000
rommon 7 >
rommon 7 >
```

Nessa etapa desliga-se e liga o roteador para recarregar o novo IOS. Após a carga é possível confirmar o arquivo copiado com o comando *show flash* e:

```
R>
R>enable
Password:
R#show flash
System flash directory:
File  Length   Name/status
       1   3930648  c1700-sy-mz.121-6.bin
[3930712 bytes used, 4457896 available, 8388608 total]
8192K bytes of processor board System flash (Read/Write)
R#show version
Cisco Internetwork Operating System Software
IOS (tm) C1700 Software (C1700-SY-M), Version 12.1(6), RELEASE SOFTWARE (fc1)
ROM: System Bootstrap, Version 12.0(3)T, RELEASE SOFTWARE (fc1)
System returned to ROM by power-on
System image file is "flash:c1700-sy-mz.121-6.bin"
        . Configuration register is 0x2102
R#
```

6.3.5. Telnet entre roteadores

Pode-se utilizar o Telnet em um roteador para acessar e configurar outros roteadores ou *switches*. O IOS do roteador possui o Telnet, que pode ser executado com o comando telnet.

No exemplo seguinte, há um Telnet em *host* ligado ao roteador R1. Acessando pelo Telnet o roteador R2, com o comando telnet, tem-se:

```
R1#
R1#telnet R2                 (acesso Telnet ao roteador R2)
Trying R2
User Access Verification
Password:                    (o roteador R2 pede a senha de acesso)
R2>
R2>
(Para voltar ao roteador original - R1 - pressionar Ctrl+Shift+6 e a tecla x)

R1#
R1#telnet R3                 (acesso Telnet ao roteador R3)
Trying R3
User Access Verification
Password:                    (o roteador R3 pede a senha de acesso)
R3>
R3>
(Para voltar ao roteador R1: Ctrl+Shift+6 e pressionar a tecla x)

R1#show sessions             (mostra as conexões Telnet)
R1#disconnect 1              (desconecta a conexão 1)
R1#disconnect 2              (desconecta a conexão 2)
```

6.4. Atividades de fixação

1) Cite os principais modos de comando utilizados na configuração de roteadores.

2) Explique as memórias do roteador e suas funções.

3) Que cabo conecta um PC à porta de console de um roteador para configurá-lo?

4) Que programa é normalmente utilizado no PC para configurar um roteador?

5) Cite o nome do programa que realiza *backup* dos arquivos de configuração ou do sistema operacional (IOS) de um roteador para um PC e vice-versa.

6) Qual é a função da porta AUX do roteador?

Capítulo 7

Switches - Estrutura e Configurações

7.1. Funcionamento de um *switch*

Switches Ethernet são utilizados basicamente para segmentar, isolar ou filtrar o tráfego de redes locais entre seus segmentos (barramentos).

Como visto, os *hubs* irradiam por todas as portas um *frame* recebido de uma estação. Isso pode ocasionar colisões no barramento da rede local se o número de estações e o tráfego forem elevados. Em uma rede local na qual as estações são interligadas por meio de um *hub*, diz-se que estão no mesmo segmento e domínio de colisão.

O *switch* segmenta, ou seja, separa uma rede local em vários segmentos com domínios de colisão separados. Faz-se isso pela filtração dos *frames Ethernet* e pelo endereço MAC, deixando passar para um segmento apenas os frames direcionados a ele.

Cada segmento de rede é ligado em uma porta do *switch*, que opera na camada 2 do modelo OSI, pois utiliza o endereço MAC do *frame Ethernet* como parâmetro para filtrar e encaminhar os dados. Essa função do *switch* evita a sobrecarga no tráfego da rede e diminui a colisão, pois o tráfego de um segmento fica restrito somente a ele, não se propagando a outro.

A comutação ou encaminhamento dos *frames* nos *switches* ocorre mais rapidamente do que nas *bridges*, pois a comutação e o filtro dos *frames* são baseados em *hardware* por meio de *chips* do tipo ASICs. Nas *bridges* o filtro e o encaminhamento dos *frames* são feitos por *software*, o que torna a operação mais lenta.

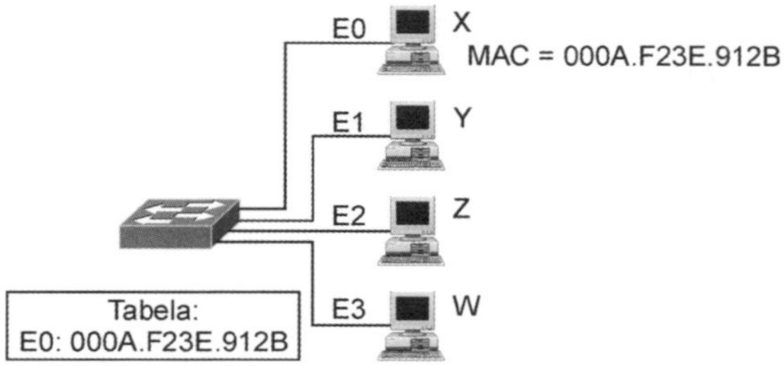

Figura 7.1 - Switch montando sua tabela de MAC-address conforme as estações transmitem frames. O switch registra na tabela o endereço MAC da estação que originou o frame e a porta pela qual ele chegou. Recebe dados do PC X e coloca na tabela o seu endereço MAC e a porta E0.

Quando o *switch* recebe um *frame* e seu endereço MAC de destino consta na tabela de MAC-*address*, ele é enviado somente à porta na qual está ligado o segmento que possui uma estação com esse endereço. Caso não haja o endereço MAC de destino na tabela, ele envia o *frame* a todas as suas portas, ou seja, envia-o a todos os segmentos ligados ao *switch*, exceto à porta em que o *frame* foi recebido.

Os *switches* montam tabelas com os endereços MAC de cada segmento para filtrar e encaminhar os *frames* apenas ao segmento de destino. A criação da tabela é feita automaticamente pelo *switch* conforme os *frames* passam por ele.

Quando o *switch* é ligado, as tabelas estão vazias e um *frame* recebido é transmitido a todos os segmentos. À medida que a tabela é montada e preenchida com os endereços MAC das estações que começam a enviar *frames*, o *switch* passa a reconhecer a localização dessas estações e ao receber um *frame* direcionado a uma que já está com seu endereço MAC na tabela, encaminha-o somente àquele segmento em que a estação está.

Alguns *frames* denominados *broadcast* ou *multicast* são enviados a todos os segmentos ou parte deles, pois são de interesse de todas as estações dos segmentos da rede. Nesse caso, o *switch* irradia *frames* do tipo *broadcast* a todos os segmentos e *multicast* ao grupo de estações ou segmentos aos quais for direcionado.

Os *switches* têm basicamente três funções: aprendizado de endereços (*address learning*), encaminhamento e filtro de *frames* (*forwarding and filtering*) e evitar *loops* de *frames* em uma rede composta por vários *switches*.

As tabelas dos endereços MAC dos segmentos ligados a um *switch* chamam-se base de dados MAC (MAC *database*).

Em uma rede composta por diversos *switches* interligados por caminhos redundantes, pode ocorrer um fenômeno chamado *loop*, em que um *frame* transmitido por um caminho retorna por outro. É possível também que *frames* sejam entregues em duplicata às estações de destino, o que causa erros nos protocolos de rede (camada 3).

Frames de *broadcast* podem circular na rede por tempo indeterminado, causando a *broadcast storm*, que prejudica a performance da rede.

O *loop* inclusive provoca instabilidade nas tabelas MAC, pois um *frame* em *loop* chega a um *switch* por diferentes portas, ocasionando alterações na tabela.

Uma forma de evitar esses problemas é impedir que determinadas interfaces dos *switches* transmitam ou recebam *frames*. Faz-se isso pelo protocolo *Spanning-Tree*, pois o *Ethernet* não possui mecanismos de detecção e eliminação de *loops*.

7.1.1. Protocolo *Spanning-Tree*

O *Spanning-Tree* é um protocolo de comunicação entre *bridges* ou *switches* descrito na especificação IEEE-802.1, que tem como objetivo detectar e eliminar *loops* em redes e bloquear portas para que eles não ocorram.

Esse protocolo monitora e explora continuamente a rede para detectar a inclusão ou adição de *links*. Quando alguma mudança acontece, ele reconfigura as portas do *switch* necessárias para impedir a criação de *loops* ou perda de comunicação na queda de algum *link*.

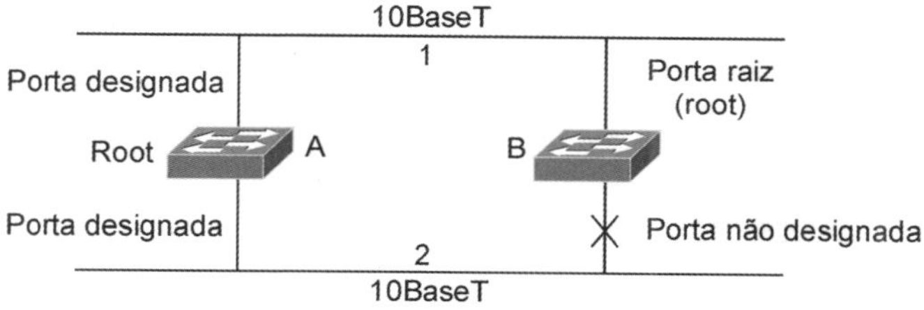

Figura 7.2 - O acesso do switch A ao B pelo caminho (link) 2 é bloqueado para evitar loops e o envio de frames em duplicidade.

Em uma rede composta por muitos *switches*, um é escolhido como *switch* raiz (*root switch*) para o *Spanning-Tree*. Nele todas as portas transmitem *frames* (*forwarding state*) e chamam-se portas designadas, que recebem e enviam *frames*. Em cada segmento só há uma porta designada.

Os demais *switches* possuem uma porta raiz (*root*) pela qual são ligados ao *switch* raiz, usando o melhor caminho existente ou o de maior velocidade. Por essa porta recebem e enviam *frames* (*forwarding state*).

As portas não designadas são bloqueadas (*blocking state*) para evitar *loops* na rede.

Os *switches* e *bridges* com *Spanning-Tree* trocam mensagens de configuração utilizando um *frame* chamado BPDU (*Bridge Protocol Data Unit*), que entre outras informações possui a identificação do *switch* ou *bridge* que o enviou. A identificação é composta por dois *bytes* que indicam a prioridade, mais seis *bytes* do endereço MAC. O valor-padrão para os dois *bytes* de prioridade é 32768. O *switch* raiz é escolhido pelo menor número de identificação, ou seja, menor número de prioridade e de endereço MAC.

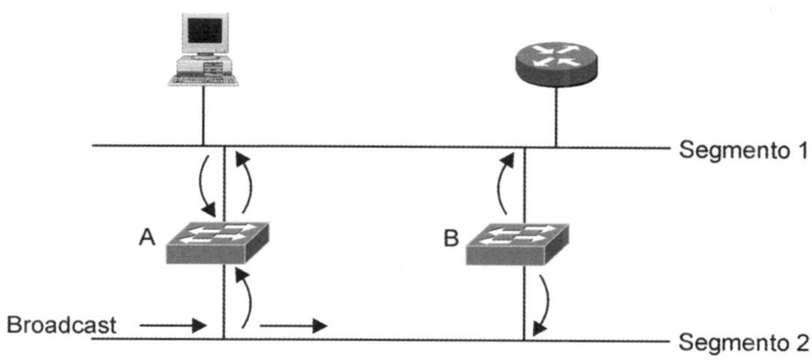

Figura 7.3 - Switches interligados por caminhos redundantes. Ter dois ou mais caminhos aumenta a segurança no caso de falhas de um deles, porém pode ocasionar loop de frames. Um frame fica circulando em virtude das conexões redundantes que servem de retorno para ele.

7.1.1.1. Comutação e encaminhamento dos *frames* em um *switch*

Os *frames* em um *switch* são encaminhados de diferentes maneiras:

- ***Store-and-forward***: o *switch* recebe o *frame*, armazena-o na memória, verifica o CRC para saber se houve erro de transmissão, descarta o *frame* caso o erro exista ou, se não existir, encaminha-o à porta de destino.
- ***Cut-through***: o *switch* lê apenas o endereço de destino no *header* do *frame* que chega e imediatamente o encaminha à porta de destino. Essa comutação é mais rápida, porém não verifica erros de CRC. O retardo (*latency*) é menor.
- ***Fragment-free***: o *switch* lê os primeiros 64 *bytes* do *frame* e encaminha-o caso não tenha detectado colisão nesses *bytes*. É um meio termo entre os dois modos anteriores.

Quanto ao modo e velocidade de transmissão em um segmento de rede, têm-se:

- ***Half-duplex***: a transmissão é feita no barramento em tempos diferentes da recepção. Ou seja, uma estação só transmite ou recebe em determinado tempo. Isso ocorre nas que são feitas nos barramentos de *hubs*. Se duas transmissões forem simultâneas, há colisão dos sinais, pois só existe um meio único para transmitir.
- ***Full-duplex***: transmissão e recepção são feitas simultaneamente, utilizando fios diferentes do cabo de pares trançados (cabo UTP). Isso é possível em conexões ponto a ponto *Ethernet* ou *Fast-Ethernet*. Nesse caso, não há colisão por se tratar de uma conexão ponto a ponto entre dois dispositivos, e por utilizarem fios independentes no cabo.

7.1.2. Configurações básicas de um *switch*

A seguir, as configurações básicas de um *switch* Catalyst 1900 da Cisco. As configurações apresentadas servem como modelo para entendimento geral de como configurar esse tipo de equipamento.

Cada equipamento e cada fabricante possuem uma forma proprietária de configurar. De uma maneira geral, o princípio é o mesmo e as formas de configurações são análogas.

Esse equipamento utiliza o sistema operacional IOS da Cisco e a configuração por comandos digitados (linhas de comando ou CLI).

Em seguida, vê-se como configurar e definir senhas e *hostname*, endereços IP, interfaces, VLANs e *trunking*. Analogamente aos roteadores, conforme já visto, a configuração é feita pelo HyperTerminal do Windows:

- 9600bps;
- oito *bits* de dados;
- sem paridade (*none*);
- um *bit* de parada (*stop bit*);
- sem controle de fluxo (*none*).

A conexão ao PC que fará a configuração realiza-se pelo cabo *roll-over* ligado à porta de console do *switch* (conector RJ-45) e à porta serial do PC. Ao iniciar o programa HyperTerminal no Windows pelo menu Iniciar, Programas, Acessórios, Comunicações, HyperTerminal, Criar um ícone com a configuração anterior e executá-lo e, ligando o *switch*, aparece a linha de comando em que é possível começar a configuração ou consultar a existente.

O *switch* da linha Catalyst possui LEDs que ficam verdes se tudo operar normalmente, ou na cor âmbar se houver algum problema.

O equipamento possui um botão que se chama MODE no painel frontal e LEDs que indicam:

- **SYSTEM (Sistema):** LED verde aceso indica que o equipamento está operacional.
- **RPS (*Redundant Power Supply*):** LED verde aceso indica que o equipamento possui fonte redundante operacional (*redundant power supply*). Se o LED RPS estiver âmbar, significa que a fonte redundante está instalada, mas não operacional. Se estiver piscando, mostra que tanto a fonte interna quanto a redundante estão ligadas e a interna está alimentando o *switch*.

Ao apertar o botão MODE, aparecem:

- **STAT:** LED verde indica que um *link* está conectado ao equipamento, piscando mostra que a porta está em atividade e âmbar significa que há falha de comunicação.
- **UTL:** mostra a largura de banda utilizada pelo *switch*: LEDs de um a oito acesos indicam utilização < 6Mbps, de nove a 16 acesos utilização < 12Mbps e de 17 a 24 acesos utilização de 12 a 28Mbps.
- **FDUP:** LED verde indica que se configuraram as portas do *switch* em *full-duplex*.

Esse *switch* possui 12 ou 24 portas *Ethernet* de 10Mbps (portas 0/1 a 0/12) para conexão de dispositivos e duas *Fast-Ethernet* de 100Mbps (0/26 e 0/27) ou FX para conexão com outros *switches* (*uplinks*) e uma porta AUI (0/25).

O cabo de par trançado TP (*Twisted Pair*) que se utiliza na conexão entre dois *switches* precisa ser *cross-over* e deve-se usar o cabo pino a pino (*straight-through*) para a conexão de estações ou roteadores ao *switch*.

Ao ligar o *switch*, ele entra em modo de teste (POST), e se todos os LEDs estiverem verdes, significa que o teste está correto.

Ao final da inicialização, se houver alguma porta com problema, passa a ter cor âmbar, assim como o LED SYSTEM. As portas do *switch* são especificadas da seguinte forma: ethernet0/1 a ethernet0/24, fastethernet0/26 e fastethernet0/27.

Observam-se 24 portas (interfaces) *Ethernet*, numeradas de e0/1 a e0/24, que operam a 10Mbps e duas *Fast-Ethernet* que operam a 100Mbps. O 0/ indica o *slot* (placa) do *switch* no qual elas estão ligadas. Na parte traseira do *switch* há uma com interface AUI (*Attachment Unit Interface*), considerada a porta 25.

As portas do *switch* são também chamadas de interfaces (*port* ou *interface*).

O *switch* do tipo Catalyst 1900 possui três métodos de configuração:

1. Configuração por menu a partir da porta de console.
2. Configuração por *browser*/web (VSM - *Visual Switch Manager*). Nesse caso, o *switch* precisa ter um endereço IP para que seja possível acessá-lo por um *browser*.
3. Configuração pela linha de comando (CLI - *Command Line Interface*) do IOS, o tipo de configuração a ser estudado no livro.

O *switch* vem de fábrica com uma configuração-padrão (*default*): endereço IP = 0.0.0.0, CDP habilitado, comutação no modo *Fragment-free*, portas 10BaseT em *half-duplex*, portas 100BaseT em *duplex*, *Spanning-Tree* habilitado e sem senha de acesso à porta de console.

Ao ligar o equipamento, se o teste de carga inicial (POST) estiver correto, deve aparecer na tela do emulador HyperTerminal do PC ligado à porta de console do *switch* Catalist 1900:

```
Catalyst 1900 Management Console
Copyright (C) Cisco systems, Inc.
All rights reserved
Enterprise Edition Software
Ethernet Address:
PCA Number:
PCA Serial Number:
Model Number:
System Serial Number:
Power Supply S/N:
1 user(s) now active on Management Console
       User Interface Menu
       [M] Menus                    (disponibiliza a configuração por menu)
       [K] Command Line             (disponibiliza a configuração por linha de
                                    comando - CLI)
       [I] IP Configuration         (permite a designação de um endereço IP para o
                                     switch)
       [P] Console Password
Enter Selection:
```

Os comandos utilizados para configurar o *switch* Catalyst 1900 são semelhantes aos de configuração dos roteadores e empregam a mesma interface de comandos (CLI). Tem-se o modo EXEC normal (*prompt* >) e o EXEC privilegiado (*prompt* #), acessado mediante senha. O sinal de interrogação "?" é o *help* do sistema e mostra os comandos disponíveis no ponto em que se está. A seguir, alguns dos comandos mais utilizados:

```
#show version               (mostra a versão do sistema, arquivos de configuração e
                            outras informações)
#mac-address-table permanent endereçoMAC tipo slot/porta   (define um endereço
MAC-address fixo para a placa e porta especificada - slot/porta)
#show mac-address-table           (mostra a tabela de endereços MAC)
#show interfaces                  (mostra estatísticas sobre todas as interfaces
                                  configuradas do switch)
#show interface ethernet0/1       (mostra as características específicas da porta
                                  Ethernet0/1)
#ip address endereçoIP mascara    (especifica o endereço IP do switch para
                                  gerenciamento)
#show ip                          (mostra o endereço IP do switch, máscara e
                                  default-gateway)
#copy tftp://10.4.9.65/config.cfg     (copia o arquivo de configuração do servidor
                                      TFTP para o switch)
```

```
#copy nvram tftp://10.4.9.65/config.cfg  (copia o arquivo de configuração da NVRAM
                                          para o host TFTP que tem o endereço
                                          10.4.9.65 no arquivo config.cfg)
#delete nvram                  (apaga a configuração do switch e retorna às
                               configurações de fábrica)
#show running-config           (mostra a configuração do switch, senhas, nome do switch
                               - hostname ou system-name - e interfaces)
#show spantree                 (mostra a configuração do Spanning Tree)
#show VLAN-membership          (mostra a configuração das VLANs)
```

A tabela de endereços MAC no *switch* é montada por ele próprio ao receber os *frames*, relacionando-os às portas (interfaces) pelas quais chegaram.

Quando o arquivo de configuração da memória RAM (*running-config*) é alterado, ele é automaticamente atualizado na NVRAM (*startup-config*). Portanto, após fazer alterações no arquivo de configuração não é necessário copiá-lo para a NVRAM, pois isso é feito automaticamente.

Se o *switch* se chama S1, ao ser acessado para configuração tem-se:

```
S1>
S1>enable          (para entrar no modo privilegiado e configurar o switch)
Enter password:    (digitar a senha de acesso)
S1#s?              (com "?" na frente da letra s, mostram os comandos que começam
                   com esta letra)

S1#show ?          (mostra os subcomandos do comando show)
```

Se digitar comandos incorretos, o sistema operacional responde com mensagens de erro explicando o problema.

```
S1#history         (este comando mostra os últimos comandos digitados)
```

Para exibir o comando anterior digitado, aperte a tecla Seta para cima ou Ctrl+P. Para ir aos comandos seguintes, pressione a tecla Seta para baixo ou Ctrl+N.

7.2. Configuração de senhas no *switch*

O comando utilizado é o *enable password*, analogamente ao roteador, acrescido do nível de acesso que varia de 1 a 15, sendo 1 o nível mais baixo (usuário), que não permite alterações, e 15 o nível mais alto (privilegiado), que concede todas as alterações. É importante ressaltar que as senhas de *switches* não podem ser recuperadas se perdidas, portanto devem ser bem guardadas. Podem ser digitadas tanto maiúsculas como minúsculas.

Primeiramente se entra no modo de configuração e em seguida digita-se o comando.

```
S1#
S1#configure terminal                    (entra-se no modo configuração global
                                         em que é possível configurar o switch)
S1(config)#enable password level 15 senha  (a senha pode ter de quatro a oito
                                         caracteres)
```

A senha criptografada (*secret*), mais segura, é configurada como no roteador:

```
S1(config)#enable secret senha
```

A configuração do nome do *switch* (*hostname*) também é análoga ao *router*:

```
S1(config)#hostname nome              (coloca ou altera o nome do switch)
nome(config)#
```

Opcionalmente, pode-se configurar um endereço IP para o *switch*, sendo possível acessá-lo remotamente para gerenciá-lo ou fazer configurações com o uso de um emulador Telnet (como o HyperTerminal) ou um *browser*. Exemplo:

```
nome(config)#
nome(config)#ip address 10.130.40.220 255.0.0.0  (especifica-se o endereço IP do
                                                  switch para se conectar ao switch
                                                  por Telnet ou para gerenciamento
                                                  SNMP)
nome(config)#ip default-gateway 10.130.40.210    (especifica o endereço IP do
                                                  default-gateway)
nome(config)#
```

Com o comando *no ip address* altera-se o endereço IP do *switch* para o de fábrica (0.0.0.0):

```
nome(config)#no ip address
```

Se o *switch* necessita enviar *frames* a redes além da sua, pode enviá-los ao roteador (*default-gateway*) que os encaminha à rede de destino endereçada. Para apagar o endereço do *default-gateway* configurado e retornar ao endereço padrão de fábrica (0.0.0.0) utilize o comando *no ip default-gateway*.

```
nome(config)#no ip default-gateway
```

Para configurar uma porta específica do *switch*, deve-se ir ao modo de configuração de interface e utilizar o *help* (?) para listar os comandos disponíveis:

```
nome(config)#
nome(config)#interface ethernet0/1     (entra na configuração específica da porta
                                        ethernet0/1)
nome(config-if)#?
```

Para configurar uma porta que opere em *full-duplex*, no modo de configuração da interface, digite o comando *duplex full*.

As opções de configuração do comando *duplex* são: auto (autoconfiguração), *full* (*full-duplex*), *full-flow-control* (faz o controle de fluxo) e *half* (opera em *half-duplex*). Exemplo:

```
nome(config)#
nome(config)#interface fastethernet0/26
nome(config-if)#duplex full
```

Para acessar a configuração de um *switch* pela rede, é preciso utilizar a aplicação Telnet feita de um PC remoto pelo endereço IP do *switch*. Outra forma de testar o acesso ao *switch* é utilizar o comando *ping* com o seu endereço IP.

7.3. Armazenamento e *backup* da configuração do *switch*

A configuração do *switch* fica armazenada em sua memória NVRAM, analogamente ao que acontece nos roteadores, porém não há como acessar a NVRAM do *switch*.

As alterações são realizadas na configuração em uso na memória RAM, ou seja, na *running-config* ou configuração em uso, e automaticamente salvas na NVRAM.

Analogamente aos roteadores, quando o *switch* é ligado à configuração armazenada na memória NVRAM, é transferida para a memória RAM, na qual permanece processando.

Para apagar o conteúdo da memória NVRAM do *switch* utiliza-se o comando *delete nvram*, que apaga a configuração corrente, restando apenas a padrão de fábrica.

```
#delete nvram
```

A tabela do *switch* que contém os endereços MAC e suas correlações com as respectivas portas em que se encontram é visualizada com o comando *show mac-address-table*.

```
#show mac-address-table
```

A tabela *MAC-address* do *switch* pode ser apagada com o comando *clear mac-address-table*.

```
#clear mac-address-table
```

É possível assinalar endereços MAC fixos na tabela de endereços do *switch* (ou seja, colocar um endereço MAC que não expira na tabela do *switch*). Associa-se o endereço MAC à porta do *switch* em que está ligado o segmento no qual ele se encontra, utilizando o comando *mac-address-table permanent <u>endereçoMAC</u> <u>interface</u>*. O endereço é apresentado no formato hexadecimal com 12 caracteres (10FB.453A.78C0, por exemplo) e a interface com nome e número da porta (ethernet0/1, por exemplo):

```
#configure terminal
(config)#mac-address-table permanent 10FB.453A.78C0 ethernet0/1
(config)#exit
#show mac-address-table       (mostra os endereços permanentes e dinâmicos da
                               tabela MAC)
```

Pode-se também restringir uma porta (interface) do *switch* para que só envie *frames* a outra específica. No exemplo seguinte somente a porta ethernet0/1 consegue enviar *frames* ao endereço estático 10FB.453A.78C0 que está no segmento ligado à porta ethernet0/4:

```
(config)#
(config)#mac-address-table restricted static 10FB.453A.78C0 ethernet0/4
ethernet0/1
```

Inclusive, é possível especificar o número de endereços de *hardware* (endereços MAC) que podem acessar a porta de um *switch*, utilizando o comando *port secure max-mac-count 3*. No próximo exemplo, apenas três endereços MAC de dispositivos externos acessam a interface ethernet0/1 do *switch*.

```
(config)#interface ethernet0/1
(config-if)#port secure max-mac-count 3
```

Para verificar o tipo de comutação empregado no *switch* (LAN *switching*) utilize o comando *show port system*, que revela se ele opera no modo *store and forward* ou *fragment free*.

```
#show port system
```

7.4. Redes locais virtuais (VLANs): conceitos e configurações

Para controlar o *broadcast* de mensagem em uma rede composta por vários segmentos, alguns *switches* segmentam os domínios de *broadcast*.

Em uma rede composta por *switches* com vários segmentos, cada barramento de rede local é um domínio de colisão e todos os segmentos um domínio de *broadcast*. Uma mensagem de *broadcast* é transmitida a todos os segmentos da rede.

Normalmente o *broadcast* só é bloqueado pelo roteador, que não transmite mensagens a outras portas (cada porta do roteador é um domínio de *broadcast*). Porém, existem *switches* que possuem a facilidade de configuração das VLANs, e dividem a rede em diferentes domínios de *broadcast*.

A vantagem desse procedimento é que se diminui o tráfego da rede pela contenção de mensagens de *broadcast* antes transmitidas a todos os segmentos de redes locais, agora transmitidas apenas a uma parte ou grupo de estações que compõem a VLAN.

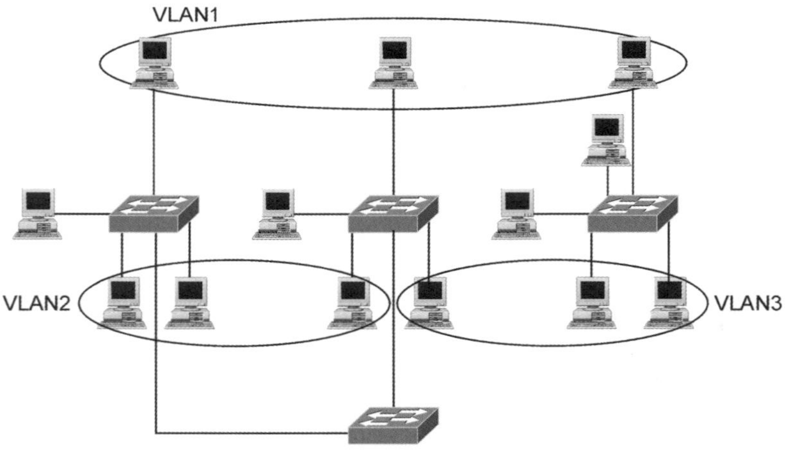

Figura 7.4 - Vários switches interligados e estações espalhadas pela rede agrupadas em VLAN. Cada VLAN é um domínio de broadcast. Mensagens de broadcast de uma VLAN não passam a outra VLAN.

A configuração de grupos de estações com domínios de *broadcast* independentes se chama VLANs. Pode-se agrupar estações da rede independentemente de onde estão, ou seja, a VLAN é um domínio de *broadcast* lógico e não físico.

A interconexão de *switches* chama-se *trunk*, que é uma conexão feita pela porta *Fast-Ethernet*. Por meio do *trunk* passam dados das diferentes VLANs existentes na rede, por isso é necessário que o *frame* identifique a que VLAN pertence.

A identificação do *frame* é feita pelo protocolo ISL (*Inter-Switch Link*). Em uma conexão ponto a ponto entre dois *switches* tem-se a multiplexação de *frames* de diferentes VLANs, compartilhando o mesmo *link* (no caso, *trunk*). Nesse trecho, o protocolo ISL encapsula o *frame Ethernet* especificando a que VLAN ele pertence antes de transmiti-lo pelo *trunk*.

O *header* do ISL possui 26 *bytes* e, entre outras informações, o nome da VLAN a que pertence. No final o *trailer* ISL possui quatro *bytes* para o controle de erros CRC.

Header* ISL (campos de identificação da VLAN) 26 *bytes	***Frame Ethernet* encapsulado**	***Trailer* ISL (CRC) quatro *bytes***

7.4.1. Configurações de VLANs

Para criar uma VLAN, precisa-se configurá-la em cada *switch* da rede. Para manter, distribuir, sincronizar e facilitar as configurações das VLANs nos *switches* da rede, utiliza-se um protocolo que se chama VTP (VLAN *Trunking Protocol*). Ele diminui a necessidade de configurações manuais e minimiza problemas na falta dela ou inconsistências.

Ao criar uma VLAN, o VTP leva essa informação a todos os outros *switches* da rede, facilitando a configuração.

O protocolo VTP opera nos modos: servidor (*server*), cliente (*client*) ou transparente (*transparent*). No primeiro modo, quando se altera a configuração de uma VLAN no servidor VTP, a alteração é propagada a todos os *switches* pelos *trunks* que os conectam à rede.

No modo VTP cliente o *switch* não pode criar, alterar nem apagar uma configuração de VLAN.

No modo transparente o *switch* altera sua própria configuração, mas não a propaga aos demais.

Para mostrar a configuração VTP em um *switch* usa-se o comando *show* vtp:

```
S1#show vtp
```

Para retornar às configurações VTP de fábrica usa-se o comando *delete* vtp:

```
S1#delete vtp
This command resets the switch witch VTP parameters set to factory defaults.
Reset system with VTP parameters set to factory defaults, [Y] or [N]? yes
S1#show vtp            (mostra a configuração default)
```

Para configurar VLANs em um *switch*, deve-se primeiramente conhecer os equipamentos que farão parte de cada uma. Até 64 VLANs podem ser criadas em um *switch* Cisco 1900. Utiliza-se o comando VLAN **número** *name* **nome** no qual se especificam seu número e nome.

A seguir, criam-se as VLANs 2, 3, 4 e 5.

Para ver a relação de VLANs criadas, utiliza-se o comando *show* VLAN ou *show VLAN-membership*. Por *default*, todas as portas do *switch* se configuram para a VLAN1 até que sejam alteradas. A VLAN1 é *default* de fábrica. Se nenhuma for configurada, o *switch* assume como VLAN1.

```
S1#configure terminal
S1(config)#ip address 10.90.0.9 255.255.0.0 (endereço IP do switch)
S1(config)#ip default-gateway 10.90.0.10    (endereço do default gateway)
S1(config)#vtp server domain nome           (especifica o switch S1 como server
                                            numa rede com vários switches)
S1(config)#VLAN 2 name grupo2               (cria a VLAN 2 com o nome grupo2)
S1(config)#VLAN 3 name grupo3               (cria a VLAN 3 com o nome grupo3)
S1(config)#VLAN 4 name grupo4               (cria a VLAN 4 com o nome grupo4)
S1(config)#VLAN 5 name grupo5               (cria a VLAN 5 com o nome grupo5)
S1(config)#VLAN 3 ethernet                  (especifica que a VLAN 3 é de portas
                                            ethernet)
S1(config)#interface ethernet0/1
S1(config-if)#vlan-membership static 3             (associa a porta 0/1 à VLAN 3)
S1(config-if)#interface ethernet0/2
S1(config-if)#VLAN-membership static 4             (associa a porta 0/2 à VLAN 4)
S1(config-if)#interface ethernet0/3
S1(config-if)#VLAN-membership static 5             (associa a porta 0/3 à VLAN 5)
S1(config-if)#interface fastethernet0/26
S1(config-if)#trunk on (habilita o trunk na interface fastethernet 0/26)
S1(config-if)#VLAN-membership static 3             (habilita a VLAN3 no trunk)
S1(config-if)#VLAN-membership static 4             (habilita a VLAN4 no trunk)
S1(config-if)#VLAN-membership static 5             (habilita a VLAN5 no trunk)
```

```
S1#show VLAN 3               (mostra as portas do switches da VLAN 3)
S1#show VLAN-membership      (mostra as especificações de portas e membros das
                             VLANs)
```

O protocolo VTP mantém e controla as configurações das VLANs. O comando *delete* vtp passa os parâmetros VTP ao *default* de fábrica.

- O comando *show* vtp mostra o status do protocolo VTP no roteador.
- O comando *show trunk* mostra o status da conexão *trunk* do *switch*.
- O comando *show* VLAN mostra as VLANs.
- O comando VLAN **nº da VLAN** *name* **nome da VLAN** atribui nome à VLAN.
- O comando *show* VLAN-*membership* mostra os membros das VLANs.
- O comando *show spantree* **nº da VLAN** mostra o status do protocolo *Spanning-Tree* da VLAN.

Para interligar dois *switches* com um *trunk link*, usa-se o comando *trunk on* que especifica a interface. Pelo *trunk link* passam os dados das diversas VLANs, em que se identifica a que VLAN pertence cada *frame*.

A identificação dos *frames* e o transporte dos dados entre os *switches* são feitos pelo protocolo DISL (*Dynamic Inter-Switch Link*), que encapsula e envia o *frame Ethernet* entre as duas portas que interligam os *switches*.

A porta utilizada para a conexão de um *switch* a outros é a *Fast-Ethernet*. O *switch* 1900 da Cisco possui duas *Fast-Ethernet* numeradas como interfaces 26 e 27 (fa0/26 e fa0/27), sendo *trunk* A e B respectivamente.

A seguir, o comando que coloca a interface *Fast-Ethernet* 26 como *trunk link*:

```
S1#configure terminal
S1(config)#interface fastethernet0/26
S1(config-if)#trunk on
S1(config-if)#exit
S1#show trunk  (mostra a configuração do trunk)
```

Por *default*, todas as VLANs ficam direcionadas ao *trunk link* configurado. Se não quiser que alguma VLAN faça parte dessa comunicação, deve-se apagá-la (deletar) utilizando o comando *no trunk-vlan*. Em seguida, retira-se a VLAN 4 do *trunk link*, impedindo que seus dados sejam transportados por ele:

```
S1(config-if)#no trunk-VLAN 4
```

O comando *show trunk A allowed-vlans* exibe as VLANs configuradas para a porta 26:

```
S1#show trunk a allowed-vlans
S1#show spantree 4    (mostra a configuração do Spanning-Tree para a VLAN 4)
```

O protocolo DISL gerencia os *trunks* ISL. O comando *trunk off* desabilita o modo *trunk*.

7.4.2. Configuração de roteamento ISL para interligar VLANs por meio de roteador

Para conectar *switches* de uma rede a um roteador, de forma a permitir que as VLANs se comuniquem entre si por meio dele, deve-se configurar o ISL em uma interface *Fast-Ethernet* do roteador.

Por essa interface todas as VLANs se comunicam entre si, transmitindo e recebendo dados por ela. É dividida em interfaces lógicas, uma para cada VLAN, conhecidas como subinterfaces. Cada VLAN passa a ser uma sub-rede IP do roteador, conectada a ele pela subinterface.

Os *hosts* pertencentes a uma VLAN devem ter o mesmo endereço de sub-rede IP.

A união de um *switch* com várias VLANs a um roteador se faz por uma única conexão física chamada de *trunk*, como visto na conexão entre *switches*. A interface física *Fast-Ethernet* do roteador é dividida em outras lógicas chamadas subinterfaces. Tem-se uma subinterface para cada VLAN, nomeadas 0.0, 0.1, 0.2 e assim por diante.

Usa-se o comando *encapsulation isl* nº *VLAN* na subinterface.

O ISL também deve ser habilitado na porta do *switch* ligada ao roteador.

Para configurar o roteamento ISL em uma subinterface do roteador, utiliza-se o comando isl número da VLAN, considerando três VLANs:

- VLAN 3 com endereço de sub-rede 10.30.0.0 e máscara 255.255.0.0;
- VLAN 4 com endereço de sub-rede 10.40.0.0 e máscara 255.255.0.0;
- VLAN 5 com endereço de sub-rede 10.50.0.0 e máscara 255.255.0.0.

Tem-se no roteador a configuração de roteamento ISL:

```
R#configure terminal
R(config)#interface fastethernet0/0.3        (utiliza a subinterface 3 para a VLAN 3)
R(config-subif)#encapsulation isl 3          (ISP para a VLAN 3)
R(config-subif)#ip address 10.30.0.0 255.255.0.0  (endereço IP da sub-rede VLAN 3)
R(config-subif)#interface fastethernet0/0.4       (utiliza a subinterface 4 para a
                                                   VLAN 4)
R(config-subif)#encapsulation isl 4               (ISP para a VLAN 4)
R(config-subif)#ip address 10.40.0.0 255.255.0.0  (endereço IP da sub-rede VLAN 4)
R(config-subif)#interface fastethernet0/0.5       (utiliza a subinterface 5 para a
                                                   VLAN 5)
R(config-subif)#encapsulation isl 5               (ISP para a VLAN 5)
R(config-subif)#ip address 10.50.0.0 255.255.0.0  (endereço IP da sub-rede VLAN 5)
```

O protocolo VTP gerencia as VLANs. A propagação de informações entre *switches* se faz por um *switch* eleito como servidor (*server*), o qual adiciona VLANs ao seu domínio ou as cancela. Nesse caso, os demais *switches* ficam na condição de clientes (*client*).

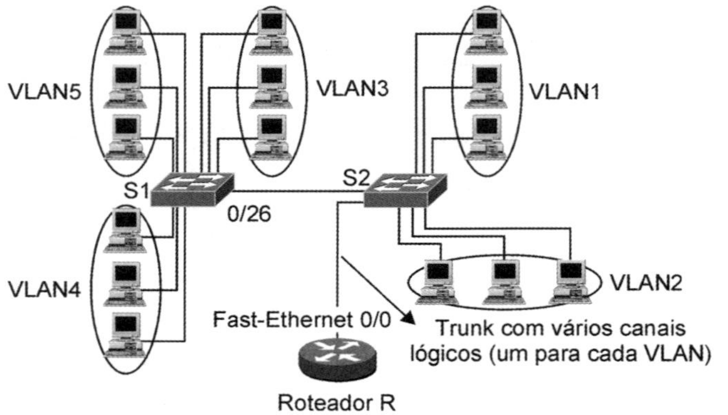

Figura 7.5 - Interligação dos switches e o roteador para permitir a comunicação entre as VLANs. Cada VLAN passa a ser uma sub-rede IP do roteador, em cada subinterface. O roteador permite o roteamento entre as VLANs.

Quando não se quer que o *switch* participe de um domínio, deve ser colocado no modo transparente (*transparent*). No VTP também se ativa uma função chamada *pruning*, que reduz o volume de *broadcast* enviado ao *trunk line*, o qual interliga os *switches*, enviando o *broadcast* apenas para a VLAN que precisa dele, funcionando como um filtro.

Para transformar um *switch* em cliente (*client*), deleta-se sua configuração de memória NVRAM e VTP e em seguida configura-se como *client*:

```
S1#show VTP
S1#delete NVRAM
S1#delete VTP
```

```
S1#configure terminal
S1(config)#VTP client
```

No *switch* servidor (*server*) configura-se o nome do domínio, especifica-o como *server* e cria-se uma senha (*password*).

```
S1#show VTP
S1#configure terminal
S1(config)#VTP server domain nome do domínio  password senha
```

7.5. *Backup* e atualização do sistema operacional (IOS) de um *switch*

A recuperação do IOS de um *switch* Cisco Catalyst 1900 é feita ao copiar o arquivo com o IOS que está em um servidor TFTP na memória *Flash* do *switch*. No exemplo, copia-se o arquivo cat1900EN_9_00.bin (arquivo em que está o sistema operacional do *switch*) de um servidor TFTP com endereço 172.17.120.3 para a memória *Flash* do *switch*:

```
#copy tftp://172.17.120.3/cat1900EN_9_00.bin opcode
```

O *backup* da configuração de um *switch* Cisco é feito pela cópia do conteúdo da memória NVRAM do *switch* (no qual se encontra a configuração) em um servidor TFTP. No exemplo seguinte, o servidor TFTP tem o endereço 172.17.120.3:

```
#copy nvram tftp://172.17.120.3/conf-1900
```

Para restaurar a configuração no *switch* a partir do arquivo no servidor TFTP, utiliza-se o comando:

```
#copy tftp://172.17.120.3/conf-1900 nvram
```

7.6. Atividades de fixação

1) Qual é a função do protocolo *Spanning-tree*?
2) Quais são os tipos de comutação nos quais um *switch* pode operar para receber e encaminhar os *frames*?
3) Como um *switch* monta suas tabelas de endereçamento de frames?
4) Qual é a característica dos *switches* que fazem VLANs?
5) Qual é o protocolo que controla as configurações e operações das VLANs?
6) O que faz o protocolo ISL?
7) Para que é utilizada a porta AUX do roteador?
8) Quais são os comandos "show" mais utilizados e a função de cada um?
9) Qual o comando usado para configurar senha em um *switch*?
10) Como funciona o TFTP?
11) Qual a função do protocolo CDP?

Capítulo 8

Roteamento - Protocolos e Configurações

8.1. Conceitos de roteamento

Roteamento é a maneira como os roteadores encaminham dados por meio de uma ou mais redes, utilizando o endereço IP do pacote de dados que é transmitido. Assim, os roteadores são utilizados para interconectar redes diferentes ou distantes entre si, roteando e encaminhando os pacotes na camada de rede utilizando protocolos e técnicas de roteamento, fazendo a comunicação entre múltiplos domínios de *broadcasting*, ou seja, entre diferentes redes.

Para encaminhar os pacotes de dados ao seu destino final, os roteadores precisam conhecer as redes diretamente conectadas e não conectadas a eles, a fim de montar tabelas de roteamento para encaminhar os dados no sentido correto.

As rotas de comunicação com roteadores vizinhos e redes conectadas a elas podem ser especificadas manualmente e de maneira fixa, chamadas rotas estáticas (*static routes*). Também é possível defini-las automaticamente por protocolos de roteamento como RIP (*Routing Information Protocol*), IGRP (*Interior Gateway Routing Protocol*) e OSPF (*Open Shortest Path First*), que escolhem e definem a melhor rota para alcançar outra rede, e se chamam rotas dinâmicas (*dynamic routes*).

Os protocolos de roteamento têm como função descobrir as rotas e encaminhar os pacotes de protocolos da rede como IP, IPX e outros. O protocolo IP é chamado de protocolo roteável.

Os protocolos de roteamento como o RIP e o OSPF preenchem uma tabela de roteamento com as rotas válidas. Cada rota possui um número de sub-rede, a especificação da interface pela qual os pacotes serão encaminhados e o endereço IP do próximo roteador a recebê-los e encaminhar ao seu destino final.

Por meio dessas tabelas, encaminham-se os pacotes de dados de um roteador para outro em direção ao destino final. Para um roteador encaminhar ou rotear um pacote a uma rede, ele só precisa conhecer a rota que a atinge.

Para tratar os dados das tabelas e escolher o melhor caminho ou rota para que cheguem ao seu destino, os roteadores utilizam protocolos de roteamento que executam essas funções. Os mais conhecidos são o RIP e o OSPF.

A seguir, algumas funções básicas de um protocolo de roteamento:

- Preencher as tabelas de roteamento com rotas para todas as sub-redes.
- Escolher a melhor rota, quando houver mais de uma.
- Remover rotas da tabela de roteamento quando não forem mais válidas.
- Evitar *loops* de roteamento.

Os protocolos de roteamento são definidos como externos ou internos. Os internos são os protocolos de roteamento que atuam dentro de uma rede privada, como a rede corporativa de uma empresa.

Os externos são utilizados entre roteadores de diferentes organizações, como a comunicação entre diferentes redes de operadoras de comunicação de dados. Como exemplo de protocolo de roteamento externo temos o BGP (*Border Gateway Protocol*).

Para encaminhar um pacote, o roteador deve ter seu endereço de destino, conhecer os roteadores vizinhos e as rotas que levam às redes remotas e manter atualizadas as tabelas de roteamento.

Para configurar uma rota estática em um roteador, usa-se o comando ip *route*. A seguir, um exemplo em que o roteador A é configurado para atingir a rede 172.17.0.0, nesse caso por meio da porta 172.18.0.1 do roteador B. O comando que especifica a rota, definindo a porta de encaminhamento no roteador A para atingir a rede do roteador B, é:

- A(config)#ip route 172.17.0.0 255.255.0.0 172.18.0.1.

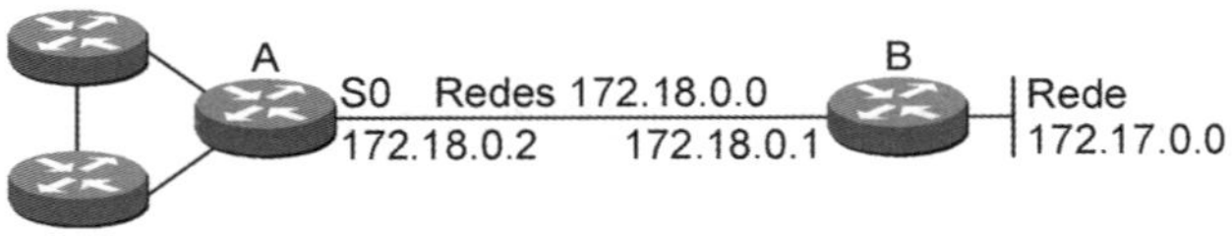

Figura 8.1 - Configuração do roteador A para especificar a rota que acessa a rede 172.17.0.0 ligada ao roteador B.

Uma rede final ligada ao roteador, como a 172.17.0.0, se chama rede *stub* (que fica na ponta). Nesse caso, o roteador B ao qual está ligada essa rede deve ser configurado para encaminhar a um *default router* os *frames* cujos endereços não estão em sua tabela de roteamento. Portanto, o *default router* é o roteador A. Essa configuração se faz no roteador B pelo comando ip *route*, no caso para a porta 172.18.0.2 do roteador A, como em seguida:

- B (config)#ip route 0.0.0.0 0.0.0.0 172.18.0.2

Usa-se um roteador quando se montam várias redes, cada uma com sua identidade própria, que se comunicam na necessidade de interconectar redes com diferentes protocolos como IP, IPX e outros, e para permitir que uma LAN acesse a Internet ou uma WAN pelo uso de protocolos como o *frame-relay*, HDLC, PPP, X.25 e outros.

Um roteador concede o acesso de uma empresa ou provedor ISP (*Internet Service Provider*) à Internet ou a interligação da rede local da matriz de uma empresa às de suas filiais.

Permite inclusive subdividir (segmentar) uma grande rede em sub-redes menores e mais fáceis de manusear, com domínios de *broadcast* independentes.

Cada rede precisa ter uma conexão física direta ao roteador. No uso de uma VLAN (*Virtual* LAN), rede local virtual cujos *hosts* não se encontram fisicamente em um único barramento, mas distribuídos em vários e agrupados logicamente, uma única conexão física pode ser compartilhada por diversas VLANs ao conectá-las a um roteador. Ou seja, nas redes locais virtuais divide-se a interface física do roteador em subinterfaces. Isso se chama ISL *trunking*, em que uma interface física de conexão ao roteador é dividida em múltiplas interfaces lógicas endereçáveis, uma por VLAN, chamadas de subinterfaces.

Desta forma, têm-se vários segmentos de redes locais virtuais, independentes, utilizando o mesmo segmento físico.

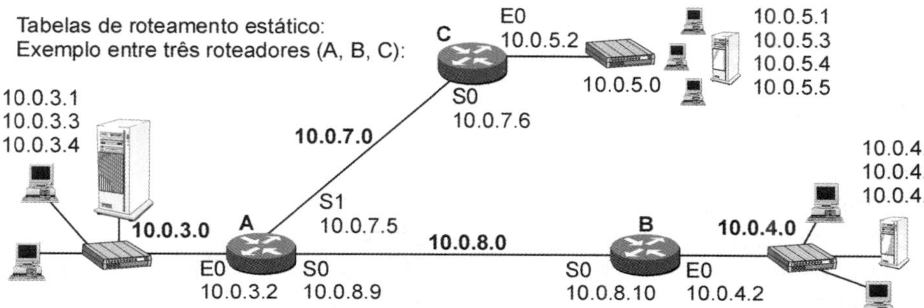

Roteador	Rede destino	Via porta / endereço		Via rede / endereço
A	10.0.3.0	E0	10.0.3.2	
A	10.0.7.0	S1	10.0.7.5	
A	10.0.8.0	S0	10.0.8.9	
B	10.0.4.0	E0	10.0.4.2	
B	10.0.8.0	S0	10.0.8.10	
C	10.0.5.0	E0	10.0.5.2	
C	10.0.7.0	S0	10.0.7.6	
A	10.0.4.0			10.0.8.0 / 10.0.8.10
A	10.0.5.0			10.0.7.0 / 10.0.8.10
B	10.0.3.0			10.0.8.0 / 10.0.8.9
B	10.0.5.0			10.0.8.0 / 10.0.8.9
B	10.0.7.0			10.0.8.0 / 10.0.8.9
C	10.0.3.0			10.0.7.0 / 10.0.7.5
C	10.0.4.0			10.0.7.0 / 10.0.7.5
C	10.0.8.0			10.0.7.0 / 10.0.7.5

Figura 8.2 - Tabela de roteamento estático para três roteadores ligados por links de comunicação.

Em seguida, um exemplo de interligação de três redes, com classes de endereçamento diferentes, interligadas por três roteadores. Interligam-se as redes utilizando os roteadores R1, R2 e R3:

- 192.168.0.0 /16
- 172.16.0.0 /12
- 10.0.0.0 /8

Acompanhe como o *host* X com endereço 192.168.0.1, situado na rede 192.168.0.0/16, acessa o *host* Y de endereço IP 10.0.0.1, localizado na rede 10.0.0.0/8, para enviar um pacote IP. Esse pacote pode transportar dados ou ser um pacote IP de teste de acesso com o comando *ping*, dado no *prompt* do DOS no *host* X:

C:\WINDOWS>ping 10.0.0.1

Esse comando envia um pacote ao *host* de endereço IP 10.0.0.1 e recebe uma resposta positiva de confirmação do recebimento, indicando que a comunicação funciona corretamente.

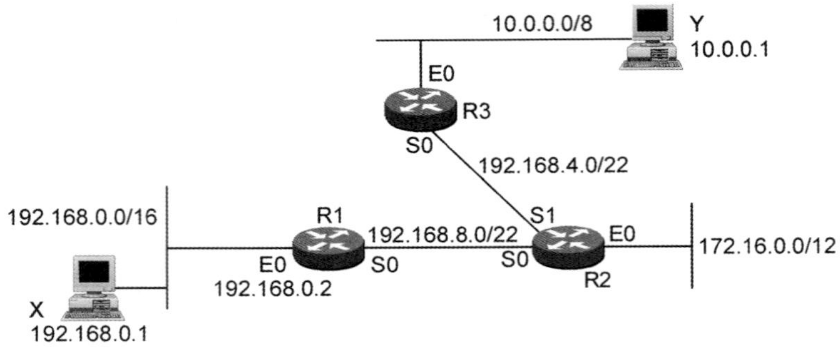

Figura 8.3 - Comunicação entre os computadores X e Y por meio de vários roteadores e redes.

Para o *host* X se comunicar com o Y em uma rede IP, ele precisa enviar o pacote ao roteador R1 que o encaminha ao seu destino por meio dos roteadores R2 e R3. O roteador R1 sabe que deve enviar o pacote ao R2, pois sua tabela de roteamento informa que para atingir a rede 10.0.0.0, ele precisa enviar o pacote por sua porta serial0 ao R2. O roteador R2, ao receber o pacote endereçado ao *host* Y, também verifica em sua tabela como alcançar a rede 10.0.0.0, e conclui que deve encaminhá-lo por sua interface serial1 para chegar ao R3, que finalmente o entrega à rede *Ethernet* ligada em sua interface *Ethernet*0 (E0).

Os passos que o pacote percorre são os seguintes:

- O *host* X com endereço IP 192.168.0.1, da rede 192.168.0.0, envia um pacote IP ao *host* Y de endereço IP 10.0.0.1, na rede 10.0.0.0.
- O protocolo IP do *host* X verifica que o endereço de destino não se situa em sua própria rede, portanto envia o pacote a um *default gateway* (roteador-padrão), a porta de saída para comunicação com redes externas. Nesse caso, o roteador-padrão de saída é o R1, conectado à rede local do *host* X pela interface *Ethernet* E0 de endereço IP 192.168.0.2.
- O *host* X precisa saber o *MAC-address* da interface E0 do roteador R1 para lhe enviar o pacote IP. Para tal, verifica em sua tabela ARP o *MAC-address* que corresponde ao endereço IP 192.168.0.2 do *default gateway*. Caso o *MAC-address* da interface E0 do roteador R1 ainda não esteja na tabela ARP do *host* X, o protocolo ARP desse *host* envia uma mensagem *broadcast* a todos da rede local 192.168.0.0 para descobrir quem possui o IP 192.168.0.2 e qual o seu *MAC-address* (endereço físico da interface *Ethernet* ou placa de rede).
- A interface *Ethernet* E0 do roteador R1 avisa com o protocolo ARP que o IP 192.168.0.2 é seu e o *MAC-address* é, por exemplo, 00-04-23-1C-4A-73. Lembre que *MAC-address* é o endereço físico da interface *Ethernet* (placa de rede, por exemplo) e é composto por seis *bytes* mostrados no formato hexadecimal.
- O *host* X já pode enviar o pacote IP ao roteador R1, pois possui o endereço IP e seu *MAC-address*. Ele encapsula o pacote IP no *frame Ethernet* e a sua placa de rede o envia à interface *Ethernet* E0 do roteador. O *frame Ethernet* enviado pelo *host* X possui

os endereços físicos de origem (*MAC-address* da placa de rede do *host*) e de destino (*MAC-address* da placa/interface de rede do roteador R1).

- A interface E0 do roteador R1 recebe o *frame* e verifica no CRC se os dados chegaram corretamente, constatando no campo *type* que se trata de um pacote IP. Em seguida, o roteador lê o endereço IP de destino. O R1, ao ver que o endereço de destino do pacote é 10.0.0.1 e que fica em outra rede não conectada diretamente a ele, procura na tabela de roteamento onde encaminhar esse pacote IP. No exemplo, o R1 vê em sua tabela que deve encaminhar o pacote por sua interface S0, para atingir o roteador R2 e de lá ir ao R3.
- O roteador R1 está conectado ao R2 por um *link* de comunicação de dados utilizando, por exemplo, o protocolo HDLC para comunicação entre os dois. Desta forma, o roteador R1, para enviar o pacote IP ao R2, encapsula-o em um *frame* HDLC que o leva ao roteador R2.
- O roteador R2, ao receber o *frame* HDLC, confere no campo CRC se ele foi transmitido sem erros e retira o pacote IP de dentro do *frame* HDLC, processo que se chama desencapsulamento. O R2 verifica no pacote o endereço IP de destino, no caso 10.0.0.1, e consulta em sua tabela que para atingir a rede 10.0.0.0, à qual ele pertence, deve encaminhar o pacote por sua interface S1 para chegar ao roteador R3. A interface S1 do R2 encapsula o pacote IP em um *frame* do protocolo de enlace que o conecta ao R3 (*frame* do protocolo HDLC, por exemplo) e encaminha o pacote IP a ele.
- O roteador R3, ao receber o *frame*, confere o campo CRC de controle dos erros de transmissão, retira o pacote IP de dentro do *frame* e lê o endereço de destino, confirmando sua localização na rede 10.0.0.0, diretamente conectada a ele pela interface *Ethernet* E0. O R3 precisa descobrir o *MAC-address* do *host* Y para lhe enviar o pacote, e para isso verifica se ele consta em sua tabela ARP. Caso o *MAC-address* do *host* Y, associado ao seu endereço IP (IP 10.0.0.1), ainda não esteja na tabela do roteador R3, o protocolo ARP envia uma mensagem de *broadcast* à rede 10.0.0.0 a fim de saber quem possui o IP 10.0.0.1 e qual o seu *MAC-address*. Os protocolos IP e ARP do *host* Y respondem que o *MAC-address* é, por exemplo, 00-50-8B-EB-1B-AA.
- Nessa fase o roteador R3 tem o endereço IP (10.0.0.1) e o *MAC-address* da placa de rede, ambos do destino (00-50-8B-EB-1B-AA), possibilitando o encaminhamento do pacote IP ao seu destino, encapsulado em um *frame Ethernet* da rede local e endereçado à placa de rede do *host* Y.
- O *host* Y recebe o *frame Ethernet*, verifica a ocorrência de erros na transmissão pelo campo CRC do *frame*, retira seu pacote IP (desencapsulamento) e o transmite a sua aplicação IP. Desta forma, conclui-se a transmissão de um pacote IP enviado do *host* X ao *host* Y.

Cada um dos roteadores tem uma tabela que mostra como alcançar as demais redes. Possui o número das redes de destino e as interfaces pelas quais o roteador deve encaminhar os pacotes IP. A seguir vêem-se, simplificadamente, as tabelas de roteamento dos roteadores R1, R2 e R3, do exemplo anterior.

Roteador R1		Roteador R2		Roteador R3	
Para atingir a rede	Usar a porta	Para atingir a rede	Usar a porta	Para atingir a rede	Usar a porta
192.168.0.0/16	E0	192.168.0.0/16	S0	192.168.0.0/16	S0
192.168.8.0/22	S0	192.168.8.0/22	S0	192.168.8.0/22	S0
192.168.4.0/22	S0	172.16.0.0/12	E0	172.16.0.0/12	S0
10.0.0.0/8	S0	192.168.4.0/22	S1	192.168.4.0/22	S0
172.16.0.0/12	S0	10.0.0.0/8	S1	10.0.0.0/8	E0

Como a forma manual de configurar rotas estáticas é trabalhosa ela é aceitável para redes pequenas, porém para redes mais complexas se torna difícil definir e controlar estas configurações.

Para redes mais complexas é mais prático utilizar protocolos de roteamento que geram as tabelas automaticamente, como RIP, IGRP e OSPF. Quando se configura o protocolo RIP nos roteadores de uma rede, eles passam a criar tabelas de roteamento e a se comunicar entre si para mantê-las atualizadas.

Para o último exemplo estudado é preciso configurar a interface ativa de cada um dos roteadores com seus respectivos endereços IP e rotas estáticas para acessar as redes não diretamente conectadas. Considere que os roteadores R1, R2 e R3 estão interligados por *modems* em canal de comunicação com velocidade de 64Kbps.

8.1.1. Configuração do roteador R1

Vamos configurar as interfaces *Ethernet* E0 e Serial0 do roteador R1, especificar seus endereços IP e as rotas estáticas para as redes não diretamente conectadas:

```
>enable
#configure terminal
#hostname R1                                  (dá nome ao roteador)
#interface ethernet0                          (especifica a interface a ser
                                              configurada)
#ip address 192.168.0.2 255.255.0.0           (endereço IP da interface e
                                              máscara /16)
#no shutdown                                  (ativa a interface)

#interface serial0                            (especifica a interface a ser
                                              configurada)
#ip address 192.168.8.2 255.255.252.0         (endereço IP da interface e
                                              máscara /22)
#no shutdown                                  (ativa a interface)
#show ip route                                (mostra as rotas diretamente
                                              conectadas)

#ip route 172.16.0.0 255.240.0.0 192.168.8.1   (rota estática para a rede
                                               172.16.0.0)
#ip route 192.168.4.0 255.255.252.0 192.168.8.1 (rota estática para a rede
                                               192.168.4.0)
#ip route 10.0.0.0 255.0.0.0 192.168.8.1       (rota estática para a rede
                                               10.0.0.0)
#show ip route (mostra as rotas estáticas criadas e as diretamente conectadas)
```

8.1.2. Configuração do roteador R2

Vamos configurar as interfaces *Ethernet* E0, Serial0 e Serial1 do roteador R2, especificar seus endereços IP e as rotas estáticas para as redes não diretamente conectadas:

```
>enable
#configure terminal
#hostname R2                                (dá o nome ao roteador)

#interface ethernet0                        (especifica a interface a ser
configurada)
#ip address 172.16.0.1 255.240.0.0          (endereço IP da interface e máscara /12)
#no shutdown                                (ativa a interface)
#interface serial0                          (especifica a interface a ser
configurada)
#ip address 192.168.8.1 255.255.252.0       (endereço IP da interface e máscara /22)
#clock rate 64000                           (especifica a velocidade do link de
comunicação do modem)
#no shutdown                                (ativa a interface)

#interface serial1                          (especifica a interface a ser
configurada)
#ip address 192.168.4.1 255.255.252.0       (endereço IP da interface e máscara /22)
#clock rate 64000                           (especifica a velocidade do link de
comunicação do modem)
#no shutdown
#show ip route                              (mostra as rotas diretamente
                                            conectadas)

#ip route 192.168.0.0 255.255.0.0 192.168.8.2       (rota estática para a rede
                                                    192.168.0.0)
#ip route 10.0.0.0 255.0.0.0 192.168.4.2    (rota estática para a rede 10.0.0.0)
#show ip route                              (mostra as rotas estáticas criadas e as
                                            diretamente conectadas)
```

8.1.3. Configuração do roteador R3

Vamos configurar as interfaces *Ethernet* E0 e Serial0 do roteador R3, especificar seus endereços IP e as rotas estáticas para as redes não diretamente conectadas:

```
>enable
#configure terminal
#hostname R3                             (dá nome ao roteador)

#interface ethernet0     (especifica a interface a ser configurada)
#ip address 10.0.0.1 255.0.0.0           (endereço IP da interface e máscara
                                         255.0.0.0)
#no shutdown                             (ativa a interface)

#interface serial0 (especifica a interface a ser configurada)
#ip address 192.168.4.2 255.255.252.0    (endereço IP da interface e máscara /22)
#no shutdown

#show ip route      (mostra as rotas diretamente conectadas)

#ip route 192.168.0.0 255.255.0.0 192.168.4.1        (rota estática para a rede
                                                     192.168.0.0)
#ip route 192.168.8.0 255.255.252.0 192.168.4.1      (rota estática para a rede
                                                     192.168.8.0)
```

```
#ip route 172.16.0.0 255.240.0.0 192.168.4.1        (rota estática para a rede
                                                      172.16.0.0)

#show ip route     (mostra as rotas estáticas criadas e as diretamente conectadas)
```

8.1.3.1. Ativação automática da configuração de rotas

Para ativar rotas automaticamente (roteamento dinâmico), deve-se ativar nos roteadores um protocolo como o RIP (*Routing Information Protocol*). Para tanto, em cada roteador é preciso desativar as rotas estáticas anteriormente definidas e ativar o roteamento dinâmico com o protocolo RIP, como mostrado em seguida. Observe que se complementam as configurações dos roteadores feitas anteriormente.

Como se utiliza o roteamento automático para o exemplo anterior, primeiramente se retiram as rotas estáticas que foram definidas. Para isso, emprega-se o comando *no* ip *route*. A seguir, retiram-se os roteamentos estáticos dos roteadores R1, R2 e R3, ativam-se os dinâmicos com o RIP pelo comando *router rip* para cada um e especificam-se as redes a serem roteadas.

8.1.3.2. Retirada das rotas estáticas do roteador R1 e ativação do RIP

```
R1(config)#no ip route 172.16.0.0 255.240.0.0 192.168.8.1
(retira rota estática para rede 172.16.0.0)
R1(config)#no ip route 192.168.4.0 255.255.252.0 192.168.8.1
(retira rota estática para rede 192.168.4.0)
R1(config)#no ip route 10.0.0.0 255.0.0.0 192.168.8.1
(retira rota estática para a rede 10.0.0.0)
R1(config)#exit
R1#show ip route                  (mostra as rotas diretamente conectadas)
R1#configure terminal
R1(config)#router rip             (ativa o roteamento dinâmico no roteador R1)
R1(config)#network 172.16.0.0     (rede a ter roteamento dinâmico)
R1(config)#network 192.168.4.0    (rede a ter roteamento dinâmico)
R1(config)#network 10.0.0.0       (rede a ter roteamento dinâmico)
R1(config)#exit
R1#show ip route          (mostra as rotas diretamente conectadas e as dinâmicas
                          criadas)
```

8.1.3.3. Retirada das rotas estáticas do roteador R2 e ativação do RIP

```
R2(config)#no ip route 192.168.0.0 255.255.0.0 192.168.8.2
(retira rota estática para rede 192.168.0.0)
R2(config)#no ip route 10.0.0.0 255.0.0.0 192.168.4.2
(retira rota estática para a rede 10.0.0.0)
R2(config)#exit
R2#show ip route                  (mostra as rotas diretamente conectadas)
R2#configure terminal
R2(config)#router rip             (ativa o roteamento dinâmico no roteador R2)
R2(config)#network 192.168.0.0    (rede a ter roteamento dinâmico)
R2(config)#network 10.0.0.0       (rede a ter roteamento dinâmico)
R2(config)#exit
R2#show ip route                  (mostra as rotas diretamente conectadas e as
                                  dinâmicas criadas)
```

8.1.3.4. Retirada das rotas estáticas do roteador R3 e ativação do RIP

```
R3(config)#ip route 192.168.0.0 255.255.0.0 192.168.4.1
                          (retira a rota estática para a rede 192.168.0.0)
R3(config)#ip route 192.168.8.0 255.255.252.0 192.168.4.1
                          (retira a rota estática para a rede 192.168.8.0)

R3(config)#ip route 172.16.0.0 255.240.0.0 192.168.4.1
                          (retira a rota estática para a rede 172.16.0.0)
R3(config)#exit
R3#show ip route                  (mostra as rotas diretamente conectadas)
R3#configure terminal
R3(config)#router rip             (ativa o roteamento dinâmico no roteador R3)
R3(config)#network 192.168.0.0    (rede a ter roteamento dinâmico)
R3(config)#network 192.168.8.0    (rede a ter roteamento dinâmico)
R3(config)#network 172.16.0.0     (rede a ter roteamento dinâmico)
R3(config)#exit
R3#show ip route                  (mostra as rotas diretamente conectadas e as
                                  dinâmicas criadas)
```

Com o comando *show ip route* observam-se as rotas criadas automaticamente pelo protocolo de roteamento dinâmico RIP. Vê-se que essa forma de criação de tabelas é muito mais rápida, todavia é importante lembrar que os protocolos de roteamento dinâmico possuem tempo maior de convergência (tempo de ativação) em relação às rotas estáticas, exigem mais memória e processamento do roteador e são menos confiáveis que as rotas estáticas.

8.2. Protocolos de roteamento e roteáveis

Os protocolos de roteamento encaminham dados entre os roteadores, controlam e atualizam as tabelas de roteamento, escolhem a melhor rota para que os dados cheguem ao destino, além de realizarem funções relativas às operações de roteamento. Os mais conhecidos são RIP (*Routing Information Protocol*), OSPF (*Open Shortest Path First*) e IGRP (*Interior Gateway Routing Protocol*).

Chamam-se protocolos roteáveis os que transmitem pacotes de dados com endereços de rede lidos, tratados e encaminhados aos roteadores pelos protocolos de roteamento. Os mais conhecidos são o IP, utilizado na arquitetura TCP/IP, e o IPX, utilizado na arquitetura Netware.

O roteador é configurado para encaminhar dados por:

- Rotas estáticas (fixas e definidas manualmente).
- Rotas dinâmicas (utilizam protocolos de roteamento de rede que escolhem o melhor caminho para o encaminhamento dos dados).

No roteamento estático, estabelecem-se rotas fixas pelas quais os dados são transmitidos. Esse tipo de roteamento é utilizado quando se tem apenas um caminho ou canal de comunicação para envio dos dados, ou quando se procura uma performance maior no roteamento, já que no roteamento estático o processamento de escolha e controle das rotas é mais rápido que no dinâmico, pois as rotas são preestabelecidas.

As rotas estáticas são configuradas pelo administrador da rede.

No roteamento dinâmico, as rotas são escolhidas de acordo com o status da rede e atualizadas constantemente pelos protocolos de roteamento, que avaliam continuamente os melhores caminhos para os pacotes chegarem ao destino. Além disso, podem alterar as rotas ao longo de um processo de transmissão.

Vê-se que no roteamento dinâmico a quantidade de processamento para escolha de rotas é maior em relação ao estático, o que indica um retardo (*delay*) nesse processo de roteamento em conseqüência de sua complexidade.

8.2.1. Roteamento estático

A seguir, um exemplo de tabela de roteamento estático entre três redes (A, B, C), que indica a porta de saída a ser utilizada pelo roteador A e as redes que deve percorrer para atingir a rede de destino.

Tabela de roteamento			
Roteador	**Rede de destino**	**Via porta/endereço**	**Via rede/endereço (Para redes ligadas indiretamente)**
A	10.0.3.0	E0 10.0.3.2	
A	10.0.7.0	S1 10.0.7.5	
A	10.0.8.0	S0 10.0.8.9	
B	10.0.4.0	E0 10.0.4.2	
B	10.0.8.0	S0 10.0.8.10	
C	10.0.5.0	E0 10.0.5.2	
C	10.0.7.0	S0 10.0.7.6	
A	10.0.4.0	S0 10.0.8.9	10.0.8.0 / 10.0.8.10
A	10.0.5.0	S1 10.0.7.5	10.0.7.0 / 10.0.7.6
B	10.0.3.0	S0 10.0.8.10	10.0.8.0 / 10.0.8.9
B	10.0.5.0	S0 10.0.8.10	10.0.8.0 / 10.0.8.9
B	10.0.7.0	S0 10.0.8.10	10.0.8.0 / 10.0.8.9
C	10.0.3.0	S0 10.0.7.6	10.0.7.0 / 10.0.7.5
C	10.0.4.0	S0 10.0.7.6	10.0.7.0 / 10.0.7.5
C	10.0.8.0	S0 10.0.7.6	10.0.7.0 / 10.0.7.5

As portas de saída do roteador que encaminham os dados são: *Ethernet* (E), ligada a um barramento de rede local, e seriais (S), ligadas a *modems* ou cabos, que são os meios de comunicação com outras redes externas.

No exemplo, para o roteador A atingir a rede 10.0.3.0, deve ir pela porta E0 que possui o endereço 10.0.3.2.

Se deseja ligar o roteador C ao B por meio de um novo canal de comunicação, a tabela de roteamento estático fica muito mais complexa em virtude da maior quantidade de opções de rotas a serem escolhidas.

Para uma grande quantidade de rotas alternativas o roteamento estático se torna complexo quanto à definição das tabelas de roteamento. Nesse caso, a solução é utilizar protocolos de roteamento dinâmico que criam e alteram as tabelas automaticamente.

8.2.2. Roteamento dinâmico - protocolos

Esses protocolos permanecem nos roteadores e colhem dados sobre as rotas em operação na interligação das diversas redes e de outros roteadores, a fim de escolher a melhor rota para encaminhar os pacotes de dados. As escolhas e a montagem da tabela de roteamento são feitas pelo protocolo de roteamento.

O roteamento dinâmico simplifica o gerenciamento da rede, facilita a criação das tabelas de roteamento e se mostra adequado a redes grandes, pois simplifica a configuração. Os protocolos de roteamento dinâmico podem ser dos tipos *distance vector* ou *link state*.

8.2.2.1. *Distance vector*

Esse protocolo de roteamento dinâmico computa a distância das diversas rotas existentes para atingir o destino pelo número de saltos ou *hops* que deve fazer. Em outras palavras, a métrica utilizada é o número de *hops* (saltos ou roteadores pelos quais o pacote tem que passar) necessário para atingir o destino.

O roteador divulga a sua tabela de roteamento aos roteadores vizinhos e vice-versa. Essa troca de informação entre os roteadores ajuda a escolher o melhor caminho, aquele com menor número de saltos (*hops*) ou trechos a percorrer.

Periodicamente o algoritmo *distance vector* passa cópias da tabela de roteamento aos demais roteadores. Quando um deles a recebe de seu vizinho, adiciona 1 aos valores das métricas existentes na tabela (soma 1 ao número de saltos) e a transmite ao próximo roteador, que repete o processo. Essa divulgação é chamada de *routing by rumor*. Se há alguma alteração de rota, o roteador atualiza a sua tabela.

Cada protocolo desse tipo tem seu algoritmo próprio para determinar a melhor rota de acordo com a métrica gerada pelo algoritmo para cada caminho na rede. Quanto menor a métrica, melhor é o caminho, na maioria dos casos.

O protocolo de roteamento RIP, por exemplo, usa a métrica de contagem do número de roteadores pelos quais o pacote tem que passar para alcançar a rede de destino. Essa métrica é chamada de *hop count*.

O protocolo IPX utiliza a métrica de retardo de transmissão no *link*, denominada *ticks*, mais o número de saltos (*hop count*). Outros protocolos empregam a velocidade do *link* para compor sua métrica.

Para evitar *loops* na atualização das tabelas entre os roteadores quando, por exemplo, uma rota deixa de funcionar e as tabelas devem ser atualizadas, utiliza-se uma técnica chamada *split horizon*, que faz com que o roteador nunca reenvie uma informação pela porta que a recebeu. Isso evita *loops*, ou seja, impede que o roteador receba de volta uma informação que enviou, o que poderia gerar retroalimentação da informação e instabilidade na rede.

Adicionalmente se programam os roteadores para realizarem as alterações de rota após esperarem um tempo especificado. Isso garante tempo aos demais roteadores para se atualizarem, evitando os *loops*. Ou seja, se espera um certo tempo antes de reativar ou desativar uma rota para garantir que a informação recebida esteja correta e a alteração seja confirmadamente efetiva. Essa técnica chama-se *holddown timer*.

Cada roteador possui uma tabela que indica o próximo roteador ou *hop* para o qual a informação deve seguir até que alcance seu destino. Eles trocam informações enviando tabelas de roteamento completas aos vizinhos e atualizam-nas periodicamente. Cada roteador representa um *hop* ou salto. No *distance vector*:

- As sub-redes conectadas diretamente ao roteador são automaticamente reconhecidas por ele e divulgadas aos roteadores vizinhos.
- As atualizações de rota são transmitidas por *multicast* aos roteadores vizinhos.
- Cada rota possui uma métrica e a menor delas especifica a melhor rota.
- As informações sobre topologia da rede utilizadas pelos algoritmos de escolha de rotas tratam basicamente dos endereços das sub-redes que fazem parte da rede e as métricas de cada rota.
- Uma rota que apresenta falha passa para uma distância ou métrica infinita. No protocolo de roteamento RIP, como a contagem máxima de *hops* é 15, o pacote é descartado na rede após 15 *hops*. A métrica infinita é especificada como 16.

RIP *(Routing Information Protocol)* e IGRP *(Interior Gateway Routing Protocol)* são exemplos de protocolo *distance vector*.

A métrica do IGRP utiliza a velocidade do *link* e o retardo na transmissão dos dados para definir a melhor rota, além do número de saltos, de forma que uma rota mais rápida possa ser considerada melhor que outra com menos saltos (*hops*) e menor velocidade.

O RIP emprega como métrica apenas a quantidade de saltos (*hops*) para atingir o destino. Nele, antes de o roteador enviar uma atualização da tabela de roteamento, incrementa 1 às métricas de suas rotas. A métrica de saltos (*hops*) indica o número de roteadores entre o roteador que recebe a tabela atualizada e a sub-rede de destino.

Para ativar o roteamento dinâmico com o protocolo RIP no roteador, utilizam-se os comandos *route rip* e *network*. O último especifica o número da rede que usará o RIP como protocolo de roteamento dinâmico, como o exemplo seguinte:

```
#router rip
#network 172.16.0.0
```

Esse protocolo também evita que uma informação seja enviada ao local em que foi recebida, processo que se chama *split horizon*. Isso evita que uma tabela recebida pelo roteador seja devolvida por ele ao que enviou.

Quando uma rota sai de operação, o protocolo RIP do roteador ao qual ela está ligada coloca-a com valor 16 (inalcançável) e divulga aos demais roteadores, o que se chama de *router poisoning* (envenenamento de rota) e evita a propagação de informações errôneas de rotas que geram *loops* de roteamento.

O RIP atualiza e envia cópias de sua tabela de roteamento aos roteadores vizinhos a cada 30 segundos (*route update timer*), aguarda quatro minutos para remover uma rota inválida da tabela (*route flush timer*) e espera 90 segundos para invalidar uma rota (*route invalid timer*). Essa previsão de tempo pode ser alterada na configuração.

Se não desejar que as atualizações das tabelas sejam propagadas por uma determinada porta do roteador (porta de acesso a uma rede externa como a Internet, por exemplo), bloqueia-se a propagação pelo comando *passive-interface* com o nome da interface, como no exemplo seguinte:

```
R(config-router)#passive-interface serial1   (não propaga rotas pela interface
                                              serial 1).
```

O IGRP também é um protocolo *distance vector*, proprietário da Cisco, e só opera em seus equipamentos. Ele tem as seguintes características: número de *hops* até 255, computa a velocidade e o atraso (*delay*) dos *links* para escolha da melhor rota e permite que outros parâmetros, como o tamanho do pacote (MTU - *Maximum Transmit Unit*) transmitido, sejam considerados na escolha da melhor rota.

Vê-se que o IGRP tem algumas características adicionais ao RIP. Ele atualiza e divulga suas tabelas a cada 90 segundos (*route update timer - default*), leva 3 x 90 segundos para invalidar uma rota (*route invalid timer*), tem um período de *holddown* de 3 x 90 + 10 segundos e 7 x 90 segundos para remover uma rota da tabela (*route flush timer*). O valor 90 é *default* e pode variar na configuração.

Para ativar o roteamento dinâmico com o protocolo IGRP no roteador, utilizam-se os comandos *router igrp* **nº dominio** e *network*, que especifica o número da rede em que o roteamento atua, como o exemplo seguinte:

```
#router igrp 45          (45 é o número do domínio ou conjunto de equipamentos da
                         rede)
#network 172.16.0.0      (número da rede geral que terá o IGRP habilitado e o
                         domínio de número 45)
```

O número do domínio ou sistema autônomo (AS) representa um conjunto de equipamentos sob uma mesma administração.

O comando *network* faz com que as informações de roteamento sejam enviadas por *broadcast* ou *multicast* à rede especificada.

8.2.2.2. *Link state* (ou *shortest path first*)

O algoritmo utilizado pelo protocolo de roteamento do tipo *link state* captura a estrutura da árvore (arquitetura da rede) de comunicação e a partir dela calcula a tabela de roteamento. Os dados são obtidos por pacotes LSP (*Link-State Packets*) que vêm dos roteadores e descrevem o estado da rede. Com esses dados, o algoritmo monta a tabela de roteamento. Cada roteador monta um mapa completo da rede para depois escolher as melhores rotas a serem colocadas na tabela, utilizando um algoritmo chamado SPF (*Shortest Path First*).

O *link state* só envia atualizações das tabelas de roteamento quando acontecem mudanças na topologia da rede, o que faz dele um método mais racional de roteamento, principalmente para redes grandes, pois o volume de dados trocado entre os roteadores é menor em comparação ao *distance vector*, que envia as tabelas periodicamente.

Um roteador é eleito para divulgar a tabela de roteamento aos demais roteadores da rede.

Cada um deles divulga aos outros informações sobre os enlaces que possui. Todos têm informações sobre os enlaces utilizados pelos outros roteadores, por isso montam sua tabela de roteamento.

Cada roteador só volta a enviar informações ao restante quando ocorrem mudanças em seus enlaces. O *link state,* também conhecido como SPF (*Shortest Path First)*, ou caminho mais curto, utiliza três tabelas no processo de escolha das rotas: tabela das redes diretamente conectadas, tabela da topologia de toda a rede e tabela de roteamento resultado das anteriores.

O OSPF (*Open Shortest Path First*) é um exemplo de protocolo *link state* utilizado para IP.

8.2.2.3. *Hybrid*

Essa forma híbrida de roteamento dinâmico utiliza características combinadas dos modelos *distance vector* e *link state* para montar a tabela de roteamento.

Um exemplo de protocolo de roteamento dinâmico do tipo *Hybrid* é o EIGRP (*Enhanced Interior Gateway Routing Protocol*). Ele utiliza o algoritmo DUAL (*Diffusing Update Algorithm*) para definir as rotas, empregando ainda informações da topologia da rede.

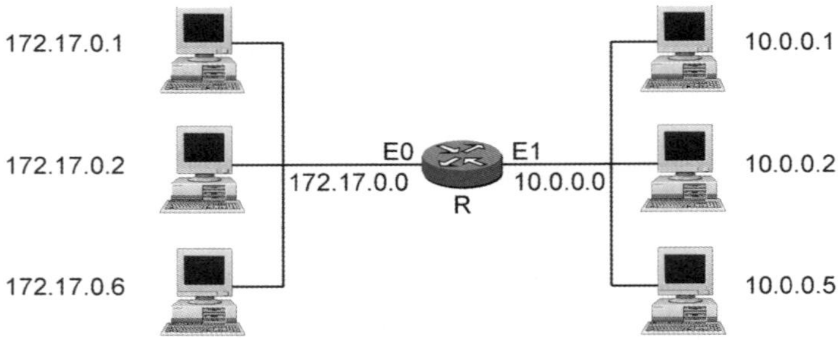

Tabela de roteamento do roteador R

Rede	Interface
172.17.0.0	E0
10.0.0.0	E1

Figura 8.4 - Um roteador é utilizado para interligar redes distintas (com diferentes endereços). Nesta figura, um roteador interliga as redes 172.17.0.0 e 10.0.0.0. A tabela de roteamento indica a localização de cada rede na interface.

8.2.2.4. Tabelas e configuração dos protocolos de roteamento

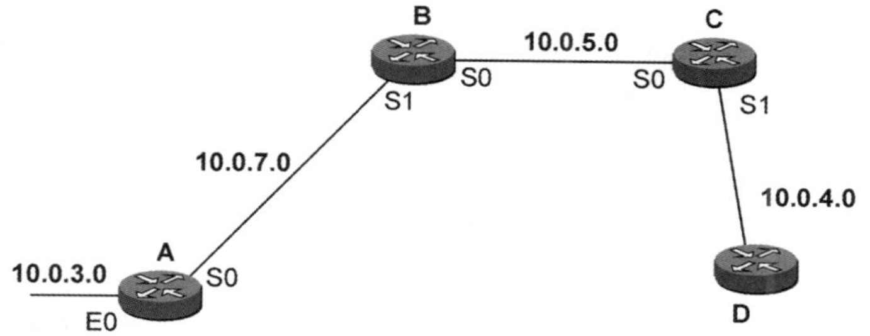

Tabela de roteamento:

Roteador A – Porta – HOP		
10.0.3.0	E0	0
10.0.7.0	S0	0
10.0.5.0	S0	1
10.0.4.0	S0	2

Roteador B – Porta – HOP		
10.0.7.0	S1	0
10.0.5.0	S0	0
10.0.3.0	S1	1
10.0.4.0	S0	1

Roteador C – Porta – HOP		
10.0.5.0	S0	0
10.0.4.0	S1	0
10.0.7.0	S0	1
10.0.3.0	S0	2

Figura 8.5 - Roteamento distance vector. O melhor caminho é calculado pelo menor número de saltos a fazer para chegar ao destino.

Router A	Porta	HOP	Router B	Porta	HOP	Router C	Porta	HOP
10.0.3.0	E0	0	10.0.7.0	S1	0	10.0.5.0	S0	0
10.0.7.0	S0	0	10.0.5.0	S0	0	10.0.4.0	S1	0
10.0.5.0	S0	1	10.0.3.0	S1	1	10.0.7.0	S0	1
10.0.4.0	S0	2	10.0.4.0	S0	1	10.0.3.0	S0	2

Exemplo de tabela de roteamento distance vector

Os protocolos de roteamento podem ser divididos em duas categorias:

- **IGP (*Interior Gateway Protocol*):** protocolos de roteamento que trocam informações entre roteadores do mesmo sistema autônomo (AS - *Autonomous System*), ou seja, dentro de um domínio ou área de rede em que os equipamentos estão sob uma mesma administração.
- **EGP (*External Gateway Protocol*):** protocolos utilizados para trocar informações entre roteadores de diferentes sistemas autônomos. Cita-se como exemplo dessa categoria a troca de informações entre roteadores na Internet, os quais fazem parte de distintos sistemas autônomos, feita pelo protocolo BCP (*Border Gateway Protocol*).

A eficiência e a confiabilidade na troca de informações entre roteadores pode ser medida pela métrica denominada distância administrativa (AD). Tem como escala um número que varia de 0 a 255, em que 0 representa a rota mais confiável e 255 a rota em que não existe tráfego.

Conexões diretas pelas interfaces dos roteadores, utilizando um cabo direto, por exemplo, têm uma distância administrativa igual a 0 (zero). Rotas estáticas têm valor de métrica igual a 1, RIP igual a 120, OSPF igual a 110 e IGRP igual a 100.

Desta forma, vê-se que as rotas estáticas têm valor extremamente confiável em relação ao roteamento dinâmico.

8.2.2.5. Exemplo de tabelas de roteamento

Quando um roteador informa suas redes a outro, indica também a métrica (número de saltos, por exemplo) para chegar até elas. O que recebe a informação incrementa mais um salto na métrica antes de repassá-la a outro roteador.

Para o exemplo seguinte, o roteador R3 informa ao R1 que para acessar a rede 150.10.5.0 a métrica é um salto (*hop*). Quando R1 repassar a informação ao R2, incrementa 1 à métrica e avisa o R2 que para chegar à rede 150.10.5.0 a métrica é dois saltos.

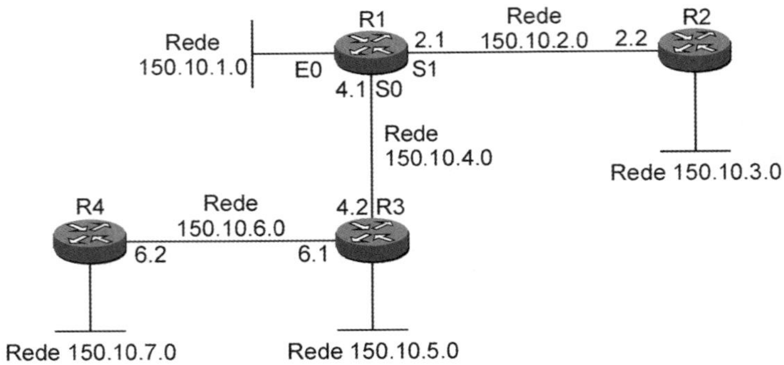

Tabela de roteamento R1:

Rede destino	Interface de saída	Endereço interface do próximo roteador	Métricas Saltos HOP
150.10.1.0	E0		0
150.10.2.0	S1		0
150.10.4.0	S0		0
150.10.3.0	S1	150.10.2.2	1
150.10.5.0	S0	150.10.4.2	1
150.10.6.0	S0	150.10.4.2	1
150.10.7.0	S0	150.10.4.2	2

Figura 8.6 - Exemplo de tabela de roteamento para o roteador R1.

Alguns procedimentos são efetuados pelo protocolo de roteamento para evitar o *loop* de atualizações das tabelas entre os roteadores. Um deles chama-se *slit horizon*, e não envia atualizações ao roteador que recebe a tabela.

Se um roteador A envia uma atualização de rotas ao B, não inclui em sua tabela as rotas de acesso às redes diretamente ligadas ao roteador B. O roteador A se conscientiza de que aprendeu as rotas ligadas ao B pela interface conectada a ele, portanto não faz sentido informá-lo sobre rotas aprendidas por ele próprio. Isso evita *loops*.

O protocolo pode não informar rotas ou alocar a elas a métrica infinita (16, no caso do RIP), processo que se chama *split horizon with poison reverse* ou *poison reverse*.

Utiliza-se também um temporizador chamado *holddown* que, ao receber informações de uma rota falha, ignora-as por um tempo definido. Isso evita que informações falsas indicando o funcionamento da rota, vindas por outros caminhos, sejam consideradas após a recepção da primeira informação de rota falha.

Exemplos de configuração do roteamento dinâmico para roteador e rede

Exemplo 1:

```
#interface ethernet0
#ip address 10.0.0.1 255.0.0.0
#interface ethernet1
#ip address 172.17.0.1 255.255.0.0
#interface serial0
#ip address 200.10.5.1 255.255.255.0
#interface serial1
#ip address 200.10.6.1 255.255.255.0
#router rip
#network 10.0.0.0
#network 200.10.5.0
```

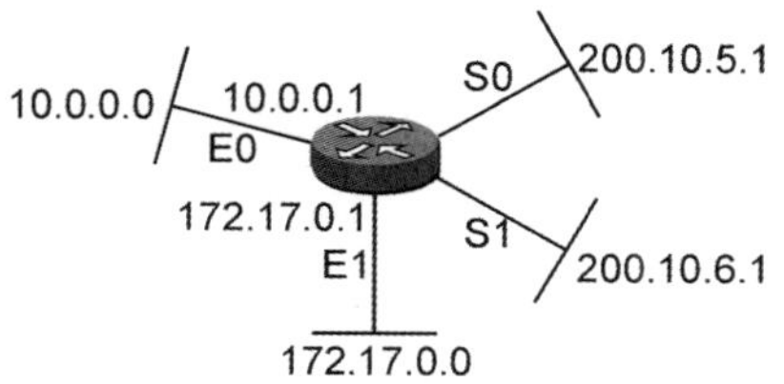

Figura 8.7 - Exemplo de configuração do roteamento RIP entre duas redes de endereços 10.0.0.0 e 200.10.5.0.

Exemplo 2:

```
#interface ethernet0
#ip address 10.0.1.1  255.255.255.0
#interface serial0
#ip address 10.0.4.1  255.255.255.0
#interface serial1
#ip address 10.0.5.1  255.255.255.0
#router rip
#network 10.0.0.0
```

Para alterar o roteamento RIP em IGRP, empregam-se os comandos:

```
#no router rip         (remove a configuração RIP)
#router igrp 9         (9 é a identificação do grupo)
#network 10.0.0.0
```

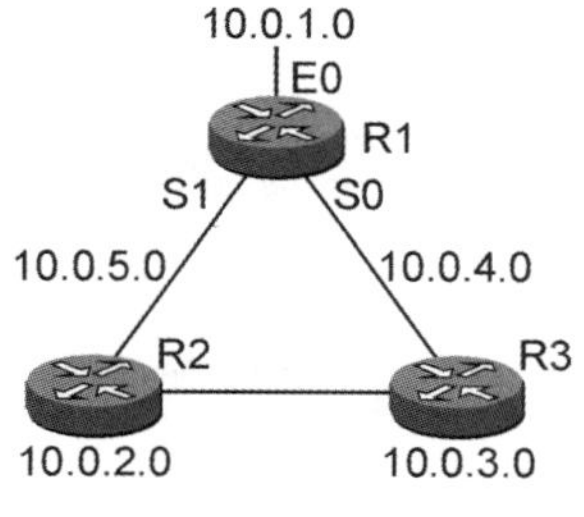

Figura 8.8 - Exemplo de configuração do roteador R1 para ativar o roteamento RIP em toda a rede 10.0.0.0.

Para habilitar no roteador um protocolo de roteamento dinâmico, escolhe-se o protocolo (como RIP ou IGRP), que deve ser especificado no roteador, e determina-se a rede a ser roteada. O comando a utilizar é o *router* protocolo nº do sistema.

O número do sistema referencia a área de roteamento abrangida pelo protocolo de roteamento IGRP. Esse número não é utilizado na especificação do protocolo RIP.

É preciso também estabelecer a rede na qual o protocolo de roteamento deve atuar. Isso é feito pelo comando *network* nº da rede.

Habilitação do roteamento RIP

```
R1(config)#router rip                    (ativa o protocolo de roteamento RIP)
R1(config-router)#network 172.17.0.0     (especifica a rede na qual o RIP vai atuar)

R1#show ip protocols                     (mostra informações de roteamento e do
roteador)
R1#show ip route                         (mostra o conteúdo da tabela de roteamento)
R1#debug ip rip                          (mostra as atualizações de roteamento do RIP)
R1#no debug all                          (desabilita o debug)
```

Após isso, o roteador R1 do exemplo entende automaticamente as redes e rotas. Nesse caso, o protocolo configurado foi o RIP, que utiliza a métrica de saltos (*hops*) para escolha da melhor rota. O número máximo de saltos permitido para um pacote é 15, após isso é descartado. Toda a tabela de rotas é utilizada a cada 30 segundos.

Habilitação do roteamento IGRP

O IGRP é um protocolo *distance vector*, como o RIP, com algumas características adicionais:

- Permite configuração de saltos (*hops*) maiores que 15 (seu *default* é igual a 100), o que é bom para redes muito grandes.
- Para obter a sua métrica, utilizam-se o retardo da rede mais a velocidade de transmissão, além da contagem dos saltos.

Os roteadores da área de roteamento devem utilizar o mesmo número de sistema autônomo. A seguir, o exemplo de configuração do IGRP no roteador R1 ligado em duas redes.

```
R1(config)#router igrp 120               (habilita o IGRP no roteador R1 com sistema de
                                         nº 120)
R1(config-router)#network 10.0.0.0
R1(config-router)#network 172.17.0.0
R1#show ip protocols                     (mostra informações de roteamento e do
                                         roteador)
R1#show ip route                         (mostra o conteúdo da tabela de roteamento)
R1#debug ip igrp transactions            (mostra informações do roteamento IGRP)
R1#no debug all                          (desabilita o debug)
R1#debug ip igrp events                  (mostra informações resumidas do roteamento
                                         IGRP)
```

8.3. Endereços IP no roteamento e interconexão de redes

A seguir veremos alguns exemplos de interconexão de diferentes redes por meio de roteadores.

8.3.1. Interligação e configuração de roteadores - estudo de caso 1

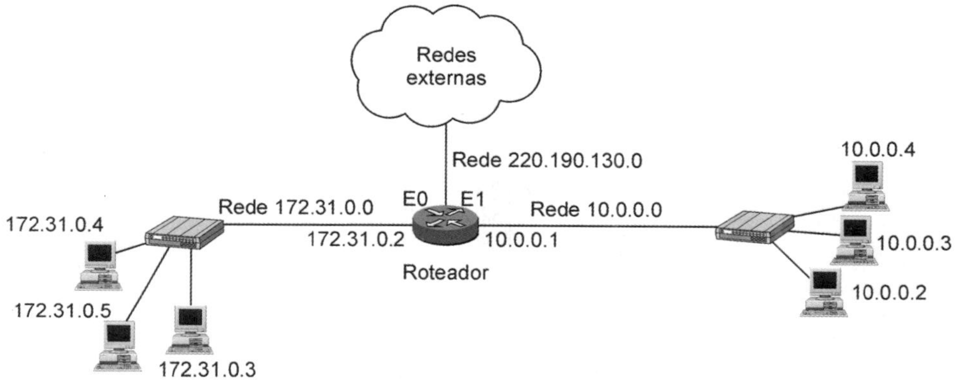

Figura 8.9 - Interligação de redes distintas e externas por meio de um roteador.

A figura apresenta um exemplo de conexão de duas redes distintas (rede 10 e rede 172.31) por meio de um roteador que dá acesso a redes ligadas em outras portas suas.

Cada dispositivo (*host*) ligado na rede deve ter um número diferente de zero, pois o endereço de *host* zerado é usado para indicar a rede como 172.31.0.0.

Quando o endereço de *host* é formado apenas por uns em binário, indica que se trata de um endereçamento de *broadcasting* a toda rede, ou seja, a informação é enviada a todos os *hosts* da rede, no caso 172.31.255.255.

Na tabela de roteamento, a menção à rede é feita com o campo de *host* zerado, como:

- Rede 172.31.0.0, na interface E0 do roteador.
- Rede 10.0.0.0, na interface E1 do roteador.

Para um endereçamento de rede como o 172.31.0.0, em que uma parte representa a rede (172.31) e a outra os *hosts*, o mundo externo considera-o como uma rede única, sem necessidade de conhecer a estrutura interna.

Os dados do mundo externo são enviados ao endereço da rede 172.31 sem a preocupação com os últimos dois *bytes*, que representam os endereços dos *hosts* internos à rede. Desta forma, as tabelas de roteamento se tornam simplificadas.

Para o mundo externo, o endereço de rede 172.31.0.0 tem um domínio de *broadcasting* único (apenas um segmento de rede), com até 65.534 *hosts* no mesmo segmento, o que inviabilizaria tecnicamente essa comunicação.

Se desejar, para este caso, dividir o único segmento de rede em outros dentro do endereço 172.31, é preciso utilizar o artifício de máscaras de sub-rede.

Na figura seguinte divide-se o segmento único em outros menores, denominados sub-redes. Com isso, o endereçamento e a utilização dos recursos tornam-se mais eficientes.

Não existe mudança para o mundo externo, que continua enxergando a rede única 172.31, porém agora se tem internamente uma estrutura maior.

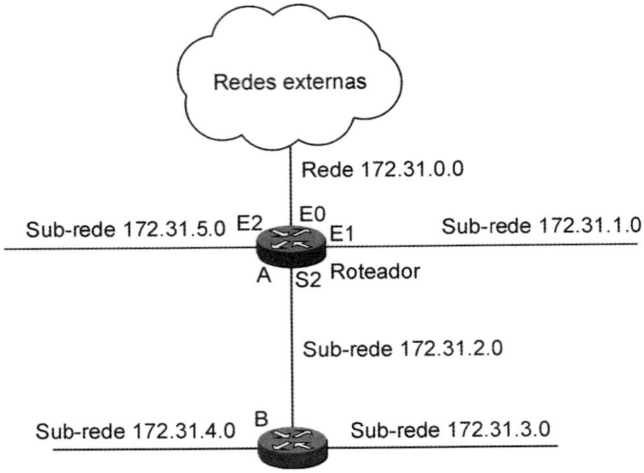

Figura 8.10 - Rede principal 172.31 dividida em cinco sub-redes, com a máscara 255.255.255.0.

No exemplo, os roteadores A e B determinam a rede de destino por meio dos endereços de sub-rede, impedindo que o tráfego de dados vá a outros segmentos. Assim, evitam-se congestionamentos e colisões em outros segmentos, pois os dados restringem-se apenas aos segmentos aos quais pertencem.

A tabela de roteamento anterior:

- 172.31.0.0 - interface E0 do roteador

Passa a ser:

- 172.31.1.0 - interface E1 do roteador
- 172.31.5.0 - interface E2 do roteador
- 172.31.2.0 - interface S2 do roteador

O tamanho das sub-redes é definido pelos administradores de rede de acordo com a necessidade da empresa e o crescimento previsto.

Os dispositivos ligados à rede usam uma máscara de sub-rede para determinar a parte do endereço IP usada na especificação da rede, a usada para demarcar o endereço da sub-rede e a usada para estabelecer o endereço do *host*.

A máscara de sub-rede possui 32 *bits*, como o endereço IP.

Quando os *bits* da máscara são uns, indicam que essa faixa será usada no endereço IP para especificar o endereço de rede ou de sub-rede.

Quando os *bits* da máscara são zeros, demonstram que essa faixa será usada no endereço IP para determinar o endereço de *host*.

Desta forma, a máscara de sub-rede consiste em um número indicador das posições dos *bits* no endereço IP usadas na identificação das redes/sub-redes e dos *hosts*.

Na máscara, os uns indicam que o *bit* correspondente do endereço IP é usado para identificar a rede e sub-redes. Os zeros demonstram que os *bits* correspondentes no endereço IP são usados para identificar os endereços de *hosts*.

Exemplo: o endereço de rede 172.31.0.0 com máscara 255.255.0.0 indica que não há sub-redes. A especificação de classe B, contendo apenas os dois primeiros *bytes* (16 *bits*) que representam o número da rede, está confirmada. Com essa máscara, o endereço também pode ser representado por 172.31.0.0/16.

No endereço de *host* 172.31.10.130 (rede 172.31 e *host* 10.130) com a mesma máscara 255.255.0.0, o roteador, ao receber o endereço, executa uma operação AND da álgebra de Boole, comparando os *bits* do endereço com os da máscara.

Com o resultado da operação AND entre os dois números, o roteador obtém o endereço da rede para a qual deve encaminhar o pacote.

Na operação AND da álgebra de Boole, tem-se:

1+1 = 1

0+1 = 0

1+0 = 0

0+0 = 0

Fazendo a operação AND entre os dois números, conclui-se:

+	172.31.10.130	(10101100 00011111 00001010 10000010)
	255.255.0.0	(11111111 11111111 00000000 00000000)
	172.31.0.0 =	(10101100 00011111 00000000 00000000)

Vê-se que a parte do endereço correspondente ao *host* é retirada nesta operação, restando apenas a da rede, que interessa ao roteador.

A parte do endereço que representa o *host* fica zerada. Com ela, o endereço IP representa a rede.

Até o momento a máscara simplesmente confirmou o endereço de rede, sem alterações da classe B. Para representar sub-redes, pode-se, por exemplo, utilizar o terceiro *byte* e não mais o número do *host*.

Nesse caso, para o endereço 172.31.10.130 utiliza-se a máscara 255.255.255.0, que faz com que o número da rede passe a ser 172.31.10.0, como calculado em seguida.

Fazendo a operação AND entre os dois números, tem-se:

```
   172.31.10.130    (10101100 00011111 00001010 10000010)
+
   255.255.255.0    (11111111 11111111 11111111 00000000)
                    -------------------------------------
   172.31.10.0 =    (10101100 00011111 00001010 00000000)
```

A parte do endereço IP da rede foi estendida, usando oito *bits* da parte dos *hosts*. Essa extensão passou a representar as sub-redes dentro da rede.

A extensão não precisa ter necessariamente oito *bits*. Pode avançar mais ou menos *bits* no conjunto de 16 *bits* (dois *bytes* acima), utilizados no início do exemplo anterior para constituir *hosts*.

No exemplo seguinte utilizam-se 12 *bits* para representar sub-redes e quatro para representar o número de *hosts*. Invade-se metade do quarto *byte* para que, com o terceiro *byte*, represente a sub-rede.

```
   172.31.10.130     (10101100 00011111 00001010 10000010)
+
   255.255.255.240   (11111111 11111111 11111111 11110000)
                     -------------------------------------
   172.31.10.128 =   (10101100 00011111 00001010 10000000)
```

O número da rede é 172.31.10.128, o da sub-rede é 10.128 e o do *host* da sub-rede é 172.31.10.130, sendo que 130 é 128 + 2.

Utiliza-se 1,5 *byte* (terceiro *byte* e metade do quarto *byte*) de endereços de *hosts* para representar endereços de sub-redes.

Com 12 *bits* (oito *bits* do terceiro *byte* + quatro *bits* do quarto *byte*) nesse endereço de classe B, é possível representar 4.094 sub-redes com 14 *hosts* em cada.

A seguir, uma tabela válida para endereços de classe B, que mostra a quantidade de sub-redes representadas utilizando de dois a 14 *bits* dos endereços de *hosts* (terceiro e quarto *bytes*), ou seja, com as máscaras variando de:

255.255.192.0 a 255.255.255.252

(11111111.11111111.11000000.0) (11111111.11111111.11111111.11111100)

Número de *bits* nas sub-redes da máscara	Máscara	Número de sub-redes que podem ser endereçadas	Número máximo de *hosts* de cada sub-rede
2	255.255.192.0	2	16382
3	255.255.224.0	6	8190
4	255.255.240.0	14	4094
5	255.255.248.0	30	2046
6	255.255.252.0	62	1022
7	255.255.254.0	126	510
8	255.255.255.0	254	254
9	255.255.255.128	510	126

Número de *bits* nas sub-redes da máscara	Máscara	Número de sub-redes que podem ser endereçadas	Número máximo de *hosts* de cada sub-rede
10	255.255.255.192	1022	62
11	255.255.255.224	2046	30
12	255.255.255.240	4094	14
13	255.255.255.248	8190	6
14	255.255.255.252	16382	2

Para enviar uma mensagem a todos os *hosts* da rede, usa-se o *broadcasting*. Basta preencher todos os *bits* de *host* no endereço IP com uns.

Se um *host* da sub-rede 4 (rede 172.31.4.0) de endereço 172.31.4.2 quer enviar uma mensagem a todos os *hosts* da sub-rede 1 (rede 172.31.1.0), transmite a mensagem endereçada para:

- 172.31.1.255

Nesse endereço, o último *byte* da direta é usado para endereçar os *hosts*. No endereço 255 todos os *bits* são iguais a 1, portanto, na representação binária, o roteador envia a mensagem, a qual será endereçada e recebida por todos os *hosts* da sub-rede 1.

Para enviar uma mensagem de *broadcasting* a todos os *hosts* das sub-redes da rede 172.31, envia-se a mensagem endereçada para:

- 172.31.255.255

A representação dos *bits* utilizados para reproduzir rede e sub-rede em um endereço IP também pode ser feita pela colocação do número de *bits* após uma barra no final do endereço. Exemplo:

- 172.31.10.120/24 que equivale a 172.31.10.120, 255.255.255.0

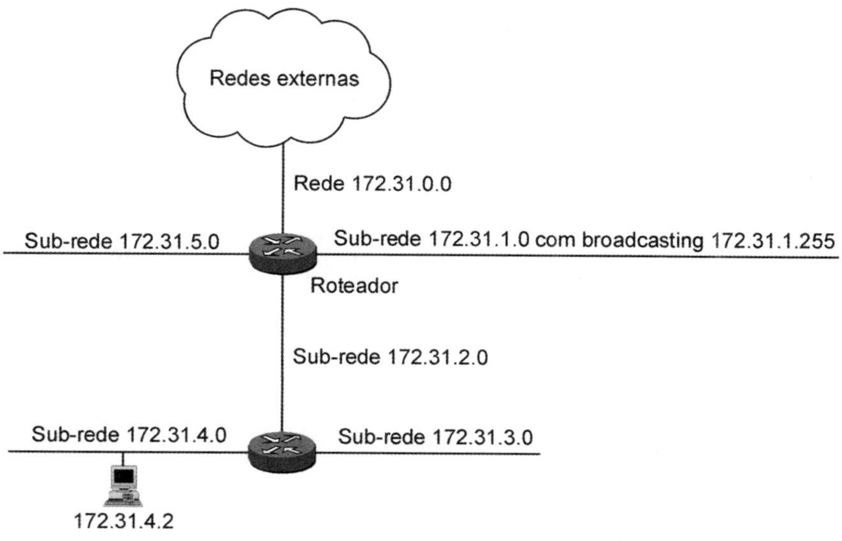

Figura 8.11 - O broadcasting de mensagem do host 172.31.4.2 para a sub-rede 172.31.1.0 é feito pelo envio da mensagem endereçada a 172.31.1.255.

Nesse caso, o número 24 indica que 24 *bits* (ou três *bytes*) são usados para compor rede e sub-redes no endereço anterior, restando o último *byte* para constituir o número dos *hosts* (no exemplo, o número do *host* é 120, na rede 172.31 e sub-rede 10).

A seguir, um exemplo de endereço de classe C a ser dividido em 20 sub-redes:

- Endereço de rede classe C: 192.168.4.0
- Máscara de sub-redes: 255.255.255.248

Em seguida, os endereços das 20 sub-redes, dos *hosts* e de *brodcasting*:

Endereços de sub-redes para a máscara 255.255.255.248	**Endereços dos *hosts* da sub-rede**	**Endereço de *broadcasting* da sub-rede**
192.168.4.8	192.168.4.9 a 192.168.4.14	192.168.4.15
192.168.4.16	192.168.4.17 a 192.168.4.22	192.168.4.23
192.168.4.24	192.168.4.25 a 192.168.4.30	192.168.4.31
192.168.4.32	192.168.4.33 a 192.168.4.38	192.168.4.39
192.168.4.40	192.168.4.41 a 192.168.4.46	192.168.4.47
192.168.4.48	192.168.4.49 a 192.168.4.54	192.168.4.155
192.168.4.56	192.168.4.57 a 192.168.4.62	192.168.4.63
192.168.4.64	192.168.4.65 a 192.168.4.70	192.168.4.71
192.168.4.72	192.168.4.73 a 192.168.4.78	192.168.4.79
192.168.4.80	192.168.4.81 a 192.168.4.86	192.168.4.87
192.168.4.88	192.168.4.89 a 192.168.4.94	192.168.4.95
192.168.4.96	192.168.4.97 a 192.168.4.102	192.168.4.103
192.168.4.104	192.168.4.105 a 192.168.4.110	192.168.4.111
192.168.4.112	192.168.4.113 a 192.168.4.118	192.168.4.119
192.168.4.120	192.168.4.121 a 192.168.4.126	192.168.4.127
192.168.4.128	192.168.4.129 a 192.168.4.134	192.168.4.135
192.168.4.136	192.168.4.137 a 192.168.4.142	192.168.4.143
192.168.4.144	192.168.4.145 a 192.168.4.150	192.168.4.151
192.168.4.152	192.168.4.153 a 192.168.4.158	192.168.4.159
192.168.4.160	192.168.4.161 a 192.168.4.166	192.168.4.167

O endereço de *broadcasting* para todas as sub-redes é 192.168.4.255. Cada sub-rede pode ter até seis *hosts*.

8.3.2. Interligação e configuração de roteadores - estudo de caso 2

A seguir, especifica-se a configuração dos roteadores para a rede de endereço 220.30.45.0 composta por cinco roteadores.

No exemplo a conexão entre roteadores é feita por canais (LPs) com *modems* de velocidade de 64Kbps, o que indica que os roteadores especificam em suas interfaces de saída o *clock rate* de 64.000 *bits* por segundo.

Utiliza-se a máscara 255.255.255.240 (ou /28).

A rede é composta por cinco roteadores, inicialmente configurada com roteamento estático. Estudaremos adiante roteamento dinâmico e configuração para RIP e IGRP.

Cada roteador possui duas interfaces seriais (S0 e S1) para conexões externas a *modems* e canais de comunicação de dados, e uma *Ethernet* (E0) para conexão de uma rede local ou PC. A seguir vemos as sub-redes da rede principal 220.30.45.0.

- Rede 220.30.45.32 (WAN)
- Rede 220.30.45.48 (WAN)
- Rede 220.30.45.64 (WAN)
- Rede 220.30.45.80 (WAN)
- Rede 220.30.45.96 (WAN)
- Rede 220.30.45.112 (LAN)
- Rede 220.30.45.128 (LAN)
- Rede 220.30.45.144 (LAN)
- Rede 220.30.45.160 (LAN)
- Rede 220.30.45.176 (LAN)

No roteador R1 há apenas um microcomputador PC com placa de rede ligada à interface *Ethernet* do roteador. Por meio desse computador, no *prompt* do Windows, é possível digitar o comando *ping* a todos os endereços de rede. No roteador R1 existe um PC com o HyperTerminal e saída serial ligada à porta de console utilizados para configurar o roteador.

A seguir, a configuração do roteador R1. A configuração dos demais roteadores é análoga.

Configuração do roteador R1

```
R1>enable
R1#configure terminal
R1(config)#interface serial0
R1(config-if)#clock rate 64000
R1(config-if)#bandwidth 64
R1(config-if)#no shutdown
R1(config-if)#ip address 220.30.45.34 255.255.255.240
R1(config-if)#interface serial1
R1(config-if)#clock rate 64000
R1(config-if)#bandwidth 64
R1(config-if)#no shutdown
R1(config-if)#ip address 220.30.45.98 255.255.255.240
R1(config-if)#exit

R1#ip route 220.30.45.48 255.255.255.240 220.30.45.33
(esta é uma especificação de rota estática para o roteador R1 atingir a rede
220.30.45.48 pela interface de endereço 220.30.45.33)
R1#ip route 220.30.45.128 255.255.255.240 220.30.45.33
(para atingir a rede 220.30.45.128)
```

```
R1#ip route 220.30.45.64 255.255.255.240 220.30.45.33
(para atingir a rede 220.30.45.64)
R1#ip route 220.30.45.144 255.255.255.240 220.30.45.33
(para atingir a rede 220.30.45.144)

R1#ip route 220.30.45.80 255.255.255.240 220.30.45.97
(para atingir a rede 220.30.45.80)
R1#ip route 220.30.45.176 255.255.255.240 220.30.45.97
(para atingir a rede 220.30.45.176)

R1#ip route 220.30.45.160 255.255.255.240 220.30.45.97
(para atingir a rede 220.30.45.160)

R1#show interface serial0
R1#show interface serial1
R1#show ip route
```

Com as configurações anteriores, habilita-se o roteador R1 a encaminhar pacotes IP às redes não diretamente conectadas.

Para ativar o roteamento automático (RIP ou IGRP), em vez dos comandos *ip route*, é preciso incluir o comando *router rip* ou *router igrp* nº sistema.

Antes de ativar o roteamento automático, retiram-se as rotas estáticas com o comando *no ip route*:

```
R1#no ip route 220.30.45.48 255.255.255.240 220.30.45.33
                                   (retira a rota estática)
R1#no ip route 220.30.45.128 255.255.255.240 220.30.45.33
                                   (retira a rota estática)

R1#no ip route 220.30.45.64 255.255.255.240 220.30.45.33
                                   (retira a rota estática)
R1#no ip route 220.30.45.144 255.255.255.240 220.30.45.33
                                   (retira a rota estática)

R1#no ip route 220.30.45.80 255.255.255.240 220.30.45.97
                                   (retira a rota estática)
R1#no ip route 220.30.45.176 255.255.255.240 220.30.45.97
                                   (retira a rota estática)
R1#no ip route 220.30.45.160 255.255.255.240 220.30.45.97
                                   (retira a rota estática)

R1#router rip                (ativa o roteamento dinâmico RIP no roteador R1)
R1(router)#network 220.30.45.0   (rede geral na qual o RIP atua para montar as
                             tabelas)
R1(router)#exit
R1#show ip route
```

A seguir, vê-se a ativação do roteamento dinâmico pelo protocolo IGRP. É semelhante ao RIP, e acrescenta apenas um número que especifica o sistema autônomo no qual deve agir para montar suas tabelas. Nesse caso, o sistema autônomo compreende a área abrangida pela rede 220.30.45.0 e o número dado a esse domínio, 100:

```
R1#router igrp 100    (ativa o roteamento dinâmico IGRP no domínio de número 100)
R1(router)#network 220.30.45.0     (rede geral na qual o IGRP atua para montar as
                                   tabelas)
R1#exit
R1#show ip route
R1#show ip protocols
```

Para desabilitar o roteamento dinâmico RIP, basta marcar no roteador o comando:

```
R1#no router rip
```

8.4. Protocolo e endereçamento IPX - *Novell Netware* no roteamento e interconexão de redes

O IPX (*Internetwork Packet Exchange*) é um protocolo roteável desenvolvido pela Novell e amplamente utilizado nos anos 1980 e 1990, quando a maior parte das redes locais operava com ele.

Posteriormente, as redes locais (LANs) passaram a usar o IP em detrimento do IPX em razão do advento da Internet, que utiliza o IP, e das arquiteturas de sistemas abertos.

As versões posteriores do sistema operacional de rede local Novell Netware incorporaram o IP como protocolo de rede. Como conseqüência, os roteadores provêem interconexão e roteamento de redes IPX.

As redes IPX trabalham com listas de acesso, roteamento RIP e outros serviços como o SAP (*Service Advertising Protocol*) que divulga as tarefas disponíveis nos servidores da rede, o NCP (*Network Control Protocol*) que conecta os *hosts* aos servidores da rede, o NetBIOS (*Network Basic Input/Output System*) e o NLSP (*Netware Link Services Protocol*), ambos protocolos da arquitetura Novell Netware.

A seguir, observe uma comparação entre os modelos IPX e OSI:

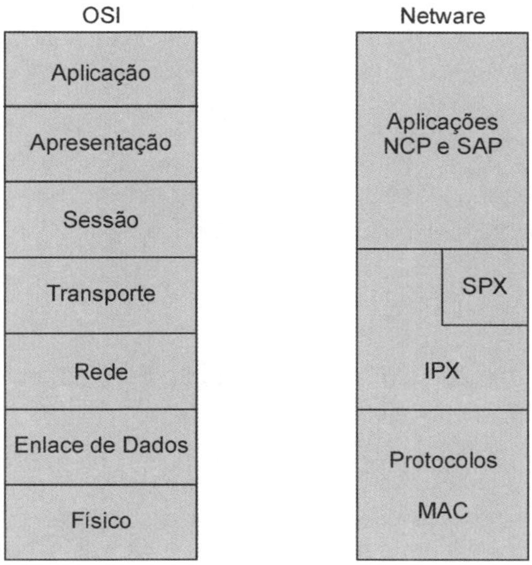

Figura 8.12 - Comparação dos modelos OSI e Netware.

O protocolo IPX trata do endereçamento nas redes, atuando comparativamente na camada 3 do modelo OSI e com algumas funções da camada 4, de transporte.

O SPX (*Sequenced Packet Exchange*) tem função semelhante ao TCP, atuando na camada 4 do modelo OSI e criando circuitos virtuais entre a origem e o destino.

O IPX, analogamente ao IP, controla o endereçamento e o encaminhamento de dados na rede. Os protocolos de roteamento utilizados nas redes Netware (RIP ou NLSP) trabalham com o SPX e o IPX no envio dos dados ao destino.

A comunicação do SPX e IPX com os protocolos e aplicações das camadas superiores é feita por meio de *sockets*, analogamente aos *ports* do TCP, que representam os números das aplicações.

O protocolo de roteamento RIP da arquitetura Netware é o IPX RIP, proprietário da Novell Netware. Ele escolhe e define as melhores rotas para o envio dos dados, utilizando como métrica a contagem de *hops* até o destino e o tempo de propagação na rota medido em *ticks* de 1/18 segundos.

O protocolo de roteamento NLSP (*Netware Link Services Protocol*) é do tipo *link state*, proprietário da Novell, e pode ser usado em substituição ao RIP em redes Netware.

O NCP (*Netware Core Protocol*) trata do acesso dos *hosts* (também chamados de *workstations*) de uma rede Novell aos serviços existentes nos diversos servidores da rede. Ele disponibiliza e controla o acesso a servidores de arquivos, impressão, comunicação, segurança e demais tarefas disponíveis na rede.

O SAP (*Service Advertising Protocol*) divulga os serviços disponíveis na rede às *workstations* para que requisitem o acesso a eles.

O Netware é uma arquitetura do tipo cliente-servidor (*client-server*). Os servidores são responsáveis pela criação e controle das tabelas SAP de serviços disponíveis. Caso um deles não esteja disponível em um servidor, deve se comunicar com os demais para descobrir em que local está liberado.

A comunicação entre os servidores para a montagem das tabelas de serviços disponíveis na rede é feita pelo protocolo SAP. Os servidores propagam suas tabelas a cada 60 segundos (*default*), além disso, criam e propagam as tabelas de roteamento por meio do protocolo RIP do Netware, para outros servidores e roteadores presentes na rede.

8.4.1. Endereçamento IPX

O endereço IPX também é um número, analogamente ao IP. Uma parte representa o número da rede e outra o número do *host* dentro dessa rede.

O endereço IPX é formado por dez *bytes* que, compreendidos no formato hexadecimal, passam a ter 20 dígitos.

Os primeiros quatro *bytes* constituem o número da rede e os seis seguintes o número do *host* da rede, que é seu próprio endereço MAC de seis *bytes* da placa de rede, e na maioria dos casos permite que seu endereçamento seja feito automaticamente. No IPX não existem classes de endereçamento como no IP, nem a necessidade de servidores DHCP para criar os endereços automaticamente, ou o uso do protocolo ARP para descobrir o *MAC-address* dos *hosts*. Portanto, o MAC faz parte do endereço IPX, ocupando seus seis últimos *bytes*.

A seguir, alguns exemplos de endereços IPX:

- 1fb3.ac02.00ab.98e1.ff09 (em que 1fb3.ac02 é o número da rede).
- 238f.d032.0578.ab3c.fabc (em que 238f.d032 é o número da rede).

Para transmitir os pacotes IPX pelo barramento de uma rede local, como no IP, eles precisam ser encapsulados no *frame* da camada 2 (enlace) e transmitidos pela camada 1 (física).

Existem quatro *frames Ethernet*, nos quais os pacotes IXP podem ser encapsulados: *Ethernet* 802.3 e 802.2, *Ethernet* II e *Ethernet* SNAP, além de Token-Ring, Token-Ring SNAP, FDDI 802.2, FDDI SNAP ou FFDI RAW. Somente os dispositivos (*hosts* ou *workstations*) com o mesmo tipo de encapsulamento conseguem se comunicar entre si em uma rede local. Para configurar o uso de diferentes *frames* em uma rede local, utiliza-se a opção *secondary* no comando *ipx network*, na configuração de uma interface.

É preciso empreender o encapsulamento utilizado pelos servidores e *workstations* em uma rede local Netware para que haja uma comunicação efetiva entre eles, ou interligar as redes com encap sulamentos diferentes por meio de roteadores que convertam um encapsulamento em outro e permitam a comunicação.

Na configuração de roteadores Cisco, cada tipo de encapsulamento possui um nome, como mostra a tabela seguinte:

Frame da LAN	Nomenclatura Cisco
Ethernet 802.3	Novell-Ether
Ethernet 802.2	SAP
Ethernet II	Arpa
Ethernet SNAP	SNAP
Token-Ring	SAP
Token-Ring SNAP	SNAP
FDDI 802.2	SAP
FDDI SNAP	SNAP
FFDI RAW	Novell-FDDI

Arpa

Ethernet II	IPX	Dados

Novell-Ether

IEEE-802.3	IPX	Dados

SAP

IEEE-802.3	IEEE-802.2	IPX	Dados

SNAP

IEEE-802.3	IEEE-802.2	SNAP	IPX	Dados

Os *hosts* em uma rede só se comunicam se possuírem o mesmo encapsulamento. Caso o comando *encapsulation* não especifique o tipo de encapsulamento em uma rede IPX, o roteador assume o padrão: Novell-Ether para *Ethernet*, SNAP para Token-Ring, SNAP para FDDI e HDLC para serial.

Para ativar o roteamento IPX em um roteador Cisco, utiliza-se o comando *ipx routing* e ativa-se o IPX em cada interface com o comando *ipx network* nº rede, como exemplificado em seguida para o roteador R1.

```
R1#configure terminal                  (vai para o modo de configuração)
R1(config)#ipx routing                 (ativa o roteamento ipx no roteador)
R1(config)#interface ethernet0         (entra na interface Ethernet 0 do roteador)
R1(config-if)#ipx network 30           (ativa o ipx na interface Ethernet 0 do
roteador)
```

O encapsulamento *default* utilizado é o *Ethernet* 802.2 ou 802.3, dependendo da versão do sistema de rede Netware. Para alterar o tipo de encapsulamento, emprega-se o comando *encapsulation* tipo, como, por exemplo, *encapsulation arpa* para o *Ethernet* II.

Para a figura seguinte tem-se a configuração dos roteadores R1, R2 e R3:

Configuração do roteador R1:

```
R1>enable
R1#configure terminal
R1(config)#ipx routing
R1(config)#interface ethernet0
R1(config-if)#ipx network 10
R1(config-if)#interface serial0
R1(config-if)#ipx network 20
R1(config-if)#exit
R1#show ipx route      (mostra as rotas IPX criadas e as diretamente conectadas)
```

Configuração do roteador R2:

```
R2>enable
R2#configure terminal
R2(config)#ipx routing
R2(config)#interface serial0
R2(config-if)#ipx network 20
R2(config-if)#interface serial1
R2(config-if)#ipx network 40
R2(config-if)#interface ethernet0
R2(config-if)#ipx network 30
R2(config-if)#exit
R2#show ipx route      (mostra as rotas IPX criadas e as diretamente conectadas)
```

Configuração do roteador R3:

```
R3>enable
R3#configure terminal
R3(config)#ipx routing
R3(config)#interface serial0
R3(config-if)#ipx network 40
R3(config-if)#interface ethernet0
R3(config-if)#ipx network 50
R3(config-if)#exit
R3#show ipx route     (mostra as rotas IPX criadas e as diretamente conectadas)
```

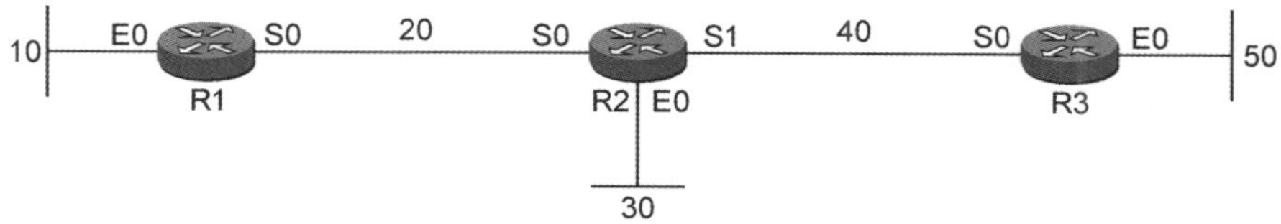

Figura 8.13 - Exemplo de interconexão de redes IPX com três roteadores.

Para configurar o uso adicional de um *frame* diferente, *Ethernet* II (arpa), por exemplo, usa-se o seguinte comando no roteador R1:

```
R1#configure terminal
R1(config)#interface ethernet0
R1(config-if)#ipx network 10 encapsulation arpa secondary
```

A seguir, os comandos mais usados para monitorar a estrutura IPX em um roteador:

```
R1#show ipx servers     (mostra a tabela SAP do roteador R1)
R1#show ipx interface   (mostra a configuração IPX por interface)
R1#show ipx route       (mostra a tabela de roteamento IPX do roteador R1)
R1#show ipx traffic     (mostra a estatística de tráfego de pacotes IPX no
                        roteador R1)
R1#show ipx interface   (mostra as configurações das interfaces IPX do roteador R1)
R1#show protocols       (mostra o endereço IPX e o tipo de encapsulamento)

R1#debug ipx routing activity     (mostra como o IPX opera na rede)
R1#debug ipx sap activity         (mostra os pacotes IPX SAP que trafegam no
                                  roteador)
R1#ping ipx endereçoIPX           (faz o ping no endereço IPX fornecido, por
                                  exemplo, ping ipx 1FAB.001C.245E.451F)
```

Observe o exemplo de configuração do roteador para roteamento IPX. O roteador A está ligado ao B por dois *links WAN* nas seriais 0 e 1 com balanceamento de carga. O A possui uma interface *Ethernet* com duas redes IPX (1 e 2) encapsuladas em 802.3 e 802.2 (Novell-Ether e SAP) nas subinterfaces *Ethernet* 0.1 e 0.2 respectivamente.

```
A(config)#ipx routing             (ativa o roteamento IPX no roteador A)
A(config)#ipx maximum-paths 2     (ativa o balanceamento de tráfego nas duas
                                  seriais)
A(config)#interface ethernet 0.1  (entra na primeira subinterface da interface
                                  ethernet0)
A(config-subif)#ipx network 1FBC encapsulation novell-ether (assinala o endereço
de rede e o tipo de encapsulamento para a subinterface ethernet0.1)
```

```
A(config-subif)#interface ethernet 0.2       (entra na segunda subinterface da
                                              interface ethernet0)
A(config-subif)#ipx network 1FAB encapsulation sap
      (assinala o endereço de rede e o tipo de encapsulamento para a subinterface
ethernet0.2)
A(config-subif)#interface serial0      (entra na interface serial0)
A(config-if)#ipx network 3             (especifica o endereço de rede da interface
serial0)
A(config-if)#interface serial1         (entra na interface serial1)
A(config-if)#ipx network 4             (especifica o endereço de rede da interface
serial1)
```

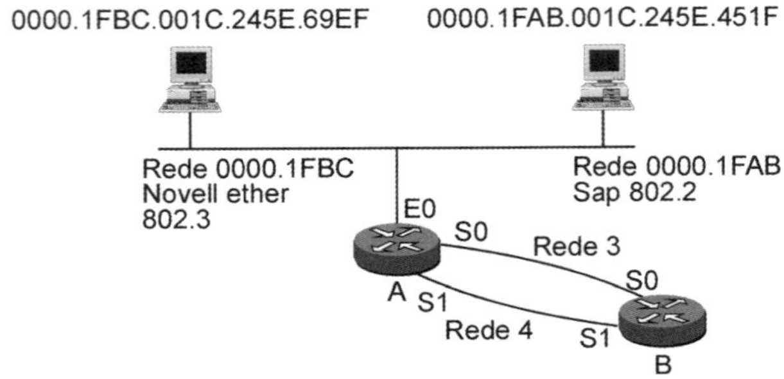

Figura 8.14 - Roteador A com interface Ethernet de duas redes com encapsulamento 802.3 e 802.2 e uma interface serial para conexão WAN a um roteador B remoto por meio de dois links de comunicação. Cada link de WAN é nomeado com um endereço de rede.

Ativação do roteamento RIP em redes IPX

O roteamento RIP em redes Netware IPX é semelhante ao RIP IP. Nele, a métrica utilizada é composta pelo retardo que se produz em uma rota na transmissão da informação mais o número de saltos.

O retardo é medido em *ticks*, cada um tem valor de 1/18seg. As rotas são escolhidas pelo menor retardo. Secundariamente se utiliza o número de saltos (*hops*) para chegar ao destino. Se os *ticks* de duas rotas são iguais, o desempate para escolha da melhor é feito pela contagem de saltos que cada uma possui.

O roteador envia cópias de sua tabela RIP a seus vizinhos a cada 60 segundos (*default*). Quem a recebe incrementa a métrica em mais um salto e *ticks* antes de reencaminhar aos roteadores seguintes.

No roteamento em redes Netware, o roteador utiliza adicionalmente os protocolos SAP e GNS. O SAP é utilizado pelos servidores da rede para divulgar seus serviços a ela. O número SAP de identificação do serviço é representado por um número hexadecimal como 4 (servidor de arquivo) e 7 (servidor de impressão). Esses serviços são colocados em uma tabela denominada SIT (*Server Information Tables*), armazenada nos servidores e roteadores e divulgada por toda a rede.

Como visto, para habilitar o roteamento RIP em uma rede IPX e o SAP em um roteador, utiliza-se o comando *ipx routing*.

O comando *ipx network* habilita o roteamento IPX em uma interface específica e informa o tipo de encapsulamento utilizado.

As métricas são vistas pelo comando *show ipx route*, que mostra o número de *ticks* e saltos entre colchetes. Deve-se assinalar um único número de rede para cada interface configurada.

8.5. Listas de acesso: controle de acesso a redes

Listas de acesso ou ACL (*Access Control Lists*) são configurações implementadas nos roteadores com o objetivo de filtrar e impedir que pacotes com determinados endereços sejam recebidos ou encaminhados pelas interfaces dos roteadores.

Considera-se que elas atribuem segurança à rede, restringindo acessos especificados. A lista e o filtro que ela gera são tipos de *firewall*.

Essas listas controlam ou filtram o tráfego que passa pelo roteador. Com elas é possível negar conexões e permitir somente os acessos especificados a uma rede. Sua função mais comum é filtrar pacotes, ou seja, permitir que apenas pacotes específicos passem pelas interfaces do roteador. Uma lista de acesso IP impede ou concede que pacotes com determinados endereços de rede transitem.

Podem ser divididas em dois tipos: padrão ou estendida.

Lista de acesso padrão

A lista de acesso padrão (*standard access list*) permite ou nega pacotes pelo endereço IP de origem. É numerada de 1 a 99 e só filtra baseada no endereço IP de origem.

Lista de acesso estendida

A lista de acesso estendida (*extended access list*) verifica tanto o endereço de origem quanto o de destino do pacote, permitindo ou negando o tráfego pelos endereços de origem e destino e *port* de acesso TCP ou UDP. São numeradas de 100 a 199.

Faz o filtro com base nos endereços IP de origem, destino e também no número do *port* das aplicações do TCP e do UDP. Os *ports* mais utilizados são: 20 (dados do FTP), 21 (programa FTP), 23 (Telnet), 25 (SMTP - correio eletrônico), 69 (TFTP), 53 (DNS) e 80 (web).

Para criar uma lista de acesso estendida, utiliza-se o comando:

```
R1(config)#access-list nº da lista permit ou deny protocolo endereço-origem
mascara port endereço-destino mascara port
```

Aplica-se a lista em uma interface com o comando:

```
R1(config-if)#ip access-group nº da lista in ou out
(especifica o número da lista e se é aplicada na entrada ou na saída da interface)
```

As listas de acesso podem ser aplicadas na entrada (tráfego *inbound*) ou na saída de uma interface do roteador (tráfego *outbound*).

Para uma lista aplicada na saída (*outbound list*), em uma situação de permissão, o pacote é enviado ao *buffer* de saída da interface para ser transmitido. Se o pacote não se enquadra em nenhuma permissão da lista de acesso, é descartado.

A lista de acesso faz o roteador examinar cada pacote que atravesse uma interface, na entrada ou na saída. A comparação do pacote com as restrições ou permissões da lista se faz linha por linha, na seqüência de comandos especificados, até encontrar a que se identifique com o pacote. No final de cada lista coloca-se automaticamente o comando *deny any*, o qual nega todos os pacotes que não estejam enquadrados nas linhas anteriores.

A lista deve ser configurada nas interfaces do roteador. Para tal, entra-se na interface desejada e digitam-se os comandos da lista de acesso que devem atuar.

Uma interface pode ter várias listas de acesso, desde que uma por protocolo. As listas são criadas com o comando *access-list*. Para ativá-las em uma interface, emprega-se o comando ip *access-group*, utilizado com *permit* para permitir a passagem do pacote que se enquadra na lista ou *deny* para negar o pacote. A seguir, o formato desses comandos.

```
R1(config)#access-list nº da lista [permit ou deny] endereço de origem  [wildcard mask]

R1(config-if)#protocolo access-group nº da lista [in ou out]
```

As listas de acesso verificam e filtram um endereço IP único ou uma faixa de endereços. Para tal, é preciso especificar os *bits* do endereço IP a serem conferidos com a lista. Isso se faz por meio de uma máscara (*wildcard mask*).

Por exemplo, para uma lista negar o acesso de um *host* de número 10.33.45.1, todos os *bits* do endereço IP devem ser verificados, portanto a máscara será 0.0.0.0. Então, especifica-se o endereço 10.33.45.1 0.0.0.0 ou na forma *host* 10.33.45.1. Estabelecer o endereço IP como 0.0.0.0 ou *any*, significa tratar-se de qualquer um.

Para criar uma lista de acesso padrão e aplicá-la em uma interface do roteador, utilizam-se os comandos *access-list* e *access-group*.

Para remover uma lista de acesso da interface do roteador, usa-se o comando "*no access-list* nº da lista".

No exemplo seguinte há um roteador que interliga duas redes. A lista bloqueia o acesso dos *hosts* com endereços IP 172.16.0.3 e 10.0.0.9. O número da lista de acesso é 5.

```
#access-list 5 deny host 172.16.0.3      (bloqueia o acesso deste host)
#access-list 5 deny host 10.0.0.9        (bloqueia o acesso deste host)
#access-list5 permit *                   (permite o acesso dos demais hosts)
#access-list5 deny *                     (nega o acesso a todos)
```

Observa-se que pacotes com endereço IP de origem 172.16.0.3 ou 10.0.0.9 são bloqueados no roteador R1 e descartados. No final das listas de acesso coloca-se automaticamente o *deny* *, que bloqueia os pacotes que não se encaixam em suas especificações anteriores. O filtro só vai até a linha da lista na qual o pacote se encaixa, ou seja, quando ele se encaixa em uma linha, é tratado pela especificação dela e as demais não se processam mais.

Também é possível bloquear faixas de endereços por uma máscara que especifica à qual delas se aplica o comando da lista de acesso. Exemplo:

```
#access-list 5 permit 172.16.0.0 0.0.0.15   (a máscara 15=00001111 indica a
                                             permissão para a faixa de endereços de
                                             172.16.0.1 a 172.16.0.15)
```

```
#access-list5 permit 172.16.0.0 0.0.0.255      (a máscara 255=11111111 indica a
                                               permissão para a faixa de endereços de
                                               172.16.0.1 a 172.16.0.255)
#access-list5 deny 172.16.0.0 0.0.0.31         (a máscara 31=00011111 indica a
                                               negação de acesso para a faixa de
                                               endereços de 172.16.0.1 a 172.16.0.31)
```

A seguir, outros exemplos de permissão e negação de faixas utilizando máscaras:

Exemplo 1: negar o acesso dos *hosts* de 172.16.0.5 a 172.16.0.15

```
#access-list 6 permit 172.16.0.4               (permite o endereço 172.16.0.4)
#access-list 6 permit 172.16.0.0 0.0.0.3       (permite os endereços de 172.16.0.0 a
                                               172.16.0.3)
#access-list 6 deny 172.16.0.0 0.0.0.15        (nega o acesso de 172.16.0.0 a
                                               172.16.0.15)
#access-list 6 permit any                      (permite todos os que não foram
                                               especificados anteriormente)
```

Observe que as permissões são dadas em ordem, a partir da primeira linha. Nesse caso, autorizou-se o acesso nas duas primeiras linhas dos endereços 0 a 4. Em seguida, negou-se o de 0 a 15. Como de 0 a 4 já haviam sido permitidos, a terceira linha só bloqueia de 5 a 15.

A máscara especifica a faixa com suas posições formada por *bits* 1 da direita para a esquerda.

Exemplo 2: negar o acesso dos *hosts* de 172.16.0.12 a 172.16.0.19

```
#access-list 9 permit 172.16.0.0 0.0.0.7       (permite do 0 a 7)
#access-list 9 permit 172.16.0.8 0.0.0.3
(permite do 8 a 11 ou 00001000+00000111=00001111)
#access-list 9 deny 172.16.0.0 0.0.0.15        (nega do 0 a 15)
#access-list 9 deny 172.16.0.16 0.0.0.3
(nega do 16 a 19 ou 00010000+00000011=00010011)
#access-list 9 permit any                      (permite os demais)
```

Neste exemplo, a terceira linha nega de 0 a 15, mas nas linhas anteriores se permitiu o acesso de 0 a 11, portanto a negação vale apenas para as faixas de 12 a 15.

Exemplo 3: negar o acesso dos *hosts* de 172.16.0.1 a 172.16.0.15

```
#access-list 11 permit 172.16.0.0 0.0.0.0
(permite apenas o acesso do endereço 172.16.0.0)
#access-list 11 deny 172.16.0.0 0.0.0.15       (nega o acesso de 0 a 15)
#access-list 11 permit any                     (permite o acesso dos demais)
#show access-list                              (mostra a lista de acesso)
```

Exemplo 4: negar o acesso ao FTP

```
#access-list 14 deny tcp 172.16.0.3 0.0.0.0 10.0.0.9 0.0.0.0 eq 21
#access-list 14 permit ip any any
```

Neste caso, o endereço 172.16.0.3 é o IP de origem proibido de acessar o FTP (porta 21 do TCP) do endereço 10.0.0.9.

Exemplo 5: negar o acesso à Web

```
#access-list 17 deny tcp 172.16.0.3 0.0.0.0 10.0.0.11 0.0.0.0 eq 80
#access-list 17 permit if any any
```

A lista 17 nega o acesso do *host* 172.16.0.3 ao servidor Web 10.0.0.11, lembrando que a aplicação web é o *port* 80 do TCP.

Exemplo 6: negar o acesso da rede 172.16.0.0 à rede 10.0.0.0

```
R1#configure terminal                   (vai para o modo de configuração)
R1(config)#access-list 3 deny 172.16.0.0 0.0.255.255
R1(config)#access-list 3 permit any     (permite todos)
R1(config)#interface ethernet1
R1(config-if)#ip access-group 3 out     (aplica a lista de acesso 3 na interface de
                                        saída E1 do roteador)
```

Criou-se a lista de acesso número 3 e negaram-se todos os *hosts* da rede 172.16.0.0.

Observe que o comando *permit any* permite de 0.0.0.0 a 255.255.255.255.

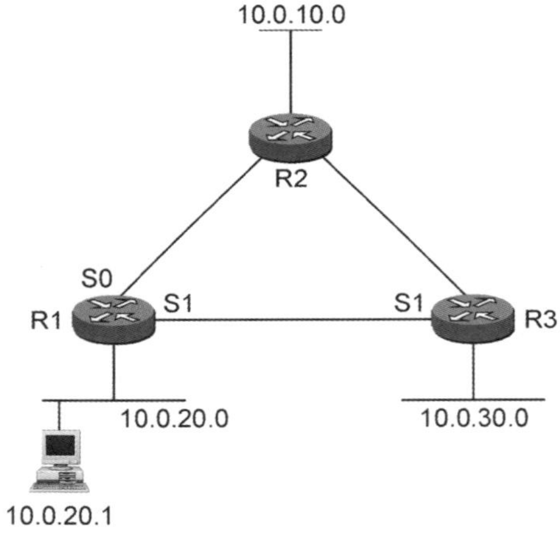

Figura 8.15 - Interconexão de roteadores com filtros para evitar acesso de hosts de uma rede a determinados hosts ou roteadores de outras.

O filtro no roteador R1 evita que o *host* 10.0.20.1 acesse a rede 10.0.10.0 pela interface serial0, conforme a seguir:

```
#interface serial0
#ip access-group 8
#access-list 8 deny host 10.0.20.1
```

O filtro no roteador R3 impede que os *hosts* da rede *Ethernet* R3 acessem o roteador R1 pela interface serial1:

```
#interface serial1
#ip access-group 9
#access-list 9 deny 10.0.30.0  0.0.0.255
#access-list 9 permit any
```

Para apagar uma lista de acesso, utiliza-se o comando *no access-list*, com o número da lista. Por exemplo:

```
        #no access-list 11     (cancela a lista de acesso 11)
```

A seguir, alguns comandos utilizados para exibir as listas de acesso:

```
#show access-list
#show access-list 3
#show ip access-list
#show ip interface
#show running-config
#access-list nº da lista {permit ou deny}             (especifica o número da lista
                                                       a ser usada)
#ip access-group nº ou nome da lista {in ou out}      (aplica a lista na entrada ou
                                                       saída da interface em que se
                                                       está)
```

As listas de acesso são utilizadas na maioria das redes, pois oferecem mais segurança, restringindo o acesso. Por ser um processo lógico, há várias maneiras de especificar e configurar uma lista para obter o mesmo resultado.

Os pacotes podem ser filtrados quando entram na interface do roteador (antes de o roteador definir o roteamento) ou quando saem por sua interface (após o roteador definir o roteamento), pelo comando *deny, que* filtra e nega o pacote. O comando *permit* não filtra o pacote e permite o seu encaminhamento.

Ao final de toda lista de acesso tem-se implicitamente o comando *deny all traffic*, que impede (nega) o tráfego, bloqueando o pacote que não se enquadra em nenhuma das linhas da lista.

Na montagem das linhas dessa lista, o comando *any* indica qualquer endereço (todos). O comando *host*, seguido do endereço IP, especifica a referência apenas àquele endereço.

Controle de acessos Telnet ao roteador

Além das interfaces físicas do roteador, como as portas E1, S0, S1, há também as virtuais, usadas para acesso distante ao roteador, por exemplo, acessos Telnet. As interfaces virtuais se chamam vty (*virtual terminal lines*), descritas em números de 0 a 4 (vty 0, vty 1, vty 2, vty 3, vty 4). São empregadas no acesso ao roteador pela rede por meio do programa Telnet, e entram com comandos na linha de comandos CLI (*Command-Line Interface*).

Esse tipo de acesso é normalmente feito quando se está em qualquer *host* da rede e deseja-se entrar em um roteador para configurá-lo ou alterar a configuração existente. Especifica-se no programa Telnet o endereço IP de uma porta do roteador ligado à rede, e com isso se entra no *prompt* de configuração do roteador.

É possível negar aos usuários o acesso vty ao roteador ou a outras redes, garantindo a segurança e evitando a invasão por estranhos. Quando alguém acessa o roteador por Telnet, é conectado em uma das interfaces virtuais vty.

Os comandos usados para configurar as interfaces virtuais vty no roteador são o *line* vty nº dos vtys, que especifica os vtys a serem configurados, e o *access-class* nº da lista *in ou out*, que determina o número da lista de acesso a ser utilizada.

O exemplo seguinte, da lista de acesso, permite que qualquer dispositivo da rede 172.17.0.0 acesse e estabeleça uma conexão Telnet (terminal virtual) com o roteador.

```
R1(config)#access list 3 permit 172.17.0.0 0.0.255.255  (cria a lista nº 3 que dá
                                                         a permissão)
R1(config)#line vty 0 4                  (entra nas interfaces de 0 a 4)
R1(config)#access-class 3 in             (coloca a lista de acesso 3 na entrada das
                                         interfaces vty)
```

As listas de acesso podem ser identificadas por nomes, em vez de números, com a vantagem de que nas listas por nomes (*named* IP) é possível alterar linhas sem a necessidade de refazê-las. A especificação do nome da lista é feita pelo seguinte comando:

```
R1(config)#ip access-list standard ou extended nome da lista
```

Para verificar as listas e monitorá-las, utilizam-se os comandos:

```
"show ip interface tipo e nº":
R1#show ip interface ethernet0       (mostra informações da interface e se existe
                                     lista de acesso)

#"show protocolo access-lists nºda lista"
R1#show access-lists                 (mostra as listas de acesso existentes e seus
                                     conteúdos)
```

Lista de acesso IPX para redes *Netware*

Tem a mesma função da lista de acesso IP. Verifica e filtra os pacotes IPX de acordo com os endereços IPX (de origem e de destino) e também pelo tipo de protocolo ou número de *socket* (*port*) da aplicação.

Para criar listas de acesso para redes Netware, é preciso especificar o número da lista de acesso IPX de acordo com o seu tipo:

1. **Lista de acesso IPX padrão:** filtra os endereços IPX de origem e de destino. O número desse tipo de lista varia de 800 a 899.
2. **Lista de acesso IPX estendida:** filtra os endereços IPX de origem e destino, tipo de protocolo e número do *socket* (*port*) da aplicação. O número desse tipo de lista varia de 900 a 999.
3. **Lista de acesso IPX SAP *Filter*:** filtra por tipo de serviço e tem número de 1.000 a 1.099.

O comando utilizado para criar uma lista de acesso IPX é *access-list* nº da lista *permit* ou *deny* condição de filtro.

Para associar uma lista de acesso IPX a uma interface do roteador, utiliza-se o comando ipx *access-group* nº da lista *in* ou *out*.

A seguir, uma lista de acesso IPX que permite apenas a passagem do tráfego da rede 0fa2 à rede 0fa4.

```
A(config)#access-list 850 permit 0fa2 0fa4
A(config)#interface ethernet0
A(config-if)#ipx network 0fa4
A(config-if)#ipx access-group 850 out
```

```
A(config-if)#interface ethernet1
A(config-if)#ipx network 0fa3
A(config-if)#interface ethernet2
a(config-if)#ipx network 0fa2
```

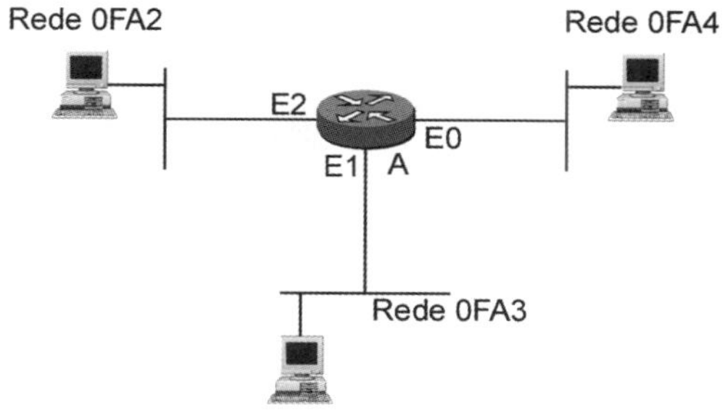

Figura 8.16 - Apenas se permite o tráfego da rede 0fa2 a 0fa4.

Para definir listas de acesso estendidas, que filtram por tipo de protocolo, endereços e *sockets*, o comando *access-list* fornece mais opções:

```
"access-list nº da lista permit ou deny protocolo rede-origem mascara socket
origem rede-destino  mascara-destino socket destino".
```

A seguir, um exemplo de lista de acesso que permite a travessia de pacotes da rede Netware 30 à rede 90. Em seguida a lista é aplicada à interface *Ethernet* E0 do roteador em sua saída (interface que dá acesso à rede 90).

```
R5#configure terminal
R5(config)#access-list 830 permit 30 90   (lista de acesso 830 permite o acesso da
                                          rede 30 na 90)
R5(config)#interface ethernet0            (entra na interface Ethernet E0 do
                                          roteador)
R5(config-if)#ipx access-group 830 out    (aplica a lista de acesso na saída da
                                          interface E0)
R5(config-if)#exit                        (sai do modo de configuração)
R5#show ipx access-list                   (mostra as listas de acesso existentes)
```

Algumas características das listas de acesso a serem observadas

- Aplica-se apenas uma lista de acesso por interface.
- Para apagar uma linha da lista de acesso, é necessário refazê-la.
- No final das listas coloca-se automaticamente o comando *deny* *.
- Se não inserir ao final da lista o comando *permit any*, todos os pacotes não referenciados pelas linhas anteriores serão descartados.
- Listas de acesso têm o objetivo de filtrar o tráfego que passa por um roteador, e não o tráfego gerado por ele.

Listas de acesso para filtrar tráfego SAP

As mensagens SAP são enviadas em *broadcast* na rede para informar a lista de serviços disponível nela. Essa lista ou tabela fica armazenada nos servidores e roteadores da rede. Para evitar que sejam transmitidas pelos *links* da rede WAN a todo instante, o roteador filtra e bloqueia os *broadcasts* e envia as atualizações a outros roteadores da rede a cada 60 segundos, o que diminui o tráfego nos *links*.

Os comandos utilizados são: ipx *input-sap-filter* nº da lista e ipx *output-sap-filter* nº da lista, aplicados para filtrar o tráfego na entrada ou saída de uma interface.

No exemplo seguinte a lista de acesso SAP de número 1040 só permite que sejam transmitidas pela serial0 do roteador R1 mensagens SAP do tipo de serviço 4 (servidor de arquivos Netware) oriundas da rede 0fa1:

```
R1(config)#access-list 1040 permit 0fa1 4
R1(config)#interface serial0
R1(config-if)#ipx output-sap-filter 1040
```

Os comandos mais utilizados para verificar e monitorar as configurações das listas de acesso IPX são:

```
R1#show ipx interface nome interface      (mostra as listas de acesso aplicadas à
                                           interface)
R1#show ipx access-list                   (mostra o conteúdo das listas de acesso)
```

8.6. Atividades de fixação

1) Cite e defina os protocolos de roteamento mais utilizados em uma rede TCP/IP.

2) Defina roteamento estático e roteamento dinâmico.

3) Como funciona o roteamento *Distance-Vector*?

4) Como funciona o roteamento *Link-State*?

5) Explique como os roteadores extraem os endereços de sub-redes a partir do endereço de rede e máscara de sub-rede fornecida.

6) Qual é a função de uma lista de acesso padrão?

7) Qual é a finalidade de uma lista de acesso estendida?

Capítulo 9

Conexão de Redes Remotas Públicas e Privadas - Redes WAN

9.1. Tipos de conexão em redes WAN

Este capítulo explica como conectar redes e roteadores distantes por canais de comunicação de dados (LPs, *links* ou circuitos de dados) de redes públicas e de protocolos utilizados em conexões por *links* de comunicação em redes WAN.

Os protocolos e meios utilizados na comunicação de dados podem ser divididos em LAN e WAN. Nas redes LAN, ou locais, utiliza-se como meio de transmissão o barramento, composto por cabos de pares trançados, coaxiais, *hubs* e *switches*, que utilizam como protocolos de comunicação o *Ethernet CSMA/CD*, o *Token-Ring* e o FDDI. Essa arquitetura é utilizada na conexão de computadores próximos, normalmente em um edifício ou campus.

Quando se deseja interligar redes a longas distâncias, é necessário empregar como meio de transmissão os serviços públicos de comunicação de dados como LPs ou circuitos que utilizam *modems* e fios da rede pública de telefonia, rádios microondas, satélite, fibras ópticas disponibilizadas pelas empresas concessionárias de serviços públicos e outras facilidades, além de equipamentos fornecidos pelas prestadoras de serviços de telecomunicações.

Os protocolos usados para realizar a comunicação de dados entre equipamentos como os roteadores a longas distâncias, formando as redes WAN, são HDLC, PPP, *frame-relay*, X.25, ISDN e outros vistos adiante.

As conexões em redes WAN podem acontecer por:

- **Circuitos diretos dedicados:** também chamados de LP (Linhas Privativa) ou *leased line*. São circuitos ponto a ponto que conectam fixamente dois pontos de uma rede, com velocidade variável de 64Kbps a 34Mbps ou mais. O custo dessa conexão é maior do que em redes compartilhadas.
- **Conexões comutadas por telefone:** utilizam a rede telefônica ou ISDN. São discadas, seriais e assíncronas, normalmente usadas em conexões temporárias para *backup* em caso de falhas no circuito principal. São também denominadas *circuit switched*, ou seja, existem apenas durante a chamada.
- **Conexões por redes de pacotes:** utilizam redes compartilhadas como X.25, *frame-relay* e ATM, também denominadas *packet-switched*. Redes comutadas por pacotes criam circuitos virtuais entre a origem e o destino para transmitir os dados.

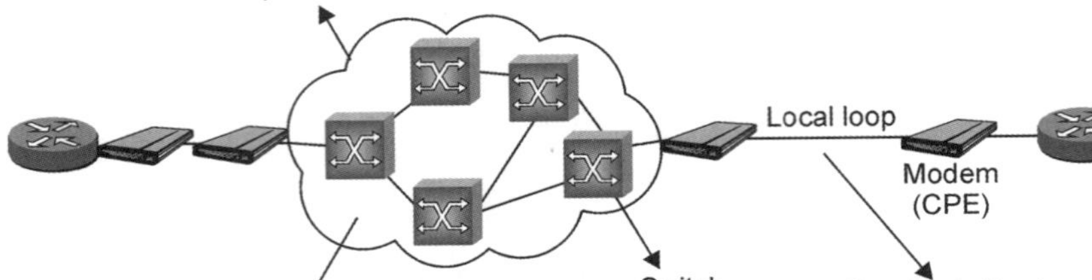

Figura 9.1 - A rede de pacotes ou comutada da concessionária utiliza switches para criar circuitos e encaminhar os dados. No caso de circuitos dedicados, os equipamentos da rede da concessionária são multiplexadores que reservam uma banda fixa ao circuito.

A nomenclatura utilizada para os equipamentos em uma conexão é a seguinte:

- **CPE (*Customer Premises Equipment*):** equipamento do circuito de comunicação que fica nas instalações do cliente, como o *modem*.
- ***Demarcation*:** sala de equipamentos de telecomunicação nas instalações do cliente.
- ***Local Loop*:** último trecho ou milha (*last-mile*) do circuito de comunicação. Normalmente os fios de cobre da rede de cabos passam na rua.
- ***Central Office Switch*:** o primeiro equipamento da prestadora de serviços de telecomunicações em que o acesso do cliente é ligado. É o ponto de presença POP (*Point of Presence*) mais próximo da concessionária prestadora do serviço, no qual o cliente está conectado.
- **Nuvem de Rede (*Toll Network*):** *switches* e equipamentos dentro da rede da prestadora de serviços de comunicação.
- **CSU/DSU (*Channel Service Unit/Data Service Unit*):** *modems* ou equipamentos que conectam o equipamento do cliente à rede WAN. Nesse caso chamam-se DCE e o roteador DTE.

Os roteadores são desenvolvidos para se comunicar com diferentes protocolos de comunicação de dados. Se a interface de um roteador se comunica com uma rede WAN *frame-relay*, por exemplo, deve ser configurada com o mesmo protocolo.

As interfaces utilizadas pelo roteador na comunicação externa, normalmente por meio de *modems*, são as seriais formadas por conectores DB-60, conectadas ao DB-25 ou M.34, em interfaces V.35, RS-232, G.703 e outras.

Esses *modems* podem se conectar a meios físicos de transmissão como LPs, linhas privativas que utilizam os fios ou pares metálicos da rede pública de telefonia, linhas telefônicas, fibras ópticas, rádios ou satélites. Existem *modems* para cada tipo de transmissão utilizado, como os ópticos, rádio, analógicos e digitais.

Desta forma, as interfaces seriais dos roteadores são usadas normalmente na comunicação com redes WAN, empregando protocolos como HDLC, PPP, *frame-relay*, X.25 e ISDN.

As interfaces *Ethernet* ou *Fast-Ethernet* do roteador são utilizadas na comunicação com redes LAN ligadas a ele, com conectores RJ-45 para cabos de par trançado (UTP), BNC para cabos coaxiais ou conectores para fibra óptica, quando usadas em *backbones* internos e normalmente ao interligar os roteadores a *hubs* e/ou *switches*.

Os protocolos citados são da camada 2 do modelo OSI, ou seja, de enlace e para a transmissão de *frames* em meios físicos. Os *frames* desses protocolos carregam os pacotes IP encapsulados, como visto anteriormente.

Os roteadores podem se conectar a outros em uma rede WAN por conexões permanentes (LPs, *links* de rádio, fibras ópticas ou redes públicas compartilhadas) ou discadas, utilizando a rede pública de telefonia.

9.1.1. Conexões por circuitos dedicados privativos ponto a ponto (LP)

Nesse tipo de conexão utiliza-se um circuito ou conexão fixa da prestadora de serviços para interligar dois roteadores. Essa conexão, denominada de LP (linha privativa) utiliza dois *modems* interligados normalmente por um par de fios metálicos dos próprios cabos de distribuição da rede telefônica que percorrem ruas e postes.

Se a distância entre dois edifícios é pequena, por exemplo, o par metálico é contínuo e não passa por nenhum equipamento da prestadora de serviços (concessionária) de telecomunicações. Se a distância for muito grande, o par metálico vai até o ponto de presença (POP) mais próximo da concessionária e de lá, por meio de equipamentos como multiplexadores, rádios, satélites, fibras ópticas ou outros equipamentos transmissores, dirige-se ao ponto de presença mais próximo do destino e deste ao destino final.

Essa conexão é dedicada, ponto a ponto, disponível 24 horas por dia e de uso exclusivo. É indicada a quem possui elevado volume de tráfego e necessita de um *delay* pequeno na transmissão de dados. O serviço é contratado e pago mensalmente à concessionária prestadora de serviços, com preço variável de acordo com a velocidade e a distância.

A velocidade da LP é definida pelo cliente quando efetua o pedido na concessionária, e geralmente varia de 64Kbps a 2Mbps ou mais. O meio de transmissão pode ser rádio ou fibras ópticas, que permitem velocidades maiores que os fios metálicos.

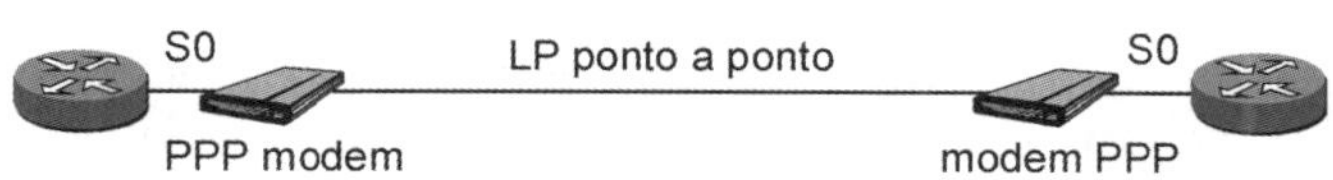

Figura 9.2 - Exemplo de dois roteadores interligados por uma LP ponto a ponto com modems conectados às interfaces seriais S0 dos roteadores. Em redes de pacotes, os protocolos utilizados podem ser X.25, frame-relay ou ATM, entre outros. Em redes comutadas discadas (utilizando a rede telefônica), os protocolos empregados podem ser HDLC, PPP ou SLIP.

Características dos protocolos utilizados no acesso às redes WAN:

- **HDLC (*High-Level Data Link Control*)**: utilizado para realizar a comunicação de equipamentos como roteadores interligados por circuito ponto a ponto. O protocolo original não identifica o protocolo da camada de rede, desta forma só é possível trafegar um único protocolo de camada 3 (IP, por exemplo). O HDLC da Cisco possui um campo de identificação do protocolo de rede que transporta, o que permite o tráfego de diferentes protocolos como o IP e o IPX no mesmo *link*. É síncrono. O comando a ser colocado na interface do roteador para encapsular os dados em HDLC é:

```
R1(config-if)#encapsulation hdlc
```

- **PPP (*Point-to-Point Protocol*)**: usado na conexão de roteador a roteador ou *host* a uma rede em circuitos síncronos ou assíncronos. Transporta diferentes protocolos da camada de rede (IP, IPX e outros), pois possui campo de identificação do tipo de dados que transporta. Abriga mecanismos de segurança como autenticação PAP e CHAP. Conecta diferentes dispositivos, pois é um padrão desenvolvido para comunicação em *links* ponto a ponto em arquiteturas abertas como a Internet. O PPP pode se comunicar com interfaces seriais assíncronas, síncronas e ISDN.
- **LAPB (*Link Access Procedure Balanced* para X.25)**: protocolo de enlace para acesso a redes públicas de pacotes do tipo X.25.
- ***Frame-relay***: protocolo de enlace para acesso a redes públicas *frame-relay*, permite múltiplos circuitos virtuais em um único acesso físico. Faz parte de uma geração mais avançada que as antigas redes de pacote X.25, com velocidades que variam em torno de 64Kbps a 2Mbps.
- **ATM (*Asynchronous Transfer Mode*)**: protocolo de tecnologia de transporte de dados padronizada pelo Fórum ATM para transportar múltiplos serviços como voz, dados e vídeos digitalizados em meios de altíssima velocidade, como fibras ópticas a 155Mbps.

Nas conexões ponto a ponto utilizam-se no enlace entre os dois pontos, protocolos de enlace como LAPB, HDLC e PPP. A transmissão dos dados é serial, ou seja, eles são transmitidos *bit* a *bit* pela linha de comunicação, que pode ser síncrona ou assíncrona.

Na transmissão síncrona, o transmissor e o receptor possuem um sincronismo para estabelecer a mesma velocidade de transmissão entre os dois. Na assíncrona não há sincronismo e os *bytes* são transmitidos com um tempo variável entre eles.

A conexão por linhas privativas entre roteadores é normalmente síncrona. A interface serial do roteador é conectada ao meio físico de transmissão por um *modem* ou unidade de transmissão digital denominada DSU/CSU, ligada ao equipamento da companhia telefônica por pares de fios.

As interfaces seriais dos roteadores Cisco são normalmente compostas por conectores D-shell de 60 pinos DB-60. O cabo que conecta essa interface ao *modem* possui em sua outra ponta um conector conciliado a ele, que pode ser: EIA/TIA232 (25 pinos), EIA/TIA449 (37 pinos), EIA/TIA530 (25 pinos), V.35 (34 pinos) ou X.21 (15 pinos).

Os roteadores possuem placas com interface para conexão a *links* com velocidades de 1,544Mbps (T1) ou 2,048Mbps (E1). Esses *links* transportam 24 canais de 64Kbps (cada T1) ou 32 de 64Kbps (cada E1).

Os protocolos utilizados para transmitir e controlar os dados nos enlaces seriais, como o LAPB, HDLC e PPP, possuem recursos de detecção de erros (CRC ou FCS). Se houver erro na transmissão, o *frame* com a falha é descartado ou recuperado por um pedido de retransmissão.

Os protocolos de enlace possuem um campo definido (ou arquitetado) para especificar o tipo de pacote de camada 3 (rede) transportado, caso transportem mais de um tipo. O SDLC (*Synchronous Data Link Control*) e o LAPB (*Link Access Procedure Balanced*) detectam e corrigem erros (retransmissão), mas não possuem campo de identificação do tipo de protocolo de rede que transportam.

O LAPD (*Link Access Procedure on the D Channel*), utilizado no *frame-relay*, e o HDLC (*High--Level Data Link Control*) não recuperam erros nem identificam o protocolo que encapsula.

O protocolo PPP (*Point-to-Point Protocol*) pode opcionalmente corrigir erros (utilizando o LAPB), e especifica o protocolo de rede que encapsula e transporta.

O comando que especifica o protocolo de enlace a ser empregado na interface do roteador é o *encapsulation* [hdlc ou ppp ou lapb], que deve ser especificado nas portas dos dois roteadores conectados.

Para aumentar o *throughput*, ou quantidade de dados transmitidos em um período de tempo, ativa--se a compressão dos dados, feita pelo comando *compress* [*predictor* ou stac ou mppc]. Seu uso produz um retardo (ou latência) na transmissão dos *frames*, pois eles são processados e comprimidos antes de serem transmitidos.

A compressão se faz em protocolos LAPB, HDLC e PPP. Os algoritmos mais utilizados para essa tarefa são STAC, *Predictor* e MPPC (*Microsoft Point-to-Point Compression*). Este último só é aceito pelo PPP, e o HDLC apenas recebe o STAC.

```
#interface serial0
#encapsulation ppp     (ativa o protocolo de enlace PPP na interface serial0)
#compress stac         (ativa a compressão STAC na interface serial0)

#interface serial0
#encapsulation hdlc    (ativa o protocolo de enlace HDLC na interface serial0)

#show interface        (mostra a configuração da interface e o tipo do protocolo
                       utilizado)
#show compress         (mostra a taxa de compressão)
```

9.1.2. Conexão por circuitos comutados pela rede pública de telefonia (conexão discada ou *dial-up*)

Para empresas ou usuários que realizam acessos esporádicos e não desejam pagar um valor fixo e mensal de circuitos dedicados (LPs), a opção pode ser a conexão por rede telefônica. Essa conexão é a mais utilizada para acessar a Internet e pode ser usada inclusive por empresas, para conectar suas filiais utilizando apenas a linha telefônica por um pequeno período.

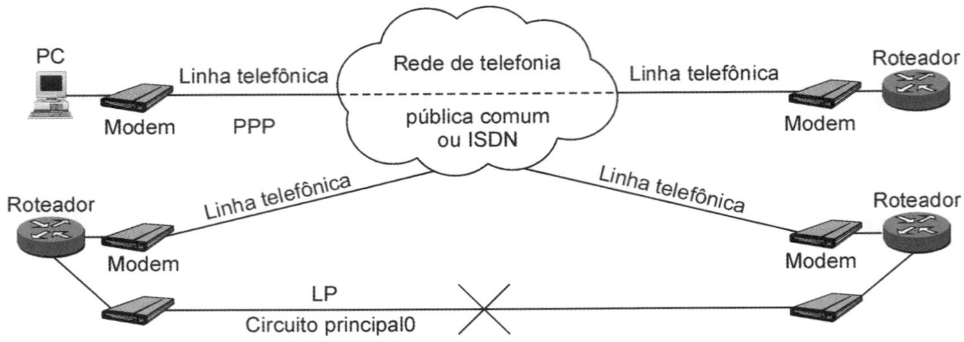

Figura 9.3 - Dois exemplos de conexões comutadas em circuito utilizando a rede telefônica comum (conexão telefônica ou dial-up) ou a digitalizada denominada ISDN (Intergrated Services Digital Network), que permite velocidades maiores. Em uma, o PC acessa um roteador remoto para fazer uma configuração, por exemplo. Na outra, um roteador acessa o outro em uma contingência no caso de falha da LP da conexão principal. O protocolo de enlace utilizado é o PPP ou o HDLC.

A conexão de comutação de circuito (*circuit switching*) é feita pela conexão de uma linha telefônica ao *modem* que fará a transmissão dos dados a outro *modem*. É possível interligar, por exemplo, dois roteadores pela ligação telefônica ou um PC a um roteador para fazer uma configuração remota.

O *modem* é conectado ao PC em sua saída serial por um cabo. No caso dos roteadores, é ligado a uma porta serial do roteador por um cabo com conector M.34 (V.35) ou DB-25 (RS-232) ligado ao *modem*.

9.1.3. Conexões por circuitos comutados em pacotes pelas redes públicas de comunicação de dados compartilhadas (conexão por redes *frame-relay* ou *packet-switch*)

Em uma conexão que utiliza rede comutada em pacotes (*packet-switching*), os meios de comunicação dessa rede são compartilhados entre seus usuários. Ou seja, os canais de comunicação internos à rede e que interligam os equipamentos ao longo dela são compartilhados pelos dados dos diversos usuários.

Essa característica pode produzir um *delay* maior na transmissão dos dados em relação às conexões privativas (LPs), em que o canal do início ao fim não é compartilhado. A vantagem do uso de redes compartilhadas é o custo menor e a facilidade de criação dos circuitos virtuais entre dois pontos.

Muitas redes usam conexões entre roteadores por redes comutadas em pacotes (*frame-relay*, IP privada, X.25, ATM ou Internet, por exemplo) e também por circuitos privados (LPs).

A seguir, um exemplo de conexão entre dois roteadores por uma rede *frame-relay*. Dentro dela há *switches* que comutam e encaminham os *frames*.

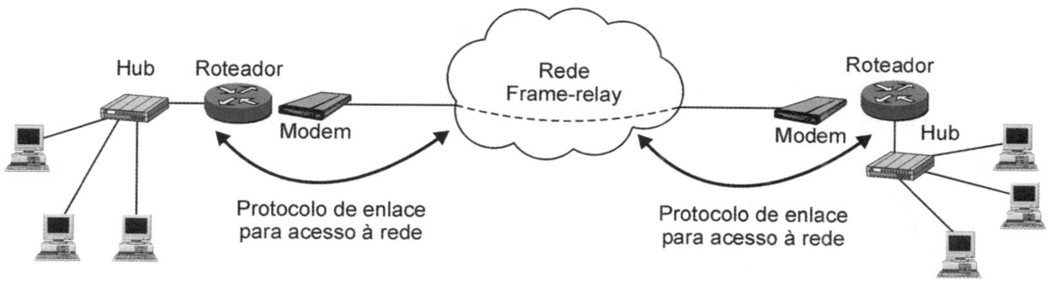

Figura 9.4 - Conexão entre dois roteadores utilizando uma rede frame-relay que disponibiliza um circuito virtual entre os dois pontos de acesso.

9.2. *Frame-relay*

9.2.1. Fundamentos do *frame-relay*

Trata-se de um serviço e uma tecnologia de transmissão de dados do tipo comutação por pacotes que atuam nas camadas 1 e 2 do modelo OSI (física e enlace), disponibilizando circuitos em velocidades que variam de 64Kbps a 2Mbps.

Além de ser uma tecnologia, é um protocolo de enlace, usado para transmitir pacotes de protocolos de rede (IP, IPX e outros) entre dois pontos. Assim, é possível interligar dois roteadores com o uso de uma rede *frame-relay* para transportar pacotes de uma rede TCP/IP.

As redes *frame-relay* podem ser públicas (serviços de conexão entre dois pontos fornecidos por empresas prestadoras de serviços de telecomunicação) ou privadas (quando uma empresa monta sua própria rede com equipamentos *frame-relay* interligados por LPs sem compartilhamento).

Como visto, a diferença entre uma rede privada e uma pública é que na última os canais de comunicação de dados que interligam os *switches frame-relay* são compartilhados por outros usuários e empresas.

O *frame-relay* é um padrão de transmissão de dados por meio de redes públicas PDN (*Public Data Network*), desenvolvido por ITU-T e ANSI. É uma tecnologia de comunicação orientada à conexão, ou seja, estabelece e controla a comunicação entre a origem e o destino final.

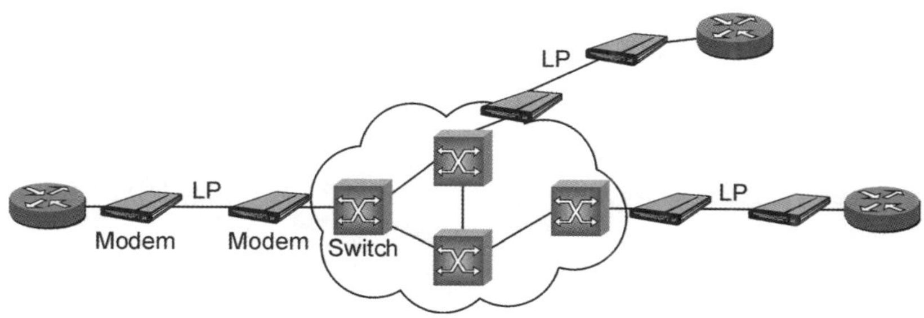

Figura 9.5 - Roteador acessando uma rede frame-relay. A conexão do roteador ao switch de entrada na rede é feita por modems e LPs (linhas privativas) conectados por interfaces do tipo EIA/TIA-232, V.35 e outras. O frame do frame-relay encapsula o pacote IP, por exemplo, e o encaminha pela nuvem da rede até o destino.

Um roteador ligado a uma rede WAN *frame-relay* é conectado a um *switch* de entrada nessa rede. Por um único canal físico de acesso é possível ter vários canais lógicos que compartilham o meio físico de transmissão. Quando um *frame* é recebido pelo *switch* de entrada na rede, ele analisa o número identificador de conexão (DLCI) e o encaminha à porta associada.

O circuito de comunicação de dados entre dois pontos (origem e destino), disponibilizado em uma rede *frame-relay*, é virtual, permanente, logicamente configurado, e se chama PVC (*Permanent Virtual Circuit*), que interliga dois roteadores, por exemplo. Cada conexão, em cada roteador, possui um número de identificação denominado DLCI (*Data Link Connection Identifier*).

Uma rede *frame-relay* é composta por *switches* pelos quais os circuitos se criam de maneira lógica, compartilhando os circuitos físicos do *backbone* que interliga os diversos *switches* dentro da rede (ou nuvem).

Na figura 9.6 o roteador R1, ao receber um pacote IP que deve ser transmitido da rede local ao roteador R2, verifica o endereço IP do pacote e a rota pela qual ele deve ser enviado. Ao confirmar que a rota de envio é o *link* de acesso à rede *frame-relay*, que vai levá-lo ao destino, o R1 encapsula o pacote IP em um *frame frame-relay* com o número DLCI que identifica o PVC ligado à interface serial e que leva o pacote ao destino.

O *modem* ou CSU/DSU (*Channel Service Unit/Data Service Unit*) transmite os dados do *frame* codificados em sinais elétricos modulados para a rede *frame-relay* em que se encontra outro *modem* no *switch frame-relay ou PSE (Packet Switch Exchange)*, que recebe e reencaminha o *frame* ao seu destino, de acordo com o DLCI e PVC especificados e configurados no roteador e nos *switches* da rede.

O *frame-relay* é um serviço de grande utilização comercial na transmissão de dados entre redes. Os dados são transmitidos em frames nos quais o campo de endereço possui o número DLCI que especifica o *link* de transmissão.

Trata-se de uma rede compartilhada, composta de *switches frame-relay* interligados por canais de comunicação que transportam os dados ao seu destino, como representado na figura seguinte. O provedor do serviço *frame-relay* (dono da nuvem) pode ser uma prestadora de serviços de rede.

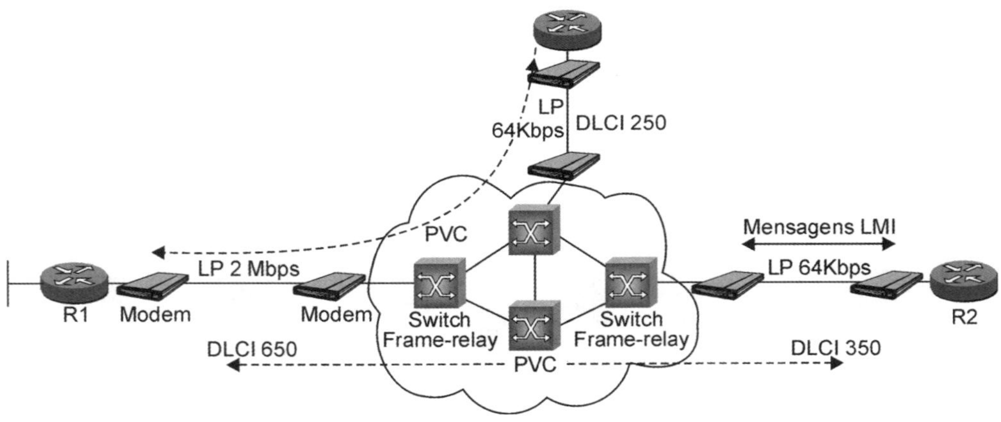

Figura 9.6 - Conexão entre roteadores por meio de uma rede frame-relay que utiliza um circuito virtual (PVC).

Nessa rede se estabelece um circuito virtual entre a origem e o destino, denominado VC (*Virtual Circuit*). A seguir, algumas definições utilizadas em redes *frame-relay*:

- **VC (*Virtual Circuit*):** circuito virtual estabelecido entre a origem e o destino por meio de uma rede *frame-relay*. Pode ser permanente PVC (*Permanent Virtual Circuit*) ou temporário SVC (*Switched Virtual Circuit*).
- **PVC (*Permanent Virtual Circuit*):** se o circuito virtual é preestabelecido e fixo, se chama PVC.
- **SVC (*Switched Virtual Circuit*):** se o circuito é estabelecido dinamicamente, chama-se SVC.
- **AR (*Access Rate*):** velocidade do *link* de acesso do roteador à rede *frame-relay*.
- ***Local Access Rate*:** velocidade do *link* de acesso à rede.
- **CIR (*Committed Information Rate*):** velocidade mínima, garantida pelo provedor do serviço, com a qual o VC transmite dados na rede *frame-relay*. Se a rede estiver livre, a velocidade pode extrapolar o CIR, processo que se chama velocidade *burst* ou rajada.
- **DLCI (*Data Link Connection Identifier*):** é um número que identifica o circuito lógico entre o roteador e o *switch* da rede *frame-relay*. O *switch* associa os DLCIs dos roteadores das pontas para criar um PVC entre ambos. O número DLCI é colocado no *frame* transmitido e identifica o circuito virtual pelo qual o *frame* deve trafegar.
- **IARP (*Inverse Address Resolution Protocol*):** associação do endereço de rede ao DLCI.
- **FECN (*Forward Explicit Congestion Notification*):** *bit* do *header* do *frame* que, se ativado pelo *switch* da rede, indica que há congestionamento de tráfego à frente na rede.
- **BECN (*Backward Explicit Congestion Notification*):** quando o *switch* da rede detecta o congestionamento, ativa o *bit* do *header* do *frame* e encaminha-o de volta ao roteador para que ele reduza a velocidade de transmissão dos pacotes.
- **DE (*Discard Eligibility*):** com o *bit* ativado, indica que o *frame* não tem prioridade e pode ser descartado em detrimento de outros *frames*, em caso de problemas na rede.
- **DTE (*Data Terminal Equipment*):** equipamento conectado ao circuito, como, por exemplo, o roteador.
- **DCE (*Data Communications Equipment*):** equipamento de comunicação ao qual o DTE está ligado, como, por exemplo, os *switches frame-relay* da rede.
- **LMI (*Local Management Interface*):** protocolo usado entre o roteador e o *switch* da rede *frame-relay*, gerencia a conexão entre ambos.
- **LAPF (*Link Access Procedure-Frame mode bearer services*):** campos de controle (*header e trailer*) do *frame-relay*.

O LMI (*Local Management Interface*) é um protocolo que troca mensagens de controle da conexão entre o roteador (DTE) e o *switch* (DCE) de uma rede *frame-relay* à qual está ligado. Os mais utilizados são DLCI1023 (Cisco), ANSIT1.617-D e ITUQ.933. As mensagens trocadas entre o roteador e o *switch* são, por exemplo, de *status inquiry*, que indica se um PVC está ativo ou não. Três tipos de LMI podem ser configurados no roteador: Cisco, ANSI ou q933a.

Quando um roteador recebe uma informação LMI do *switch* ao qual está conectado, atualiza o status do circuito virtual (PVC) de acordo com a informação recebida. O status passa a ser:

- **Active state:** indica que a conexão está ativa e o roteador pode trocar dados com o *switch*.
- **Inactive state:** aponta que a conexão do roteador ao *switch* está ativa, mas a do roteador remoto ao seu *switch* não está operacional.
- **Deleted state:** mostra que não há comunicação entre o roteador e o *switch*.

O *frame* utilizado em uma rede *frame-relay* emprega o padrão LAPF (*Frame Bearer Services*) Q.922-A, que possui como campos de controle DLCI, DE, FECN e BECN.

Frame *LAPF*

Header LAPF (DLCI, FECN, BECN e DE)	Dados encapsulados (IP ou outro protocolo de rede)	*Trailer* LAPF (FCS)

O *frame* LAPF não possui campo que identifique o protocolo que encapsula. Desta forma, ele não pode transportar tráfego multiprotocolo, pois não consegue reconhecer os tipos de protocolo que encapsula e transporta.

Um campo com dois *bytes* de identificação do protocolo incluiu-se no campo de dados pela Cisco, pela RFC 1490 e pela RFC 2427.

9.2.1.1. DLCI (*Data Link Connection Identifier*)

O DLCI é o endereço utilizado em uma rede *frame-relay* o qual especifica o circuito virtual empregado na comunicação do roteador ao *switch* da rede. O número do DLCI pode ser alterado pelo *switch* na rede, dependendo das especificações do circuito virtual até o destino. Ou seja, o número do DLCI no enlace do roteador de origem pode ser diferente do DLCI no enlace do roteador de destino.

Os valores do DLCI se especificam pelo prestador do serviço da rede *frame-relay*, e podem ser trocados pelos *switches* da rede. O DLCI é igual apenas no enlace, por exemplo, no enlace de conexão entre o roteador e o *switch*.

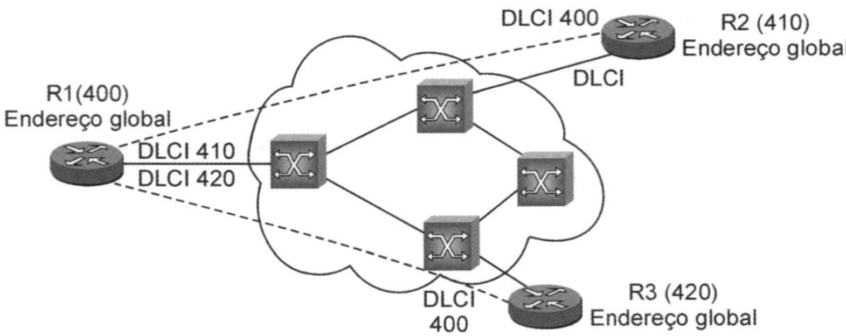

Figura 9.7 - Roteadores interligados por uma rede frame-relay com seus DLCI nos enlaces de acesso, que são diferentes nas extremidades.

Para facilitar o controle do endereçamento em uma rede *frame-relay*, define-se um número a cada roteador e utiliza-o como DLCI de enlace dos outros roteadores com um PVC para esse roteador.

No exemplo, o roteador R3 acessa o R1 com um enlace DLCI de número 510, mesmo número usado pelo roteador R2 para acessar o R1. O roteador R1, para acessar o R2, emprega um DLCI de número 520 no enlace de acesso à rede.

Com isso se facilita o endereçamento. Essa forma de numeração de DLCI se chama endereçamento global no roteador (DTE), e indica que todos os DTEs com PVCs para esse roteador usam o seu número global em acessos locais à rede *frame-relay*.

No exemplo têm-se quatro roteadores interligados por uma rede *frame-relay*. O roteador R1 possui três PVCs que saem de uma única interface serial para os outros roteadores. Nesse caso, a interface serial que liga o roteador R1 à rede está configurada com três subinterfaces, cada uma com um endereço IP.

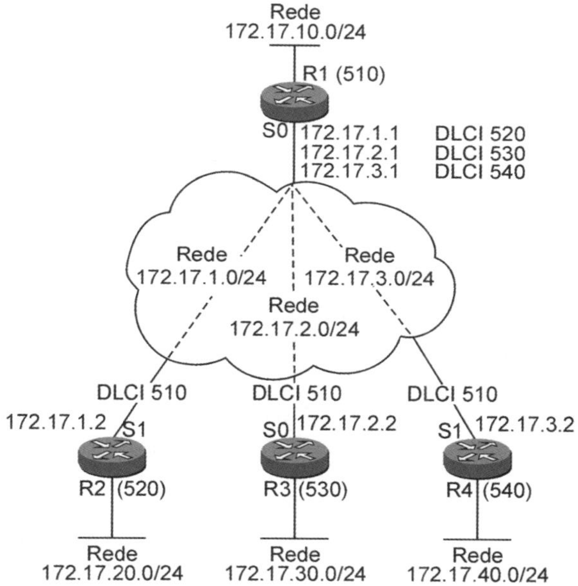

Figura 9.8 - Roteadores interligados por uma rede frame-relay.
R1 possui três subinterfaces, uma para cada roteador.

Os *broadcasts* enviados por um roteador não são transmitidos por uma rede *frame-relay*, a menos que se configure o roteador para enviar cópias do *broadcast* a cada circuito virtual (VC ou PVC).

Observou-se nas figuras anteriores que quando um roteador pretende enviar um pacote IP a outro roteador, precisa saber o DLCI. O roteador sabe o endereço IP de destino, mas não o DLCI. A associação do endereço de camada 3 (IP) com o endereço de camada 2 (enlace) se chama mapeamento. Ele pode ser configurado estaticamente ou pelo protocolo IARP (*Inverse Address Resolution Protocol*), que descobre o DLCI correspondente.

A associação estática é feita pelo comando *frame-relay map*, exibido a seguir, para o exemplo da figura 9.8.

Associação do endereço IP ao DLCI para o roteador R1:

```
#interface serial0
#frame-relay map ip 172.17.1.2 520 broadcast
#frame-relay map ip 172.17.2.2 530 broadcast
#frame-relay map ip 172.17.3.2 540 broadcast
```

Para o roteador R2 a configuração é:

```
#interface serial1
#frame-relay map ip 172.17.1.1 510 broadcast
```

Para o roteador R3 a configuração é:

```
#interface serial0
#frame-relay map ip 172.17.2.1 510 broadcast
```

Para o roteador R4 a configuração é:

```
#interface serial1
#frame-relay map ip 172.17.3.1 510 broadcast
```

9.2.2. Configuração do roteador para comunicação por rede *frame-relay*

Para configurar uma conexão à rede *frame-relay* em um roteador, deve-se primeiramente ativar o encapsulamento na interface serial do roteador em que se conectou o *modem* do circuito de acesso. Existem duas formas de encapsulamento de pacotes de rede (IP, IPX e outros) em *frames frame-relay*: o método IETF, um padrão aberto, e o método Cisco.

O comando que define o tipo de encapsulamento do *frame* é o *encapsulation frame-relay Cisco ou ietf*".

O comando que especifica o tipo de LMI usado pelo *switch* é o *frame-relay lmi-type ANSI ou Cisco ou q933a*".

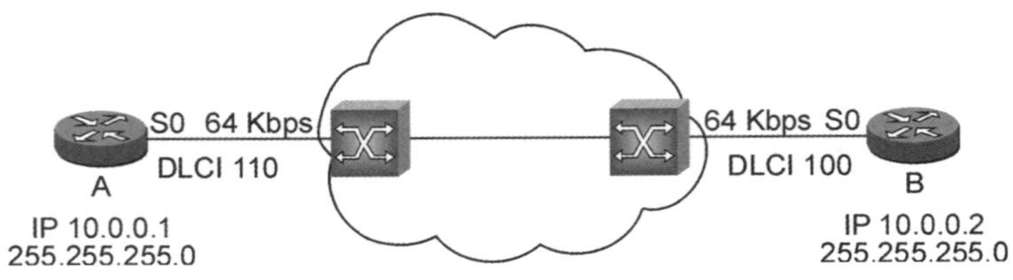

Figura 9.9 - Conexão de dois roteadores A e B por uma rede frame-relay.

Configuração do roteador A do exemplo anterior:

```
A(config)#interface serial0
A(config-if)#ip address 10.0.0.1 255.255.255.0
A(config-if)#encapsulation Frame-Relay ietf
A(config-if)#bandwidth 64          (especifica a velocidade do link em Kbps)
A(config-if)#frame-relay lmi-type ansi
```

Configuração do roteador B do exemplo anterior:

```
B(config)#interface serial0
B(config-if)#ip address 10.0.0.2 255.255.255.0
B(config-if)#encapsulation frame-relay ietf
B(config-if)#bandwidth 64          (especifica a velocidade do link em Kbps)
B(config-if)#frame-relay lmi-type ansi
```

Também é preciso especificar o número DLCI da conexão do circuito virtual criado na rede *frame--relay*. A associação entre o endereço IP de destino e o DLCI no roteador de origem se faz pelo protocolo IARP dinamicamente.

Se o roteador remoto não suportar o IARP para fornecer o IP, ou quando se quer controlar o tráfego de *broadcast*, é necessário definir a relação entre o endereço IP de destino e o DLCI da origem de maneira estática, manual, pelo comando *frame-relay map* ip endereço IP DLCI.

```
R#configure terminal                          (entra no modo de configuração)
R(config)#interface serial0                   (entra na interface serial0 para
                                              configurar)
R(config-if)#encapsulation frame-relay ietf   (ativa o encapsulamento padrão
                                              IETF)
R(config-if)#frame-relay interface-dlci 29    (especifica o número 29 para o
                                              DLCI)
R(config-if)#ip address 172.16.0.4 255.255.0.0 (especifica o endereço IP para a
                                              serial0)
R(config-if)#exit
R#show frame-relay pvc
R#show frame-relay map
```

Para configurar manualmente a associação do endereço IP da interface ao DLCI da conexão *frame-relay*, desativa-se o IARP na configuração da interface (que faz a associação dinâmica do IP com o DLCI) e efetua-se a associação com o comando *frame-relay map*:

```
R(config-if)#no frame-relay inverse-arp        (desativa o protocolo IARP do
                                               roteador)
R(config-if)#frame-relay map ip 172.16.0.65 29 (associa o IP remoto ao DLCI
                                               29 da conexão)
```

Cada circuito virtual possui um DLCI específico. Por uma única interface física em que há uma LP ou cabo conectado, é possível ter diversos circuitos virtuais lógicos que compartilham o mesmo acesso físico. Os números DLCI são especificados pelo provedor de serviços da rede *frame-relay*, pois são configurados em seus switches. Criaram-se e adicionaram-se algumas facilidades de controle ao protocolo *frame-relay* original, pelo LMI (*Local Management Interface*), que fornece informações sobre o estado das conexões.

Essa interface de gerenciamento (LMI) troca informações e sinalizações entre roteadores e *switches* da rede e mostra o status do DLCI (ativo = *active state*, inativo = *inactive state*, deletado = *deleted state*) e dos dados que trafegam no circuito virtual (PVC).

9.2.2.1. Subinterfaces na rede *frame-relay*

Para uma única interface física do roteador é possível ter diversos circuitos virtuais definidos na forma de subinterfaces que compartilham a mesma interface física. Para especificar a subinterface do acesso físico correspondente a cada circuito virtual (PVC) definido, utiliza-se o comando interface serial x.nº subinterface *multipoint* ou *point-to-point*, em que x é o número da interface física do roteador e nº subinterface é o número da subinterface.

Pode-se determinar um número ilimitado de subinterfaces para uma interface física, desde que a velocidade do canal de comunicação ligado a ela e à memória do roteador consiga suportar o tráfego.

Multiponto (*multipoint*) refere-se aos roteadores que estão na mesma sub-rede.

Ponto a ponto (Point-to-Point) refere-se a dois roteadores interligados, estando cada um em uma sub-rede.

Para configurar o DLCI local à subinterface, usa-se na subinterface o comando:

```
"R(config-if)#frame-relay interface-dlci nºDLCI"
```

A seguir, um exemplo de configuração da subinterface de número 23 na interface serial 1 do roteador R:

```
R#configure terminal
R(config)#interface serial1.23 point-to-point      (cria a subinterface 23 na
                                                    serial1 do roteador)
R(config-if)#encapsulation frame-relay ietf
R(config-if)#ip address 10.0.0.14 255.0.0.0        (endereço IP da subinterface)
R(config-if)#frame-relay interface-dlci 64         (DLCI da conexão frame-relay)
```

Em seguida, a configuração das subinterfaces 0.4 e 0.6 da porta do roteador A:

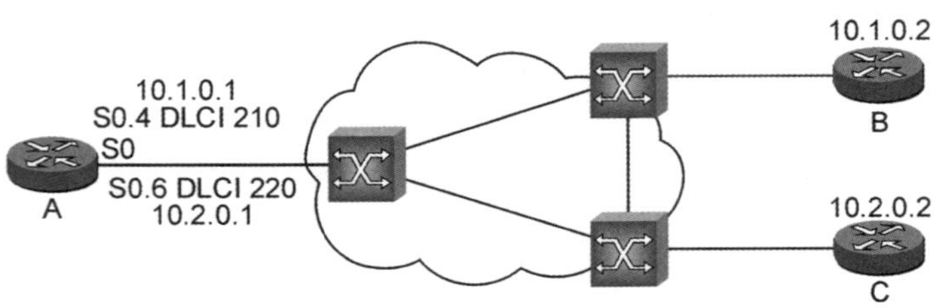

Figura 9.10 - Interface física serial0 do roteador A configurada com duas subinterfaces ponto a ponto do roteador A para conexão a dois roteadores remotos B e C.

```
A(config)#interface serial0
A(config-if)#no ip address
A(config-if)#encapsulation frame-relay
A(config-if)#interface serial0.4 point-to-point
A(config-subif)#ip address 10.1.0.1 255.255.255.0
```

```
A(config-subif)#bandwidth 64
A(config-subif)#frame-relay interface-dlci 210
A(config-subif)#interface serial0.6 point-to-point
A(config-subif)#ip address 10.2.0.1 255.255.255.0
A(config-subif)#bandwidth 64
A(config-subif)#frame-relay interface-dlci 220
```

A configuração da subinterface 0.2 da porta do roteador A:

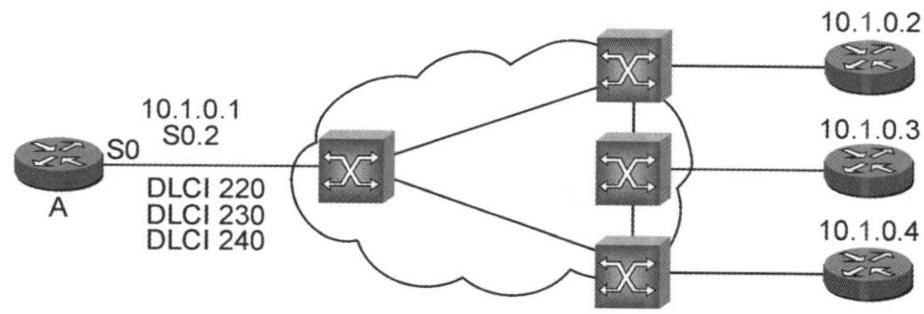

Figura 9.11 - Configuração de subinterface serial 0.2 multiponto com três DLCIs para conexão a três roteadores remotos.

```
A(config)#interface serial0
A(config-if)#no ip address
A(config-if)#encapsulation frame-relay
A(config-if)#interface serial0.2 multipoint
A(config-subif)#ip address 10.1.0.1 255.255.255.0
A(config-subif)#bandwidth 64
A(config-subif)#frame-relay map ip 10.1.0.2 220 broadcast
A(config-subif)#frame-relay map ip 10.1.0.3 230 broadcast
A(config-subif)#frame-relay map ip 10.1.0.4 240 broadcast
```

O *frame-relay* possui os controles de congestionamento de transmissão que operam da seguinte forma:

- **DE (*Discard Eligibility*)**: quando o roteador ativa o *bit* DE para 1, no *frame frame-relay*, os *switches* da rede descartam-no primeiramente quando a rede estiver congestionada. Um circuito *frame-relay* com CIR (*Commited Information Rate*) igual a zero possui o *bit* DE sempre ativo.
- **FECN (*Forward Explicit Congestion Notification*)**: quando um congestionamento é detectado na rede *frame-relay* por um *switch* dela, ele ativa o *bit* FECN no *frame frame-relay*. Essa indicação informa ao roteador de destino que a rota está congestionada.
- **BECN (*Backward Explicit Congestion Notification*)**: quando um congestionamento é detectado na rede *frame-relay* por um *switch* dela, ele ativa o *bit* BECN no *frame frame-relay* e o envia ao roteador de origem para que diminua o fluxo de transmissão de *frames*, ou seja, trabalha como um controle de fluxo.

Alguns comandos são utilizados para monitorar os circuitos e o tráfego em uma rede *frame-relay*, ou para configuração:

```
R#show frame-relay map          (mostra a associação IP x DLCI)
R#show interface nome           (mostra as configurações da interface especificada
pelo nome)
R#show frame-relay lmi          (mostra o tráfego LMI entre o roteador e o switch da
rede)
```

```
R#show frame-relay pvc        (mostra o status dos PVCs e DLCIs do roteador)
R#clear frame-relay-inarp     (apaga as associações feitas)
R#debug frame-relay lmi       (verifica o tráfego de pacotes LMI entre o roteador e
o switch)

R(config-if)#encapsulation frame-relay [ietf ou cisco]      (especifica o tipo de
                                                            frame usado para
                                                            encapsular)
R(config-if)#frame-relay lmi-type [ansi ou qq933 ou cisco]  (tipo de mensagens
                                                            enviadas ao switch)
R(config-if)#bandwidth valor    (especifica a velocidade do link a ser usada nas
                                                            métricas)
R(config-if)#frame-relay map protocolo endereço nºdlci      (associa o endereço de
                                                            rede ao DLCI)
```

A seguir, um exemplo de interconexão de três roteadores (R1, R2 e R3) utilizando uma rede *frame-relay* e a configuração de suas interfaces para acesso à rede.

Para o roteador R1:

```
#interface serial0
#encapsulation frame-relay
#ip address 172.17.1.1 255.255.255.0
#interface ethernet0
#ip address 172.17.10.1 255.255.255.0
#router igrp 1
#network 172.17.1.0
#network 172.17.10.0
```

Para o roteador R2:

```
#interface serial0
#encapsulation frame-relay
#ip address 172.17.1.2 255.255.255.0
#interface ethernet0
#ip address 172.17.11.1 255.255.255.0
#router igrp 1
#network 172.17.1.0
#network 172.17.11.0
```

Para o roteador R3:

```
#interface serial0
#encapsulation frame-relay
#ip address 172.17.1.3 255.255.255.0
#interface ethernet0
#ip address 172.17.12.1 255.255.255.0
#router igrp 1
#network 172.17.1.0
#network 172.17.12.0
```

Nessa configuração, os seguintes parâmetros *default* foram assumidos automaticamente: LMI, encapsulamento de *frame* do tipo Cisco, DLCIs aprendidos pelas mensagens LMI e protocolo IARP habilitado.

Se, por exemplo, o LMI for ansi, deve-se acrescentar à interface o comando:

```
#frame-relay lmi-type ansi
```

Se o encapsulamento *frame-relay* não for Cisco, mas sim ietf, acrescenta-se à interface o comando:

```
#encapsulation Frame-Relay ietf
```

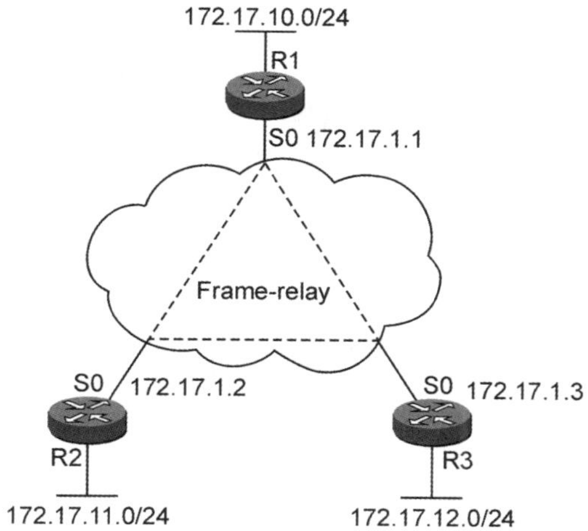

Figura 9.12 - Roteadores interligados por uma rede frame-relay com a configuração anterior.

9.3. Protocolos de enlace HDLC e PPP

9.3.1. Protocolo HDLC (*High-Level Data Link Control Protocol*)

O HDLC é um protocolo de enlace para redes WAN, utilizado na comunicação entre dois pontos. O *frame* HDLC encapsula o pacote IP e o transporta de um equipamento a outro, como de um roteador a outro, por exemplo.

O *frame* HDLC da Cisco possui um campo adicional, denominado *Proprietary*, que especifica o tipo de protocolo e o pacote da camada 3 que ele transporta (IP, IPX ou outro). É um protocolo síncrono, para comunicação entre dois pontos (ponto a ponto), empregado na comunicação entre dois equipamentos ligados por canais dedicados (LP ou cabo).

A seguir, o formato do *frame* HDLC da Cisco.

Flag	Endereço	Controle	Proprietário	Dados	FCS	Flag

Figura 9.13 - Formato do frame HDLC da Cisco com o campo Proprietário, que especifica o tipo de protocolo que transporta no campo Dados.

9.3.2. Protocolo PPP (*Point-to-Point Protocol*)

Trata-se de um protocolo de enlace (camada 2 do modelo OSI), analogamente ao HDLC, usado para comunicação ponto a ponto na interligação de equipamentos. Ao contrário do HDLC, o PPP transporta diferentes tipos de pacotes e protocolos da camada de rede. No *frame* PPP o pacote IP (ou de outro protocolo de rede) é encapsulado e levado de um equipamento a outro.

Utiliza-se o PPP tanto em conexões síncronas (LPs ou canais dedicados) como em assíncronas (linhas discadas ou *dial-up*).

Atua no transporte dos dados no meio físico (camada 1 do modelo OSI) e na interface com o protocolo de rede (camada 3 do modelo OSI) que ele encapsula para transportar. Para tal, compõe-se de três partes:

1. Interface com meio físico (RS-232 ou V.24, V.35, ISDN) feita pelo LCP (*Link Control Protocol*), incluindo: autenticação da conexão feita pelos protocolos PAP ou CHAP, compressão dos dados para otimizar a transmissão com uso do protocolo *Stacker* ou *Predictor*, detecção de erros na transmissão com o protocolo *Magic Number* ou *Quality*, transferência de dados por múltiplos *links* pelo protocolo MP (*Multilink Protocol*).
2. Interface com a camada de rede (IP, IPX) feita pelo NCP (*Network Control Protocol*).
3. Transmissão dos dados na camada de enlace pelo protocolo LCP, que encapsula o *frame* e controla conexão, autenticação e compressão de dados na comunicação ponto a ponto pelo meio físico e pelo protocolo NCP, que faz a comunicação ou interface com os diferentes protocolos da camada 3 como o IP ou o IPX utilizando o IPCP (IP *Control Protocol*) ou o IPXCP (IPX *Control Protocol*) respectivamente.

Em uma conexão PPP, primeiramente se estabelece o *link* em que o protocolo LCP configura e testa a conexão. Em seguida, efetua-se a fase de autenticação, que é opcional. Finalmente, o protocolo NCP dentro do PPP interage com o da camada de rede, como o IP, para iniciar a transmissão dos pacotes.

9.3.3. Autenticação CHAP e PAP

A autenticação (identificação do usuário que se conecta) é uma das funções do protocolo LCP dentro do PPP. Ela é feita pelos métodos PAP ou CHAP. O LCP também compacta e descompacta os *frames* transmitidos aumentando o *throughput*, detecta erros de transmissão e controla a divisão do fluxo de dados em dois ou mais circuitos paralelos (*bundle*).

No início do estabelecimento de uma conexão, o LCP dos dois equipamentos troca *frames* de configuração, identificação e autenticação. Em seguida entra em ação o protocolo NCP, que identifica e inicia a comunicação com a camada 3 para a qual irá transmitir os dados (pacotes IP, IPX ou pacotes de outros protocolos da camada 3).

9.3.3.1. Autenticação PAP (*Password Authentication Protocol*)

Nessa forma de identificação do usuário, as senhas são enviadas sem criptografia. O usuário que inicia a conexão a um equipamento, identifica-se com nome e senha e, se eles conferirem com os registrados no equipamento, a conexão é aceita.

Esta é uma conexão duas vias, em que o roteador remoto que pretende se conectar a um central envia seu nome (*hostname*) e senha (*password*). O roteador central verifica se esses dados estão em sua tabela e retorna com a confirmação (*accept*) ou rejeição (*reject*) da conexão.

Esse tipo de conexão pode ser feito automaticamente entre equipamentos, ou seja, quando um equipamento inicia sua comunicação com outro, já estão configurados em sua rotina de conexão a autenticação e o envio do nome e da senha.

9.3.3.2. Autenticação CHAP (*Challenge Handshake Authentication Protocol*)

A autenticação CHAP é mais segura que a PAP. Ela é ativada quando uma conexão PPP se estabelece e também periodicamente durante a transmissão.

Trata-se de uma conexão três vias, em que o equipamento central, ao receber uma conexão, envia uma requisição de identificação *challenge* com uma chave MD5 para o equipamento remoto que deseja se conectar. Este envia uma resposta com sua identificação codificada com a chave do padrão chamado MD5. O equipamento central verifica se o resultado é o mesmo que ele havia calculado com a chave que enviou. Se a identificação for correta, transmite uma confirmação (*accept*) e a conexão se estabelece. Se a identificação não conferir com a registrada no roteador que recebe a conexão, ela é encerrada (*reject*).

O equipamento central que faz essa identificação pode ser um roteador ou um servidor como o TACACS.

9.3.4. Configuração de roteador para comunicação por enlace ponto a ponto pelo protocolo PPP

Para configurar o protocolo PPP em uma interface do roteador, utiliza-se o comando *encapsulation* ppp.

```
R1(config-if)#encapsulation ppp
R1(config)#hostname nome
```

O roteador deve ter um *hostname* (que será o nome do usuário ou seu *username* na tabela do roteador central que receberá a conexão) especificado no roteador com o comando *hostname* R1, por exemplo.

```
R1(config)#hostname nome        (nome do roteador, no caso R1 que já está
                                configurado)
```

A especificação do nome e a senha que se espera do roteador remoto deve ser feita no roteador central com o comando *username* nome *password* senha.

```
R1(config)#username R3 password senhaR3      (nome e senha esperados do roteador
                                             remoto R3)
```

Em seguida, configura-se a autenticação PPP no roteador central:

```
R1(config-if)#ppp authentication chap        (pode ser chap, pap ou ambos)
```

Os roteadores que pretendem se conectar ao roteador central enviam seus nomes e senhas. O roteador central verifica em sua tabela com os nomes e senhas de todos os roteadores, criada com os comandos *username* nome *password* senha, se os nomes e senhas recebidas dos roteadores remotos estão corretas. Se a senha e o nome estiverem na tabela e forem corretos, a conexão é aceita pelo roteador central.

Para ver as configurações de um PPP em uma interface do roteador, utiliza-se o comando *show interface*. A seguir, o comando para a interface serial 0.

```
R1#show interface serial0
```

O comando *debug* ppp *authentication* mostra a seqüência de autenticação no momento em que ocorre:

```
R1#debug ppp authentication
```

No exemplo seguinte configura-se o protocolo de enlace PPP na interface serial1 do roteador R1 que está conectada a um *modem* com circuito de dados para comunicação com outro roteador (R2 na serial0). O R2 tenta se conectar ao roteador R1 identificando-se.

O roteador R1 deve fazer a autenticação do acesso do R2. O PPP deve ser configurado nas interfaces de ambos os roteadores. A seguir, a configuração do roteador R1.

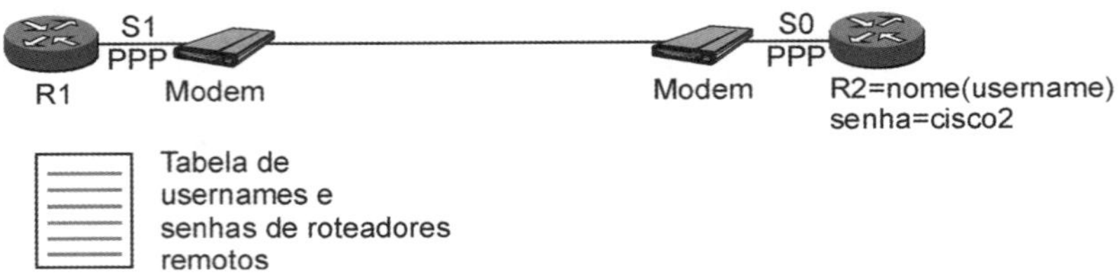

Figura 9.14 - O roteador R2 se identifica no R1 enviando seu username e senha, que já estão cadastrados no R1. Se o username e a senha enviados pelo roteador R2 forem iguais aos cadastrados, o roteador R1 aceita a conexão.

```
R1#configure terminal
R1(config)#interface serial1
R1(config-if)#encapsulation ppp
R1(config-if)#username R2 password cisco2     (username e senha para o roteador
                                               remoto)
R1(config-if)#ppp authentication pap          (ativa a autenticação pap na
                                               interface serial1)
R1(config-if)#ppp authentication chap         (ativa a autenticação chap na
                                               interface serial1)
R1(config-if)#exit
R1#show interface serial1
```

O *username* utilizado para o roteador remoto é normalmente o seu *hostname*. No exemplo anterior, registrou-se no roteador R1 que para o R2 acessá-lo deveria se identificar com o nome R2, que é seu próprio *hostname*, e com a senha cisco2.

Para o roteador R2, devem se configurar em sua interface o *username* e a senha de identificação para acessar o roteador R1. A seguir, a configuração do roteador R2 para enviar seu nome e senha de identificação a fim de ser autenticado pelo roteador R1.

```
R2#configure terminal
R2(config)#interface serial0
R2(config-if)#encapsulation ppp
R2(config-if)#ppp pap sent R2 password cisco2  (o roteador R2 para acessar R1 usa
                                                senha cisco2)
R2(config-if)#ppp authentication pap           (ativa a autenticação tipo PAP na
                                                serial0)
R2(config-if)#ppp authentication chap          (ativa a autenticação tipo CHAP na
                                                serial0)
R2(config-if)#exit
R2#show interface serial0
```

Para retirar a autenticação, utiliza-se o comando *no* ppp pap *sent* nome senha.

Em uma rede WAN, as conexões são basicamente compostas por:

- Conexões dedicadas ponto a ponto (LPs), seriais síncronas, utilizando os protocolos PPP, HDLC ou LAPB.
- Conexões por redes de comutação de pacotes como o *frame-relay* (comutação de *frames*), X.25 (comutação de pacotes) ou ATM (comutação de células).

O X.25 é uma tecnologia anterior ao *frame-relay*, que também usa circuitos virtuais (VCs) e corrige erros a cada enlace ao longo da rede.

O ATM também emprega o conceito de circuitos virtuais e utiliza células pequenas de 53 *bytes*.

O PAP e o CHAP são protocolos que verificam se os dois lados a se conectarem têm permissão (se estão cadastrados com nome e senha).

Quando se usa o protocolo CHAP no roteador chamado, ele envia um número ao roteador que deseja se conectar. Esse número é codificado com o algoritmo MD5 no roteador mais o nome e senha dele. O roteador que é chamado recebe e refaz o algoritmo MD5 e, se o resultado for igual ao recebido, aceita a conexão.

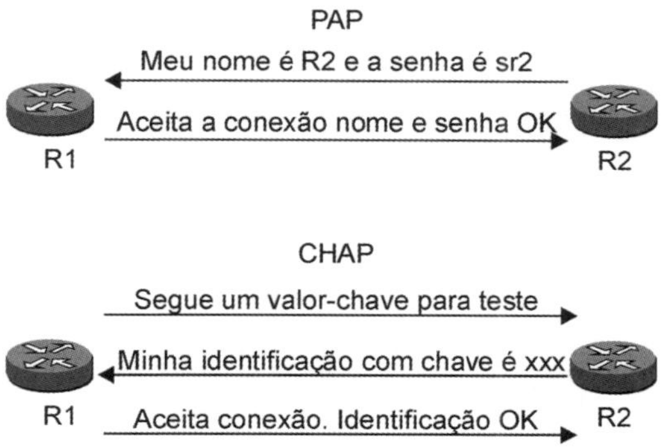

Figura 9.15 - O protocolo PAP no roteador chamado recebe o nome e senha do roteador que deseja se conectar para aceitar a conexão.

No caso, o roteador R2 recebe a mensagem com o número gerado pelo algoritmo CHAP de R1 e envia a este um valor calculado pelo seu algoritmo MD5 sobre o seu nome (R2) + sua senha + nº recebido de R1. O roteador R1 recalcula e, se o resultado for igual, são aceitas a autenticação e a conexão.

9.4. Atividades de fixação

1) Defina rede WAN e os tipos de conexão.
2) Descreva os protocolos e tecnologias mais utilizados nos acessos WAN.
3) Cite um comando utilizado para o encapsulamento do frame no enlace de acesso a redes WAN.
4) O que é rede pública comutada em pacotes? Quais são suas características?
5) Qual o nome do circuito lógico estabelecido em uma rede *frame-relay* entre dois pontos?
6) Que protocolo é empregado para troca de mensagens de *status* de circuito entre o roteador e o *switch* de uma rede *frame-relay*? Cite o comando que especifica a comunicação entre ambos.
7) Descreva a função do DLCI.
8) Qual a finalidade das subinterfaces em uma porta do roteador?
9) Qual é a diferença entre autenticação PAP e CHAP?

Capítulo 10

Redes Digitais - Fundamentos de ISDN (*Integrated Services Digital Network*)

10.1. Fundamentos de ISDN

Uma rede ISDN (*Integrated Services Digital Network*) é composta por equipamentos digitais que substituem os antigos equipamentos e centrais telefônicas analógicos tradicionais e permitem o tráfego de voz e dados digitalizados. As redes de telefonia antigas vêm passando por um processo de digitalização dos equipamentos, o que possibilita o tráfego de voz e dados integrados por uma rede de telefonia.

O conceito de ISDN é anterior à Internet. Com ele já era possível ter em casa um telefone e acesso de dados pelo mesmo par de fios. Uma rede ISDN utiliza os mesmos fios metálicos da telefônica, porém os equipamentos que fazem parte da rede (centrais, comutadores e *switches*) são digitais e disponibilizam serviços de transmissão de dados além dos serviços de voz tradicionais.

O par de fios da rede telefônica, que anteriormente transportava apenas o sinal analógico de voz, passou a transportar sinais digitalizados de voz, dados ou imagem.

A ISDN ou RDSI (Rede Digital de Serviços Integrados) é uma rede comutada por circuito, ou seja, opera como uma ligação telefônica e concede velocidades maiores que as usualmente obtidas com os *modems* analógicos das conexões telefônicas. Possui também um custo menor que os circuitos dedicados, o que a torna uma boa opção para usuários remotos com tráfego esporádico e que desejam se conectar com os mesmos fios da rede telefônica em velocidades maiores.

O acesso ISDN em uma residência, por exemplo, emprega o mesmo par metálico do telefone da rede pública de telefonia PSTN (*Public Switched Telephone Network*), porém ligado a um terminal ISDN na casa do cliente. Assim, a digitalização dos equipamentos da rede telefônica chega até a casa do usuário, permitindo o uso dessas facilidades.

Como o acesso é digital, a conexão é mais rápida que com a linha telefônica comum, pois um canal exclusivo de sinalização (canal D) fica constantemente ativo. Além do canal de sinalização, uma conexão ISDN básica (BRI) possui dois canais de 64Kbps (canais B) para transmissão de voz e dados.

Os dois fios da rede telefônica que chegam à casa do usuário vêm de uma central ISDN (*switch* ISDN) na concessionária, e são conectados a um dispositivo denominado NT (*Network Terminal*), que converte os dois fios em quatro no padrão ISDN. Os quatro fios que saem do NT são conectados aos equipamentos com interface ISDN (telefones, computadores, roteadores e outros) chamados de TE1 (*Terminal Equipment* tipo 1).

Se o equipamento a ser ligado em uma rede ISDN não contém interface para ela, deve-se utilizar um TA (*Terminal Adapter*) que transforma os sinais ISDN para a interface do equipamento. Equipamentos que não possuem interface ISDN se chamam TE2 (*Terminal Equipment* tipo 2).

Alguns modelos de roteadores já vêm com interfaces NT e TE1 embutidas, para conexão direta em redes ISDN. Nesse caso, os dois fios da rede ISDN da concessionária podem ser ligados diretamente na interface do roteador.

Roteadores que não possuem interface TE1 ou NT podem se conectar a uma rede ISDN por meio de um *modem* ISDN conectado a uma de suas interfaces seriais. Esse *modem* funciona como um TA (*Terminal Adapter*), pois adapta a conexão do roteador (nesse caso um TE2) a uma rede ISDN.

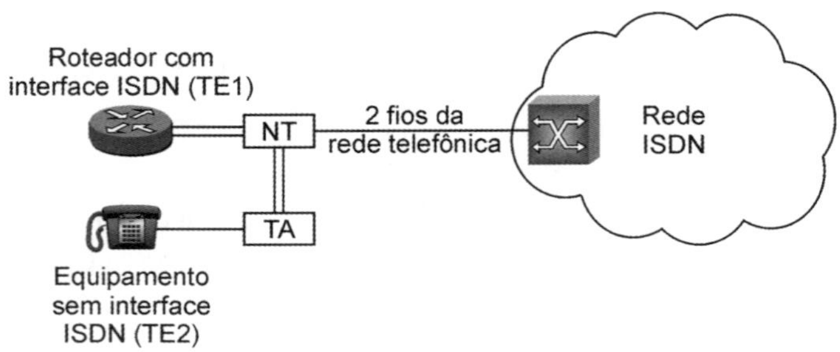

Figura 10.1 - Rede ISDN disponibilizada ao usuário por meio de dois fios de um switch ISDN da concessionária. O par de fios é ligado em um NT que converte os sinais em quatro fios do padrão ISDN e conecta terminais ISDN como roteadores e telefones que possuem interface ISDN (TE1). Para equipamentos do usuário que não têm interface ISDN, é preciso utilizar um adaptador (TA), e os equipamentos que precisam de TA se chamam TE2. O switch ISDN da concessionária faz a conexão e o encaminhamento à rede telefônica pública comum e às redes de comunicação de dados ISDN.

O acesso a redes ISDN basicamente se disponibiliza em dois tipos de interfaces de acesso:

- **BRI (*Basic Rate Interface*):** disponibiliza dois canais digitais de 64Kbps (canais B) e um canal de 16Kbps (canal D). O canal de 64Kbps pode ser usado para voz (telefone) e o de 64Kbps para transmissão de dados (conexão à Internet, por exemplo). O tráfego de sinalização no canal D utiliza o protocolo LAPD (*Data Link Layer Protocol*), baseado no HDLC. A conexão à rede da concessionária se faz por um equipamento chamado NT (*Network Terminal*).

- **PRI (*Primary Rate Interface*):** disponibiliza em acessos E1 (2Mbps) 30 canais de 64Kbps (canais B) e um canal de sinalização de 64Kbps (canal D). Em acessos do tipo T1 (1,5Mbps) disponibiliza 23 canais de 64Kbps (canais B) e um canal de sinalização de 64Kbps (canal D). Os acessos PRI usam um equipamento semelhante ao *modem* que se chama CSU/DSU (*Channel Service Unit/Data Service Unit*) para conexão com a rede da concessionária em velocidades E1 ou T1.

Os canais B transportam dados em velocidades de até 64Kbps. Utilizam-se os D para tráfego de sinalização entre os equipamentos.

Em acessos residenciais a interface mais comum é a ISDN BRI, na qual com dois canais de 64Kbps é possível ligar um telefone e um computador. Cada canal no acesso ISDN BRI deve ter um número ou endereço (análogo ao número telefônico) identificador de acesso chamado de SPID (*Service Profile Identifier*), utilizado pelos *switches* ISDN da rede para realizar a comutação e encaminhamento.

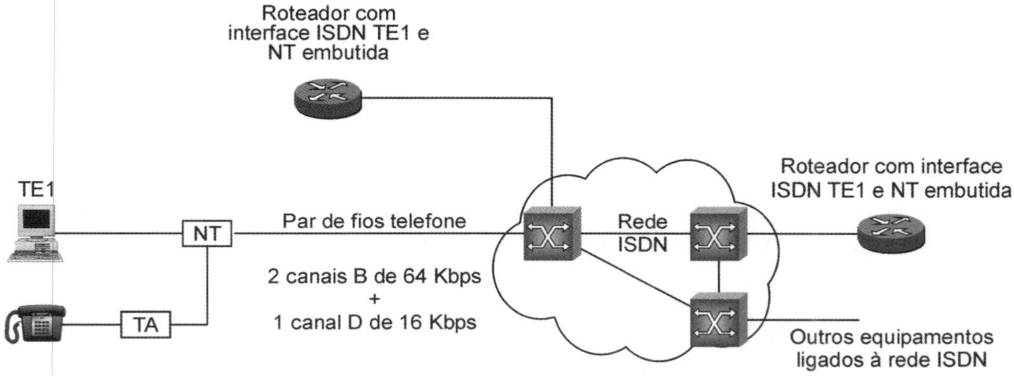

Figura 10.2 - Utiliza-se o protocolo LAPD no canal D para comunicação entre o roteador e o switch da rede ISDN. O protocolo PPP é usado no canal B da origem ao destino. O NT disponibiliza portas para conexão dos equipamentos à rede ISDN e a conversão da sinalização entre ambos. TE1 é um equipamento com interface ISDN para conexão direta ao NT. TE2 é um equipamento sem interface ISDN que necessita de um adaptador (TA) para conexão ao NT.

Os padrões utilizados em uma rede ISDN são normatizados pelo ITU-T, e atuam nas camadas 1, 2 e 3 do modelo OSI. A numeração e os endereços de acesso são controlados pelos protocolos E.163 e E.164. Interfaces, conceitos e estrutura da rede ISDN utilizam os protocolos I100, I200, I300 e I.400. A sinalização e a comutação são realizadas pelos protocolos Q.921 (LAPD) e Q.931.

Processo de conexão de uma interface BRI à rede ISDN:

1. Quando uma chamada se inicia, envia-se o número chamado à rede ISDN pelo canal D.
2. O *switch* ISDN da rede que recebe a chamada estabelece um caminho até o *switch* na ponta de destino e passa o número do destinatário a ele.
3. O *switch* da ponta de destino envia a sinalização pelo canal D até o destinatário.
4. Conecta-se o canal B entre a origem e o destino final para a transmissão dos dados.

O roteador que vêm com interface ISDN, se chama terminal 1 (TE1) e pode ser ligado diretamente ao terminal de acesso à rede (NT).

Roteadores que não possuem interface ISDN nativa podem utilizar uma interface serial conectada a um terminal adaptador (TA) ligado ao terminal de acesso à rede (NT).

Para conexão do roteador à rede ISDN, é preciso conhecer o *switch* empregado pela companhia prestadora do serviço e o número da conexão SPID (*Service Provider Identifier*), o qual identifica o equipamento semelhantemente a um número telefônico.

Utilizam-se os comandos `isdn switch-type`, `isdn spid1` e `isdn spid2` para configurar no roteador o *switch* ao qual o roteador será conectado e os números dos dois canais B do roteador.

`R1(config)#isdn switch-type` *tipo*	(especifica o tipo de switch da operadora)
`R1(config-if)#isdn spid1` *nºcanal B1*	(configura o número do canal 1 fornecido pela operadora)
`R1(config-if)#isdn spid2` *nºcanal B2*	(configura o número do canal 2 fornecido pela operadora)

Uma rede ISDN transmite pacotes de protocolos de rede (IP, IPX e outros) encapsulando-os em protocolos de enlace de redes WAN como PPP, HDLC ou LAPD.

Nos canais B é possível utilizar o PPP ou o HDLC. O primeiro leva vantagem em relação ao segundo, pois permite a autenticação (identificação e permissão) do usuário que quer fazer o acesso, o que oferece maior segurança e evita que pessoas não autorizadas acessem o roteador.

Normalmente, usa-se o ISDN em conexões discadas para *backup*, quando o *link* principal deixa de operar. Por exemplo, se há dois roteadores interligados por um canal de rede *frame-relay* ou por um canal privativo e esse canal falha, alternativamente os roteadores podem se conectar por um acesso ISDN ligado a eles, analogamente a uma conexão discada por linha telefônica.

Pode-se utilizá-lo inclusive em conexões esporádicas, como, por exemplo, o computador em uma residência que acessa um roteador remoto por um acesso ISDN.

Em uma conexão ISDN, chama-se de função *multilink* PPP a utilização de dois canais B compartilhados para transmitir os dados. Essa função é ativada no roteador pelo comando ppp *multilink*, que habilita o *multilink* PPP, e pelo comando *dialer load-threshold* nº taxa de utilização *either*, que especifica a partir de qual taxa de utilização de um canal B ele deve utilizar o segundo canal B (por exemplo, o número 30 corresponde a 30% de utilização).

A seguir, um exemplo de configuração ISDN de um roteador remoto para acesso a um roteador central (RC) por meio de uma rede ISDN.

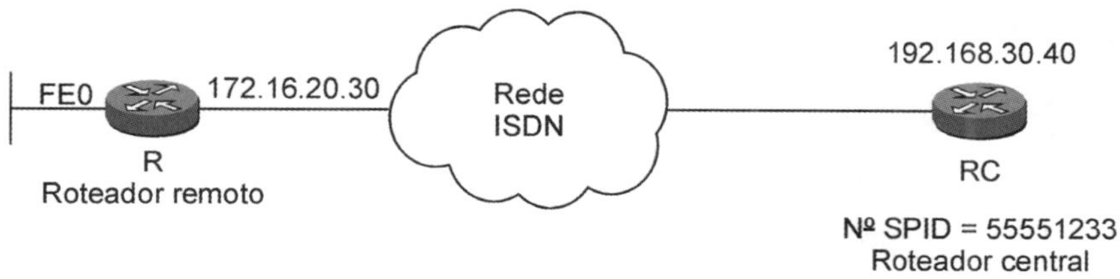

Figura 10.3 - Roteador remoto acessando um roteador central por meio de uma rede ISDN.

```
R#configure terminal
R(config)#isdn switch-type basic-ni            (especifica que o tipo de switch é
                                               basic-ni)
R(config)#username R password senha R          (especifica o nome da senha de
                                               identificação)
R(config)#isdn spid1 55551234                  (especifica o número fornecido pela
                                               operadora do canal B1)
R(config)#isdn spid2 55551235                  (especifica o número fornecido pela
                                               operadora do canal B2)
R(config)if# interface BRI0
R(config-if)#ip unnumbered fastethernet 0      (habilita o roteamento IP sem
                                               assinalar endereço)
R(config-if)#dialer map ip 192.168.30.40 name RC 55551233
                                               (especifica para a interface ligar
                                               para o nº5555 1233)
R(config_if)#dialer-group 1                    (associa a interface do grupo 1 de
                                               parâmetros de discagem)
R(config-if)#encapsulation ppp                 (configura o encapsulamento ppp)
R(config-if)#ppp authentication chap pap       (habilita a autenticação drap pop)
R(config-if)#ppp multilink                     (habilita o balanceamento multilink
                                               na interface)
R(config-if)#no shutdown                       (habilita a interface e as
                                               configurações feitas)
R(config-if)#exit
R(config)#
R(config)#ip route 192.168.30.40 BRI0          (estabelece uma rota estática para
                                               o roteador RC por meio da interface
                                               ISDN BRI0)
R(config)#access 100 permit icmp any any       (cria lista de acesso de número 100
                                               que permite tráfego ICMP)
R(config)#access 100 permit ip any any         (cria lista de acesso de número 100
                                               que permite tráfego IP)
R(config)#dialer-list 1 protocol ip list 100   (especifica que a lista 1 de
                                               discagem da interface é a lista de
                                               acesso 100 que especifica o tipo de
                                               pacotes que disparam a conexão
                                               ISDN)
```

A seguir, os comandos mais utilizados na configuração do ISDN no roteador:

```
R(config)#isdn switch-type tipo do switch       (define o tipo de switch ao qual o
                                                 roteador se conectará)
R(config)#isdn spid1 nºspid                     (define o primeiro número spid
                                                 fornecido pela operadora)
R(config)#isdn spid2 nºspid                     (define o segundo número spid
                                                 fornecido pela operadora)
R(config)#dialer-list [dialer group] protocol [protocol-name] [permit, deny,
                                                 access-list-number]
                                                 (especifica o número da lista de
                                                 discagem)
R(config)#dialer-group nº                       (habilita a lista de discagem para
                                                 a interface ISDN)
R(config)#show interface bri nº                 (mostra as listas de acesso para a
                                                 interface)
R(config)#show controllers bri nº               (mostra estatísticas dos canais)
R(config)#show isdn [active, history, memory, status, timers]
(mostra informações do ISDN)
R(config)#show dialer interface bri nº          (mostra os parâmetros DDR da
                                                 interface de discagem)
```

10.2. DDR (*Dial-on Demand Routing*)

O DDR é uma função que conecta o roteador a outro ou a um site utilizando uma conexão discada no caso de falha do canal principal. Assim, o DDR é a lógica que aciona a conexão de *backup*, no caso a linha discada ou ISDN, se a rota do canal principal parar de funcionar.

A função DDR de discagem por demanda pode ser usada tanto em interfaces ISDN como em interfaces seriais com *modems* conectados a linhas telefônicas. Ou seja, faz o roteador discar ou receber uma discagem em interfaces ISDN BRI, ISDN PRI e seriais síncronas ou assíncronas.

Uma conexão DDR (*Dial-on Demand Routing*) é normalmente empregada em conexões esporádicas por uma rede de telefonia comum ou ISDN, para um roteador acessar e se comunicar com outro.

Uma conexão DDR entre dois roteadores, por exemplo, pode ocorrer em situações de falha do *link* principal, e atuar como conexão de *backup* (*dial backup*). A conexão DDR também pode atuar como um canal simultâneo ao *link* principal para aumentar o volume de dados transmitidos (*multilink* PPP).

O funcionamento e a ativação do DDR no roteador obedecem às seguintes etapas:

- O roteador, ao receber um pacote para encaminhar, confere em sua tabela de roteamento à qual interface deve enviá-lo. Se essa interface está configurada para DDR, o roteador verifica se o pacote é do tipo interessante (*interesting*), ou seja, um pacote que dispara o processo de *dial-backup* pela linha telefônica ou ISDN de acordo com as especificações estabelecidas.
- O roteador localiza as instruções de discagem no seu mapa de discagem (*dialer map*).
- Se o *dialer map* e a interface já estão conectados, envia-se o tráfego sem discar.
- Se a interface de conexão ainda não estiver conectada, o roteador envia os comandos de discagem ao *modem* ISDN ou TA. Estes são do tipo V.25bis.

- Após a ativação da conexão *dial-up*, o roteador passa a transmitir todos os dados por ela e não mais pelo *link* principal que deixou de funcionar.
- Quando o roteador não recebe mais tráfego do tipo interessante, um tempo passa a ser medido. Caso não chegue mais nenhum pacote desse tipo ao final do tempo estabelecido, a conexão se desfaz.

Configuração do DDR para discagem:

- Para configurar o roteador a fim de disparar o DDR, especifica-se o tipo de tráfego que irá disparar o processo (tráfego que se chama interessante), define-se a rota estática para chegar ao destino que deseja conectar e configura-se o número a ser discado para atingir a rede remota.

A figura 10.4 apresenta duas redes (10.35.0.0 e 10.25.0.0) interligadas por dois roteadores. Em caso de falha do *link* principal, aciona-se a conexão *backup* pela rede telefônica digital ou ISDN. Os dois roteadores possuem placa/interface ISDN BRI0 ligadas à rede ISDN pela qual o roteador dispara a discagem telefônica.

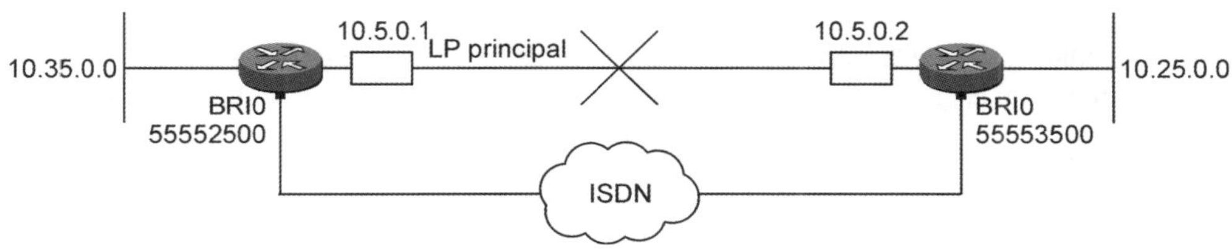

Figura 10.4 - Roteador utilizando uma conexão de backup discada por meio de uma rede ISDN.

Para definir a rota estática do acesso *dial-up* do DDR, usa-se o comando *ip route* <u>endereço mascara</u>".

Para especificar a lista do tipo de tráfego interessante que vai disparar o processo de discagem, utiliza-se o comando *dialer-list* <u>nº do grupo/lista</u> *protocol* <u>nome do protocolo</u> [*permit* ou *deny* ou *list* <u>nº lista-de-acesso</u>].

Deve-se escolher a interface a ser utilizada para discar e se comunicar pela rede telefônica ou ISDN e configurar a ela um endereço de rede:

```
R1(config-if)#ip address endereço IP mascara
```

Configurar o encapsulamento, por exemplo PPP:

```
R1(config-if)#encapsulation ppp
```

Configurar o tipo de autenticação utilizado:

```
R1(config-if)#ppp authentication chap
```

Associar a definição de tráfego à interface:

```
R1(config-if)#dialer-group nº do grupo/lista    (nº da lista definido também no
                                                 comando dialer-list)
```

Para especificar o número que deve ser discado para o roteador A acessar o B em uma rede IP, configura-se no roteador A o número a ser discado por meio do comando *dialer map*:

```
A(config-if)#dialer map ip endereço-destino name B nº para discar
```

Outros comandos utilizados para verificar as configurações DDR:

```
R1#ping
R1#show dialer
R1#show isdn active
R1#show isdn status
R1#show ip route
R1#debug isdn
R1#debug dialer
```

Dispara-se o processo de discagem quando o roteador detecta um pacote da camada 3 (pacote IP, por exemplo) que se enquadra na lógica definida de discagem. Esses pacotes denominam-se interessantes. O processo de disparo da discagem se chama *triggering the dial*.

A conexão discada é derrubada após um tempo especificado em que o último pacote interessante passou pelo enlace. Ou seja, derruba-se o enlace discado se não houver pacotes interessantes após um tempo especificado. Esse temporizador se especifica pelo comando *dialer idle-timeout* nº segundos.

O roteador que pretende discar por uma interface serial precisa comunicar um *string* de discagem para o *modem* e deve-se habilitar a sinalização pelo comando *dialer-in-band*.

Quando o roteador disca para vários sites, é preciso um *string* para cada um.

A seguir, um exemplo de configuração de uma interface ISDN BRI de roteador ligada a um acesso de rede ISDN.

```
R#configure terminal
R(config)#isdn switch-type basic-ne1      (especifica o tipo de switch que a
                                          operadora utiliza)
R(config)#interface bri0                  (entrou-se na interface ISDN BRI do
                                          roteador)
R(config-if)#encapsulation ppp            (tipo de encapsulamento)
R(config-if)#isdn spid1 5550322           (associa-se número do spid x número do
                                          telefone)
R(config-if)#isdn spid2  5550323          (associa-se número do spid x número do
                                          telefone)
```

Em muitas situações pode ser necessário que dois roteadores se comuniquem por uma linha telefônica. São situações nas quais não há um circuito privado (LP) nem um acesso por rede de pacotes, ou então há o canal privado principal que interrompe a sua comunicação e precisa de uma contingência.

Na maioria dos casos, uma conexão discada (*dial-up*) pela rede telefônica comum ou pela ISDN é utilizada como contingência (*backup*) em caso de falha do canal principal.

A seguir, exemplo de configuração de uma interface ISDN do roteador a ser ativada se houver a necessidade de transferência de arquivo (FTP), emulação terminal remota (Telnet) ou transmissão de mensagens de *e-mail* (protocolo SMTP).

A especificação de ativação da transmissão pela interface ISDN BRI se faz pelo comando *dialer--group*, o qual indica a lista de discagem 3 que descreve as especificações de acesso na lista 130:

```
R#configure terminal
R(config)#dialer-list 3 list 130                       (cria a lista 3 para
                                                       especificar como discar)
R(config)#access-list 130 permit tcp any any eq ftp    (usa ISDN para transferir
                                                       arquivos)
R(config)#access-list 130 permit tcp any any eq telnet (usa ISDN para fazer
                                                       Telnet)
R(config)#access-list 130 permit tcp any any eq smtp   (usa ISDN para transferir
                                                       e-mail)
R(config)#interface bri0                     (entra na interface ISDN BRI do
                                             roteador)
R(config-if)#ip address 10.0.0.65 255.0.0.0  (especifica o endereço IP)
R(config-if)#encapsulation ppp               (especifica que o protocolo de
                                             enlace é o PPP)
R(config-if)#no shutdown                     (ativa a interface ISDN BRI do
                                             roteador)
R(config-if)#dialer-group 3                  (especifica que a ativação da
                                             conexão ISDN é definida na lista 3)
R(config-if)#dialer-string 5553838           (especifica o número telefônico a
                                             ser discado)
```

A vantagem de utilizar uma linha ISDN como *backup* do canal principal na conexão entre roteadores é que, por ter um canal de sinalização dedicado à discagem e conexão com o número chamado, é muito mais rápida do que em uma ligação por linha telefônica analógica. Adicionalmente, tem uma velocidade de 128Kbps, maior que a oferecida por uma linha telefônica analógica, que permanece na faixa de 33Kbps a 56Kbps.

10.3. Atividades de fixação

1) O que é ISDN?
2) Descreva as características das interfaces BRI e PRI.
3) O que é DDR em redes de dados?
4) Qual a função dos equipamentos NT e TA em uma conexão ISDN?
5) Quais os protocolos utilizados em uma rede ISDN e suas funções?
6) Que comando define a lista de especificações a ser usada para disparar o acesso à rede ISDN na interface BRI0?

Capítulo 11

Segurança e Gerenciamento de Redes: Fundamentos

11.1. VPN *(Virtual Private Network)*

O conceito de VPN (*Virtual Private Network*) é disponibilizar, por meio de uma rede pública, um caminho que se comporte como uma linha privativa para intercomunicar dois equipamentos com segurança. Esse caminho (também chamado *tunel*) simula ser privativo e sem compartilhamento, de forma a fornecer segurança à conexão. Os dados que o percorrem são criptografados de modo que, teoricamente, somente o transmissor e o receptor os entendem; por isso a segurança de que o canal de comunicação funciona como se fosse privativo.

Desta forma, é possível interligar redes locais distantes pela Internet, fazendo com que a interligação comporte-se como uma rede privada (não compartilhada por estranhos às redes da empresa).

11.1.1. Tunelamento em VPNs

Define-se como tunelamento o processo de criação de um canal de comunicação virtual em que um roteador encapsula um pacote de protocolo de camada 3, com os dados criptografados, dentro de outro pacote de protocolo da camada 3. Por exemplo, o roteador recebe um pacote IP de uma rede local para transmiti-lo por uma WAN a um roteador distante. Antes de enviá-lo, o roteador encapsula-o novamente no outro pacote IP com o mesmo endereço de destino deste.

Assim, o pacote trafega pela rede WAN, passando por vários roteadores e outros dispositivos de rede, sem que saibam que dentro dele existe outro pacote. Somente o roteador de destino, ao receber o pacote e abri-lo, verá que há outro.

O protocolo de rede que é encapsulado se chama protocolo passageiro.

O protocolo de rede que encapsula o anterior denomina-se protocolo de encapsulamento. Ele acrescenta um *header* (campos de controle) em torno do pacote do protocolo passageiro.

O protocolo de rede que leva o pacote pela rede WAN se chama protocolo de transmissão, nesse caso, o IP.

O protocolo passageiro pode ser IPX, IP ou outro protocolo de rede que se deseje encapsular para enviar por uma rede IP. No exemplo, tanto o protocolo passageiro como o de transmissão são IP, portanto tem-se um pacote IP encapsulado em outro pacote IP.

Leva-se o pacote encapsulado do roteador de origem ao de destino sem que os roteadores ao longo da rede saibam. Estes só enxergam o pacote do protocolo de transmissão que fez o encapsulamento.

A vantagem do tunelamento é que é possível transportar diferentes pacotes e protocolos por uma rede de protocolo único, no caso o IP. Assim, por um *backbone* de rede WAN totalmente IP levam-se pacotes de outros protocolos de rede, como IPX, X.25 e outros.

O tunelamento, além da utilização de VPN, resolve também problemas de limitações dos protocolos de roteamento com métricas pequenas.

O protocolo de encapsulamento agrega um *header* ao pacote que encapsula e identifica o tipo de protocolo passageiro que realiza o encapsulamento.

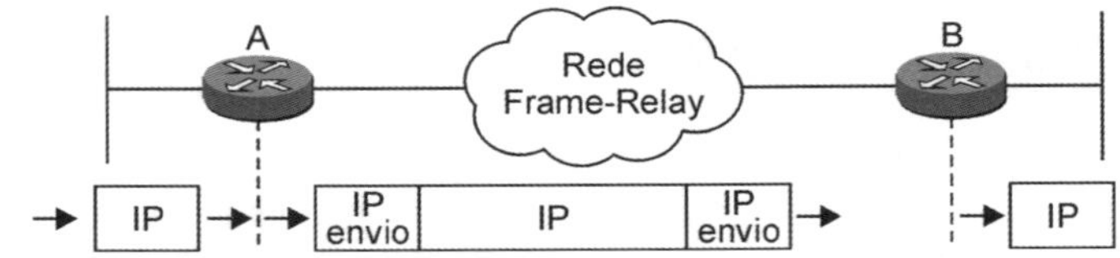

Figura 11.1 - O pacote IP é encapsulado pelo roteador A em outro pacote IP e transmitido pela rede frame-relay dentro de seu frame. No destino B, retira-se o pacote IP original de dentro do pacote gerado para o tunelamento.

A vantagem da solução VPN com segurança é que uma empresa pode montar uma rede corporativa com baixo investimento em canais de comunicação, pois utiliza um provedor VPN ou a própria Internet como meio de comunicação de seus dados a um custo inferior e com segurança.

Desta forma, a VPN permite a comunicação entre computadores distantes entre si pelo emprego de rede pública de comunicação de dados, com a segurança que as redes privadas com LPs dedicadas fornecem. O exemplo seguinte apresenta a conexão entre dois roteadores para a empresa A e entre dois roteadores para a empresa B, utilizando uma rede IP pública compartilhada com VPN disponibilizada pelo prestador de serviços VPN, de forma que as empresas têm seus roteadores interligados como se fosse por LP, ou seja, com segurança e virtualmente ponto a ponto.

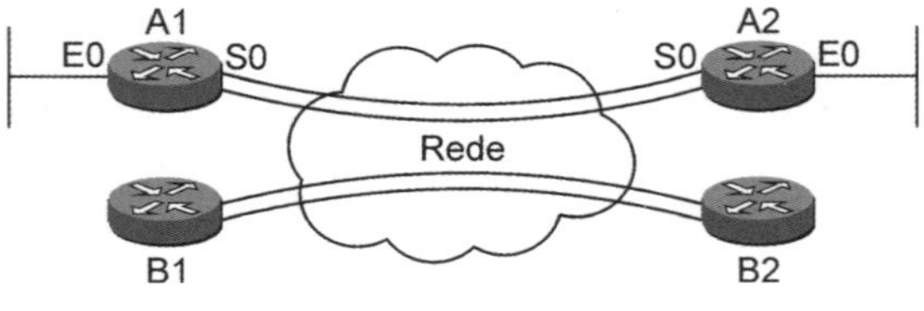

Figura 11.2 - Dois roteadores interligados por túnel em uma VPN.

As empresas desejam conexões independentes e não querem que os tráfegos se misturem. Não pode haver divulgação de rotas entre os roteadores A e B. Os pacotes da rede de A não devem ser direcionados à rede de B e vice-versa. A solução é a troca de informações dos roteadores, tanto A quanto B, por meio de um túnel, de modo que se comportem como se estivessem ligados diretamente e não por meio de uma rede pública.

As rotas dos clientes A e B também não são conhecidas nem processadas pelo provedor de serviços, oferecendo segurança para a comunicação.

No exemplo, para configurar o tunelamento especificaram-se dois endereços IP nas extremidades do túnel (origem e destino no túnel dos pacotes encapsulados), o protocolo de encapsulamento e configurou-se a interface do roteador:

Roteador A1

```
#ip routing              (ativa o roteamento IP)
#interface serial0
#ip address endereço  mascara
#interface ethernet0
#ip address endereço  mascara
#interface tunnel0
#tunnel source interface
#tunnel destination endereço

#router igrp nº
#network endereço
```

Roteador A2

```
#ip routing
#interface serial 0
#ip address endereço mascara
#interface ethernet0
#ip address endereço mascara

#interface tunnel3
#tunnel source interface
#tunnel destination endereço

#router igrp nº
#network endereço
```

O conceito de VPN consiste em criar um túnel privativo lógico (virtual) entre dois pontos, com criptografia dos dados entre a origem e o destino final (criptografia *end-to-end*), a fim de que ninguém consiga interceptar os dados ao longo do caminho. Soluções VPN podem ser implantadas em *firewalls*.

A vantagem econômica do uso de VPNs em redes públicas como a Internet é do menor custo em relação ao uso de *links* dedicados (LPs) ou de redes *Frame-relay*.

Em uma empresa com subsidiárias e filiais espalhadas pelo mundo, torna-se fácil perceber a economia e a facilidade em interconectar as redes da empresa por meio da Internet e de VPNs.

A VPN utiliza protocolos que criptografam os dados antes de transmiti-los, para fornecer a segurança desejada. Os protocolos de segurança e criptografia mais utilizados são os seguintes:

- IPSec (*Internet Protocol Security*);
- L2TP (*Layer 2 Tunneling Protocol*);
- L2F (*Layer 2 Forwarding*);
- PPTP (*Point-to-Point Tunneling Protocol*).

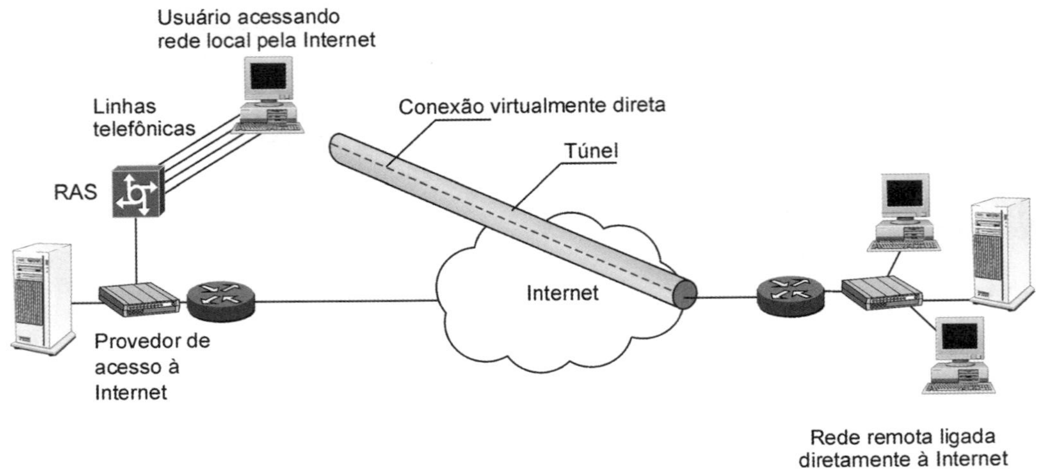

Figura 11.3 - Comunicação entre dois computadores por VPN. No caso, um micro acessa, por meio de um provedor Internet, uma rede local ligada a ela. A VPN, ou conexão segura, é representada por um túnel que interliga a origem ao destino.

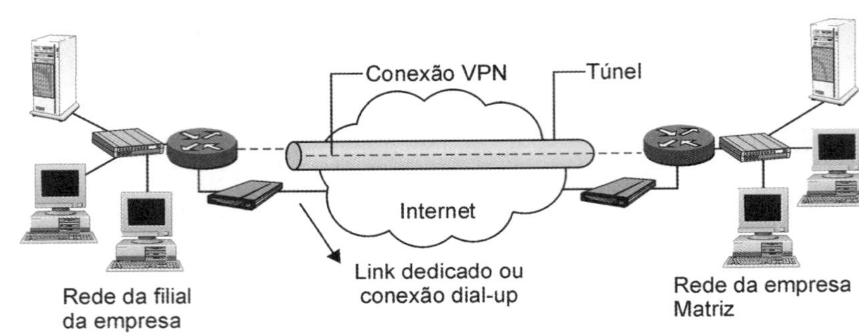

Figura 11.4 - Duas redes locais ligadas à Internet que se comunicam por meio de um túnel seguro virtual (túnel lógico), que é a conexão VPN. As redes estão ligadas ao backbone Internet por um link dedicado (LP) fornecido pela concessionária ou por uma conexão discada (linha telefônica ou dial-up). Uma VPN pode ser implementada em roteadores, servidores de comunicação e de redes ou micros.

Em uma transmissão por VPN segura, o datagrama IP é codificado (criptografado) pelo protocolo PPTP antes de ser enviado pela rede WAN. No receptor faz-se a operação inversa, em que o PPTP do receptor decodifica os dados do pacote IP, retornando-os ao formato original.

A VPN oferece segurança e privacidade nas transmissões dos dados codificando-os automaticamente e tornando-os incompreensíveis aos equipamentos e usuários que não pertencem à rede privada.

Para que um equipamento faça parte da rede privada virtual criada por essa tecnologia, precisa passar por uma certificação a fim de obter acesso ao sistema e assim poder decodificar os dados recebidos.

Cada usuário (computador ou *host*) que acessa a VPN deve ter sua chave pública de criptografia, a qual é enviada aos demais integrantes. Quando esse usuário está prestes a receber algum dado dos demais, o transmissor usa a chave pública dele para criptografá-lo.

O receptor recebe e decodifica os dados com a sua chave pública, que foi usada pelo transmissor para codificar os dados, associada à sua chave privada.

Apenas o proprietário tem conhecimento da chave privada. Só se decodificam os dados recebidos com as duas chaves; a pública e a privada são exclusivas do receptor, e podem ser alteradas ou revogadas periodicamente, de acordo com o protocolo de segurança utilizado.

Deve-se realizar uma certificação de que a chave pública é realmente do receptor verdadeiro, e não de um impostor, realizada por cartórios eletrônicos, ou autoridades certificadoras, que confirmam pelos dados cadastrais do receptor que vai receber a mensagem se a chave pública enviada por ele é realmente dele ou não. Na certificação, utilizam-se uma chave e um PIN (*Personal Identification Number*).

Caso uma chave pública tenha sido enviada por alguém que finja ser o verdadeiro receptor, a certificação deve detectar e não autorizar o envio dos dados.

Em uma rede heterogênea, cada equipamento possui o seu próprio sistema operacional e seus comandos de configuração, os quais variam de um equipamento para outro. Para cada fabricante há uma forma distinta de configurar os equipamentos.

Com isso, é preciso definir os endereços IP, máscaras, sub-redes e demais definições lógicas de uma rede em um projeto de rede e depois configurá-los especificamente nos *hardwares* (roteadores, *switches*, *gateways* e outros equipamentos), sistemas operacionais e *softwares*, de acordo com as características de cada equipamento ou sistema utilizado.

11.2. Gerenciamento de redes

A partir de 1980, introduziram-se os padrões de gerenciamento de redes pela comunidade Internet IETF (*Internet Engineering Task Force*) e pela ISO, as quais desenvolveram protocolos e sistemas de gerenciamento, tais como:

- SNMP (*Simple Network Management Protocol*);
- CMIP ISO (*Common Management Information Protoco*l e Over TCP/IP - CMOT), que é uma solução em longo prazo para todo tipo de rede.

O gerenciamento de redes é necessário para que haja seu controle proativo, detectando, por exemplo, problemas tão logo ocorram.

A estrutura dos sistemas de gerenciamento se chama *framework*.

Nos pontos (equipamentos) que se deseja gerenciar, instala-se um *software client*, também denominado agente. O agente envia informações a um equipamento central no qual se encontra o gerenciador central da rede que registra as informações e emite alertas em caso de falha.

Alguns *frameworks* existentes no mercado são: Tivoli, Openview, entre outros.

Os dados gerados pelos equipamentos, para se utilizar no gerenciamento, armazenam-se em bases de dados chamadas MIB (*Management Information Base*).

A estrutura desse conjunto de informações e a sua especificação se chamam SMI (*Structure of Management Information*).

11.2.1. Agente SNMP

Pode ser executado em *hosts*, *hubs*, *switches* e roteadores, fornecendo informações ao gerenciador central. No sistema de gerenciamento central, as informações são recebidas e, caso haja uma informação de irregularidade no equipamento ou nos *links* de comunicação, o sistema alarma em uma tela de monitoração ou até mesmo envia mensagens aos responsáveis pelos sistemas e equipamentos que são monitorados.

A implementação do protocolo SNMP em redes TCP/IP se faz pelo UDP (*User Datagram Protocol*) como protocolo de transporte. O SNMP trabalha por *pooling* do gerenciador central, ou seja, o gerenciador do servidor de gerenciamento central "pergunta" periodicamente ao agente o seu estado.

O gerenciador SNMP é um aplicativo executado em um equipamento central, responsável pelo gerenciamento da rede, que consulta e recebe dados dos agentes.

O gerenciador pode inclusive solicitar ao agente que execute comandos no equipamento gerenciado.

Nem todos os equipamentos de redes possuem agentes SNMP implementados. Nesse caso, os sistemas de gerenciamento podem monitorá-los ao menos para verificar se estão ativos ou não (ligados ou desligados) por meio do protocolo ICMP (*ping*).

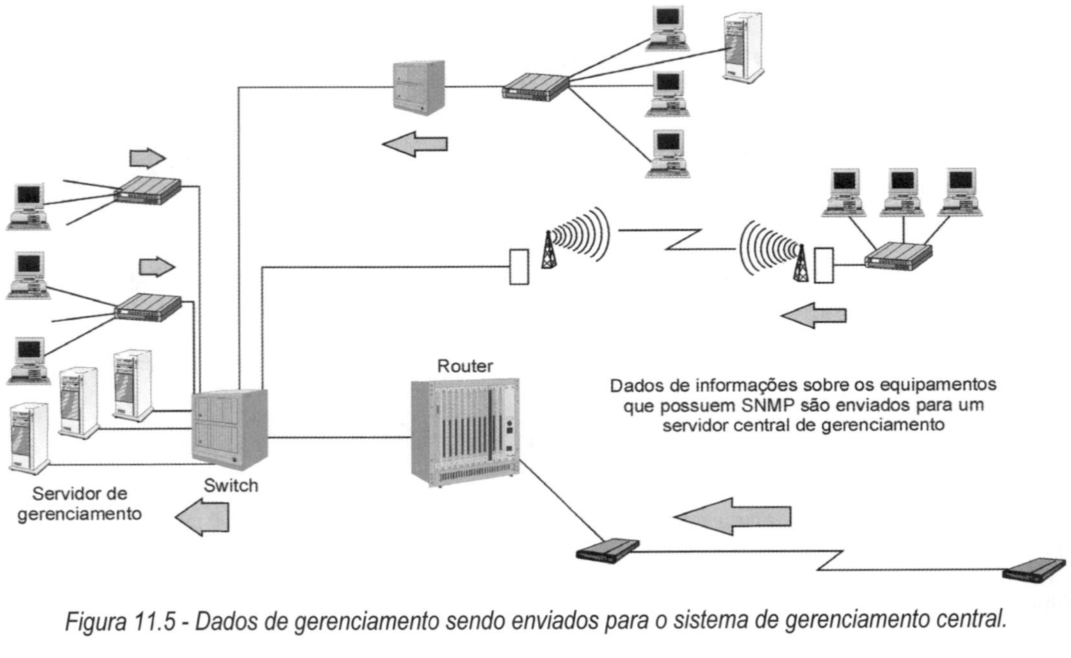

Figura 11.5 - Dados de gerenciamento sendo enviados para o sistema de gerenciamento central.

11.2.2. MIB (*Management Information Base*)

Na estrutura de MIB, cada nó (equipamento monitorado) possui um nome simbólico e um identificador numérico associado. Assim, determina-se cada objeto por um identificador único. A MIB é uma base de dados de gerenciamento.

É possível implementar APIs (*Application Program Interface*) para o desenvolvimento de aplicações de terceiros ou fabricantes de equipamentos de redes a fim de que desenvolvam aplicações de gerenciamento para seus produtos, permitindo que sejam monitorados e gerenciados pelos *frameworks*.

11.2.3. RMON (*Remote Monitoring*)

RMON é uma tecnologia de gerenciamento desenvolvida pelo IETF para gerenciar redes remotas de maneira mais eficiente, diminuindo o tráfego de dados de gerenciamento na rede e o processamento do gerenciador central. Isso é possível porque no RMON as informações de gerenciamento de uma rede remota são centralizadas em um equipamento denominado RMON *Probe*, que coleta estatísticas e classifica as informações localmente.

Na arquitetura RMON o gerenciador central não consulta os agentes de todos os equipamentos, mas somente um equipamento no qual está o RMON, reduzindo assim o tráfego de informações na rede e o processamento do programa gerenciador.

O padrão RMON monitora as camadas 1 e 2 do modelo OSI (física e enlace) para redes *Ethernet*. O padrão RMON2 faz a monitoração das camadas superiores (3 a 7), permitindo a monitoração das aplicações.

De maneira geral, no gerenciamento RMON um equipamento com o mesmo agente captura as informações no tráfego da rede, analisa-as e envia de forma detalhada a um sistema gerenciador central por meio do SNMP

O protocolo CMIP utiliza tanto o *pooling* do gerenciador central como a notificação de cada agente para o gerenciador central. É orientado à conexão.

O protocolo SNMP é mais rápido que o CMIP. Não é orientado à conexão.

Para redes das operadoras de telecomunicações, o ITU (*International Telecomunications Union*) definiu outro sistema de gerenciamento que se chama TMN (*Telecomunications Management Network*).

Basicamente, um sistema de gerenciamento deve gerenciar: a configuração da rede, o desempenho dos recursos como tráfego para controle do SLA (*Service Level Agreement*) contratado, as falhas, a contabilização de volume e custo dos recursos, a segurança por meio de *logs*, além de registro de eventos e criação de mecanismos de segurança.

11.3. Firewall

11.3.1. Sistemas de *firewall* e *proxy* na segurança

A segurança física se preocupa com aspectos como fazer *backup* dos dados e estabelecer processos que resultem no retorno à operação normal em caso de incidentes.

O retorno das operações de uma empresa, após a ocorrência de algum incidente, pode ser planejado e previsto em um projeto de continuidade de negócios, também chamado de *disaster recovery*. O controle de acesso físico, sistemas antiincêndio, entre outros, também fazem parte da segurança física das instalações de uma empresa.

A segurança lógica se preocupa com os dados que trafegam na rede e provê sistemas como antivírus e *firewall*.

O *firewall* tem a função de isolar a rede interna da Internet, basicamente filtrando o tráfego TCP/IP. Controla e isola o tráfego entre duas redes. Ele pode ser um servidor com função de roteador no qual, com duas placas de rede, isola uma de um lado e outra de outro, fazendo o filtro de pacotes IP e/ou *ports* das aplicações entre uma rede e outra.

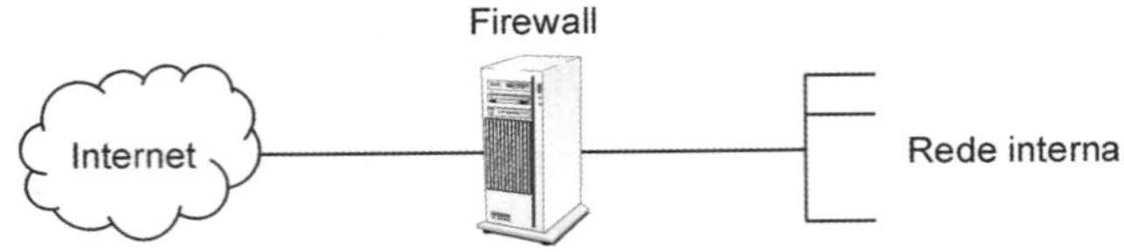

Figura 11.6 - Firewall isolando a rede interna da rede Internet.

Além disso, esse sistema analisa os cabeçalhos (campos de controle ou *headers*) dos pacotes IP (IP de origem e de destino, portas do TCP de origem e de destino), comparando-os em uma tabela de regras, para permitir ou não que um pacote prossiga. Eles se chamam *firewalls* de rede.

O *firewall* não analisa o conteúdo dos pacotes (dados). Controla os IPs, *ports* e *flags* (SYN e ACK) do TCP. A autorização e a autenticação também podem estar embutidas em um *firewall*, incorporando criptografia fim a fim.

Pela necessidade de disponibilizar um servidor *Web* com banco de dados para acesso de clientes externos, foi preciso também utilizar *firewalls* para evitar acessos e invasões na rede interna.

Com o aumento das transações e negócios feitos por servidores *Web* com bancos de dados, eles passaram a sofrer risco de ataques por *hackers*, por exemplo.

Para separar o servidor do banco de dados da rede interna e aumentar a segurança do servidor *Web* é possível colocá-lo em uma zona neutra, denominada DMZ (zona desmilitarizada), utilizando dois *firewalls*.

Nesse caso, as regras do primeiro *firewall* permitem o acesso ao servidor *Web* e bloqueiam todos os outros. O segundo *firewall* bloqueia o acesso à rede interna. Ainda assim, a partir do servidor *Web* pode-se fazer ações contra o servidor de banco de dados.

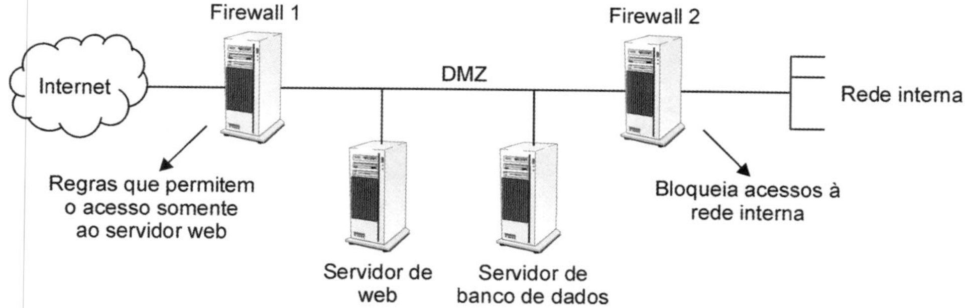

Figura 11.7 - Configuração de firewalls com servidor web separado do servidor de banco de dados.

A solução que efetivamente isola o banco de dados consiste em colocar uma terceira placa de rede no servidor que atua como *firewall*, como exibido a seguir.

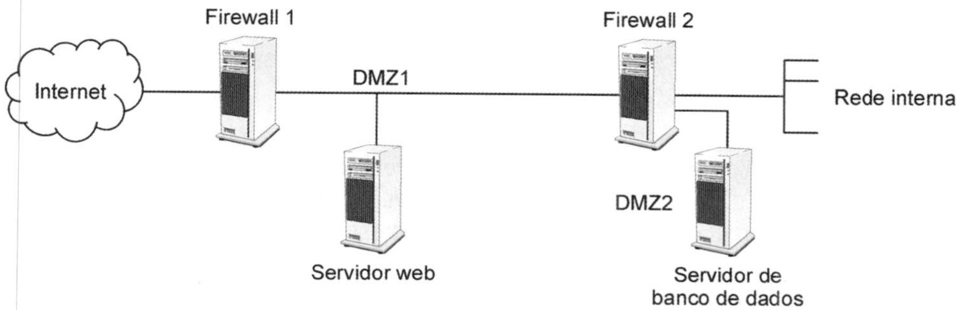

Figura 11.8 - Configuração com servidor de banco de dados protegido por dois firewalls.

Os *firewalls* podem ser implementados em roteadores com filtro de pacotes. Nesse caso, habilitam-se regras no roteador para que deixe passar ou bloqueie determinados pacotes IP.

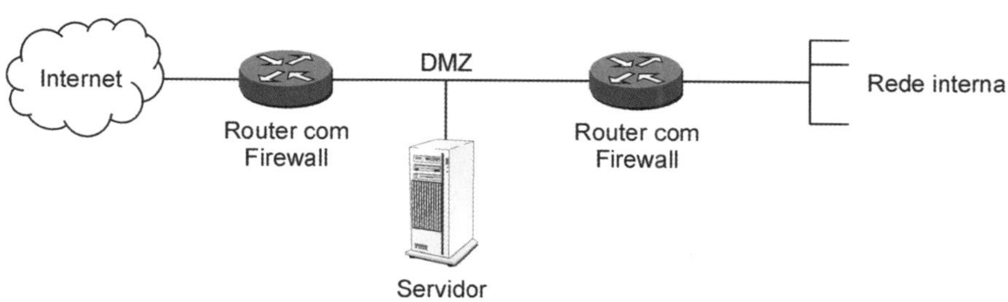

Figura 11.9 - Firewall implementado em roteadores.

11.3.2. *Firewalls* de nível de aplicação (*proxy servers*)

Esse tipo de *firewall* intercepta o tráfego recebido e o envia às aplicações correspondentes. Desta forma, permite a auditoria sobre o controle do tráfego que passa por ele.

Nas redes, normalmente se usam roteadores com filtros de pacotes combinados com o uso de *firewalls* em nível de aplicação para controle do acesso dos usuários e aplicações.

O *firewall* de aplicação se forma por aplicações denominadas *proxy servers*.

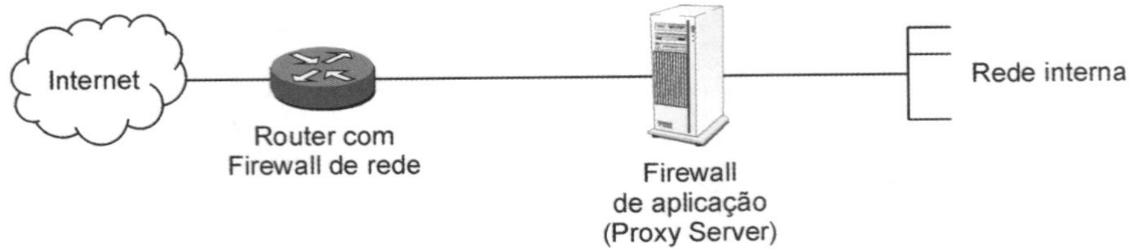

Figura 11.10 - Arquitetura de segurança com firewall de rede para filtrar pacotes e firewall de aplicação para controlar o acesso a nível de aplicação.

Uma implementação de segurança pode compreender vários aspectos, como *firewalls* incrementados em *hardware* específico ou por *software*, áreas DMZs (zonas neutras/desmilitarizadas), LANs isoladas, inclusão de listas de acesso em roteadores (regras de bloqueio de tráfego) e gerenciamento de acesso, entre outras.

Chama-se gerenciamento de acesso o controle de usuários que acessam a rede externamente por meio de autenticação e autorização.

Quando se utiliza uma DMZ, apenas a rede da área DMZ é visível ao mundo exterior. Essa rede possui um número exclusivo que difere do número da rede corporativa interna da empresa. Permanecem na DMZ, por exemplo, os servidores: FTP, *Web* (www), DNS, Telnet, NAT (um *firewall* do tipo PIX (*Private Internet eXchange)* que oferece o recurso de NAT) o qual isola a rede interna.

O *firewall* deve ter funcionalidades como: NAT, filtro de pacotes, *log*, proteção de login (segurança adicional por meio de uma camada extra de senhas) e *proxy* de aplicativos.

A seguir, algumas portas que bloqueiam ou concedem permissão no *firewall*:

smtp: *port* 25 (TCP)

dns: *port* 53 (UDP, TCP)

telnet: *port* 23 (TCP)

ftp: *port* 20,21 (TCP)

tftp: *port* 69 (UDP)

http: *port* 80 (TCP)

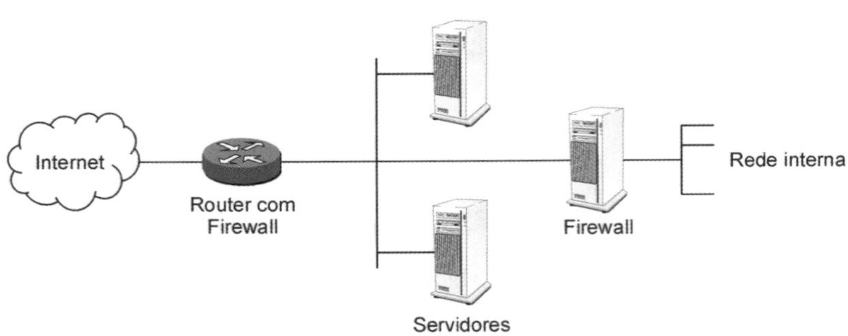

Figura 11.11 - Servidores para acesso pela Internet e isolados da rede interna por meio de firewall.

O NAT é uma das formas de aumentar a segurança no acesso à rede contra ameaças externas e aproveitar melhor os poucos endereços de acesso à Internet.

Os endereços IP na Internet estão escassos, pois cada equipamento conectado à Internet precisa de um IP único, portanto, com o NAT, traduzimos os endereços privados em IP válidos na Internet, permitindo que uma grande quantidade de computadores na rede interna da empresa acesse a Internet, compartilhando os poucos endereços de acesso existentes.

A tradução de *ports* do TCP, feita pelo NAT, permite que além dos endereços IP utilizem-se também os números dos *ports* para identificar as conexões.

O NAT pode fazer o mapeamento entre o IP local + *port* local X IP global + *port* mapeado (usado para a conexão externa).

A seguir, um exemplo de endereços IP de acesso à Internet e a conversão para endereços internos privados feita pelo NAT:

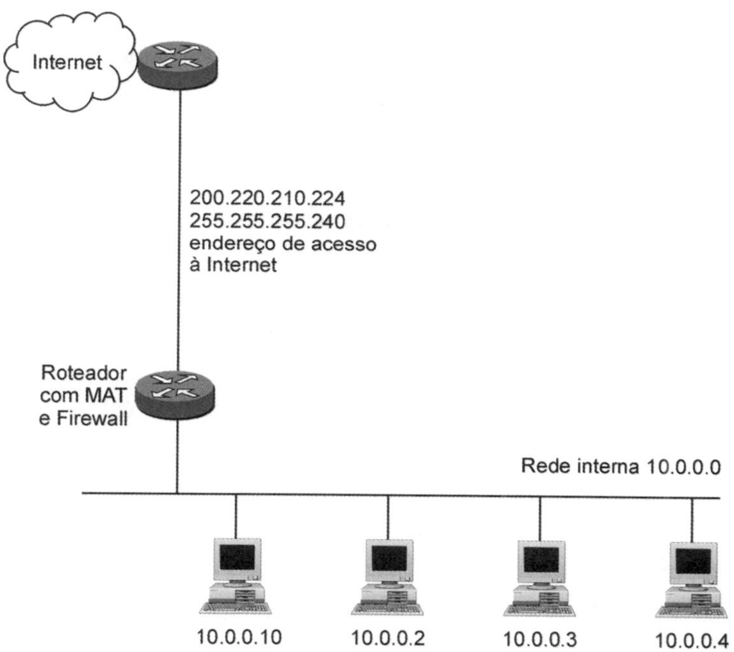

Figura 11.12

224 (rede)=	11100000
225 (*host*)=	0001
226=	0010
227=	0011
228=	0100
229=	0101
230=	0110

231=	0111
232=	1000
233=	1001
234=	1010
235=	1011
236=	1100
237=	1101
238=	1110
239=	1111

No exemplo há 14 endereços da Internet disponíveis (200.220.210.225 a 200.220.210.238).

O endereço 200.220.210.225 se torna fixo para o servidor 10.0.0.10.

Aos demais endereços faz-se um mapeamento dinâmico, ou seja, para cada transmissão da rede interna para fora, o NAT do roteador consulta a sua tabela de traduções. Se não houver um endereço já alocado, ele aloca um endereço da Internet (global) para o endereço local que transmite.

Quando os dados vêm de fora para dentro, o NAT do roteador verifica na tabela um endereço interno já associado e então o traduz.

Ao utilizar os endereços IP na tradução, é possível ter no máximo 13 equipamentos se comunicando com a Internet ao mesmo tempo, sem contar o servidor que possui endereço fixo.

Se utilizar a tradução de *ports*, além dos endereços IP, esse limite pode ser ultrapassado. É possível ter, por exemplo, 30 equipamentos na rede interna, compartilhando os 13 endereços da Internet disponíveis.

Quando há transmissão da rede interna para a externa, o roteador aloca na tabela o endereço IP local + *port* local ao endereço IP da Internet + *port* mapeado.

Portanto, com o NAT se economizam os endereços IP da Internet. Inclusive, o provedor pode até fornecer um único endereço válido a um cliente corporativo em vez de uma faixa de endereços, Com isso não há necessidade de criar sub-redes.

No NAT, as conexões iniciam-se sempre da rede interna para a externa, e não o contrário, exceto quando há mapeamento estático.

11.4. Atividades de fixação

1) Explique VPN e suas funções.
2) Descreva o processo de tunelamento.
3) Que protocolos de criptografia são utilizados em uma VPN?
4) Quais são os padrões de gerenciamento de redes?
5) Descreva a função de um firewall.
6) Qual é a função do NAT?

Referências Bibliográficas

BENNETT, G. **Desingning TCP/IP Internetworking**. Rio de Janeiro: Infobook, 1998.

CHIOZZOTTO, M.; SILVA, L. A. P. **TCP/IP:** *Tecnologia e Implementação*. São Paulo: Érica, 1999.

MCQUERRY, S. **Interconnecting Cisco Network Devices**. Indianápolis: Cisco, 2000.

SOUSA, L. B. **Redes de Computadores:** *Dados, Voz e Imagem*. São Paulo: Érica, 1999.

______. **TCP/IP:** *Básico & Conectividade em Redes*. São Paulo: Érica, 2002.

VIEIRA, F. M. **Trabalhando em Redes**. São Paulo: Érica, 2002.

Sites

www.cisco.com

www.cisco.com.br

Marcas Registradas

Índice Remissivo

T

U

V

W

X

GRÁFICA PAYM
Tel. (011) 4392-3344
paym@terra.com.br